Dietsch/Hußlein/Stirner

Die Zusatzversorgung des öffentlichen und kirchlichen Dienstes

Die Zusatzversorgung des öffentlichen und kirchlichen Dienstes

Handbuch für Personalsachbearbeiter

von

Walter Dietsch
Abteilungsleiter Versicherten- und Mitgliederbetreuung, Marketing

Volker Hußlein
Referatsleiter Kundenbetreuung

Rolf Stirner
Referatsleiter Kundenservice

3. neu bearbeitete Auflage 2014

::rehm

Bibliografische Information der Deutschen Nationalbibliothek
Die Deutsche Nationalbibliothek verzeichnet diese Publikation
in der Deutschen Nationalbibliografie;
detaillierte bibliografische Daten sind im Internet
über http://dnb.d-nb.de abrufbar.

Bei der Herstellung des Buches haben wir uns zukunftsbewusst für
umweltverträgliche und wiederverwertbare Materialien entschieden.
Der Inhalt ist auf elementar chlorfreiem Papier gedruckt.

ISBN: 978-3-8073-0397-0

Verlagsgruppe Hüthig Jehle Rehm GmbH
Heidelberg/München/Landsberg/Frechen/Hamburg

Satz: TypoScript GmbH, München
Druck und Bindung: Kessler Druck + Medien, Bobingen

Vorwort

Für Personalsachbearbeiter im kommunalen oder kirchlich-caritativen Dienst ist der Umgang mit dem Recht der Zusatzversorgung meist nur ein Teil ihres umfassenden Aufgabengebiets. Deshalb ist es oft schwer, die zum Teil doch komplizierten Regelungen in der Zusatzversorgung richtig anzuwenden und die erforderlichen Meldungen korrekt umzusetzen.

Für die tägliche Arbeit in Personal- und Gehaltsstellen konzipiert, ist dieses Handbuch für Personalsachbearbeiter seit seinem ersten Erscheinen im Jahr 1993 „das" praktische und unverzichtbare Nachschlagewerk zu allen Fragen aus dem Bereich der Zusatzversorgung geworden.

Mit der nunmehr 3. Auflage (insgesamt 6. Auflage seit 1993) liegt eine aktualisierte und in weiten Teilen überarbeitete Fassung des seit vielen Jahren bewährten Handbuchs vor.

Ziel der Autoren ist es, alle für die Sachbearbeitung erforderlichen Themen aus dem Bereich der Zusatzversorgung übersichtlich, verständlich und nachvollziehbar darzustellen, so dass Antworten auf Fragen schnell und eindeutig gefunden werden können. Beispielsweise sind Berufsgruppen oder die durch sie ausgeführten Tätigkeiten in einer alphabetisch sortierten Darstellung aufgelistet, so dass sich die Frage, ob Versicherungspflicht vorliegt oder nicht, sofort beantworten lässt.

Ein weiterer Schwerpunkt des Handbuchs liegt auf den umfassenden Erläuterungen zu Meldetatbeständen:, insbesondere Neuerungen wie die im Jahr 2012 eingeführte Meldung der Mutterschutzzeiten und die Änderungen bei der Elternzeit wurden aufgenommen.

Im Rahmen der Meldebeispiele wurde in aller Regel eine Finanzierung mit Umlage und Zusatzbeitrag dargestellt, so dass – auch wenn sich die Zusatzversorgungseinrichtungen in Deutschland unterschiedlich finanzieren – der Leser jeweils die für seine Kasse maßgebliche Meldung leicht findet bzw. ableiten kann.

Bei den Hinweisen auf Satzungsregelungen handelt es sich um Paragraphen aus der Mustersatzung der Arbeitsgemeinschaft der kommunalen und kirchlichen Altersversorgung (AKA), die die Grundlage für alle Satzungen der in der AKA zusammengeschlossenen Zusatzversorgungseinrichtungen ist.

In dem Handbuch ist ein Link auf die Online-Ausgabe des Buches aufgenommen, die kostenlos genutzt werden kann. Der Text der Online-Ausgabe ist identisch mit dem Buchtext, jedoch sind hier Verknüpfungen mit Satzungs- oder Gesetzesvorschriften vorgenommen worden. Zudem ist die Suche über Stichwörter noch zielgerichteter und schneller möglich.

Damit bleibt dieses Handbuch auch zukünftig für die Personalsachbearbeitung ein verlässlicher und kompetenter Ratgeber für alle Fragen rund um die Zusatzversorgung.

Abschließend noch ein Wort der Autoren in eigener Sache:

Ihnen ist bewusst, dass Frauen durch einseitig maskulinen Sprachgebrauch benachteiligt werden können. Dennoch wurde wegen der besseren Lesbarkeit und Verständlichkeit auf eine Doppelbelegung von Personenkennzeichnungen verzichtet. Es ist aber ein entschiedenes Anliegen aller an diesem Buch Beteiligten, Frauen gegenüber Männern nicht zu diskriminieren; selbstverständlich bezieht sich jede maskuline Personenbezeichnung auch auf Frauen (während die Berücksichtigung von Mutterschutzzeiten allerdings dann doch nur für Frauen möglich ist ☺).

Reinhard Graf

Vorsitzender der Arbeitsgemeinschaft der kommunalen und kirchlichen Altersversorgung (AKA)

und

Mitglied des Vorstands bei der Bayerischen Versorgungskammer
Bereichsleiter Kommunales Versorgungswesen

Inhaltsverzeichnis

Seite

Abkürzungsverzeichnis

A

AAG	Aufwendungsausgleichsgesetz
ABD	Arbeitsvertragsrecht der Bayerischen (Erz-)Diözesen
Abs.	Absatz
AltZertG	Altersvorsorgeverträge-Zertifizierungsgesetz
ArbPlSchG	Arbeitsplatzschutzgesetz
AKA	Arbeitsgemeinschaft kommunale und kirchliche Altersversorgung
ATV	Tarifvertrag Altersversorgung
ATV-K	Altersvorsorge-TV-Kommunal
AVB	Allgemeine Versicherungsbedingungen
AVG	Angestelltenversicherungsgesetz
AVmG	Altersvermögensgesetz
AVR	Richtlinien für Arbeitsverträge in den Einrichtungen des Deutschen Caritasverbandes

B

BAG	Bundesarbeitsgericht
BAT	Bundes-Angestelltentarifvertrag
BeamtVG	Gesetz über die Versorgung der Beamten und Richter des Bundes
BEEG	Bundeselterngeld- und Elternzeitgesetz
BetrAVG	Betriebsrentengesetz
BGB	Bürgerliches Gesetzbuch
Buchst.	Buchstabe
BUrlG	Bundesurlaubsgesetz
BZSt	Bundeszentralamt für Steuern
bzw.	beziehungsweise

D

DATÜV-ZVE	Allgemeine Richtlinien der Zusatzversorgungseinrichtungen des öffentlichen und kirchlichen Dienstes für ein einheitliches Verfahren der automatisierten Datenübermittlung
d. h.	das heißt
d. S.	der Satzung

E

EhfG	Entwicklungshelfergesetz
EStG	Einkommensteuergesetz
EU	Europäische Union
EuGH	Europäischer Gerichtshof
EWR	Europäischer Wirtschaftsraum

F

ff.	folgende (Seiten)

G

GG	Grundgesetz für die Bundesrepublik Deutschland
ggf.	gegebenenfalls

I

i. S.	im Sinne
i. V. m.	in Verbindung mit

K

KWBG	Gesetz über kommunale Wahlbeamte (KWBG)
Kz.	Kennzahl

L

lfd.	laufend
Lj.	Lebensjahr
LStDV	Lohnsteuerdurchführungsverordnung

M

MuSchG	Mutterschutzgesetz

N

Nr.	Nummer

O

o.g.	oben genannt

S

SGB	Sozialgesetzbuch (z. B. SGB II, SGB III, SGB IV, SGB V, SGB VI)
SvEV	Sozialversicherungsentgeltverordnung

T

TV	Tarifvertrag
TV Ang aöS	Tarifvertrag über die Regelung der Rechtsverhältnisse der nicht vollbeschäftigten amtlichen Tierärzte und Fleischkontrolleure außerhalb öffentlicher Schlachthöfe und Einfuhruntersuchungsstellen
TVAöD	Tarifvertrag für Auszubildende des öffentlichen Dienstes
TV-ATZ	Tarifvertrag zur Regelung der Altersteilzeitarbeit
TV-EntgeltU-B/L	Tarifvertrag zur Entgeltumwandlung für die Beschäftigten des Bundes und der Länder
TV-Eumw/VKA	Tarifvertrag zur Entgeltumwandlung für Arbeitnehmer/-innen im kommunalen öffentlichen Dienst
TV EZV-O	Tarifvertrag zur Einführung der Zusatzversorgung im Tarifgebiet Ost
TVFlexAZ	Tarifvertrag zu flexiblen Arbeitszeitregelungen für ältere Beschäftigte
TV-Forst	Tarifvertrag zur Regelung der Arbeitsbedingungen von Beschäftigten in forstwirtschaftlichen Verwaltungen, Einrichtungen und Betrieben der Länder
TV-L	Tarifvertrag für die Länder
TV-N	Tarifvertrag Nahverkehr
TVöD	Tarifvertrag für den öffentlichen Dienst
TVöD-BT-B	Tarifvertrag für den öffentlichen Dienst – Besonderer Teil Pflege-und Betreuungseinrichtungen

TVöD-BT-S	Tarifvertrag für den öffentlichen Dienst – Besonderer Teil Sparkassen
TVöD-BT-V	Tarifvertrag für den öffentlichen Dienst – Besonderer Teil Verwaltung
TVöD-K	TVöD für den Bereich Krankenhäuser
TVÜ-Forst	Tarifvertrag zur Überleitung der Beschäftigten der Länder aus dem Geltungsbereich des MTW / MTW-O in den TV-Forst und zur Regelung des Übergangsrechts
TV-V	Tarifvertrag Versorgungsbetriebe
TV-WW/NW	Tarifvertrag für die Arbeitnehmer/-innen der Wasserwirtschaft in Nordrhein-Westfalen
TzBfG	Gesetz über Teilzeitarbeit und befristete Arbeitsverträge

U

u. a.	unter anderem; und andere
u. U.	unter Umständen
Unterabs.	Unterabsatz
usw.	und so weiter

V

v. H.	vom Hundert
VBL	Versorgungsanstalt des Bundes und der Länder
VBL-Satzung	Satzung der Versorgungsanstalt des Bundes und der Länder
VddB	Versorgungsanstalt der deutschen Bühnen
VddKO	Versorgungsanstalt der deutschen Kulturorchester
VermBG	Vermögensbildungsgesetz
vgl.	vergleiche
VKA	Vereinigung der kommunalen Arbeitgeberverbände
VVG	Versicherungsvertragsgesetz

Z

z. B.	zum Beispiel
ZDG	Gesetz über den Zivildienst für Kriegsdienstverweigerer
ZfA	Zentrale Zulagenstelle für Altersvermögen
ZV-Entgelt	zusatzversorgungspflichtiges Entgelt
ZVK	Zusatzversorgungskasse

Teil A Aufgabe und Leistungen der Zusatzversorgung

1. Aufgabe der Zusatzversorgung

Die Zusatzversorgung ist die betriebliche Altersversorgung (Betriebsrente) für die Beschäftigten des öffentlichen und kirchlichen Dienstes. Während die Beamten von ihren Dienstherrn eine Pension erhalten, sollen die Beschäftigten neben ihrer gesetzlichen Rente eine im Wesentlichen vom Arbeitgeber finanzierte zusätzliche Altersversorgung erhalten – eben die Zusatzversorgung.

Im Rahmen der Zusatzversorgung schließt der Arbeitgeber zugunsten seiner Beschäftigten eine Versicherung bei einer Zusatzversorgungseinrichtung ab. Damit besteht das Versicherungsverhältnis zwischen der Zusatzversorgungskasse als Versicherung und dem Arbeitgeber als Versicherungsnehmer. Bezugsberechtigt sind jedoch alleine die Beschäftigten, die bei Eintritt eines Versicherungsfalles (= Beginn der Betriebsrente) einen direkten Anspruch gegenüber der Zusatzversorgungseinrichtung erwerben. Mit Beginn der Leistung durch die Zusatzversorgungseinrichtung an den Rentner hat der Arbeitgeber seine arbeitsrechtlichen Verpflichtungen gegenüber seinen Beschäftigten erfüllt.

Die Betriebsrente aus der Zusatzversorgung tritt neben die Basisversorgung. In der Regel ist dies die Rente aus der gesetzlichen Rentenversicherung. Beide Leistungen stehen unabhängig nebeneinander – eine Anrechnung der jeweils anderen Leistung findet nicht statt.

Damit unterscheidet sich die Zusatzversorgung seit dem 01.01.2002 grundlegend von dem zuvor geltenden sog. Gesamtversorgungssystem. Hier wurde für die Rentner eine an beamtenähnlichen Maßstäben orientierte Gesamtversorgung errechnet. Die gesetzliche Rente wurde durch die Zusatzversorgungsrente so weit aufgestockt, bis insgesamt eine beamtenähnliche Versorgung erreicht war (Gesamtversorgung).

Neben der durch den Arbeitgeber finanzierten Betriebsrente haben die Versicherten auch die Möglichkeit, eine freiwilligen Versicherung abzuschließen. Hier können Beschäftigte durch eigene freiwillige Beiträge zusätzliche Rentenleistungen erwerben, wobei die staatliche Förderung im Rahmen der „Riester-Rente“ oder der Entgeltumwandlung genutzt werden kann (vgl. Teil F).

2. Rechtliche Grundlagen der Zusatzversorgung

Die Zusatzversorgung des öffentlichen Dienstes beruht auf Tarifrecht. Der Tarifvertrag für den öffentlichen Dienst (TVöD), der Tarifvertrag für den öffentlichen Dienst der Länder (TV-L), der Tarifvertrag für Auszubildende des öffentlichen Dienstes (TVAöD) und andere Tarifregelungen des öffentlichen Dienstes geben den unter ihren Geltungsbereich fallenden Beschäftigten grundsätzlich einen Anspruch gegen den Arbeitgeber auf Verschaffung einer Zusatzversorgung.

Ihre inhaltliche Ausgestaltung erhält die Zusatzversorgung durch besondere Tarifverträge, insbesondere durch den

- Tarifvertrag über die betriebliche Altersversorgung der Beschäftigten des öffentlichen Dienstes – Tarifvertrag Altersversorgung (ATV);
- Tarifvertrag über die zusätzliche Altersvorsorge der Beschäftigten des öffentlichen Dienstes – Altersvorsorge-TV-Kommunal (ATV-K).

Mit Wirkung vom 01.01.1997 wurde die Zusatzversorgung auch für die Beschäftigten des öffentlichen Dienstes in den neuen Bundesländern eingeführt. Rechtliche Grundlage ist der Tarifvertrag zur Einführung der Zusatzversorgung im Tarifgebiet Ost (TV EZV-O). Damit gelten der ATV und der ATV-K im gesamten Bundesgebiet, sodass bundesweit eine weitestgehend einheitliche Zusatzversorgung geschaffen wurde.

Die Altersvorsorge-Tarifverträge gelten unmittelbar und zwingend nur für die tarifgebundenen Arbeitgeber und Beschäftigten. Sie erfassen im Geltungsbereich des ATV auf Arbeitgeberseite den Bund und die Länder sowie im Geltungsbereich des ATV-K die kommunalen Arbeitgeber, die Mitglied eines Arbeitgeberverbandes sind, der seinerseits der Vereinigung der kommunalen Arbeitgeberverbände angehört. Auf Arbeitnehmerseite gelten die Tarifverträge unmittelbar und zwingend für die Beschäftigten, die Mitglieder der vertragschließenden Gewerkschaften sind. Für nicht tarifgebundene Beschäftigte gelten die Versorgungstarifverträge nur dann, wenn sie arbeitsvertraglich vereinbart sind. Für bei öffentlichen Arbeitgebern beschäftigte **Waldarbeiter** gelten spezielle versorgungstarifvertragliche Regelungen. Das Leistungsrecht für diese Beschäftigtengruppe orientiert sich aber im Grundsatz an den übrigen Beschäftigten des öffentlichen Dienstes.

Für Beschäftigte im **kirchlichen Bereich** gilt ein abweichendes Arbeitsvertragsrecht.

Für die Mitarbeiter von Einrichtungen, die dem Deutschen **Caritasverband** angehören, ergibt sich der Anspruch auf Versicherung in der Zusatzversorgung aus der Anlage 8 zu den Richtlinien für Arbeitsverträge in den Einrichtungen des Deutschen Caritasverbandes (AVR) bzw. aus § 27 AVR des Diakonischen Werkes in Deutschland.

Im Bereich der **Diözesen** gelten entsprechende Regelungen, z. B. bei den bayerischen Diözesen und deren Einrichtungen ergibt sich der Anspruch auf Zusatzversorgung aus Teil D des Arbeitsvertragsrechts der bayerischen (Erz-)Diözesen (ABD).

Neben diesen tarifrechtlichen bzw. aus den arbeitsvertraglichen Richtlinien abgeleiteten Anspruch auf Zusatzversorgung, tritt jedoch auch ein Anspruch aus dem Arbeitsvertrag. Soweit arbeitsvertraglich z. B. der TVöD oder die AVR vereinbart ist, ist damit zugleich auch ein Anspruch auf Zusatzversorgung zugesagt.

Sobald der Arbeitgeber Mitglied einer Zusatzversorgungskasse geworden ist, verpflichtet er sich durch diese Mitgliedschaft gegenüber seinen Beschäftigten, den Versorgungstarifvertrag anzuwenden. Er muss damit alle der Versicherungspflicht unterliegenden Beschäftigten in der Zusatzversorgung versichern, egal ob der Arbeitgeber oder der Beschäftigte tarifgebunden ist oder arbeitsvertraglich die Teilnahme an der Zusatzversorgung vereinbart ist.

3. Reform der Zusatzversorgung

Das Gesamtversorgungssystem, wonach die Versicherten eine Aufstockungsleistung durch die Zusatzversorgung zur gesetzlichen Rente erhielten, hatte über 30 Jahre lang Bestand. Aus verschiedenen Gründen (Finanzierbarkeit, Auswirkungen von höchstrichterlichen Urteilen u. a.) bestand dringender Bedarf, die Zusatzversorgung zu reformieren. Durch die Versorgungstarifverträge ATV und ATV-K wurde die Zusatzversorgung zum 01.01.2002 grundlegend neu gestaltet.

Die neue Zusatzversorgung basiert auf einem versicherungsmathematischen Punktemodell. Die Rente ist unabhängig von anderen Bezugssystemen (z. B. gesetzliche Rente, Beamtenversorgung) und errechnet sich aufgrund der Höhe der versicherten Entgelte und dem jeweiligen Alter des Versicherten zu dem Zeitpunkt, zu dem die Beiträge an die Zusatzversorgungskasse gezahlt werden.

Soweit die Kasse Überschüsse erwirtschaftet, werden diese auf die einzelnen Versicherten entsprechend der Höhe der bisher angesparten Anwartschaften verteilt (vgl. Teil A 5.4).

4. Versicherungsarten

Bei der Betriebsrente sind drei Arten von Versicherungsverhältnissen zu unterscheiden:

- Pflichtversicherung
- Beitragsfreie Pflichtversicherung
- Freiwillige Versicherung.

Die **Pflichtversicherung** entsteht mit dem Eingang der Anmeldung bei der Zusatzversorgungskasse. Sie beginnt zu dem Zeitpunkt, der in der Anmeldung als Beginn der Versicherungspflicht angegeben ist (§ 17 d. S.). Ohne eine Anmeldung kann keine Pflichtversicherung entstehen, auch wenn der Arbeitgeber Umlagen oder Beiträge für den Beschäftigten an die Zusatzversorgungskasse zahlt.

Alle Beschäftigten, die einen tarif- oder arbeitsrechtlichen Anspruch auf Verschaffung einer Zusatzversorgung haben, sind bei einer Zusatzversorgungseinrichtung zu versichern. Darüber hinaus verpflichten die Satzungen der Zusatzversorgungskassen den Arbeitgeber jedoch auch, sämtliche der Versicherungspflicht unterliegenden Beschäftigten bei der Kasse anzumelden (§ 13 Abs. 3 Buchstabe a d. S.).

Voraussetzung für eine Anmeldung in der Zusatzversorgung ist also, dass ein Beschäftigungsverhältnis mit einem Arbeitgeber, der Mitglied einer Zusatzversorgungskasse ist, besteht und die allgemeinen Voraussetzungen für die Pflichtversicherung (vgl. Teil B) vorliegen.

Die Pflichtversicherung endet mit Ende des Beschäftigungsverhältnisses oder in dem Zeitpunkt, in dem ihre Voraussetzungen entfallen. Der Beschäftigte ist zu diesem Zeitpunkt abzumelden.

Mit dem Ende der Pflichtversicherung entsteht eine **beitragsfreie Pflichtversicherung.** Dabei bleiben die bereits während der Pflichtversicherung erworbenen Anwartschaften auf Leistungen bestehen. Sollte später wieder eine Beschäftigung im öffentlichen oder kirchlichen Dienst aufgenommen und dadurch erneut eine Pflichtversicherung begründet werden, können diese Anwartschaften weiter ausgebaut werden. Trotz beitragsfreier Pflichtversicherung können die Anwartschaften ansteigen, indem die Versicherung weiterhin an einer Überschussverteilung durch Bonuspunkte teilnimmt. Voraussetzung ist, dass bis zum Ende der Pflichtversicherung bereits 120 Monate mit Umlagen oder Beiträgen vorlagen (vgl. Teil A 5.4.2).

Als dritte Möglichkeit gibt es die **freiwillige Versicherung.** Damit können die Beschäftigten selbst zusätzlich eigene Beiträge in eine steuerlich förderfähige, freiwillige kapitalgedeckte Versicherung im Rahmen der betrieblichen Altersversorgung einzahlen.

Die freiwillige Versicherung kann durch den Beschäftigten selbst oder auch durch den Arbeitgeber abgeschlossen und/oder finanziert werden (vgl. Teil F).

5. Berechnung der Betriebsrente in der Pflichtversicherung

Entscheidend für die Berechnung der Betriebsrente ist die Höhe des jährlichen Entgelts und das Alter der Versicherten im Jahr des Entgeltbezugs. Die Leistung wird unter der Annahme berechnet, dass der Arbeitgeber aus dem zusatzversorgungspflichtigen Entgelt Beiträge in Höhe von 4 % in ein kapitalgedecktes System einzahlt. Dabei wird in der Ansparphase eine Verzinsung mit 3,25 % und in der Rentenphase eine weitere Verzinsung mit 5,25 % angenommen. Hieraus ergibt sich ein mittlerer Zins von ca. 4 %, der zum Zeitpunkt der Einzahlung der Beiträge unterstellt wird. Da das Geld angespart und verzinst werden soll, ist es wesentlich, wie alt der Versicherte zum Zeitpunkt des Bezugs des Entgelts ist. Je länger der Beitrag für eine Verzinsung zur Verfügung steht, desto höher wird daraus später die Leistung sein.

Die Verzinsung und sonstige biometrische Daten sind in einer Tabelle berücksichtigt, aus der sich je nach Alter der Versicherten ein bestimmter Wert (Altersfaktor) ergibt.

5.1 Die Altersfaktoren

Alter	Faktor	Alter	Faktor	Alter	Faktor	Alter	Faktor
17	3,1	29	2,1	41	1,5	53	1,0
18	3,0	30	2,0	42	1,4	54	1,0
19	2,9	31	2,0	43	1,4	55	1,0
20	2,8	32	1,9	44	1,3	56	1,0
21	2,7	33	1,9	45	1,3	57	0,9
22	2,6	34	1,8	46	1,3	58	0,9
23	2,5	35	1,7	47	1,2	59	0,9
24	2,4	36	1,7	48	1,2	60	0,9
25	2,4	37	1,6	49	1,2	61	0,9
26	2,3	38	1,6	50	1,1	62	0,8
27	2,2	39	1,6	51	1,1	63	0,8
28	2,2	40	1,5	52	1,1	64 ff.	0,8

5.2 Die Versorgungspunkte

Abhängig von der Höhe des Verdienstes – aus dem jeweils 4 % für die Betriebsrente angelegt werden – und dem Alter des Versicherten zum Zeitpunkt der Beitragszahlung, ergeben sich pro Jahr Versorgungspunkte. Diese Versorgungspunkte haben jeweils einen Wert von 4,00 € (Messbetrag).

Das jeweilige anzusetzende Alter ergibt sich, wenn man das Geburtsjahr vom jeweils laufenden Jahr abzieht, also z. B. Jahr 2014 minus Geburtsjahr 1984 = Alter 30.

Als Verdienst wird das zusatzversorgungspflichtige Entgelt angesetzt; dies ist grundsätzlich der steuerpflichtige Arbeitslohn (vgl. Teil D 2).

5.3 Die Betriebsrentenformel

Die Berechnung der Betriebsrente erfolgt nach folgenden Formeln:

$$\frac{\textbf{Bruttojahresentgelt}}{\textbf{Referenzentgelt}} \times \textbf{Altersfaktor} = \textbf{Versorgungspunkte}$$

Das **Referenzentgelt** ist für alle Versicherten gleich und beträgt 1.000,00 € im Monat – also 12.000,00 € im Jahr.

Der **Altersfaktor** ist abhängig vom Lebensalter und ergibt sich aus der Tabelle.

Versorgungspunkte × Messbetrag = monatliche Betriebsrente aus diesem Jahr

Der **Messbetrag** beträgt stets 4,00 €.

Beispiel:

Das Jahreseinkommen eines 25-jährigen versicherten Beschäftigten beträgt 27.000,00 €.

Der Altersfaktor beträgt laut Tabelle 2,4.

Aus diesem Jahr ergibt sich folgende Rentenleistung:

$$\frac{27.000}{12.000} \times 2{,}4 = 5{,}4 \text{ Versorgungspunkte}$$

5,4 Versorgungspunkte × 4,00 € Messbetrag = 21,60 € Rente pro Monat (aus diesem Jahr).

Hinzu können noch Bonuspunkte kommen, die nicht garantiert sind und deren Höhe im Voraus nicht feststeht.

Die jährlich ermittelten Versorgungspunkte werden in einem für den Beschäftigten geführten Versorgungskonto gutgeschrieben. Die Höhe der späteren Rentenleistung errechnet sich aus der Summe aller bis zum Versicherungsfall erworbenen Versorgungspunkte vervielfältigt mit dem sog. Messbetrag. Der Messbetrag dient der Umrechnung der Versorgungspunkte in Geld.

5.4 Die Überschussverteilung

5.4.1 Bonuspunkte

Dem Punktemodell liegt gedanklich ein kapitalgedecktes Versorgungssystem zugrunde. Zugesagt werden die Leistungen, die sich ergeben würden, wenn eine Gesamtbeitragsleistung von 4 % in ein vollständig kapitalgedecktes System eingezahlt würde. Durch die Anwendung der Punktetabelle wird dabei eine Verzinsung von 3,25 % in der Anwartschaftsphase und von 5,25 % in der Leistungsphase zugrunde gelegt. Die Bonuspunkte stellen die Überschussbeteiligung dar, wenn eine höhere Verzinsung erzielt wird bzw. erzielt würde. Überschüsse werden vom zuständigen Gremium der Zusatzversorgungskasse nach Ablauf eines Jahres festgestellt. Aus den Überschüssen werden die Verwaltungskosten finanziert, sowie die sozialen Komponenten (siehe Teil A 5.5). Zudem müssen Rückstellungen gebildet werden. Sind danach noch weitere Überschüsse vorhanden, so können diese verteilt werden. Die Bonuspunkte werden an die am Ende des Geschäftsjahrs vorhandenen Pflichtversicherten und an die beitragsfreien Versicherten, die eine Wartezeit von 120 Umlage- bzw. Beitragsmonaten erfüllt haben, entsprechend der Höhe ihres Punktekontos verteilt. So erhalten Versicherte umso mehr Anteile von den Überschüssen, je mehr Versorgungspunkte sie bereits auf ihrem Versorgungskonto angesammelt haben.

Nicht alle Zusatzversorgungskassen können bereits von Beginn an in ein vollständig kapitalgedecktes System umsteigen. Sie müssen die Umlagefinanzierung noch auf längere Zeit beibehalten. Diese Kassen können daher tatsächlich noch keine Kapitalerträge erwirtschaften, die sie an die Versicherten weitergeben können.

Für die Berechnung der Bonuspunkte ist daher zu differenzieren:

- Soweit eine (teilweise) **Kapitaldeckung vorhanden** ist, werden die tatsächlich erzielten Kapitalerträge veranschlagt.
- Soweit **keine Kapitaldeckung** vorhanden ist, wird jährlich die laufende Verzinsung der zehn größten Pensionskassen in Deutschland gemäß dem jeweils aktuellen Geschäftsbericht der Bundesanstalt für Finanzdienstleistungsaufsicht als Maßstab für eine Überschussbeteiligung zugrunde gelegt.

Aufgrund der ungünstigen Situation am Kapitalmarkt, die die Zusatzversorgungskasse im gleichen Maße wie die berufsständischen Versorgungswerke, Pensionskassen und private Lebensversicherungsunternehmen betrifft, konnten die meisten Zusatzversorgungskassen in den zurückliegenden Jahren keine Überschüsse an die Versicherten verteilen. Soweit Überschüsse entstanden sind, wurden diese in Rückstellungen eingestellt, um auch in finanziell schlechteren Zeiten die hohen Zinszusagen (3,25 % + 5,25 %) erfüllen zu können.

Bei der fiktiven Verzinsung werden Verwaltungskosten in Höhe von 2% der fiktiven Zinserträge unterstellt.

Waldarbeiter und andere Beschäftigte, deren Arbeitsverhältnis aufgrund von Witterungseinflüssen beendet worden sind, gelten ebenso wie Saisonarbeitnehmer als am Ende des Geschäftsjahres pflichtversichert. Voraussetzung ist, dass sie bei Wiederaufnahme der Arbeit einen Anspruch auf Wiedereinstellung haben bzw. zu Beginn der nächsten Saison voraussichtlich wieder eingestellt werden (vgl. Teil C 5.3 und Teil C 5.4). Diesen Beschäftigten können somit unabhängig von der Erfüllung der Wartezeit (120 Monate) Bonuspunkte gutgeschrieben werden.

Wechseln Beschäftigte zu einem Arbeitgeber, der Mitglied bei einer anderen Zusatzversorgungseinrichtung (vgl. Teil A 17) ist, sollte sofort mit der Anmeldung bei der neuen Kasse auch die Überleitung (vgl. Teil A 18) beantragt werden, damit die bereits bei der ursprünglich zuständigen Kasse vorhandenen Versorgungspunkte auf die neue Kasse übertragen werden und ggf. hierauf Bonuspunkte verteilt werden können.

5.4.2 Bonuspunkte auch nach Ausscheiden (bei beitragsfreier Pflichtversicherung)

Bonuspunkte gibt es auch dann noch, wenn das Versicherungsverhältnis beendet wird, weil der Arbeitnehmer nicht mehr im öffentlichen oder kirchlichen Dienst beschäftigt ist. Haben Versicherte bis zum Zeitpunkt ihres Ausscheidens mindestens 120 Monate mit Umlagen-/Beitragszahlungen durch Arbeitgeber zurückgelegt, werden zu verteilende Bonuspunkte – obwohl die Versicherten aus der Pflichtversicherung ausgeschieden sind – auf ihr Versorgungskonto gutgeschrieben. Die spätere Rentenleistung kann also auch dann noch ansteigen, wenn keine Pflichtversicherung mehr besteht (vgl. auch Teil C 2.1).

Hinweis bei Auflösungsverträgen:

Da auch beitragsfrei Pflichtversicherte – also Versicherte, die ihr Beschäftigungsverhältnis beendet haben – unter den o.g. Voraussetzungen weiterhin Bonuspunkte erhalten können, sollte der Arbeitgeber den Beschäftigten bereits im Vorfeld der Auflösung des Arbeitsverhältnisses auf diese Folge hinweisen. Dies gilt vor allem dann, wenn durch kurzzeitiges Fortbestehen des Beschäftigungsverhältnisses diese Wartezeit erfüllt werden könnte.

5.5 Soziale Komponenten

Die Betriebsrente berücksichtigt auch soziale Komponenten. Das bedeutet, dass von der Zusatzversorgungskasse in bestimmten Fällen Versorgungspunkte gutgeschrieben werden, ohne dass hierfür Beiträge durch den Arbeitgeber gezahlt wurden. Diese zusätzlichen Punkte werden aus den Überschüssen finanziert.

Soziale Komponenten gibt es bei

- Mutterschutzzeiten,
- Elternzeiten,
- Erwerbsminderungs- und Hinterbliebenenrenten.

5.5.1 Mutterschutzzeiten

Zeiten eines Mutterschutzes (§ 3 Abs. 2 und § 6 Abs. 1 Mutterschutzgesetz) sind Beschäftigungszeiten gleichgestellt. Sie gelten als vollwertige Versicherungszeiten (Umlagemonate) und werden bei der Berechnung der Rentenhöhe so behandelt, als hätte die Mutter während dieser Zeit (fiktiv) eine Entgeltfortzahlung (§ 21 TVöD/TV-L etc.) erhalten. Damit werden diese Zeiten den Zeiten während einer Entgeltfortzahlung im Krankheitsfall bzw. bei Anspruch auf Krankengeldzuschuss gleichgestellt, ohne dass allerdings der Arbeitgeber Umlagen oder Beiträge zu entrichten hat. Die sich aus der Mutterschutzzeit ergebenden Rentenanwartschaften werden als soziale Komponenten aus den Überschüssen finanziert

Mutterschutzzeiten ab dem 01.01.2012 werden der Zusatzversorgungskasse vom Arbeitgeber gemeldet und damit ohne Antrag der Versicherten direkt für die Betriebsrente berücksichtigt. Umlagen/Beiträge sind jedoch nicht zu entrichten (vgl. auch Teil E 2.7.1).

Mutterschutzzeiten vor dem 01.01.2012 können ebenfalls berücksichtigt werden, wenn die Versicherten die Einbeziehung dieser Zeiten schriftlich bei der Zusatzversorgungskasse beantragen und geeignete Nachweise (z. B. Versicherungsverlauf der Deutschen Rentenversicherung) vorlegen. Zeiten eines Mutterschutzes können für die Betriebsrente jedoch nur dann berücksichtigt werden, wenn diese während einer versicherungspflichtigen Beschäftigung in der Zusatzversorgung zurückgelegt wurden. Mutterschutzzeiten außerhalb einer solchen versicherungspflichtigen Beschäftigung können nicht berücksichtigt werden.

5.5.2 Elternzeit

Bei Beschäftigten, bei denen das Arbeitsverhältnis wegen einer Elternzeit nach § 15 Bundeselterngeld- und Elternzeitgesetz nach der Geburt ruht, wird für jeden vollen Monat ohne Arbeitsentgelt und für jedes anspruchsberechtigte Kind ein Entgelt von 500,00 € unterstellt. Die sich aus diesem fiktiven Entgelt unter Berücksichtigung des Altersfaktors ergebenden Versorgungspunkte werden dem Versorgungskonto gutgeschrieben. Damit steigt also die Rentenanwartschaft während einer Elternzeit (vgl. auch Teil E 2.7.2). Dies gilt allerdings nur, wenn das Beschäftigungsverhältnis aufgrund der Elternzeit ruht – die Beschäftigte also aufgrund der Elternzeit nicht im bisherigen Beschäftigungsverhältnis arbeitet. Wird dagegen während der Elternzeit in dem an sich wegen Elternzeit ruhenden Arbeitsverhältnis wieder versicherungspflichtig gearbeitet, werden keine 500,00 € als monatliches Entgelt angesetzt, vielmehr gilt der entsprechende Verdienst aufgrund der Arbeitsleistung. Liegt dabei das Arbeitseinkommen unter 500,00 € im Monat, resultiert daraus eine geringere Rente, als wenn nicht gearbeitet worden wäre. Einmalzahlungen – wie z. B. die Jahressonderzahlung – haben demgegenüber keine Auswirkungen auf die Zahlung der sozialen Komponente, wenn außer der Zuwendung keine laufenden Bezüge vorhanden sind. In diesem Fall wird sowohl die soziale Komponente (500,00 €) als auch die Jahressonderzahlung verrentet (vgl. auch Teil E 2.7.3).

Bei Mehrlingsgeburten oder bei der Geburt eines weiteren Kindes während einer laufenden Elternzeit ist ein entsprechend erhöhter Betrag zu berücksichtigen. Die Zahl der höchstens zu berücksichtigenden Monate ist auf 36 Kalendermonate je Kind begrenzt.

Beispiel:

Eine 25-jährige Beschäftigte befand sich während des gesamten Jahres in Elternzeit. Damit entsteht aus der sozialen Komponente folgende Anwartschaft auf Betriebsrente:

500,00 € × 12 Monate = 6.000,00 €/Jahr

6.000,00 € : 12.000,00 € = 0,5

0,5 × 2,4 (Altersfaktor 27 Jahre) = 1,2 Versorgungspunkte (VP)

1,2 VP × 4,00 € Messbetrag = 4,80 € garantierte monatliche Betriebsrente.

Ab dem 01.01.2012 ist eine beantragte Elternzeit vom Arbeitgeber erst nach Ende der Mutterschutzzeit nach § 6 Abs. 1 Mutterschutzgesetz zu melden. Vor dem 01.01.2012 musste die Elternzeit ab dem Tag der Geburt des Kindes gemeldet werden. Wird im Nachhinein die Anerkennung von Mutterschutzzeiten vor dem 01.01.2012 beantragt, so vermindert sich das zusatzversorgungspflichtige Entgelt während der Mutterschutzzeit um die zeitgleich für die Elternzeit berücksichtigte soziale Komponente in Höhe von 500,00 € je Kind.

5.5.3 Zurechnungszeiten bei Erwerbsminderungsrente und Hinterbliebenenrente

Tritt eine **Erwerbsminderung** vor Vollendung des 60. Lebensjahres ein, zahlt die Zusatzversorgung die Betriebsrente nicht nur aus den bis dahin angesparten Versorgungspunkten. Vielmehr erhält der Versicherte aus dem durchschnittlichen Entgelt der letzten drei Kalenderjahre zusätzliche Versorgungspunkte bis zur Vollendung des 60. Lebensjahres (Zurechnungszeit). Damit ergibt sich bei Eintritt einer Erwerbsminderung auch bei noch nicht sehr lange bestehender Versicherung eine höhere Rentenleistung aus der Zusatzversorgung.

Beispiel:

Ein am 20.01.1980 geborener Beschäftigter erhält ab dem 01.10.2014 eine volle Erwerbsminderungsrente. Sein zusatzversorgungspflichtiges Entgelt in den letzten drei vollen Kalenderjahren (2011–2013) betrug durchschnittlich 30.000 €.

An Versorgungspunkten entstanden somit (30.000 € : 12.000 € =) 2,5 Versorgungspunkte im Jahr.

Vom 01.10.2014 bis zum 19.01.2040 (Vollendung des 60. Lebensjahres) sind es 25 Jahre und drei Monate, sodass 25 Jahre als Zurechnungszeit anerkannt werden.

Damit entstehen aus der Zurechnungszeit monatlich 250 € Rente (25 Jahre × 2,5 Versorgungspunkte × 4,00 € Messbetrag).

Entsprechende Zurechnungszeiten wie bei einer Erwerbsminderungsrente gibt es auch bei den **Hinterbliebenenrenten.** Auch hier werden die Renten – wenn der Versicherte vor Vollendung des 60. Lebensjahres stirbt – nicht nur aus Versorgungspunkten errechnet, die bis zum Tod des Versicherten erreicht wurden, vielmehr erfolgt eine Zurechnung von Versorgungspunkten bis zum 60. Lebensjahr.

Zurechnungszeiten gibt es jedoch **nicht,** wenn die Erwerbsminderungs- oder die Hinterbliebenenrente **während einer beitragsfreien Pflichtversicherung** beginnt, der Versicherte also zum Zeitpunkt des Rentenbeginns nicht mehr in der Zusatzversorgung angemeldet ist. In diesem Fall wird zwar eine Rente wegen Erwerbsminderung bzw. eine Hinterbliebenenrente geleistet, doch rechnet sich diese nur aus den bis zum Beginn der Rente erworbenen Versorgungspunkten; Zurechnungszeiten werden also hier nicht berücksichtigt. Bei Beendigung eines Arbeitsverhältnisses vor Rentenbeginn sollte der Arbeitgeber auf diese Folgen hinweisen (vgl. auch Teil C 2.2).

5.6 Altersteilzeit

Für die Dauer der Altersteilzeit werden – wie in der gesetzlichen Rentenversicherung – 90 % des vor Beginn der Altersteilzeit maßgebenden zusatzversorgungspflichtigen Entgelts berücksichtigt. Damit wird in der Zusatzversorgung während der Altersteilzeit nur eine unwesentlich geringere Rentenanwartschaft erreicht als ohne Vereinbarung der Altersteilzeit.

Beispiel:

Ein 55-jähriger Beschäftigter vereinbart Altersteilzeit.

Der Jahresverdienst vor Beginn der Altersteilzeit beträgt 40.000 €.

Während der Altersteilzeit werden davon 90 % – also 36.000 € – berücksichtigt.

$$\frac{\text{Entgelt Altersteilzeit} \quad 36.000\,€}{\text{Referenzentgelt} \quad 12.000\,€} \times 1{,}0 \text{ (Altersfaktor bei 55 Jahren)} = 3 \text{ Versorgungspunkte}$$

3 Versorgungspunkte × 4,00 € (Messbetrag) = 12,00 € garantierte monatliche Betriebsrente (aus einem Jahr Altersteilzeit)

Zum Vergleich: Ohne Altersteilzeit hätte sich eine monatliche Rente von 13,32 € ergeben.

Hinweis:

Da für die Dauer der Altersteilzeit-Beschäftigung ein zusatzversorgungspflichtiges Entgelt in Höhe von 90 % des vor Beginn der Altersteilzeit maßgebenden Entgelts berücksichtigt wird, ergibt sich für die Umlage-/Beitragszahlung Folgendes:

- Wurde die Altersteilzeit **vor dem 01.01.2003 vereinbart,** ist das tatsächlich bezogene (halbe) Entgelt als zusatzversorgungspflichtiges Entgelt zu melden. Daraus sind Umlagen/Beiträge zu entrichten (Versicherungsmerkmale 22/25, vgl. auch Teil E 2.3.1). Die Kasse erhöht dann das Entgelt auf 90 %.
- Wurde die Altersteilzeit **nach dem 31.12.2002 vereinbart,** ist das tatsächlich gezahlte (halbe) Entgelt während der Altersteilzeit vom Arbeitgeber um den Faktor 1,8 zu erhöhen und damit auf 90 % hochzurechnen. Das so erhöhte Entgelt ist der Zusatzversorgungskasse zu melden; Umlagen/Beiträge sind aus dem erhöhten Entgelt zu zahlen (Versicherungsmerkmale 23/20, vgl. auch Teil E 2.3.2).

5.7 Flexible Altersarbeitszeit - Falter

Während einer flexiblen Altersarbeitszeit (FALTER) wird das Arbeitsverhältnis auf die Hälfte der ursprünglichen Beschäftigung reduziert. Gleichzeitig wird eine Teilrente in Höhe von 50 % aus der gesetzlichen Rentenversicherung in Anspruch genommen. FALTER sieht dabei vor, dass die Reduzierung des Arbeitsverhältnisses maximal vier Jahre beträgt. Der Beginn von FALTER liegt dann zwei Jahre vor Beginn einer abschlagsfreien Altersrente und dauert weitere zwei Jahre über den möglichen Beginn der abschlagsfreien Altersrente hinaus. Der Rentenbeginn wird damit um zwei Jahre nach hinten verschoben. FALTER hat in der Zusatzversorgung folgende Wirkungen:

- Aufgrund der Reduzierung des Beschäftigungsverhältnisses um 50 % während FALTER entstehen Ansprüche in der Zusatzversorgung nur entsprechend des reduzierten Entgelts. Eine Aufstockung wie bei der Altersteilzeit, wo das abgesenkte Entgelt mit dem Faktor 1,8 multipliziert und so auf 90 % hochgerechnet wird, erfolgt bei FALTER nicht. Wird also während FALTER das Beschäftigungsverhältnis beispielsweise für vier Jahre reduziert, so ergibt sich aus dieser Zeit derselbe Anspruch auf Zusatzversorgungsrente, als wäre für die zwei Jahre bis zum Beginn der abschlagsfreien Altersrente im bisherigen (vollen) Umfang weiter gearbeitet worden.

- Während FALTER wird aus der gesetzlichen Rentenversicherung eine Teilrente in Höhe von 50 % bezogen. Für jeden Monat, den eine Altersrente vor Erreichen der für die abschlagsfreie Altersrente maßgebenden Altersgrenze in Anspruch genommen wird, vermindert sich die monatliche gesetzliche Rente um 0,3 % (Abschlag von 3,6 % pro Jahr). Der Abschlag gilt nur für die bezogene Teilrente und gilt dauerhaft. In der Zusatzversorgung besteht dagegen kein Anspruch auf eine Rente. Der Beginn einer Teilrente in der gesetzlichen Rentenversicherung ist kein Versicherungsfall in der Zusatzversorgung und löst damit keine Zahlung einer Rente aus. Vielmehr bleibt die Versicherung bestehen (da ja auch das Beschäftigungsverhältnis fortbesteht) und wird mit dem infolge des Teilrentenbezugs reduzierten Entgelt fortgesetzt (s. o.).
- FALTER sieht vor, dass eine Altersrente nicht zum frühestmöglichen Zeitpunkt, zu dem eine abschlagsfreie Altersrente möglich wäre, in Anspruch genommen wird, sondern in der Regel erst zwei Jahre später. Für jeden Monat, den eine Altersrente nach Erreichen der Regelaltersgrenze nicht in Anspruch genommen wird, erhöht sich der nicht in Anspruch genommene andere Teil der Rente um monatlich 0,5 % (Zuschlag von 6 % pro Jahr). Für die ab der Regelaltersgrenze nicht bezogene Teilrente ergibt sich damit maximal ein Zuschlag von 12 %. Hinzu kommen die zusätzlichen Entgeltpunkte aus der hälftigen Weiterbeschäftigung. In der Zusatzversorgung führt dagegen ein Hinausschieben des Rentenbeginns zu keiner prozentualen Erhöhung der Rentenanwartschaft. Rentenansprüche entstehen lediglich aus den Einkommen während des fortgeführten Versicherungsverhältnisses nach dem an sich möglichen Rentenbeginn.

Letztendlich lässt sich feststellen, dass die Inanspruchnahme von FALTER in der Zusatzversorgung nicht rentensteigernd wirkt. Versicherte erhalten nach FALTER eine Zusatzversorgungsrente in genau derselben Höhe wie ohne FALTER. Dabei ist aber zu beachten, dass infolge FALTER die Lebensarbeitszeit aber bis um zwei Jahre verlängert wurde. Um FALTER auch aus zusatzversorgungsrechtlicher Sicht attraktiver zu gestalten, wären somit entsprechende tarifliche Regelungen nötig.

5.8 Teilzeitbeschäftigung und Beurlaubung ohne Bezüge

Im Punktemodell erfolgt die Leistungsbemessung – abgesehen von den sozialen Komponenten und den Bonuspunkten – ausschließlich auf der Basis des jeweiligen zusatzversorgungspflichtigen Entgelts. Da sich die Höhe des zusatzversorgungspflichtigen Entgelts nach dem Maß der vereinbarten durchschnittlichen regelmäßigen wöchentlichen Arbeitszeit richtet, wirkt sich der Beschäftigungsumfang auch bei der Leistungsbemessung im Punktemodell aus. Die Teilzeitbeschäftigung wird im Punktemodell einfach durch das entsprechend geringere Entgelt zum Ausdruck gebracht, was zu entsprechend geringeren Versorgungspunkten führt.

Auch eine Beurlaubung ohne Bezüge gestaltet sich im Punktemodell unproblematisch. Während der Beurlaubung bleibt die Pflichtversicherung bestehen. Da aber im Beurlaubungszeitraum kein zusatzversorgungspflichtiges Entgelt erzielt wird, werden auch keine Versorgungspunkte dem Versorgungskonto gutgeschrieben. Allerdings können Bonuspunkte aus Überschüssen dem Konto gutgeschrieben werden, da ja am Jahresende auch während einer Beurlaubung die Pflichtversicherung bestanden hat.

Tritt während der Beurlaubung ein Versicherungsfall wegen Erwerbsminderung oder Tod ein, so werden zusätzliche Versorgungspunkte für Zurechnungszeiten vergeben (vgl. Teil A 5.5.3).

Hinweis:

Bei einer Beurlaubung bleibt – anders als bei Beendigung des Arbeitsverhältnisses – der Anspruch auf Zurechnungszeiten im Fall der Erwerbsminderung oder des Todes erhalten. Dies sollte bei Beschäftigten, die ihr Arbeitsverhältnis beenden, weil sie eine Erwerbsminderungsrente beantragt haben oder in absehbarer Zeit beantragen werden, vor allem im Rahmen von Auflösungsverträgen beachtet werden. Hier kann ggf. eine **Hinweispflicht des Arbeitgebers** bestehen.

5.9 Absenkung der Leistungszusage

Ein Arbeitgeber, der sich in einer wirtschaftlichen Notlage befindet, kann die Zusage von Leistungen für die Dauer von drei Jahren um bis zu 2 % absenken (§ 62 Abs. 4 d. S.). Da die Leistungen in der Pflichtversicherung so berechnet werden, als ob 4 % aus dem Einkommen des Beschäftigten kapitalgedeckt angelegt und von der Zusatzversorgung verzinst werden, bedeutet eine Absenkung dieser Zusage um bis zu 2 %, dass sich in einem solchen Fall die neu entstehenden Anwartschaften reduzieren. Bei einer Absenkung um 2 % würden also anstelle von 4 % Beitrag nur 2 % eingezahlt, sodass nur die Hälfte der ursprünglich erreichbaren Anwartschaft während der Zeit der Absenkung entsteht.

Voraussetzung ist, dass sich der Arbeitgeber in einer wirtschaftlichen Notlage befindet und

- bei tarifgebundenen Arbeitgebern ein landesbezirklicher Tarifvertrag (Sanierungstarifvertrag) geschlossen wird oder
- bei nicht tarifgebundenen Arbeitgebern eine betriebliche oder überbetriebliche Vereinbarung getroffen wird. Diese Vereinbarung bedarf der Zustimmung der Zusatzversorgungskasse.

Die Absenkung kann nach Ablauf der ursprünglich vereinbarten Zeit (maximal drei Jahre) verlängert werden.

Die Beschäftigten erwerben in der Zeit der Absenkung nur verringerte Anwartschaften auf Leistungen. Allerdings reduziert sich der Leistungszuwachs nur während der Zeit der Absenkung – er betrifft also nicht die bereits vorher entstandenen bzw. nach Beendigung der Absenkung entstehenden Anwartschaften.

Die Absenkung der Leistungszusage wirkt sich nicht auf die soziale Komponente während einer Elternzeit (vgl. Teil A 5.5.2) aus, kann aber Auswirkungen bei Zurechnungszeiten (vgl. Teil A 5.5.3) im Fall einer Erwerbsminderung (oder bei Hinterbliebenenrenten) und bei Meldung der zusätzlichen Umlage (vgl. Teil D 3.2) haben.

Will ein Beschäftigter das Absinken seiner Anwartschaften vermeiden, kann er zum Ausgleich der verringerten Zahlung seitens seines Arbeitgebers eine eigene freiwillige Versicherung abschließen. Durch die staatliche Förderung im Rahmen einer Entgeltumwandlung oder Riester-Förderung wird der erforderliche Beitrag des Beschäftigten in aller Regel geringer sein, als der vom Arbeitgeber abgesenkte Beitragsteil (vgl. Teil F).

Die Meldungen durch den Arbeitgeber an die Zusatzversorgungskasse bei abgesenkter Versorgungszusage sind nicht einheitlich geregelt, sodass die Besonderheiten jeweils bei der Zusatzversorgungskasse nachgefragt werden sollte.

6. Die Umstellung der Betriebsrente zum 01.01.2002

Durch die Reform der Zusatzversorgung hat sich die Leistungsberechnung ab dem 01.01.2002 vollkommen verändert. Anstelle des vormaligen Gesamtversorgungssystems trat das Punktemodell.

Die Zusatzversorgungskassen haben für ihre Versicherten die bis zum Umstellungsstichtag erworbenen Anwartschaften über sogenannte Startgutschriften festgestellt. Die Startgutschrift wurde je nach Versicherungsstatus und Alter auf unterschiedliche Art und Weise berechnet.

6.1 Startgutschrift für rentennahe Pflichtversicherte

Da die Umstellung der Zusatzversorgung auf das neue System zum 01.01.2002 erfolgte, ist dieser Tag das entscheidende Datum. Wer an diesem Tag bereits 55 Jahre oder älter war – also vor dem 02.01.1947 geboren ist –, dessen bisherige Versicherungszeit wurde so bewertet, als sei zum 31.12.2001 eine Rente nach dem bisherigen Recht berechnet worden. Für Beschäftigte aus dem Tarifgebiet Ost galt diese Regelung allerdings nur, wenn Pflichtversicherungszeiten in der Zusatzversorgung vor dem 01.01.1997 bestehen.

Diese besondere Besitzstandsregelung gilt auch für Versicherte, die die Tarifvertragsparteien wegen des zeitnah bevorstehenden Rentenbeginns als besonders schutzbedürftig eingestuft haben, zum Beispiel bei einer möglichen Inanspruchnahme einer Altersrente für schwerbehinderte Menschen oder wenn Altersteilzeitarbeit vereinbart worden ist.

Für die Berechnung der rentennahen Startgutschrift mussten die Versicherten eine individuelle Rentenauskunft der Deutschen Rentenversicherung über die Höhe der gesetzlichen Rente zum 31.12.2001 vorlegen.

6.2 Startgutschrift für rentenferne Pflichtversicherte

Für Pflichtversicherte, die am Umstellungsstichtag das 55. Lebensjahr noch nicht vollendet hatten, wurde die Startgutschrift auf der Grundlage des Betriebsrentengesetzes (§ 18 Abs. 2 BetrAVG) berechnet. Hierbei wird angenommen, dass der Versicherte aus seinem Verdienst zum Umstellungszeitpunkt die höchstmögliche Rente aus der alten Zusatzversorgung erreicht hätte. Je nach Dauer seiner Versicherungszeit in der Zusatzversorgung erhält er danach einen anteiligen Wert dieses höchstmöglichen Anspruchs – und zwar 2,25 % pro Versicherungsjahr. Bei der rentenfernen Startgutschrift wurde die gesetzliche Rente nicht anhand einer konkreten Rentenauskunft, sondern unter Anwendung des pauschalen Näherungsverfahrens ermittelt.

6.3 Rechtsprechung zur Startgutschrift für rentenferne Versicherte

Der Bundesgerichtshof hat die Berechnung der rentenfernen Startgutschrift in einem Punkt beanstandet. Sie benachteiligte „Späteinsteiger", d.h. Versicherte, die erst später in den öffentlichen Dienst gekommen sind. Die Versicherten erhalten für jedes Jahr einen Anteil von 2,25 % an der höchstmöglichen Voll-Leistung. Sie benötigen damit insgesamt 44,44 Pflichtversicherungsjahre, um die höchstmögliche Voll-Leistung zu erreichen.

Insbesondere Versicherte mit längeren Ausbildungszeiten, die erst später in den öffentlichen Dienst eingetreten sind, konnten daher bei der Berechnung nach § 18 Betriebsrentengesetz von vornherein keinen Anspruch auf die Voll-Leistung erwerben. Die Tarifvertragsparteien des öffentlichen Dienstes haben sich daraufhin auf das sogenannte „Vergleichsmodell" verständigt. Die neue Berechnung lehnt sich stärker an § 2 BetrAVG an. Nach dieser Regelung werden die unverfallbaren Anwartschaften von Beschäftigten in der Privatwirtschaft berechnet. Ist die neue Anwartschaft nach dem „Vergleichsmodell" höher als die bisherige Startgutschrift, erhalten die Versicherten einen Zuschlag. Anderenfalls verbleibt es bei der bisherigen Startgutschrift.

Bei der Berechnung wird weiterhin das sog. Näherungsverfahren angewendet, obwohl der Bundesgerichtshof an dessen ausschließlicher Verwendung Zweifel geäußert hatte. Mit dem Näherungsverfahren wird die Höhe einer zu erwartenden gesetzlichen Rente im Rahmen der Gesamtversorgung ermittelt. Die Tarifvertragsparteien haben sich entsprechend des Prüfauftrags des Bundesgerichtshofes im Rahmen der Tarifverhandlungen mit der Anwendung des Näherungsverfahrens eingehend befasst und dieses für weiterhin anwendbar angesehen.

6.4 Startgutschrift für beitragsfrei Versicherte

Auch für denjenigen, der zum Zeitpunkt der Systemänderung (31.12.2001) nicht mehr im öffentlichen oder kirchlichen Dienst beschäftigt und damit nicht mehr in der Zusatzversorgung angemeldet war (beitragsfrei versichert), wurde eine Startgutschrift errechnet. Hierbei wurde die Rentenanwartschaft errechnet, wie sie sich für alle ausgeschiedenen Versicherten nach dem alten Recht ergeben hätte (sog. Versicherungsrente). Soweit ein Versicherter die gesetzlichen Voraussetzungen für eine unverfallbare Anwartschaft erfüllt hatte, wurde zudem ein von der Startgutschrift getrennter eigener Anspruch nach § 18 BetrAVG berechnet.

7. Die allgemeinen Voraussetzungen für eine Rentenleistung aus der Zusatzversorgung

Anspruch auf eine Rentenleistung aus der Zusatzversorgung besteht, wenn

- die Wartezeit erfüllt ist,
- ein Versicherungsfall eingetreten ist,
- die Rente schriftlich bei der Kasse beantragt wird.

7.1 Wartezeit

Die Wartezeit ist die Mindestzeit, für die Umlagen/Beiträge gezahlt worden sein müssen, bevor ein Anspruch auf Leistungen entstehen kann.

Die Wartezeit beträgt 60 Monate, für die mindestens für einen Tag pro Monat Aufwendungen für die Pflichtversicherung erbracht werden mussten – also der Arbeitgeber Umlagen oder Beiträge gezahlt hat.

Die Wartezeit kann auch durch Zusammenrechnen (Überleitung bzw. gegenseitige Anerkennung) verschiedener Versicherungsverhältnisse – soweit sie nicht zeitgleich bestanden haben – erfüllt werden (vgl. Teil A 18). Beiträge in die freiwillige Versicherung werden dagegen – auch wenn sie vom Arbeitgeber erbracht worden sind – nicht auf die Wartezeit angerechnet.

Auch Zeiten eines Mutterschutzes sind Umlage-/Beitragsmonate, wenn diese Zeiten nach dem 01.01.2012 liegen oder eine Berücksichtigung von Zeiten vor dem 01.01.2012 bei der Zusatzversorgungseinrichtung beantragt wurde (vgl. Teil A 5.5.1).

Die Zeiten während einer Elternzeit gelten dagegen nicht als Umlage-/Beitragsmonate.

Die Wartezeit gilt als erfüllt, wenn der Versicherungsfall durch einen **Arbeitsunfall** im Sinne der gesetzlichen Unfallversicherung eingetreten ist, soweit der Arbeitsunfall mit dem die Pflichtversicherung begründenden Beschäftigungsverhältnis zusammenhängt. In diesem Fall entsteht direkt – auch wenn noch keine 60 Kalendermonate mit Umlagen/Beiträgen vorliegen – ein Anspruch auf eine Rentenleistung.

Soweit die Betriebsrente auf einer Eigenbeteiligung der Beschäftigten an einem kapitalgedeckten Beitrag (vgl. Teil D 3.4.2) beruht, besteht daraus – auch ohne erfüllte Wartezeit – ein Anspruch auf Altersrente und unter bestimmten Voraussetzungen auch auf eine Erwerbsminderungsrente.

7.2 Versicherungsfall

7.2.1 Pflichtversicherte in der gesetzlichen Rentenversicherung

Der Versicherungsfall ist das Ereignis, das den Leistungsanspruch auslöst. Bei **Versicherten,** die **in der gesetzlichen Rentenversicherung** versichert sind, tritt der Versicherungsfall in der Zusatzversorgung am Ersten des Monats ein, von dem an ein Anspruch auf gesetzliche Rente wegen Alters als Vollrente bzw. wegen teilweiser oder voller Erwerbsminderung besteht.

Der Bezug einer Altersrente als **Teilrente** aus der gesetzlichen Rentenversicherung löst in der Zusatzversorgung dagegen keinen Leistungsanspruch aus. Unter Teilrente ist eine Altersrente zu verstehen, bei der der Rentner nur einen Teil seiner gesetzlichen Rente ($^2/_3$ oder $^1/_2$ oder $^1/_3$) in Anspruch nimmt und neben dieser Rente weiterhin mit Hinzuverdienst arbeitet. Altersrenten, die durch einen Abschlag wegen vorzeitiger Inanspruchnahme vermindert werden, sind keine Teilrenten, ebenso auch eine Rente wegen teilweiser Erwerbsminderung nicht.

Um eine Leistung aus der Betriebsrente zu erhalten, müssen die Voraussetzungen in der gesetzlichen Rentenversicherung vorliegen. Der Anspruch ist durch Vorlage des Bescheids des Trägers der gesetzlichen Rentenversicherung nachzuweisen.

Die Zusatzversorgung kennt damit – entsprechend der Rentenversicherung – folgende Versicherungsfälle:

- **Regelaltersrente** nach Vollendung des 67. bzw. des 65. Lebensjahres (der Rentenbeginn wird stufenweise auf das 67. Lebensjahr angehoben);
- **Altersrente für besonders langjährig Versicherte** nach Vollendung des 65. Lebensjahres (übergangsweise ab dem 63. Lebensjahr);
- **Altersrente für langjährig Versicherte** nach Vollendung des 63. bzw. 62. Lebensjahres;

- **Altersrente für schwerbehinderte Menschen** nach Vollendung des 62. bzw. des 60. Lebensjahres;
- **Altersrente wegen Arbeitslosigkeit oder nach Altersteilzeit** nach Vollendung des 60. – 63. Lebensjahres bis zum Geburtsjahrgang 1951;
- **Altersrente für Frauen** nach Vollendung des 60. Lebensjahres bis zum Geburtsjahrgang 1951;
- **Rente wegen teilweiser Erwerbsminderung** (vgl. Teil A 8.2);
- **Rente wegen voller Erwerbsminderung** (vgl. Teil A 8.1);
- **Hinterbliebenenrenten** (vgl. Teil A 9).

Bei allen Rentenarten – außer der Regelaltersrente und der Altersrente für besonders langjährig Versicherte – sind Abschläge wegen vorzeitiger Inanspruchnahme möglich.

7.2.2 Versicherte, die nicht in der gesetzlichen Rentenversicherung versichert sind

Bei Versicherten, die nicht in der gesetzlichen Rentenversicherung versichert sind (sondern zugunsten eines berufsständischen Versorgungswerks – z. B. Ärzteversorgung, Rechtsanwaltsversorgung – von der Rentenversicherung befreit sind) oder die die Voraussetzungen für den Bezug einer gesetzlichen Rente nicht erfüllen, stellt der Beginn einer Rente aus der berufsständischen Versorgung in der Zusatzversorgung **keinen Versicherungsfall** dar. Vielmehr ist es erforderlich, dass der Versicherte eine Rente bei der Zusatzversorgungskasse beantragt und die für eine gesetzliche Rente erforderlichen Wartezeiten und sonstigen Voraussetzungen in der Zusatzversorgung erfüllt. Anstelle der in der Rentenversicherung geforderten Wartezeiten und Beitragsmonate sind entsprechende Pflichtversicherungszeiten in der Zusatzversorgung erforderlich. Eine teilweise oder volle Erwerbsminderung ist durch einen von der Kasse zu bestimmenden Facharzt nachzuweisen. Bei vorgezogenen Altersrenten (z. B. Altersrente für langjährig Versicherte ab Vollendung des 63. bzw. 62. Lebensjahrs) müssen die in der Rentenversicherung erforderlichen Wartezeiten (420 Beitragsmonate) in der Zusatzversorgung zum Rentenbeginn erfüllt sein.

Sind die besonderen Versicherungszeiten in der Zusatzversorgung nicht vorhanden, kann eine Rente aus der Zusatzversorgung meist erst als Regelaltersrente (Vollendung 67. bzw. 65. Lebensjahr) beansprucht werden. Hier ist nur die allgemeine Wartezeit von 60 Umlagemonaten erforderlich.

Hinweis:

Ob die erforderlichen Versicherungszeiten in der Zusatzversorgung vorliegen, sollte vor allem dann, wenn eine Altersrente vor Beginn der Regelaltersrente bezogen und aus diesem Grund das Arbeitsverhältnis beendet werden soll, bei der Zusatzversorgungskasse erfragt werden.

7.3 Antrag

Um aus der Zusatzversorgung eine Rente zu erhalten, ist es immer erforderlich, dass der Versicherte einen Antrag auf Rente bei der Zusatzversorgungskasse stellt.

Für den Antrag sind die jeweils von der Kasse zur Verfügung gestellten Vordrucke zu verwenden. Dem Antrag sind die erforderlichen Unterlagen beizufügen.

7.4 Ausschlussfristen

Der Anspruch auf Betriebsrente für einen Zeitraum, der mehr als zwei Jahre vor dem Ersten des Monats liegt, in dem der Antrag bei der Zusatzversorgungseinrichtung eingegangen ist, kann nicht mehr geltend gemacht werden. Gleiches gilt für eine Mitteilung, die zu einem höheren Anspruch führt.

7.5 Mitwirken des Arbeitgebers

Bei Rentenbeginn sollten die für die Beantragung einer Rente erforderlichen Vordrucke (Rentenantrag, Nachweis zur Krankenversicherung) den Beschäftigten durch den Arbeitgeber zur Verfügung gestellt werden.

Der Rentenantrag ist von den Beschäftigten auszufüllen. Bei Beschäftigten, die direkt aus dem Arbeitsverhältnis in die Rente gehen, hat auch der Arbeitgeber Angaben im Rentenantrag zu machen. Hier ist vor allem die Frage wichtig, ob der Arbeitgeber Ersatzansprüche wegen überzahlter Krankenbezüge geltend macht. Diese kommen in Betracht, wenn aufgrund eines rückwirkenden Beginns einer Erwerbsminderungsrente für Zeiten, zu denen die Rente schon begonnen hat, rückwirkend der Anspruch auf Krankengeldzuschuss bzw. Krankenbezüge entfällt (vgl. Teil E 2.13.2).

Zudem muss der Arbeitgeber bei Beginn einer Rente – egal ob das Arbeitsverhältnis aufgrund des Rentenbeginns beendet wird oder ruht (Erwerbsminderungsrente auf Zeit) –, der Zusatzversorgungseinrichtung eine Abmeldung vorlegen. Darin sind alle bis zum Rentenbeginn noch angefallenen Versicherungsabschnitte zu melden. Ohne eine solche Abmeldung kann die Zusatzversorgungseinrichtung die Rente nicht berechnen.

7.6 Abschläge wegen vorzeitiger Inanspruchnahme einer Rente

Bei Inanspruchnahme einer Altersrente vor Beginn der Regelaltersrente werden in der gesetzlichen Rentenversicherung Rentenabschläge vorgenommen. Die Abschläge beginnen – je nach Rentenart – zu unterschiedlichen Zeitpunkten und belaufen sich auf zwischen 0,3 und 18 %. Für die Zusatzversorgung gelten diese Abschläge grundsätzlich entsprechend, allerdings sind sie in ihrer Höhe auf maximal 10,8 % begrenzt.

8. Erwerbsminderungsrenten

Neben der Altersrente ist in der Betriebsrente auch eine Leistung bei vorzeitiger Erwerbsminderung vorgesehen. Entsprechend der Regelung in der gesetzlichen Rentenversicherung unterscheidet die Zusatzversorgung zwischen

- Rente wegen voller Erwerbsminderung und
- Rente wegen teilweiser Erwerbsminderung.

8.1 Rente wegen voller Erwerbsminderung

Voll erwerbsgemindert sind Versicherte, die wegen Krankheit oder Behinderung auf nicht absehbare Zeit außerstande sind, unter den üblichen Bedingungen des allgemeinen Arbeitsmarktes mindestens drei Stunden täglich erwerbstätig zu sein.

Die Zusatzversorgungskasse zahlt eine Rente wegen voller Erwerbsminderung, wenn der Versicherte einen entsprechenden Rentenbescheid des gesetzlichen Rentenversicherungsträgers vorlegt.

Für nicht in der gesetzlichen Rentenversicherung Versicherte gelten die Vorschriften der Rentenversicherung entsprechend. Damit ist es erforderlich, dass der Versicherte

- voll erwerbsgemindert ist (muss durch Facharzt festgestellt werden)
- in den letzten fünf Jahren vor Eintritt der Erwerbsminderung drei Jahre Pflichtbeiträge für eine versicherte Beschäftigung vorweisen kann und
- die allgemeine Wartezeit von 60 Umlage-/Beitragsmonaten vor Eintritt der Erwerbsminderung erfüllt hat.

8.2 Rente wegen teilweiser Erwerbsminderung

Teilweise erwerbsgemindert sind Versicherte, die wegen Krankheit oder Behinderung auf nicht absehbare Zeit außerstande sind, unter den üblichen Bedingungen des allgemeinen Arbeitsmarktes mindestens sechs Stunden täglich erwerbstätig zu sein. Dabei wird auf die konkrete Situation des Teilzeit-Arbeitsmarktes abgestellt, sodass Versicherte, die das verbliebene Restleistungsvermögen wegen Arbeitslosigkeit nicht in Erwerbseinkommen umsetzen können, an Stelle der halben die volle Erwerbsminderungsrente erhalten.

Eine Rente wegen teilweiser Erwerbsminderung beträgt 50 % einer Rente wegen voller Erwerbsminderung.

Die Zusatzversorgungskasse zahlt diese Rente, wenn der Versicherte einen entsprechenden Rentenbescheid des gesetzlichen Rentenversicherungsträgers vorlegt.

Für nicht in der gesetzlichen Rentenversicherung Versicherte gelten die Vorschriften der Rentenversicherung entsprechend. Damit ist es erforderlich, dass der Versicherte

- teilweise erwerbsgemindert ist (muss durch Facharzt festgestellt werden)
- in den letzten fünf Jahren vor Eintritt der Erwerbsminderung drei Jahre Pflichtbeiträge für eine versicherte Beschäftigung vorweisen kann und
- die allgemeine Wartezeit von 60 Umlage-/Beitragsmonaten vor Eintritt der Erwerbsminderung erfüllt hat.

8.3 Die Zurechnungszeiten

Bei einer Rente wegen voller oder teilweiser Erwerbsminderung zahlt die Zusatzversorgung in der Pflichtversicherung nicht nur eine Rente aus den bisher angesparten Versorgungspunkten. Vielmehr erhält der Versicherte aus dem durchschnittlichen Entgelt der letzten drei Kalenderjahre zusätzliche Versorgungspunkte bis zur Vollendung des 60. Lebensjahres. Damit ergibt sich bei Eintritt einer Erwerbsminderung auch bei noch nicht sehr lange bestehender Versicherung eine höhere Rente aus der Zusatzversorgung. Dies gilt allerdings nicht, wenn der Versicherte bei Beginn der Rente nicht mehr in der Zusatzversorgung angemeldet ist, also nur noch beitragsfrei versichert ist. In diesem Fall wird zwar ebenfalls eine Rente wegen Erwerbsminderung gezahlt, doch rechnet sich die Leistung nur aus den bis zum Beginn der Rente erworbenen Versorgungspunkten; Zurechnungszeiten werden also hier nicht berücksichtigt (vgl. Teil A 5.5.3).

In der freiwilligen Versicherung werden generell keine Zurechnungszeiten berücksichtigt.

8.4 Sonstiges zur Erwerbsminderungsrente

Erwerbsminderungsrenten sollen in der Regel als **Zeitrenten** gewährt werden. Die Renten sind dann in ihrer Dauer zeitlich befristet. Nach Ablauf der Befristung muss der Versicherte sich einer erneuten ärztlichen Untersuchung unterziehen, damit ggf. die Rente weiter gewährt wird. Die Zusatzversorgungskasse übernimmt hierbei wiederum die Entscheidung des gesetzlichen Rentenversicherungsträgers.

Wird einem Beschäftigten ein Bescheid der gesetzlichen Rentenversicherung über den Beginn einer Erwerbsminderungsrente zugestellt, hat dies regelmäßig Auswirkungen auf das Arbeitsverhältnis – je nach tarifrechtlicher Regelung. Für den Bereich des TVöD gilt Folgendes:

- Wird durch Bescheid des gesetzlichen Rentenversicherungsträgers festgestellt, dass der Beschäftigte **auf Dauer** voll erwerbsgemindert ist, endet das Arbeitsverhältnis mit Ablauf des Monats, in dem der Bescheid dem Beschäftigten zugestellt wurde (§ 33 Abs. 2 Satz 1 TVöD). Dabei ist allerdings zu beachten, dass § 33 Abs. 2 TVöD die Beendigung des Arbeitsverhältnisses infolge einer auflösenden Bedingung regelt, womit die einschlägigen Regelungen des Teilzeit- und Befristungsgesetzes (TzBfG) zur Anwendung kommen. Somit endet das Arbeitsverhältnis mit dem Eintritt der auflösenden Bedingung, frühestens jedoch zwei Wochen nach Zugang der schriftlichen Unterrichtung des Beschäftigten durch den Arbeitgeber über den Zeitpunkt des Eintritts der auflösenden Bedingung (§§ 21, 15 Abs. 2 TzBfG).

Beispiel:

Ein Rentenbescheid wird am 20. Oktober 2014 an den Beschäftigten zugestellt. Der Arbeitgeber erhält hiervon am 24. Oktober 2014 Kenntnis. Er teilt dem Beschäftigten am 31. Oktober 2014 mit, dass das Arbeitsverhältnis wegen Eintritt der auflösenden Bedingung der Rentenbewilligung beendet worden ist. Das Arbeitsverhältnis endet damit am 14. November 2014.

- Wird eine **befristete Rente** bewilligt, endet das Arbeitsverhältnis nicht. Es ruht jedoch ab dem 1. Tag nach dem Monat der Zustellung (§ 33 Abs. 2 Satz 5 und 6 TVöD) (vgl. Teil C 6.2.2).

Wenn die Rente wegen Erwerbsminderung vor Vollendung des 63. Lebensjahres beginnt, ergibt sich ein Abschlag wegen vorzeitiger Inanspruchnahme von 0,3 % bis 10,8 %. Bei einem Rentenbeginn ab 2012 wird das Lebensalter, ab dem keine Abschläge anfallen, stufenweise von 63 auf 65 Jahre angehoben.

Hinzuverdienst und Krankengeld können zum Nichtzahlen bzw. Ruhen der Erwerbsminderungsrente führen. Die Vorschriften der gesetzlichen Rentenversicherung werden entsprechend angewendet.

9. Betriebsrente für Hinterbliebene

Neben Leistungen an den Versicherten selbst (Altersrente oder Erwerbsminderungsrenten) ist in der Betriebsrente in der Pflichtversicherung immer auch die Rente an Hinterbliebene mit einbezogen.

Verstirbt also der Versicherte oder der Rentner, so haben der hinterbliebene Ehegatte bzw. der hinterbliebene Lebenspartner sowie die Kinder Anspruch auf eine Hinterbliebenenrente.

Voraussetzung ist, dass der Verstorbene

- entweder bereits eine Rente bezogen hat oder
- als Versicherter die Wartezeit bereits erfüllt hatte (vgl. Teil A 7.1).

Der hinterbliebene Ehegatte bzw. Lebenspartner hat dann Anspruch auf eine Leistung, wenn und solange er auch in der gesetzlichen Rentenversicherung Anspruch auf Witwen-/Witwerrente hat. Ein solcher Anspruch besteht auch dann, wenn nur deshalb keine Rente aus der gesetzlichen Rentenversicherung geleistet wird, weil dort ein Rentensplitting durchgeführt wurde.

9.1 Betriebsrente für Witwen/Witwer

Bei Ehen, die vor dem 01.01.2002 geschlossen wurden und mindestens ein Ehegatte vor dem 02.01.1962 geboren worden ist, beläuft sich die **große Witwen-/Witwerrente** auf **60 %** der Rente des Verstorbenen. Im Übrigen beträgt die große Witwen-/Witwerrente **55 %** der Rente des Verstorbenen.

Eine **große Witwen-/Witwerrente** wird gezahlt, wenn:

- der verstorbene Versicherte die allgemeine Wartezeit in der gesetzlichen Rentenversicherung von fünf Jahren erfüllt hat,
- die Witwe/der Witwer ein eigenes Kind oder ein Kind des verstorbenen Ehegatten, dass das 18. Lebensjahr noch nicht vollendet hat, erzieht (auch Stief-/Pflegekinder oder behinderte Kinder – Letztere auch nach vollendetem 18. Lebensjahr) – oder die Witwe/der Witwer das 45. Lebensjahr vollendet hat, oder die Witwe/der Witwer erwerbsgemindert ist (das 45. Lebensjahr wird stufenweise auf das 47. Lebensjahr angehoben),
- die Witwe/der Witwer nicht wieder geheiratet hat.

Liegen die Voraussetzungen für eine große Witwen-/Witwerrente nicht vor, wird eine **kleine Witwen-/Witwerrente** gezahlt. Sie beträgt **25 %** der Rente des Verstorbenen. Sie wird gezahlt, wenn die Witwe/der Witwer nicht mehr geheiratet und der verstorbene Versicherte die allgemeine Wartezeit von fünf Jahren erfüllt hat.

Die kleine Witwenrente wird längstens für 24 Kalendermonate nach dem Tod des Ehegatten gezahlt, es sei denn, mindestens ein Ehegatte wurde vor dem 02.01.1962 geboren und die Ehe vor dem 01.01.2002 geschlossen. Vollendet die Witwe/der Witwer das 45. (bzw. 47.) Lebensjahr, so wird ab diesem Zeitpunkt die große Witwen-/Witwerrente gezahlt.

Anders als in der gesetzlichen Rentenversicherung, wo nach dem Tod eines Ehegatten die Witwenrente für die Dauer von drei Monaten in Höhe der ursprünglich an den Versicherten gezahlten Rente geleistet wird, gibt es ein solches „**Sterbevierteljahr**" in der Zusatzversorgung nicht. Hier gilt gleich von Beginn an die um den Witwenfaktor gekürzte Rente (z. B. 60 %).

Anspruch auf Betriebsrente für Witwen/Witwer besteht nicht, wenn die Ehe mit der/dem Verstorbenen weniger als zwölf Monate gedauert hat. Die Rente ist jedoch dann zu zahlen, wenn nach den besonderen Umständen des Falls die Annahme nicht gerechtfertigt ist, dass es der alleinige oder überwiegende Zweck der Heirat war, der Witwe/dem Witwer eine Betriebsrente zu verschaffen.

Bei einem Versterben des versicherten Ehegatten vor Vollendung des 60. Lebensjahres werden Zurechnungszeiten bis zur Vollendung des 60. Lebensjahres hinzugerechnet, wenn der Verstorbene zum Zeitpunkt des Todes in der Zusatzversorgung pflichtversichert war. Wenn der Ehegatte vor Vollendung des 63. Lebensjahres verstirbt, ergibt sich für jeden Monat des Versterbens vor Vollendung des 63. Lebensjahres eine Rentenminderung von 0,3 %, höchstens jedoch 10,8 %. Bei einem Rentenbeginn ab 2012 wird das Lebensalter, ab dem keine Abschläge anfallen, stufenweise von 63 auf 65 Jahre angehoben. Dies entspricht der Anhebung der Altersgrenze bei der Rente wegen Erwerbsminderung (vgl. Teil A 8.4).

Bei der Anrechnung von Einkommen auf die Witwen-/Witwerrente gelten die Vorschriften der gesetzlichen Rentenversicherung entsprechend. Einkommen, welches bereits auf die Rente aus der gesetzlichen Rentenversicherung angerechnet wurde, bleibt unberücksichtigt.

Den Hinterbliebenen verbleibt aber – auch nach einer Anrechnung – ein Anspruch auf mindestens 35 % der zustehenden (vollen) Hinterbliebenenrente.

Die Witwen-/Witwerrente ist auf den Bezug von Arbeitslosengeld II anzurechnen und mindert damit deren Beträge.

9.2 Hinterbliebenenrente für eingetragene Lebenspartnerschaften

Seit dem Jahr 2005 haben Lebenspartnerinnen und Lebenspartner nach dem Lebenspartnerschaftsgesetz unter den gleichen Voraussetzungen wie Ehegatten Anspruch auf Hinterbliebenenrente.

9.3 Waisenrente

Ein Anspruch auf Waisenrente aus der Zusatzversorgung besteht, wenn und solange ein entsprechender Anspruch in der gesetzlichen Rentenversicherung besteht. Enkel-, Stief- und Pflegekinder haben jedoch nur dann Anspruch auf Waisenrente, wenn sie im Sinne des Einkommensteuergesetzes Kinder des Verstorbenen sind.

Dabei wird zwischen Voll- und Halbwaisenrente unterschieden.

Eine **Halbwaisenrente** in Höhe von **10 %** wird gezahlt, wenn noch ein unterhaltspflichtiger Elternteil lebt. Eine **Vollwaisenrente** in Höhe von **20 %** wird gezahlt, wenn kein unterhaltspflichtiger Elternteil mehr lebt.

Erforderlich in beiden Fällen ist, dass der verstorbene Elternteil die allgemeine Wartezeit von fünf Jahren erfüllt hat.

Anspruch auf Waisenrente besteht längstens bis zur Vollendung des 18. Lebensjahres, darüber hinaus bis zur Vollendung des 25. Lebensjahres, wenn sich die Waise in Schul- oder Berufsausbildung oder einem freiwilligen sozialen/ökologischen Jahr befindet oder behindert ist. Die Höchstaltersgrenze der Waisenrente kann sich um die Dauer eines Wehr- oder Zivildienstes erhöhen.

Wegen der Abschläge bei Versterben vor Vollendung des 63. bzw. 65. Lebensjahres und den Zurechnungszeiten bis zur Vollendung des 60. Lebensjahres gelten die Regelungen bei der Witwen-/Witwerrente entsprechend (vgl. Teil A 9.1).

10. Sterbegeld

Ein Sterbegeld aus der Zusatzversorgung wurde noch bis zum Ablauf des Jahres 2007 gezahlt. Seit dem Jahr 2008 besteht kein Anspruch mehr auf Sterbegeld.

11. Anpassung der Renten

Alle laufenden Renten werden jeweils zum 1. Juli eines Jahres um 1 % erhöht.

12. Auszahlung und Abfindung von Betriebsrenten

Die Betriebsrenten werden monatlich im Voraus auf ein Girokonto des Rentners innerhalb eines Mitgliedsstaates des Europäischen Wirtschaftsraumes überwiesen.

Eine Abfindung der an sich monatlich zu zahlenden Betriebsrente in einer Summe ist nicht möglich. Lediglich bei sog. Kleinbetragsrenten, die einen Monatsbetrag von 1 % der monatlichen Bezugsgröße (2014: 27,65 €) nicht überschreiten, sieht die Satzung eine Abfindung vor. In solchen Fällen dient die Abfindung der Verwaltungsvereinfachung und spart auch Verwaltungskosten.

Die Abfindungsmöglichkeit ist allerdings auf diese geringen Renten begrenzt, da die Betriebsrente ihrer Natur nach eine Unterhaltszahlung ist und dem Rentner im Alter auf Dauer den Ruhestand sichern soll.

Waisen- und Erwerbsminderungsrenten werden jedoch nur auf Antrag abgefunden.

13. Versicherungsnachweise

Die Pflichtversicherten der Zusatzversorgungskasse erhalten jährlich oder auch im Fall der Beendigung der Pflichtversicherung einen Nachweis über ihre erworbenen Anwartschaften auf Betriebsrente. In dem Versicherungsnachweis wird insbesondere die Höhe der Anwartschaft, die Anzahl der Versorgungspunkte und die Anzahl der erreichten Umlagemonate/Beitragsmonate angegeben.

Sind die vom Arbeitgeber entrichteten Beiträge oder zu meldenden Entgelte nicht oder nicht vollständig gemeldet oder abgeführt worden, muss der Versicherte innerhalb einer Ausschlussfrist von sechs Monaten nach Zugang des Nachweises dies beim Arbeitgeber beanstanden.

Will der Versicherte die im Nachweis ausgewiesenen Bonuspunkte beanstanden, muss er dies in derselben Frist gegenüber der Zusatzversorgungskasse geltend machen.

14. Besteuerung der Betriebsrente

Die Besteuerung der Betriebsrente richtet sich danach, ob diese aus versteuerten oder steuerfreien Aufwendungen (Umlagen und Beiträgen) finanziert wurde (vgl. Teil D 5.1).

Betriebsrenten, die ausschließlich über pauschal oder individuell versteuerte Umlagen oder Beiträge finanziert wurden, sind nur mit dem sog. Ertragsanteil zu versteuern. Dieser richtet sich nach dem Alter des Versicherten zum Beginn der Betriebsrente. Dieser altersbedingte Ertragsanteil beträgt beispielsweise bei einem Rentenbeginn im Alter von 65 Jahren 18 % und im Alter von 60 Jahren 23 %. Soweit die Betriebsrente auf steuerfreien Umlagen oder Beiträgen beruht, ist sie voll zu versteuern.

Bei einer Mischfinanzierung aus Umlagen und Beiträgen ergeben sich also pro Jahr Rentenanwartschaften, deren einer Teil nur mit dem Ertragsanteil zu versteuern (weil er mit pauschal oder individuell versteuerten Aufwendungen finanziert wurde) und teilweise voll zu versteuern ist (soweit er mit steuerfreien Aufwendungen finanziert wurde).

Mit der Rentenfestsetzung teilt die Zusatzversorgungskasse jedem Rentner mit, welcher Rentenanteil voll bzw. mit dem Ertragsanteil zu versteuern ist. Danach erhalten die Rentner jährlich eine Mitteilung zur Vorlage beim Finanzamt, aus der sich die steuerrechtliche Aufteilung der Rentenbeträge ersehen lässt. Bei Abgabe einer Einkommensteuererklärung ist die Betriebsrente in der Anlage R anzugeben. Die Zusatzversorgungskasse übermittelt zudem die Höhe der Betriebsrente und die maßgebliche Art der Versteuerung auf elektronischem Weg an die Finanzverwaltung.

Steuern sind jedoch nur dann aus der Betriebsrente zu entrichten, wenn alle Einkünfte den Grundfreibetrag und den Werbungskosten-Pauschbetrag überschreiten. Genauere Auskünfte erteilt das zuständige Finanzamt.

15. Beiträge zur Kranken- und Pflegeversicherung aus der Betriebsrente

Aus der Betriebsrente sind Beiträge in voller Höhe zur Kranken- und Pflegeversicherung der Rentner zu zahlen. Die Zusatzversorgungskasse zahlt keinen Zuschuss zu den Beiträgen zur Kranken- und Pflegeversicherung – also anders als die gesetzliche Rentenversicherung, die die Hälfte der Aufwendungen übernimmt.

16. Finanzierung der Betriebsrente

Ein Ziel der Reform der Zusatzversorgung war es, den Wechsel von der bisherigen Umlagefinanzierung auf eine kapitalgedeckte Finanzierung einzuleiten.

Die neuen Leistungen aus der Zusatzversorgung sollen vom Arbeitgeber mit 4 % aus dem zusatzversorgungspflichtigen Entgelt finanziert und mit einem Zinssatz von 3,25 % in der Ansparphase und 5,25 % in der Rentenphase verzinst werden.

Allerdings bestehen bei den jeweiligen Kassen – aus den Zeiten vor der Systemumstellung zum 01.01.2002 – bereits umfangreiche Leistungsansprüche und Anwartschaften, die bisher im Umlageverfahren erfüllt wurden. Dabei wurden die eingehenden Umlagen monatlich mehr oder weniger vollständig für die im jeweiligen Monat zu bedienenden Leistungsansprüche verbraucht. Einzelne Zusatzversorgungseinrichtungen haben dennoch über Jahre hinaus eine zumindest teilweise Kapitaldeckung aufbauen können.

Die finanzielle Situation ist demnach bei den einzelnen Zusatzversorgungseinrichtungen sehr unterschiedlich. Der derzeitige Grad der Kapitaldeckung für die vorhandenen Leistungsansprüche und Anwartschaften unterscheidet sich bei den jeweiligen Kassen zum Teil deutlich. Aus diesem Grund sind im Altersvorsorgeplan 2001 und dementsprechend im ATV und ATV-K vier grundlegende Aussagen enthalten:

- Jede Kasse regelt die Finanzierung der Pflichtversicherung eigenständig.
- Die Umlagefinanzierung bleibt als Möglichkeit beibehalten.
- Nach den Möglichkeiten der einzelnen Zusatzversorgungseinrichtungen kann die Umlagefinanzierung schrittweise durch eine kapitalgedeckte Finanzierung abgelöst werden.
- Zur Deckung von Fehlbeträgen können von den Arbeitgebern pauschale steuerfreie Sanierungsgelder erhoben werden.

Je nach dem bereits zum Beginn des Jahres 2002 bestehenden Kapitaldeckungsgrad verläuft die Finanzierung sehr unterschiedlich.

Bei Kassen, die bereits eine vollständige Kapitaldeckung erreicht haben sowie in einem neuen kapitalgedeckten Abrechnungsverband (II) einer Kasse, sollten an sich nur noch **Beiträge** in Höhe von 4 % erhoben werden. Die tariflich vorgesehene Verzinsung mit durchschnittlich 4 % ist aufgrund der derzeitigen Kapitalmarktlage mit einem Beitrag in Höhe von 4 % allerdings nicht erreichbar. Daher wird von den kapitalgedeckten Kassen bzw. in einem neuen kapitalgedeckten Abrechnungsverband (II) einer Kasse in aller Regel entweder ein höherer Beitrag als 4 % (derzeit bis zu 5 %) oder ergänzend zu dem Beitrag von 4 % zumeist eine geringe Umlage oder Sanierungsgeld erhoben.

Bei Kassen mit teilweiser Kapitaldeckung wird weiterhin eine Umlage zur Finanzierung der bereits laufenden Rentenverpflichtungen und Anwartschaften erhoben. Daneben tritt ein (Zusatz-)Beitrag, der auf bis zu 4 % angehoben wurde. Bei einzelnen Kassen werden daneben noch Sanierungsgelder erhoben.

Bei Kassen in den neuen Bundesländern, aber auch bei anderen Zusatzversorgungseinrichtungen, gibt es zudem eine Eigenbeteiligung der Versicherten am Finanzierungsaufwand (vgl. Teil D 3.4).

Dabei sind

- **Umlagen** steuer- und sozialversicherungspflichtig – soweit sie ab 2008 nicht nach § 3 Nr. 56 EStG steuerfrei sind. Die nicht steuerfreien Umlagen sind vom Arbeitgeber bis zum jeweiligen Grenzbetrag pauschal zu versteuern; etwa überschießende Beträge erhöhen das individuelle steuerpflichtige Entgelt des einzelnen Versicherten. Daneben sind aus den Umlagen auch Sozialversicherungsbeiträge in pauschalierter Form zu zahlen (vgl. Teil D 5.1.1).
- **Beiträge** (Zusatzbeiträge) steuer- und sozialabgabenfrei bis zu 4 % der Beitragsbemessungsgrenze in der gesetzlichen Rentenversicherung (§ 3 Nr. 63 EStG). Wurde das Beschäftigungsverhältnis erst nach dem 31.12.2004 neu begründet, so sind weitere 1.800,00 € steuerfrei (vgl. Teil D 5.1.2).
- **Sanierungsgelder** ebenfalls steuer- und sozialabgabenfrei (vgl. Teil D 5.1.3).
- **Eigenbeteiligungen** an den Pflicht- oder Zusatzbeiträgen sind steuerfrei (§ 3 Nr. 63 EStG) und sozialabgabenfrei (§ 1 Abs. 1 Satz 1 Nr. 9 SvEV). Arbeitsvertraglich vereinbarte Eigenbeteiligungen an der Umlage werden dagegen stets aus dem versteuerten Arbeitslohn entnommen (vgl. Teil D 3.4.1).

Zur Versteuerung und Sozialversicherungspflicht von Umlagen, (Zusatz-) Beiträgen, Sanierungsgeldern und Eigenbeiträgen vgl. Teil D 5.

17. Träger der Zusatzversorgung

Die Zusatzversorgung des öffentlichen und kirchlichen Dienstes in Deutschland wird von verschiedenen Zusatzversorgungseinrichtungen durchgeführt, die nicht miteinander im Wettbewerb stehen. Beschäftigte beim Bund oder den Ländern sind in der Versorgungsanstalt des Bundes und der Länder versichert. Für Beschäftigte, die dem ATV-K unterliegen, ist primär die Versicherung bei einer kommunalen Zusatzversorgungskasse vorgesehen – aber insbesondere in den Ländern Niedersachsen und Schleswig-Holstein sind regionale Kassen im kommunalen Bereich nicht eingerichtet, sodass die dort ansässigen kommunalen Arbeitgeber ihre Beschäftigten bei der Versorgungsanstalt des Bundes und der Länder versichern.

Es gibt folgende Zusatzversorgungseinrichtungen:

▸ **Bund und Länder**

Versorgungsanstalt des Bundes und der Länder
Hans-Thoma-Str. 19, 76133 Karlsruhe
Telefon: 0721/155-0, Telefax: 0721/155-666
E-Mail: info@vbl.de
Internet: www.vbl.de

▸ **Kommunale Zusatzversorgungseinrichtungen**

Baden Württemberg

Zusatzversorgungskasse des Kommunalen Versorgungsverbandes Baden-Württemberg,
Daxlander Straße 74, 76185 Karlsruhe
Telefon: 0721/5985-0, Telefax: 0721/5985-444
E-Mail: info@kvbw.de
Internet: www.kvbw.de

Bayern

BVK Zusatzversorgung
Denninger Straße 37, 81925 München
Telefon: 089/9235-7400, Telefax: 089/9235-7408
E-Mail: info@bvk-zusatzversorgung.de
Internet: www.bvk-zusatzversorgung.de

Brandenburg

Zusatzversorgungskasse beim Kommunalen Versorgungsverband Brandenburg
Rudolf-Breitscheid-Straße 62, 16775 Gransee
Telefon: 03306/7986-1010, Telefax: 03306/7986-1099
E-Mail: info@kvbbg.de
Internet: www.kvbbg.de

Hessen

Zusatzversorgungskasse der Gemeinden und Gemeindeverbände in Darmstadt
Bartningstraße 55, 64289 Darmstadt
Telefon: 06151/706-0, Telefax: 06151/706-201
E-Mail: zvk@vk-darmstadt.de
Internet: www.vk-darmstadt.de

Zusatzversorgungskasse der Stadt Frankfurt am Main
Rottweiler Straße 18, 60327 Frankfurt am Main
Telefon: 069/212-33389, Telefax: 069/212-30779
E-Mail: zvk@stadt-frankfurt.de
Internet: www.stadt-frankfurt.de

KVK Kommunale Versorgungskassen Kurhessen-Waldeck
ZusatzVersorgungsKasse
Kölnische Straße 42/42a, 34117 Kassel
Telefon: 0561/97966-300, Telefax: 0561/97966-553
E-Mail: zvk@kvk-kassel.de
Internet: www.kvk-kassel.de

Kommunales Dienstleistungszentrum Personal und Versorgung (KDZ) – Zusatzversorgungskasse für die Gemeinden und Gemeindeverbände in Wiesbaden
Welfenstraße 2, 65189 Wiesbaden
Telefon: 0611/845-0, Telefax: 0611/845-406
E-Mail: info@kdz-wi.de
Internet: www.kdz-wi.de

Mecklenburg-Vorpommern

Kommunale Zusatzversorgungskasse beim kommunalen Versorgungsverband Mecklenburg-Vorpommern
Am Markt 22, 17335 Strasburg (Uckermark)
Telefon: 039753/55-0, Telefax: 039753/55-110
E-Mail: info@zmv-strasburg.de
Internet: www.zmv-strasburg.de

Niedersachsen

Zusatzversorgungskasse der Stadt Emden
Frickensteinplatz 2, 26721 Emden
Telefon: 04921/87-0, Telefax: 04921/87-1714
E-Mail: zvk@emden.de

Zusatzversorgungskasse der Stadt Hannover
Teichstr. 11/13, 30449 Hannover
Telefon: 0511/168-40444, Telefax: 0511/168-49056
E-Mail: 16.1@hannover-stadt.de
Internet: www.zvk-hannover.de

Nordrhein-Westfalen

Zusatzversorgungskasse der Stadt Köln
Jakordenstraße 18–20, 50668 Köln
Telefon: 0221/221-22263, Telefax: 0221/221-27550
E-Mail: zvk@stadt-koeln.de
Internet: www.stadt-koeln.de/zvk

Rheinische Versorgungskassen – Zusatzversorgung –
Mindener Str. 2, 50679 Köln
Telefon: 0221/8273-0, Telefax: 0221/8273-2157
E-Mail: info@versorgungskassen.de
Internet: www.versorgungungskassen.de

Kommunale Zusatzversorgungskasse Westfalen-Lippe
Zumsandestraße 12, 48145 Münster
Telefon: 0251/591-6749, Telefax: 0251/591-5915
E-Mail: kvw@kvw-muenster.de
Internet: www.kvw-muenster.de

Rheinland-Pfalz

Im Bundesland Rheinland-Pfalz wird die Zusatzversorgung von verschiedenen Kassen durchgeführt:

- in der ehemaligen Rheinprovinz
  Rheinische Versorgungskassen – Zusatzversorgungskassen – (siehe Nordrhein-Westfalen)
- im Gebiet des ehemaligen Regierungsbezirks Pfalz
  BVK Zusatzversorgung (siehe Bayern)
- im Gebiet des Regierungsbezirks Rheinhessen
  Zusatzversorgungskasse der Gemeinden und Gemeindeverbände in Darmstadt (siehe Hessen)
- im Gebiet des ehemaligen Regierungsbezirks Montabaur
  Zusatzversorgungskasse für die Gemeinden und Gemeindeverbände in Wiesbaden (siehe Hessen)

Saarland

Ruhegehalts- und Zusatzversorgungskasse des Saarlandes – Abteilung Zusatzversorgungskasse –
Fritz-Dobisch-Straße 12, 66111 Saarbrücken
Telefon: 0681/40003-0, Telefax: 0681/40003-39
E-Mail: info@rzvk-saar.de
Internet: www.rzvk-saar.de

Sachsen

Zusatzversorgungskasse des Kommunalen Versorgungsverbandes Sachsen
Marschnerstraße 37, 01307 Dresden
Telefon: 0351/4401-446, Telefax: 0351/4401-444
E-Mail: zvk@kv-sachsen.de
Internet: www.kv-sachsen.de

Sachsen-Anhalt

Kommunaler Versorgungsverband Sachsen-Anhalt – Zusatzversorgungskasse –
Carl-Miller-Straße 7, 39112 Magdeburg
Telefon: 0391/62570-0, Telefax: 0391/62570-299
E-Mail: mail@kvsa.komsanet.de
Internet: www.kvsa.komsanet.de

Thüringen

Zusatzversorgungskasse beim Kommunalen Versorgungsverband Thüringen
Steile Hohle 6, 06556 Artern
Telefon: 03466/3364-85, Telefax: 03466/3364-55
E-Mail: zvk@kvt-zvk.de
Internet: www.kvt-zvk.de

In nicht erwähnten Bundesländern wird die Zusatzversorgung von der Versorgungsanstalt des Bundes und der Länder (VBL) durchgeführt

▶ **Sparkasseneinrichtungen**

Emder Zusatzversorgungskasse für Sparkassen
Große Straße 58, 26721 Emden
Telefon: 04921/8994-0, Telefax: 04921/8994-50
E-Mail: sekretariat@zvk-sparkassen.de
Internet: www.zvk-sparkassen.de

Zusatzversorgungskasse der Landesbank Baden-Württemberg
Am Hauptbahnhof 2, 70173 Stuttgart
Telefon: 0711/127-0,
E-Mail: info@lbbw.de
Internet: www.lbbw.de

▸ **Kirchliche Zusatzversorgungskassen**

Evangelische Zusatzversorgungskasse (EZVK)
Holzhofallee 17a, 64295 Darmstadt
Telefon: 06151/3301-0, Telefax: 06151/3301-187
E-Mail: info@ezvk.de
Internet: www.ezvk.de

Zusatzversorgungskasse der Evangelisch-Lutherischen Landeskirche Hannovers
Doktorweg 2–4, 32756 Detmold
Telefon: 05231/98103-0, Telefax: 05231/ 98103-45
E-Mail: info@kzvk-hannover.de
Internet: www.kzvk-hannover.de

Kirchliche Zusatzversorgungskasse Rheinland-Westfalen
Schwanenwall 11, 44135 Dortmund
Telefon: 0231/9578-0, Telefax: 0231/ 9578-404
E-Mail: info@kzvk-dortmund.de
Internet: www.kzvk-dortmund.de

Kirchliche Zusatzversorgungskasse Baden
Gartenstraße 26, 76133 Karlsruhe
Telefon: 0721/93113-0, Telefax: 0721/ 93113-99
E-Mail: info@kzvk-baden.de
Internet: www.kzvk-baden.de

Kirchliche Zusatzversorgungskasse des Verbandes der Diözesen Deutschlands
Am Römerturm 8, 50667 Köln
Telefon: 0221/2031-0, Telefax: 0221/2031-134
Internet: www.kzvk.de

Die kommunalen Gebietskassen, die städtischen Zusatzversorgungskassen, die Zusatzversorgungskassen für Sparkasseneinrichtungen und die kirchlichen Zusatzversorgungskassen haben sich in der **Arbeitsgemeinschaft der kommunalen und kirchlichen Zusatzversorgungskassen (AKA)** zusammengeschlossen. Den Satzungen dieser Kassen liegt eine von der Arbeitsgemeinschaft erstellte Mustersatzung zugrunde. Die Mustersatzung entspricht hinsichtlich des Leistungsrechts den Bestimmungen des ATV-K.

Zu den Zusatzversorgungseinrichtungen des öffentlichen und kirchlichen Dienstes gehören nicht

- die Zusatzversorgungseinrichtung des Baugewerbes
  und
- der Versorgungsverband bundes- und landesgeförderter Unternehmen (VBLU).

Mit diesen beiden Versorgungseinrichtungen besteht daher auch kein Überleitungsverkehr.

18. Überleitung von Versicherungszeiten

Die in der Arbeitsgemeinschaft der kommunalen und kirchlichen Zusatzversorgungskassen (AKA) zusammengeschlossenen kommunalen und kirchlichen Zusatzversorgungskassen haben im Überleitungsstatut untereinander geregelt, dass

- Versicherungszeiten bei diesen Einrichtungen für die Erfüllung der Wartezeit als Versicherungszeiten bei der Kasse gelten
- die bei diesen Einrichtungen erworbenen Versorgungspunkte aus der Pflichtversicherung (und der freiwilligen Versicherung – dies ist optional, kann also je nach Einzelfall vom Versicherten entschieden werden –) nach einem Arbeitgeberwechsel auf die neu zuständige Kasse übertragen werden.

Damit wird zwischen den kommunalen und kirchlichen Zusatzversorgungseinrichtungen die Versicherung vollständig auf die neu zuständige Kasse übertragen. Alle Anwartschaften aus bisherigen Versicherungsverhältnissen bestehen nur noch bei der neuen Kasse (vgl. Teil B 3.1).

Bei Überleitungen mit bzw. von der Versorgungsanstalt des Bundes und der Länder (VBL) werden demgegenüber die Versicherungen und Versorgungspunkte nicht übertragen; es erfolgt jedoch eine Anerkennung der bereits bei der vorherigen Kasse zurückgelegten Versicherungszeiten. Im Rentenfall erhält der Versicherte somit sowohl von der VBL als auch der anderen Zusatzversorgungskasse jeweils eine Rente. Der Versicherte muss daher daran denken, bei Eintritt eines Versicherungsfalls bei beiden Kassen seine jeweilige Rente zu beantragen (vgl. Teil B 3.2).

Da durch die Überleitung eine Anerkennung von bereits vorhandenen Versicherungszeiten und Rentenanwartschaften erfolgt, soll der Arbeitgeber bei Beginn einer Beschäftigung beim Beschäftigten erfragen, ob bereits eine Versicherung in der Zusatzversorgung bestanden hat und bei welcher Zusatzversorgungseinrichtung dies war. War früher bereits die Zuständigkeit einer anderen Zusatzversorgungseinrichtung gegeben, als der, bei der nunmehr eine Anmeldung erfolgen soll, so ist ein Antrag auf Überleitung bei der neuen Kasse zu stellen. War der Beschäftigte zuvor bei derselben Kasse versichert, bei der nunmehr die neue Anmeldung erfolgen soll, ist kein Überleitungsantrag zu stellen, vielmehr wird die frühere Versicherung wieder aufgenommen und fortgeführt.

Der Überleitungsantrag sollte gleichzeitig mit der Anmeldung bei der neuen Kasse gestellt werden, damit die Versorgungspunkte aus der bisherigen Anwartschaft an die neue Kasse übertragen und bei der Verteilung von Bonuspunkten mit berücksichtigt werden (vgl. Teil A 5.4.1).

Teil B Beginn des Arbeitsverhältnisses/Anmeldung

1. Wer ist zur Zusatzversorgung anzumelden?

In der Zusatzversorgung des öffentlichen und kirchlichen Dienstes kann nur ein Beschäftigter angemeldet werden, der ein versicherungspflichtiges Arbeitsverhältnis bei einem Arbeitgeber hat, der Mitglied einer Zusatzversorgungskasse ist. Beschäftigte im Sinne der Satzung der Zusatzversorgungskasse sind alle Arbeitnehmerinnen, Arbeitnehmer und Auszubildende (§ 18 Abs. 1 d. S.).

Versicherungspflichtig sind dabei alle Arbeitnehmerinnen und Arbeitnehmer sowie Auszubildende, die unter einen der in Anlage 1 zum ATV/ATV-K aufgeführten Tarifverträge fallen. Dies sind alle Beschäftigten, für die die Manteltarifverträge des öffentlichen Dienstes (z. B. TVöD, TV-L, TV-V, TV-N, TVAöD) gelten. Dies gilt auch für nicht tarifgebundene Arbeitgeber.

Bei der Frage, welche Beschäftigten in der Zusatzversorgung anzumelden sind, ist die Ausgestaltung des Arbeitsvertrages ohne Bedeutung. Zwar enthalten die Tarifverträge des öffentlichen Dienstes (z. B. § 25 TVöD) ebenso wie die Regelungen im kirchlichen Bereich ausdrückliche Regelungen darüber, dass bei Anwendung der Tarifverträge auf das Arbeitsverhältnis die Beschäftigten einen Anspruch auf Verschaffung einer Zusatzversorgung haben, doch gilt dieser Verschaffungsanspruch auch für alle weiteren Beschäftigten.

Durch Erwerb der Mitgliedschaft des Arbeitgebers in der Zusatzversorgung ist der Arbeitgeber verpflichtet, das geltende Versorgungstarifrecht (ATV/ATV-K) bzw. ein im Hinblick auf die Leistungen wesentlich gleiches Recht zumindest arbeitsvertraglich zu vereinbaren (§ 11 Abs. 2 d. S.). Somit muss die Zusatzversorgung im Arbeitsvertrag vereinbart werden. Unterbleibt eine solche Vereinbarung, so besteht dennoch ein Anspruch des Beschäftigten auf eine entsprechende Versicherung in der Zusatzversorgung. Die Beschäftigten haben – schon nach dem Grundsatz der Gleichbehandlung – einen Anspruch gegenüber ihrem Arbeitgeber, in der Zusatzversorgung versichert zu werden. Nach § 13 Abs. 3 Satz 2 Buchst. a d. S. ist ein Arbeitgeber als Mitglied verpflichtet, sämtliche der Versicherungspflicht unterliegenden Beschäftigten in der Zusatzversorgung zu versichern. Dazu gehören aber auch Beschäftigte, deren arbeitsvertragliche Grundlage nicht auf einen Tarifvertrag Bezug nimmt (z. B. Arbeitsvertrag nach BGB) und bei denen die Zusatzversorgung damit nicht ausdrücklich vereinbart ist. Ausgenommen von der Versicherungspflicht sind lediglich die in § 19 der Satzung aufgezählten Beschäftigten (vgl. Teil B 1.2).

Die Anmeldung muss unverzüglich, d. h. ohne schuldhaftes Verzögern, erfolgen (§ 13 Abs. 3 Satz 2 Buchst. a d. S.).

Der Eingang der Anmeldung bei der Zusatzversorgungskasse lässt die Pflichtversicherung in der Zusatzversorgung zu dem Zeitpunkt entstehen, zu dem nach den Angaben in der Anmeldung die Voraussetzungen für die Versicherungspflicht eingetreten sind.

Der Arbeitgeber muss bei jeder Neu- oder Wiedereinstellung eines Beschäftigten eigenverantwortlich die Voraussetzungen für die Versicherungspflicht prüfen. Verzögert oder unterlässt der Arbeitgeber schuldhaft die Anmeldung zur Versicherung in der Zusatzversorgung und erleidet der Beschäftigte infolgedessen einen Nachteil, so ist er u. U. dem Beschäftigten zum Schadenersatz verpflichtet, es sei denn, dass den Beschäftigten am Unterbleiben der Versicherung ein überwiegendes Verschulden trifft.

Beschäftigte im Tarifgebiet Ost konnten frühestens ab 1. Januar 1997 in der Zusatzversorgung angemeldet werden, wenn sie die genannten Voraussetzungen erfüllt hatten.

1.1 Beginn und Ende der Pflichtversicherung

Grundlage der Pflichtversicherung der Beschäftigten ist das die Pflicht zur Versicherung begründende Beschäftigungsverhältnis mit einem Arbeitgeber, der Mitglied einer Zusatzversorgungskasse ist.

Die Pflicht zur Versicherung beginnt grundsätzlich an dem Tag, an dem ihre Voraussetzungen erfüllt sind. Das Versicherungsverhältnis selbst entsteht aber erst mit der Anmeldung des versicherungspflichtigen Beschäftigten durch das Mitglied bei der Zusatzversorgungseinrichtung. Pflichtversichert sind also stets nur die vom Arbeitgeber angemeldeten Beschäftigten.

Die Pflichtversicherung endet stets mit der Abmeldung des Beschäftigten zu dem in der Abmeldung angegebenen Datum. Sie endet auch, wenn ihre Voraussetzungen entfallen. Das Ende der Pflichtversicherung tritt in diesem Fall, anders als bei der Anmeldung, automatisch ein. Wird die Versicherung trotz Wegfalls der Voraussetzungen fortgeführt, geschieht dies ohne Rechtsgrund. Über das Ende der Pflichtversicherung hinaus gezahlte Umlagen und Beiträge sind daher zu erstatten.

Die Pflichtversicherung besteht fort, wenn das ihr zugrunde liegende Arbeitsverhältnis ruht und Umlagen daher nicht entrichtet werden, wie z. B. während der Elternzeit, einer befristeten Rente oder bei fortdauernder Arbeitsunfähigkeit nach Wegfall der Krankenbezüge oder des Krankengeldzuschusses.

Wird das Arbeitsverhältnis beendet, sei es durch Kündigung, Auflösungsvertrag oder auch durch Eintritt des Versicherungsfalls in der gesetzlichen Rentenversicherung, endet auch die Pflichtversicherung. Die Pflichtversicherung endet ferner, wenn der Arbeitgeber aus der Beteiligung bzw. Mitgliedschaft bei der Zusatzversorgungseinrichtung ausscheidet.

B

1.1.1 Begriff des Beschäftigten

In der Zusatzversorgung können grundsätzlich nur Beschäftigte versichert werden (§ 18 Abs. 1 Satz 1 und 2 d. S.). Beschäftigte sind Arbeitnehmer und Auszubildende, die aufgrund eines privatrechtlichen Vertrages im Dienst eines anderen zur Arbeit verpflichtet sind. Arbeit ist eine abhängige, fremdbestimmte Tätigkeit. Indizien für eine abhängige Arbeit sind die persönliche und fachliche Weisungsgebundenheit, die zeitliche und örtliche Bindung an den Arbeitgeber, die ausgeübte Arbeitskontrolle und die sachliche Eingliederung in den Betriebsablauf beim Arbeitgeber.

1.1.2 Persönliche Voraussetzungen

Versicherungspflichtig sind – soweit sich aus § 19 d. S. nichts anderes ergibt – alle Beschäftigten eines Arbeitgebers, die

1. das 17. Lebensjahr vollendet haben und
2. die Wartezeit bis zum gesetzlich festgelegten Alter zum Erreichen der abschlagsfreien Regelaltersrente erfüllen können. Dabei werden allerdings Versicherungszeiten, die schon in der Zusatzversorgung bestehen, mit berücksichtigt (§ 18 Abs. 1 d. S.).

Seit dem 1. Januar 2007 wird bei der Prüfung der Wartezeit nicht mehr allgemein auf das Erreichen des 65. Lebensjahres abgestellt, sondern es gilt das individuell für den Beschäftigten geltende Alter, ab dem er die Regelaltersrente in Anspruch nehmen kann.

Damit ist ein Beschäftigter dann anzumelden, wenn er bei durchgehender Beschäftigung vom Zeitpunkt des Beginns der Versicherungspflicht bis zum gesetzlich festgelegten Alter zum Erreichen der abschlagsfreien Regelaltersrente die Wartezeit erfüllen könnte.

▶ **Mindestalter (17. Lebensjahr)**

Versicherungspflichtig in der Zusatzversorgung sind nur Beschäftigte und Auszubildende, die das 17. Lebensjahr vollendet haben.

Ein vor Vollendung des 17. Lebensjahres eingestellter Beschäftigter oder Auszubildender unterliegt der Versicherungspflicht ab Vollendung des 17. Lebensjahres (§ 18 Abs. 1 Satz 1 Buchst. a d. S.).

Nach dem bis 31. Dezember 2001 geltenden Recht begann die Pflichtversicherung bei einem vor Vollendung des 17. Lebensjahres eingestellten Be-

B

schäftigten zum Ersten des Monats, in dem er Geburtstag hatte. Mit der Reform der Zusatzversorgung wurde diese Regelung rückwirkend ab 1. Januar 2001 dahingehend geändert, dass die Pflichtversicherung am Tag des 17. Geburtstags beginnt. Soweit in den Jahren 2001 und 2002 schon Anmeldungen nach dem früheren Recht erfolgt sind, müssen diese aus Gründen der Verwaltungsökonomie nicht korrigiert werden.

Beispiel:

Sachverhalt:	Ein am 11.10.1997 geborener Auszubildender beginnt eine Ausbildung am 01.09.2014 bei der Gemeinde. Er vollendet am 10.10.2014 das 17. Lebensjahr.
Lösung:	Der Auszubildende ist ab dem 11.10.2014 (17. Geburtstag) zur Zusatzversorgung anzumelden.

Zusatzversorgungspflichtiges Entgelt ist im Monat Oktober lediglich das anteilige Entgelt ab 11.10.2014.

▶ Wartezeiterfüllung bis zum Beginn der abschlagsfreien Regelaltersrente

Voraussetzung für die Versicherungspflicht ist, dass der Beschäftigte die Wartezeit bis zum gesetzlich festgelegten Alter zum Erreichen der abschlagsfreien Regelaltersrente erfüllen kann. Dabei werden Versicherungszeiten, die schon in der Zusatzversorgung bestehen, mit berücksichtigt (§ 18 Abs. 1 d. S.).

Damit wird also nicht mehr allgemein auf das Erreichen des 65. Lebensjahres abgestellt, sondern es gilt das individuell für den Beschäftigten maßgebliche Alter, ab dem er die Regelaltersrente in Anspruch nehmen kann. Bei dieser Wartezeitprüfung spielt es keine Rolle, ob der Beschäftigte die gesetzliche Rente aufgrund langjähriger Versicherungszeit vorzeitig abschlagsfrei in Anspruch nehmen kann. Die abschlagsfreie „Altersrente für besonders langjährig Versicherte" mit 45 Pflichtbeitragsjahren ist eine eigene Rentenart und wird von der „Regelaltersrente" nicht mit umfasst.

Die Regelaltersgrenze wird von 2012 an beginnend mit dem Jahrgang 1947 bis zum Jahr 2029 schrittweise auf 67 Jahre angehoben werden. Die Stufen der Anhebung sind zunächst für die Jahrgänge 1947 – 1958 einen Monat pro Jahr und für die Jahrgänge 1959 – 1964 zwei Monate pro Jahr. Für die Geburtsjahrgänge ab 1964 gilt die Regelaltersgrenze 67 Jahre. Bis einschließlich 1963 Geborene erreichen die Regelaltersgrenze entsprechend früher.

Die Anhebung des Rentenbeginns wirkt sich wie folgt aus:

Geburtsjahr	Anhebung auf Jahre/ Monate	Geburtsjahr	Anhebung auf Jahre/ Monate	Geburtsjahr	Anhebung auf Jahre/ Monate
1947	65 J 1 Mo	1953	65 J 7 Mo	1959	66 J 2 Mo
1948	65 J 2 Mo	1954	65 J 8 Mo	1960	66 J 4 Mo
1949	65 J 3 Mo	1955	65 J 9 Mo	1961	66 J 6 Mo
1950	65 J 4 Mo	1956	65 J 10 Mo	1962	66 J 8 Mo
1951	65 J 5 Mo	1957	65 J 11 Mo	1963	66 J 10 Mo
1952	65 J 6 Mo	1958	66 J	1964	67 J

Beispiel:

Sachverhalt: Eine Beschäftigte, geboren am 15.04.1953, wird ab dem 15.12.2013 erstmalig in einem versicherungspflichtigen Arbeitsverhältnis beschäftigt. Besteht Versicherungspflicht?

Lösung: Der gesetzliche Beginn der Regelaltersrente ist der 01.12.2018 (65. Lebensjahr + sieben Monate). Vom 15.12.2013 bis zum 30.11.2018 kann die Beschäftigte die Wartezeit von 60 Umlagemonaten noch erfüllen, da auch der Monat Dezember 2013 als Umlagemonat mitzählt. Jeder Monat, in dem ein Tag mit Umlagen bzw. Beiträgen belegt ist, zählt als Wartezeitmonat (§ 32 Abs. 1 Satz 2 d. S.). Damit besteht Versicherungspflicht.

▶ Vertrauensschutz

Der Arbeitgeber hat bei der „Feststellung des gesetzlich festgelegten Alters zum Erreichen einer abschlagsfreien Regelaltersrente" nicht zu berücksichtigen, ob die/der Beschäftigte einen **Vertrauensschutz** in der gesetzlichen Rentenversicherung hat und bei Vorliegen von 45 Versicherungsjahren bereits mit vollendetem 65. Lebensjahr eine abschlagsfreie Rente beanspruchen kann.

Die „Altersrente für besonders langjährig Versicherte" mit 45 Pflichtbeitragsjahren ist eine eigene Rentenart und wird von dem in den Satzungen der Zusatzversorgungseinrichtungen verwendeten Begriff einer „Regelaltersrente" nicht mit umfasst. Somit hat ein Arbeitgeber also lediglich zu prüfen, ob die Wartezeit bis zu dem – aufgrund des Geburtsjahrs sich ergebend – Beginn der Regelaltersrente (siehe Tabelle) erfüllt werden kann. Ob der Beschäftigte auch die Voraussetzungen für eine Altersrente für besonders langjährig Versicherte erfüllt (und damit Vertrauensschutz genießt), ist vom Arbeitgeber dagegen nicht zu prüfen (und wäre für ihn auch nur schwer feststellbar).

B

▸ Vorversicherungszeiten

Können Beschäftigte aufgrund ihres bereits bei Beginn des Beschäftigungsverhältnisses erreichten Lebensalters und dem dadurch bedingten Rentenbeginn die Wartezeit nicht mehr erfüllen, so ist vom Arbeitgeber zu prüfen, ob frühere Versicherungszeiten bestehen, die auf die Wartezeit angerechnet werden können. Soweit ein Arbeitgeber dies nicht selbstständig prüfen kann, sollte er bei dem Beschäftigten bzw. bei der Zusatzversorgungseinrichtung nachfragen. Derartige frühere Versicherungszeiten können auch bei anderen Zusatzversorgungseinrichtungen zurückgelegt sein, mit denen Überleitungsabkommen bestehen.

▸ Fristberechnung

Für die Fristberechnung ist allein auf den Unterschied zwischen dem Beginn des Arbeitsverhältnisses und dem gesetzlich festgelegten Alter zum Erreichen der abschlagsfreien Regelaltersrente abzustellen. Tritt die Versicherungspflicht erst im Laufe eines Arbeitsverhältnisses ein, so ist die Frist erst von diesem Zeitpunkt an zu rechnen. Die Frist ist auch dann bis zum gesetzlich festgelegten Alter zum Erreichen der abschlagsfreien Regelaltersrente zu rechnen, wenn der Beschäftigte mit Vollendung eines früheren Lebensjahres aus dem Arbeitsverhältnis ausscheiden möchte, weil er beispielsweise die Altersrente für langjährig Versicherte aus der gesetzlichen Rentenversicherung bereits ab dem 63. Lebensjahr in Anspruch nehmen möchte. Nicht erforderlich ist, dass das Arbeitsverhältnis so lange besteht, dass die Wartezeit in diesem Arbeitsverhältnis erfüllt werden kann (z. B. bei befristetem Arbeitsverhältnis). Maßgebend ist ausschließlich, ob die Wartezeit erfüllt werden könnte, wenn das Arbeitsverhältnis ununterbrochen bis zum gesetzlich festgelegten Alter zum Erreichen der abschlagsfreien Regelaltersrente fortbestehen würde.

Auch bei einem **Saisonarbeiter** kommt es allein darauf an, ob er – unter Berücksichtigung etwaiger Vorversicherungszeiten – vom Lebensalter bei Beginn des versicherungspflichtigen Arbeitsverhältnisses her gesehen, die Wartezeit bei durchgehender Beschäftigung – und nicht nur während der Saison – noch erfüllen könnte.

▸ Beschäftigung nach Vollendung des 65. Lebensjahres

Die Pflichtversicherung endet in jedem Fall mit dem Beginn einer Altersrente als Vollrente (§ 19 Abs. 1 Buchst. e d. S.).

Bezieht der Beschäftigte jedoch keine Altersrente als Vollrente und wird er über das 65. Lebensjahr hinaus beschäftigt, ist Folgendes zu beachten:

Seit dem 1. Januar 2003 bleiben Beschäftigte, die das 65. Lebensjahr vollendet haben und deren Arbeitsverhältnis noch fortbesteht, weiterhin pflichtversichert, wenn sie die sonstigen Voraussetzungen für die Versicherungspflicht erfüllen. Dies gilt auch dann, wenn die Beschäftigung über das gesetzlich festgelegte Alter zum Erreichen der abschlagsfreien Regelaltersrente hinaus fortgeführt wird.

1.1.3 Begründung der Pflichtversicherung durch Arbeitsvertrag

Für Beschäftigte, die nicht unter den Personenkreis des § 1 ATV-K fallen, gilt die Pflicht zur Versicherung nicht. Das sind Personen, die von dem Geltungsbereich eines öffentlichen Tarifvertrages, z. B. nach § 1 Abs. 2 TVöD, und damit auch vom ATV/ATV-K ausgenommen sind.

Dabei handelt es sich z. B. um

- leitende Angestellte und Chefärzte (§ 1 Abs. 2 Buchstabe a TVöD),
- Beschäftigte, die ein über das Tabellenentgelt der Entgeltgruppe 15 hinausgehendes regelmäßiges Entgelt erhalten (§ 1 Abs. 2 Buchstabe b TVöD),
- Hochschullehrer und wissenschaftliche Assistenten, Lektoren, wissenschaftliche Hilfskräfte, künstlerische Lehrkräfte usw. im Hochschulbereich (§ 1 Abs. 2 Buchst. s TVöD),
- Beschäftigte für die Eingliederungszuschüsse nach § 217 ff. SGB III gewährt werden oder die Arbeiten nach § 260 SGB III verrichten.

Für solche Beschäftigte kann aber die Pflichtversicherung durch ausdrückliche arbeitsvertragliche Vereinbarung begründet werden (§ 19 Abs. 1 Buchst. k letzter Halbsatz).

Ferner kann für vertretungsberechtigte Organmitglieder (z. B. Vorstandsmitglied) eines beteiligten Arbeitgebers die Pflichtversicherung arbeitsvertraglich begründet werden.

Für übergeleitete Beschäftigte in der Entgeltgruppe E 15 Ü kommt der TVöD und damit auch der ATV bzw. ATV-K aufgrund des Überleitungstarifvertrags weiterhin zur Anwendung.

1.2 Ausnahmen von der Pflichtversicherung

Auch wenn Beschäftigte die Grundvoraussetzungen für die Versicherungspflicht erfüllen, kann dennoch eine Ausnahme von der Versicherungspflicht bestehen. Da diese Ausnahmetatbestände tarifvertraglich geregelt sind, haben diese Beschäftigten insoweit keinen Anspruch gegenüber ihrem Arbeitgeber auf eine Versicherung in der Zusatzversorgung.

Die wichtigsten Ausnahmen sind:

- Arbeitnehmer, die einen Anspruch oder eine Anwartschaft auf eine lebenslängliche Versorgung nach beamtenrechtlichen, soldatenrechtlichen oder entsprechenden kirchenrechtlichen Regelungen haben und deren Hinterbliebenenversorgung gewährleistet ist (§ 19 Abs. 1 Buchst. b d. S.),

B

- Arbeitnehmer, die einen Anspruch oder eine Anwartschaft auf Ruhelohn nach einer im Zeitpunkt der Beteiligung bestehenden Ruhelohnordnung haben und deren Hinterbliebenenversorgung gewährleistet ist (§ 19 Abs. 1 Buchst. a d. S.),
- Arbeitnehmer, die eine Altersrente als Vollrente aus der gesetzlichen Rentenversicherung erhalten oder bei denen der Versicherungsfall der Betriebsrente wegen Alters bei einer anderen Versorgungseinrichtung (nicht ZVK), von der Überleitungen erfolgen, eingetreten ist (§ 19 Abs. 1 Buchst. e d. S.).

Ausgenommen sind ferner auch solche Arbeitnehmer, die nicht in den Geltungsbereich der Manteltarifverträge fallen. Dies gilt vor allem für Arbeitnehmer, die im Rahmen von bestimmten arbeitsmarktpolitischen Beschäftigungsverhältnissen beschäftigt werden. Sie sind von der Versicherung in der Zusatzversorgung ausgenommen. Dies gilt auch für ältere Arbeitnehmer, für die Eingliederungszuschüsse etc. gewährt werden (siehe Versicherungspflicht A–Z, Arbeitsförderungsmaßnahmen)

2. Versicherungspflicht

Der Arbeitgeber als Mitglied einer Zusatzversorgungskasse ist verpflichtet, sämtliche der Versicherungspflicht unterliegenden Beschäftigten in der Zusatzversorgung zu versichern. Dabei hat er in jedem Einzelfall zu entscheiden, ob Versicherungspflicht vorliegt oder nicht. Da dem Beschäftigten, der versicherungspflichtig ist, ein Anspruch auf Zusatzversorgung zusteht, haftet der Arbeitgeber ggf. wenn er die Frage der Versicherungspflicht fälschlicherweise verneint. Auch wenn der Arbeitgeber einen an sich nicht versicherungspflichtigen Beschäftigten in der Zusatzversorgung versichert und diese Versicherung später storniert werden muss oder auf andere Leistungen angerechnet wird, kann dies zu einer Schadensersatzpflicht des Arbeitgebers führen.

2.1 Versicherungspflicht von A – Z

▸ Abgeordnete

Während einer Mitgliedschaft im Deutschen Bundestag, Europäischen Parlament oder in einem Parlament eines deutschen Bundeslandes ruht das Arbeitsverhältnis. Die Pflichtversicherung in der Zusatzversorgung des öffentlichen Dienstes bleibt aufrechterhalten. Umlagen fallen nicht an, somit kann auch kein zusatzversorgungspflichtiges Entgelt gemeldet werden. Ab dem Beginn der Mitgliedschaft im Parlament ist ein neuer Versicherungsabschnitt mit dem Buchungsschlüssel 01 45 00 zu melden.

Die Zeiten der Mitgliedschaft in einem Parlament, während derer das Arbeitsverhältnis ruht, werden für die Erfüllung der Wartezeit mit angerechnet (§ 32 Abs. 3 d. S.).

Die Pflichtversicherung endet, sobald aus dem Abgeordnetenverhältnis eine unverfallbare lebenslängliche Anwartschaft auf Versorgung entstanden ist (§ 19 Abs. 1 Buchst. b d. S.).

Für Mitglieder des Deutschen Bundestages besteht die Möglichkeit einer Nachversicherung der Abgeordnetenzeiten in der Zusatzversorgung (§ 23 Abs. 2 des Gesetzes über die Rechtsverhältnisse der Mitglieder des Deutschen Bundestages – Abgeordnetengesetz).

B

► Altersrentner – mit Teilrente aus der gesetzlichen Rentenversicherung

sind versicherungspflichtig, da der Beginn einer Teilrente kein Versicherungsfall in der Zusatzversorgung ist (es wird also keine Rente gezahlt). Da während der Teilrente weiter gearbeitet wird, besteht Versicherungspflicht.

(Weiteres siehe => Rentner)

► Altersrentner – mit Vollrente aus der gesetzlichen Rentenversicherung

Wird während des Bezugs einer Altersrente als Vollrente gearbeitet, besteht Versicherungsfreiheit (§ 19 Abs. 1 Buchst. c d. S.). Altersrente ist dabei jede Rente, die ab dem 60. Lebensjahr oder danach gewährt wurde (außer einer Erwerbsminderungsrente oder fortbestehender Berufs- oder Erwerbsunfähigkeitsrente). Vollrente bedeutet, dass die Rente im vollen Umfang (also nicht lediglich als Teilrente im Umfang von $^{2}/_{3}$, ½ oder $^{1}/_{3}$) bezogen wird. Um eine Vollrente handelt es sich auch dann, wenn die gesetzliche Rente wegen vorzeitiger Inanspruchnahme mit Abschlägen belegt ist (siehe auch => Rentner).

Wird zunächst eine Altersrente als Vollrente bezogen, diese anschließend in eine Altersrente als Teilrente umgewandelt und wird während des Bezugs der Teilrente eine Teilzeitbeschäftigung ausgeübt, besteht dennoch Versicherungsfreiheit in der Zusatzversorgung.

► Altersteilzeit

Beschäftigte in Altersteilzeit sind versicherungspflichtig. Gleichgültig, welches Modell für die Altersteilzeit ausgewählt wurde, fallen Umlagen und Beiträge für den gesamten Zeitraum der vereinbarten Altersteilzeit an, also auch während der Freizeitphase im Blockmodell.

► Amtsboten

sind versicherungsfrei. Es fehlt in diesen Fällen stets an einem zusatzversorgungspflichtigen Entgelt, da Aufwandsentschädigungen gezahlt werden. Aufwandsentschädigungen sind kein zusatzversorgungspflichtiges Entgelt (§ 62 Abs. 2 Buchst. r d. S.), sodass keine Leistungen entstehen können. Damit ist auch keine Versicherungspflicht gegeben.

B

▸ Anerkennungsjahr

Berufe im Anerkennungsjahr (z. B. Erzieherinnen im Anerkennungsjahr) sind versicherungsfrei. Wird für diesen Personenkreis jedoch ein Arbeitsvertrag vereinbart, auf den ein öffentlicher Tarifvertrag in vollem Umfang Anwendung findet, so ist die Zusatzversorgung zwischen Arbeitgeber und Beschäftigtem vereinbart und es tritt Versicherungspflicht ein. Gleiches gilt auch dann, wenn die Zusatzversorgung einzelvertraglich vereinbart wird.

▸ Arbeit auf Abruf

Es besteht Versicherungspflicht. Wenn in einem bestehenden Beschäftigungsverhältnis aufgrund eines Rahmenarbeitsvertrags zeitweise kein zusatzversorgungspflichtiges Entgelt anfällt (z. B. Arbeit nach Anfall, Arbeit auf Abruf), bleibt für diese Zeit das Versicherungsverhältnis als Pflichtversicherung bestehen. Die Fehlzeit (wenn diese länger als ein Kalendermonat dauert) wird dann mit dem Versicherungsmerkmal 40 gemeldet. Versicherungsabschnitte für Zeiträume mit Fehlzeiten, die weniger als einen Kalendermonat betragen, sind nicht zu melden. Bei einer Unterbrechung der Arbeit ist keine Abmeldung und Wiederanmeldung vorzunehmen.

▸ Arbeitsförderungsmaßnahmen, Eingliederungszuschüsse

Bei Beschäftigten, die durch die Agentur für Arbeit gefördert werden, muss der Arbeitgeber prüfen, ob Versicherungspflicht in der Zusatzversorgung vorliegt. Eine Versicherungspflicht ist ausgeschlossen, wenn der Beschäftigte durch die geförderte Maßnahme vom TVöD/TV-L ausgenommen ist. Solche Beschäftigten haben keinen Anspruch auf Zusatzversorgung (§ 19 Abs. 1 Buchst. k d. S.).

Diese Prüfung anhand des Geltungsbereichs des TVöD gilt auch für Arbeitgeber, die nicht an diese Tarifverträge gebunden sind und gegebenenfalls einen anderen Tarifvertrag anwenden.

Nach § 1 Abs. 2 Buchst. i und k TVöD sind folgende Beschäftigte vom Geltungsbereich dieser Tarifverträge – und damit von der Zusatzversorgung – ausgenommen:

- Beschäftigte, für die Eingliederungszuschüsse nach §§ 217 ff. SGB III gewährt werden, und
- Beschäftigte, die Arbeiten nach §§ 260 ff. SGB III verrichten.

Diese im TVöD aufgeführten Maßnahmen sind heute durch neue Vorschriften ersetzt. Dieser eng umschriebene Ausnahmekatalog wurde durch analoge Anwendungen der TVöD-Vorschriften auf

- § 421f SGB III, § 16e Abs. 1 Satz 2 Nr. 1 und 2 SGB II (entsprechend den Eingliederungszuschüssen), sowie
- § 16d SGB II (entsprechend § 260 SGB III) ausgeweitet.

Durch weitere arbeitsmarktpolitische Reformen ergibt sich Folgendes:

Keine Versicherungspflicht in der Zusatzversorgung besteht für Beschäftigte,

- die Eingliederungszuschüsse nach §§ 88 ff. SGB III (bisher §§ 217 ff. SGB III) erhalten,
- für die Eingliederungszuschüsse nach § 16 Abs. 1 Satz 2 Nr. 5 SGB II gewährt werden (Gleiches gilt für Eingliederungszuschüsse, die bis zum 31. Dezember 2012 nach § 16 Abs. 1 Satz 2 SGB II alter Fassung erbracht wurden),
- die Arbeiten nach §§ 260 ff. SGB III (alte Fassung) verrichten bzw. Förderung durch entsprechende Instrumente der Arbeitsförderung erhalten,
- für die Zuschüsse nach § 16e SGB II gezahlt werden.

Ab dem 1. April 2012 können zudem erwerbsfähige Leistungsberechtigte nach § 16d SGB II zur Erhaltung oder Wiederherstellung ihrer Beschäftigungsfähigkeit in sog. „Arbeitsgelegenheiten mit Mehraufwandsentschädigung" zugewiesen werden. Dabei wird jedoch kein arbeitsrechtliches Beschäftigungsverhältnis begründet, sodass für diesen Personenkreis ebenfalls keine Versicherungspflicht in der Zusatzversorgung besteht.

Die oben dargestellten Ausnahmen von der Versicherungspflicht sind abschließend, sodass bei allen anderweitig geförderten Maßnahmen grundsätzlich von einer Versicherungspflicht in der Zusatzversorgung auszugehen ist.

Auch bei vom TVöD ausgenommenen Beschäftigten kann jedoch die Teilnahme an der Zusatzversorgung arbeitsvertraglich vereinbart werden (nicht im Bereich der VBL), auch wenn dies nicht dem Willen der Tarifvertragsparteien entspricht.

▸ Aufwandsentschädigung

Aufwandsentschädigungen sind kein zusatzversorgungspflichtiges Entgelt (§ 62 Abs. 2 Buchst. r d. S.). Somit sind Beschäftigte, die lediglich eine Aufwandsentschädigung erhalten, in der Zusatzversorgung nicht versicherungspflichtig (siehe auch => Amtsbote, => Bürgermeister ehrenamtlicher, => Ehrenamtliche Tätigkeit, => Feuerwehrkommandant).

▸ Ausländische Beschäftigte

Ausländische Beschäftigte, die in der deutschen gesetzlichen Rentenversicherung versichert sind, sind versicherungspflichtig, wenn sie die allgemeinen Voraussetzungen zur Pflichtversicherung erfüllen.

▸ Ausländische Grundversorgung

Beschäftigte, die wegen der Zugehörigkeit zu einem ausländischen System der sozialen Sicherung nicht der Pflichtversicherung in der gesetzlichen Ren-

B

tenversicherung unterliegen und sich dort auch nicht freiwillig versichert haben oder ihre Rentenanwartschaften auf ein Versorgungssystem der Europäischen Gemeinschaft übertragen haben, sind in der Zusatzversorgung versicherungsfrei (§ 19 Abs. 1 Buchst. g und h d. S.). Wird für diesen Personenkreis jedoch ein Arbeitsvertrag vereinbart, auf den ein öffentlicher Tarifvertrag (z. B. TVöD, AVR) in vollem Umfang Anwendung findet, so ist die Zusatzversorgung vereinbart und Versicherungspflicht gegeben. Genauso kann die Zusatzversorgung auch einzelvertraglich vereinbart werden.

Abweichend von dieser Regelung besteht im Geltungsbereich des ATV – also für Beschäftigte im Bereich des Bundes und der Länder – Versicherungspflicht. Insoweit weicht der ATV-K vom ATV ab.

Ausländer, die in der deutschen gesetzlichen Rentenversicherung pflichtversichert sind und bei einem Mitglied der Zusatzversorgung beschäftigt sind, sind versicherungspflichtig.

▶ **Außertariflich Beschäftigte**

sind grundsätzlich versicherungsfrei, da sie von den Tarifverträgen des öffentlichen Dienstes ausgenommen sind. Allerdings kann die Versicherungspflicht arbeitsvertraglich vereinbart werden (§ 19 Abs. 1 Buchst. k d. S.).

Ausgenommen nach § 1 Abs. 2 TVöD sind u. a.

- Beschäftigte als leitende Angestellte im Sinne des § 5 Abs. 3 BetrVG, wenn ihre Arbeitsbedingungen einzelvertraglich besonders vereinbart sind,
- Chefärzte,
- Beschäftigte, die ein über das Tabellenentgelt der Entgeltgruppe 15 hinausgehendes regelmäßiges Entgelt erhalten.

Bei außertariflich Beschäftigten ist zu beachten, dass Beschäftigte, die durch den Übergang vom BAT zum TVöD ein Entgelt beziehen, welches das Tabellenentgelt der Entgeltgruppe 15 übersteigt, dennoch nicht als außertariflich anzusehen sind. Somit sind also auch Beschäftigte in Entgeltgruppe 15 Ü in der Zusatzversorgung versicherungspflichtig.

Wächst jedoch jemand in seiner Beschäftigung aus den Entgeltgruppen hinaus und erhält demzufolge eine Vergütung über Entgeltgruppe 15, so liegt zunächst Versicherungsfreiheit vor. Eine Teilnahme an der Zusatzversorgung kann dann arbeitsvertraglich vereinbart werden.

Da bei diesen Beschäftigten keine Pflicht zur Versicherung besteht, jedoch die Versicherung in der Zusatzversorgung arbeitsvertraglich vereinbart werden kann, stellt sich für Arbeitgeber und Beschäftigte die Frage, ob und wie dies erfolgen soll. Eine solche Vereinbarung wird zumeist bei Chefärzten, leitenden Angestellten bzw. Beschäftigten mit übertariflicher Bezahlung in Frage stehen.

Die Wahl zwischen Pflichtversicherung und freiwilliger Versicherung birgt sowohl für den Arbeitgeber als auch für die Beschäftigten eine Reihe von Möglichkeiten, Beiträge zu sparen bzw. die Versorgung zu optimieren – aber auch Risiken. Damit alle Chancen und Risiken wirklich sehr sorgfältig abgewogen werden können, sollte eine Entscheidung zwischen Pflicht- und freiwilliger Versicherung nur nach vorheriger Beratung durch die Zusatzversorgungskasse erfolgen. Dies gilt insbesondere dann, wenn ein Ausstieg aus der Pflichtversicherung beabsichtigt ist, weil dies im Einzelfall zu erheblichen versorgungsrechtlichen Nachteilen führen kann. Die Pflichtversicherung in der durch den Arbeitgeber finanzierten Zusatzversorgung beruht auf einer tariflichen oder arbeitsvertraglichen Grundlage, mit der eine bestimmte Versorgung zugesagt wurde. Wird diese Zusage verändert, muss der Betroffene über alle Vor- und Nachteile informiert sein, um einen späteren Haftungsanspruch gegen den Arbeitgeber auszuschließen.

▶ **Auszubildende**

Auszubildende, die unter die Tarifverträge für Auszubildende des öffentlichen Dienstes (TVAöD) vom 13. September 2005 fallen oder fallen würden, wenn die Tarifverträge angewandt würden, sind versicherungspflichtig (§ 22 d. S.).

Damit sind grundsätzlich alle Auszubildenden versicherungspflichtig,

- die in einem staatlich anerkannten oder als staatlich anerkannt geltenden Ausbildungsberuf ausgebildet werden,
- die als Schüler in der Gesundheits- und Krankenpflege, Gesundheits- und Kinderkrankenpflege, Entbindungspflege und Altenpflege (ab 1. Juli 2007) ausgebildet werden,
- die Auszubildende in Betrieben oder Betriebsstellen sind, auf deren Beschäftigte der TV-V oder TV-WW/NW Anwendung findet,
- die Auszubildende in Betrieben oder Betriebsteilen sind, auf deren Beschäftigte ein TV-N Anwendung findet, soweit und solange nicht eine anderweitige landesbezirkliche Regelung getroffen wird.

Nicht zu versichern sind (weil nicht vom TVAöD umfasst):

- Schüler in der Krankenpflegehilfe und Altenpflegehilfe,
- Heilerziehungspflegeschüler,
- Auszubildende, die in Ausbildungsberufen der Landwirtschaft, des Weinbaues oder der Forstwirtschaft ausgebildet werden,
- Praktikanten,
- Volontäre,
- körperlich, geistig oder seelisch behinderte Personen, die aufgrund ihrer Behinderung in besonderen Ausbildungswerkstätten, Berufsförderungswerkstätten oder in Lebenshilfeeinrichtungen ausgebildet werden.

Versicherungsfrei sind auch:

- Berufe im Anerkennungsjahr (z. B. Erzieherinnen im Anerkennungsjahr)
- Schüler für den Beruf eines/einer operationstechnischen Assistenten.

Volontäre sind ebenfalls vom Tarifvertrag ausgenommen, da bei ihnen kein Arbeitsverhältnis besteht.

Studenten an Dualen Hochschulen sind weder in der Studien- noch in der Ausbildungsphase versicherungspflichtig, da sie nicht als Beschäftigte anzusehen sind, jedoch bestehen Unterschiede je nach Art des dualen Studienganges (siehe => Studenten an Dualen Hochschulen).

Wird für diesen Personenkreis jedoch ein Arbeitsvertrag vereinbart, auf den ein öffentlicher Tarifvertrag (z. B. TVöD, AVR) in vollem Umfang Anwendung findet, so ist die Zusatzversorgung zwischen Arbeitgeber und Arbeitnehmer vereinbart und es tritt Versicherungspflicht ein. Gleiches gilt auch dann, wenn die Zusatzversorgung einzelvertraglich vereinbart wird.

- **Beamte**

Beamte sind keine Arbeitnehmer und damit auch nicht in der Zusatzversorgung zu versichern. Damit sind auch ehemalige Beamte, die das Beamtenverhältnis beendet haben, nicht in der Zusatzversorgung nachzuversichern.

Beschäftigte, die eine Anwartschaft oder einen Anspruch auf eine Versorgung nach beamten- oder soldatenrechtlichen Vorschriften oder Grundsätzen oder entsprechenden kirchenrechtlichen Regelungen mindestens in Höhe der beamtenrechtlichen Mindestversorgungsbezüge haben und denen Hinterbliebenenversorgung gewährleistet ist, sind versicherungsfrei (§ 19 Abs. 1 Buchst. b d. S.).

Bei einer nach den Grundsätzen der beamtenrechtlichen Versorgung ausgestalteten Versorgungszusage müssen die Bestimmungsgrößen der ruhegehaltsfähigen Zeit und des ruhegehaltsfähigen Dienstbezugs sowie ihre Zusammenführung zu einem Versorgungssatz in einer dem Beamtenrecht vergleichbaren Weise ausgestaltet sein. Es ist jedoch nicht erforderlich, dass die Höhe der Versorgungszusage der des Beamtenversorgungsrechts genau entspricht. Eine Versorgung nach beamtenrechtlichen Grundsätzen ist z. B. die Versorgung der Bundestagsabgeordneten, der Abgeordneten der Landesparlamente, des Europäischen Parlaments, der hauptamtlichen Bürgermeister und auch die Versorgung der Dienstordnungsangestellten (DO-Angestellten).

Versicherungsfrei sind auch Ruhestandsbeamte und beurlaubte Beamte, die zudem als Angestellte bzw. Arbeitnehmer beschäftigt werden. Dies gilt auch für Beamte, die einer Nebenbeschäftigung oder Teilzeitbeschäftigung nachgehen, die sozialversicherungspflichtig ist.

Auch Zeitsoldaten haben Anspruch auf eine Versorgung nach soldatenrechtlichen Vorschriften und sind somit nicht versicherungspflichtig (siehe => Zeitsoldat).

Eine Nachversicherung für die Zeit eines Beamtenverhältnisses ist in der Zusatzversorgung – anders als in der gesetzlichen Rentenversicherung – nicht möglich.

▶ Beamte auf Probe

Beamte auf Probe sind nicht versicherungspflichtig. Bei Ihnen besteht bereits ein Beamtenverhältnis, welches nach Zeitablauf dazu führt, dass ein Beamtenverhältnis auf Lebenszeit besteht. Somit ist bereits in der Probezeit eine Anwartschaft begründet (siehe auch => Beamte).

▶ Beamte auf Widerruf

Beamte auf Widerruf befinden sich meist im Vorbereitungsdienst, d. h. sie absolvieren eine Ausbildung zum einfachen, mittleren, gehobenen oder höheren Dienst. Das Beamtenverhältnis auf Widerruf ist jederzeit, gerichtlich überprüfbar, durch den Dienstherrn widerrufbar und endet mit dem Bestehen oder endgültigen Nichtbestehen der Laufbahnprüfung. Beamte auf Widerruf sind daher zusatzversorgungspflichtig, wenn sie zusätzlich zu ihrer Beamtentätigkeit eine sozialversicherungspflichtige Beschäftigung ausüben.

▶ Befristet Beschäftigte

Befristet Beschäftigte sind grundsätzlich versicherungspflichtig.

Bis zum 31. Dezember 2002 waren Beschäftigte von der Versicherungspflicht ausgeschlossen, wenn das Arbeitsverhältnis für weniger als zwölf Monate vereinbart und der Beschäftigte zuvor noch nie bei einer Zusatzversorgungskasse des öffentlichen oder kirchlichen Dienstes versichert war. Seit dem 1. Januar 2003 sind auch auf weniger als zwölf Monate befristet Beschäftigte grundsätzlich zu versichern. Ausgeschlossen bleiben nunmehr nur noch kurzfristig Beschäftigte i. S. d. § 8 Abs. 1 Nr. 2 SGB IV (siehe => Kurzfristig Beschäftigte).

▶ Berufsständisch Versicherte

Beschäftigte, die Mitglied einer berufsständischen Versorgungseinrichtung sind, sind grundsätzlich versicherungspflichtig in der Zusatzversorgung, wenn sie die üblichen Voraussetzungen hierfür erfüllen.

Zu den berufsständischen Versorgungseinrichtungen gehören z. B.

- Ärzteversorgungen,
- Apothekerversorgungen,
- Rechtsanwalts- und Steuerberaterversorgungen,
- Architektenversorgungen etc.

Diese Beschäftigten sind ausnahmsweise dann versicherungsfrei, wenn sie wegen ihrer Mitgliedschaft bei einer öffentlich-rechtlichen Versicherungs- oder Versorgungseinrichtung im Sinne des ehemaligen § 7 Abs. 2 AVG bis zum 31. Dezember 1984 von der Versicherungspflicht in der Zusatzversorgung befreit worden sind und bis 30. Juni 1985 schriftlich die Fortdauer der Befreiung beantragt hatten (§ 19 Abs. 1 Buchst. j d. S.).

=> Versorgungswerk der Presse (siehe dort)

=> Versorgungsanstalt der deutschen Bühnen oder der deutschen Kulturorchester, Bahnversicherungsanstalt Abteilung B (siehe dort)

▶ **Bürgerarbeit**

Tätigkeiten im Rahmen einer „Bürgerarbeit" (durch die arbeitslose erwerbsfähige Hilfsbedürftige unterstützt werden, auf dem allgemeinen Arbeitsmarkt eine Beschäftigung zu finden) sind nicht versicherungspflichtig. Diese Tätigkeiten setzen voraus, dass Arbeiten nach §§ 260 ff. SGB III (bzw. nach entsprechenden Vorschriften) vorliegen, womit keine Versicherungspflicht in der Zusatzversorgung besteht (siehe auch => Arbeitsförderungsmaßnahmen).

▶ **Bürgermeister, ehrenamtlich**

Ehrenamtlich tätige Bürgermeister, Gemeinderäte usw. unterliegen nicht der Versicherungspflicht in der Zusatzversorgung.

Ist dagegen ein ehrenamtlicher Bürgermeister oder ein Inhaber eines Ehrenamts gleichzeitig als Beschäftigter bei einem Mitglied beschäftigt, so ist er in dieser Eigenschaft zur Zusatzversorgung anzumelden, sofern das Arbeitsverhältnis die Voraussetzungen für die Versicherungspflicht erfüllt. Wird ein pflichtversicherter Beschäftigter ehrenamtlicher erster Bürgermeister einer Gemeinde und wird deshalb sein Arbeitsentgelt gekürzt, so kann im Geltungsbereich einzelner Zusatzversorgungseinrichtungen (z. B. der Zusatzversorgungskasse der bayerischen Gemeinden) als zusatzversorgungspflichtiges Entgelt das ungekürzte Arbeitsentgelt angesetzt werden (§ 62 Abs. 2 Satz 9 d. S.).

▶ **Bürgermeister, hauptamtlich**

Die Tätigkeit als hauptamtlicher Bürgermeister ist kein Beschäftigungsverhältnis.

Die Behandlung des zuvor bestehenden Beschäftigungsverhältnisses regelt sich nach dem jeweils geltenden Kommunalen Wahlbeamtengesetz. Für Bayern gilt z. B. Folgendes:

Durch die Annahme zur Wahl zum ersten Bürgermeister/Oberbürgermeister einer Gemeinde bzw. als Landrat wird der Beschäftigte zum Beamten auf Zeit. Soweit ein Dienstverhältnis zum gleichen Dienstherrn besteht, erlischt dieses. Sofern die Beschäftigung bei einem anderen öffentlichen oder kirchlichen Arbeitgeber bestand, endet das Beschäftigungsverhältnis nicht automatisch, es ist vielmehr durch Auflösung oder Kündigung zu beenden. Führt der Beamte auf Zeit nach Ablauf seiner Amtszeit als Bürgermeister o.Ä. das Amt nicht weiter, so ist er auf seinem Antrag wieder in das frühere Beschäftigungsverhältnis zu übernehmen, wenn er die dafür geltenden Voraussetzungen noch erfüllt und innerhalb von drei Monaten nach Beendigung des Beamtenverhältnisses auf Zeit den Antrag auf Übernahme stellt. Dem Beschäftigten steht insoweit ein Wiedereinstellungsanspruch zu.

Nach Ablauf von zehn Jahren Amtszeit als hauptamtlicher Bürgermeister ist jedoch eine Pflichtversicherung in der Zusatzversorgung nicht mehr möglich, da ab diesem Zeitpunkt aufgrund der Bürgermeistertätigkeit eine unverfallbare Anwartschaft auf Beamtenversorgung für kommunale Wahlbeamte entstanden ist. Damit entfällt ab diesem Zeitpunkt die Versicherungspflicht in der Zusatzversorgung (§ 19 Abs. 1 Buchst. b d. S.). Mit der Beendigung der Pflichtversicherung bleibt die bis dahin erreichte Anwartschaft auf Zusatzversorgung ungemindert stehen. Nachteile können sich dann im Falle einer Erwerbsminderungsrente oder bei der Verteilung von Überschüssen (Bonuspunkte) ergeben. Wird aus der Bürgermeistertätigkeit keine unverfallbare Anwartschaft auf Beamtenversorgung erlangt (weil zehn Jahre nicht erreicht werden), kann nach Beendigung der Bürgermeistertätigkeit die Pflichtversicherung in der Zusatzversorgung wieder aufgenommen werden. Wird der Beschäftigte nach Ablauf einer Amtszeit nicht wieder gewählt, erfolgt keine Nachversicherung in der Zusatzversorgung. Eine Nachversicherung für die Zeit eines Beamtenverhältnisses ist in der Zusatzversorgung – anders als in der gesetzlichen Rentenversicherung – nicht möglich.

▸ Bundesfreiwilligendienst

Tätigkeiten im Rahmen eines Bundesfreiwilligendienstes sind nicht versicherungspflichtig, da kein Arbeitsverhältnis begründet wird.

Erbringt ein Beschäftigter während eines bestehenden (ruhenden) Beschäftigungsverhältnisses eine Tätigkeit im Rahmen des Bundesfreiwilligendienstes, sind keine Umlagen/Beiträge zu zahlen. Der Bundesfreiwilligendienst ist rechtlich vom freiwilligen Wehrdienst (siehe => Wehrdienst) zu unterscheiden. Die Vorschriften des Arbeitsplatzschutzgesetzes finden keine Anwendung.

▸ Chefärzte

sind grundsätzlich versicherungsfrei, da sie von den Tarifverträgen des öffentlichen Dienstes ausgenommen sind (§ 1 Abs. 2 Buchst. a TVöD). Allerdings kann die Versicherungspflicht arbeitsvertraglich vereinbart werden (§ 19 Abs. 1 Buchst. k d. S.). Siehe hierzu => Außertariflich Beschäftigte.

B

▶ **Duale Studierende**

=> Studenten an Dualen Hochschulen

▶ **Ehrenamtlich Tätige**

Inhaber von Ehrenämtern stehen in keinem privatrechtlichen Dienstverhältnis und sind daher in ihrer Eigenschaft als Inhaber des Ehrenamts keine Beschäftigten. Damit ist der Anwendungsbereich des ATV/ATV-K nicht eröffnet. Die Entschädigung eines ehrenamtlichen Bürgermeisters ist kein zusatzversorgungspflichtiges Entgelt; auch dann nicht, wenn der ehrenamtliche Bürgermeister in seiner hauptberuflichen Tätigkeit zusatzversorgungspflichtig ist.

Zudem sind Aufwandsentschädigungen kein zusatzversorgungspflichtiges Entgelt (§ 62 Abs. 2 Buchst. r d. S.), sodass selbst bei einer unterstellten Beschäftigteneigenschaft keine Rentenanwartschaften aus der Zusatzversorgung entstehen würden.

Ehrenamtlich tätige Bürgermeister, Stadträte, Gemeinderäte, stellvertretende Landräte usw. unterliegen somit nicht der Versicherungspflicht in der Zusatzversorgung.

▶ **Ein-Euro-Jobs**

Ein-Euro-Jobs sind keine Arbeitsverhältnisse im Sinne des Arbeitsrechts. Diese Vertragsverhältnisse sind nicht vom Geltungsbereich des Manteltarifrechts (z. B. TVöD) erfasst, weil es sich nicht um eine Tätigkeit als Arbeitnehmer handelt. Damit sind sie auch von der Anwendung des ATV-K/ATV ausgeschlossen und können nicht in der Zusatzversorgung versichert werden. Zudem wäre die nach § 16 Abs. 3 SGB II gezahlte Entschädigung für Mehraufwendungen kein zusatzversorgungspflichtiges Entgelt.

▶ **Eingliederung in Arbeit, Eingliederungszuschüsse**

Beschäftigte, für die Eingliederungszuschüsse nach §§ 217 ff. SGB III gewährt werden oder die Arbeiten nach §§ 260 ff. SGB III verrichten, sind versicherungsfrei. Hierzu gehören auch Eingliederungszuschüsse nach § 431 SGB III, sowie § 16d und § 16e SGB II (siehe ausführlich => Arbeitsförderungsmaßnahme).

▶ **Einstiegsqualifizierung**

Die von der Bundesagentur für Arbeit geförderte Einstiegsqualifizierung nach 54a SGB III ist auf die Vermittlung und Vertiefung von Grundlagen für den Erwerb beruflicher Handlungsfähigkeit ausgerichtet. Die zu vermittelnden Kenntnisse und Fertigkeiten bereiten auf einen anerkannten Ausbildungsberuf vor. Die Einstiegsqualifizierung ist eine Vorstufe der Ausbildung und damit kein Ausbildungsverhältnis, sondern vielmehr ein betriebliches Langzeitpraktikum, welches als Übergang in die Ausbildung dienen soll. => Praktikanten (siehe dort) sind aber in der Zusatzversorgung versicherungsfrei.

B

► **Elternzeit**

Während der Elternzeit bleibt die Pflichtversicherung bestehen, da das Beschäftigungsverhältnis weiter besteht und nur vorübergehend ruht.

Teilzeitbeschäftigungen während einer Elternzeit sind versicherungspflichtig, wenn die sonstigen Voraussetzungen für die Versicherungspflicht erfüllt sind. Ruht das Beschäftigungsverhältnis während einer Elternzeit, so wird für jeden vollen Monat ein Entgelt von 500 € als soziale Komponente unterstellt.

► **Erwerbsminderungsrentner**

sind versicherungspflichtig, wenn sie ein Arbeitsverhältnis aufnehmen oder fortführen, das die sonstigen Voraussetzungen für die Versicherungspflicht erfüllt. Die sich während der Erwerbsminderungsrente aus der versicherungspflichtigen Beschäftigung ergebenden Versorgungspunkte werden bei Eintritt eines neuen Versicherungsfalls (z. B. Beginn einer Altersrente) berücksichtigt. Dabei erfolgt jedoch gegebenenfalls eine Verrechnung mit Versorgungspunkten für Zurechnungszeiten, die in der bisherigen Erwerbsminderungsrente enthalten sind (siehe auch => Rentner).

► **Feuerwehrkommandant, Freiwillige Feuerwehr**

Ein 1. Feuerwehrkommandant unterliegt nicht der Versicherungspflicht in der Zusatzversorgung, da er lediglich Aufwandsentschädigungen erhält. Aufwandsentschädigungen sind – unabhängig von der Steuerpflicht – kein zusatzversorgungspflichtiges Entgelt, sodass keine Leistungen entstehen können. Damit ist auch keine Versicherungspflicht gegeben.

► **Fleischkontrolleure**

Die Versicherungspflicht wurde durch den Tarifvertrag zur Regelung der Rechtsverhältnisse der Beschäftigten in der Fleischuntersuchung (TV-Fleischuntersuchung) vom 15. September 2008 neu geregelt. Versicherungspflichtig sind Beschäftigte, wenn sie in Betrieben beschäftigt sind, in denen Stundenentgelt zu zahlen ist (§ 16 TV-Fleischuntersuchung). Das ist bei Beschäftigten in Großbetrieben gemäß § 7 TV-Fleischuntersuchung der Fall, ausgenommen solche nach § 26 TV-Fleischuntersuchung, und öffentliche Schlachthöfe, die keine Großbetriebe sind, § 27 TV-Fleischuntersuchung.

Damit wurde die Zusatzversorgung auch auf Beschäftigte außerhalb öffentlicher Schlachthöfe ausgedehnt, die in Großbetrieben arbeiten und bei denen Stundenentgelt gezahlt wird. Der Tarifvertrag folgt damit der einschlägigen Rechtsprechung des Bundesarbeitsgerichts.

Eine Versicherungspflicht liegt also dann vor, wenn der Beschäftigte in einem Betrieb nach § 7 TV-Fleischuntersuchung beschäftigt ist und Stundenvergütung erhält (es müssen also beide Voraussetzungen – Großbetrieb und Stundenentgelt – vorliegen). Ebenfalls besteht Versicherungspflicht, wenn die Beschäftigung in öffentlichen Schlachthöfen erfolgt, die keine Großbetriebe sind, in denen aber nach § 27 TV-Fleischuntersuchung ebenfalls Stundenvergütung gezahlt wird.

Ausgenommen von der Versicherungspflicht sind Beschäftigte, die nach § 8 TV-Fleischuntersuchung eine Stückvergütung erhalten. Hier besteht weiterhin kein Anspruch auf Versicherung in der Zusatzversorgung – auch nicht im Wege des arbeitsrechtlichen Gleichbehandlungsgrundsatzes. Die Zusatzversorgung kann jedoch arbeitsvertraglich vereinbart werden.

Erhält ein Beschäftigter neben dem Stundenentgelt nach § 7 und § 27 TV-Fleischuntersuchung zusätzlich Stückvergütung, ist nur das Stundenentgelt zusatzversorgungspflichtig (§ 16 Satz 3 TV-Fleischuntersuchung).

Beschäftigte in Großbetrieben, die Stundenvergütung erhalten, haben Anspruch auf eine Besitzstandszulage, soweit sie bis zum Inkrafttreten des neuen Tarifvertrags eine Stückvergütung nach § 12 TV Ang aöS bezogen haben (§ 25 TV-Fleischuntersuchung).

Die Besitzstandszulage leitet sich aus dem Entgelt ab, welches bis zum Inkrafttreten des TV-Fleischuntersuchung nicht zusatzversorgungspflichtig war. Somit ist es folgerichtig, die Besitzstandszulage aus dem zusatzversorgungspflichtigen Entgelt auszunehmen.

▶ Förderungen aus Mitteln des Europäischen Sozialfonds

Beschäftigte, die Leistungen aus Mitteln des europäischen Sozialfonds erhalten, sind versicherungspflichtig, sofern es sich um Beschäftigte im Sinne der Satzung handelt. Ziel der Förderung ist es, Beschäftigungschancen zu verbessern, Menschen durch Ausbildung und Qualifizierung zu unterstützen und zum Abbau von Benachteiligungen auf dem Arbeitsmarkt beizutragen. Soweit daher keine Maßnahme nach § 1 Abs. 2 Buchst. i und k TVöD vorliegen (=> Arbeitsförderungsmaßnahmen), besteht Versicherungspflicht in der Zusatzversorgung.

▶ Freiwilliges soziales Jahr

Personen, die ein freiwilliges soziales Jahr ableisten (§ 10 SGB IV), sind keine Beschäftigte und können nicht versichert werden.

▶ Geringfügig Beschäftigte

Geringfügig Beschäftigte sind versicherungspflichtig, gleichgültig in welchem Umfang die geringfügige Beschäftigung erfolgt.

Für die Frage der Versicherungspflicht in der Zusatzversorgung ist es unerheblich, ob die geringfügige Beschäftigung der Versicherungs- und vollen Beitragspflicht in der gesetzlichen Rentenversicherung unterliegt oder der Beschäftigte die Befreiung von der Versicherungspflicht beantragt hat und lediglich der Arbeitgeber den Pauschalbeitrag zahlt.

§ 8 Abs. 1 SGB IV unterscheidet zwei Arten von geringfügigen Beschäftigungen, die in der Zusatzversorgung unterschiedlich behandelt werden. Danach liegt eine geringfügige Beschäftigung vor, wenn

1. das Arbeitsentgelt aus dieser Beschäftigung regelmäßig im Monat 450,00 € nicht übersteigt *(geringfügig entlohnte Beschäftigung)*,
2. die Beschäftigung innerhalb eines Kalenderjahres auf längstens zwei Monate oder 50 Arbeitstage nach ihrer Eigenart begrenzt zu sein pflegt oder im Voraus vertraglich begrenzt ist, es sei denn, dass die Beschäftigung berufsmäßig ausgeübt wird und ihr Entgelt 450,00 € im Monat übersteigt *(kurzfristige Beschäftigung)*.

Nur geringfügig entlohnte Beschäftigte nach § 8 Abs. 1 Nr. 1 SGB IV sind versicherungspflichtig; kurzfristig Beschäftigte nach § 8 Abs. 1 Nr. 2 SGB IV sind versicherungsfrei (§ 19 Abs. 1 Buchst. i d. S.).

Geringfügig beschäftigte Arbeitnehmer waren bis zum 31. Dezember 2001 vom Geltungsbereich der Tarifverträge des öffentlichen Dienstes (z. B. § 3 Buchst. n BAT) ausgeschlossen. Es bestand somit auch in der Zusatzversorgung keine Versicherungspflicht. Zum 1. Januar 2002 sind *geringfügig entlohnte Beschäftigte* in den Geltungsbereich der Tarifverträge des öffentlichen Dienstes aufgenommen worden. Von der Zusatzversorgung waren sie jedoch aufgrund einer entsprechenden tarifvertraglichen Regelung bis zum 31. Dezember 2002 ausgeschlossen. Kurzfristig beschäftigte Arbeitnehmer sind hingegen weiterhin vom Geltungsbereich des TVöD ausgenommen (§ 1 Abs. 2 Buchst. m TVöD).

Seit dem 1. Januar 2003 sind geringfügig entlohnte Beschäftigte i. S. d. § 8 Abs. 1 Nr. 1 SGB IV in der Zusatzversorgung zu versichern.

▶ **Heimarbeiter**

Heimarbeiter, die unter das Heimarbeitergesetz fallen, sind keine Beschäftigten, da sie nicht dem Weisungsrecht eines Arbeitgebers unterliegen, sondern Dauer und Lage der Arbeitszeit, die Reihenfolge der Arbeit usw. nach eigenem Ermessen bestimmen können.

▶ **Hochschule, Beschäftigte mit einer wissenschaftlichen Tätigkeit**

Beschäftigte mit einer wissenschaftlichen Tätigkeit an Hochschulen oder Forschungseinrichtungen, die bisher nicht in der Zusatzversorgung pflichtversichert waren und in einem Arbeitsverhältnis befristet eingestellt werden, in dem die Wartezeit nicht erfüllt werden kann, sind auf ihren schriftli-

B

chen Antrag beim Arbeitgeber von der Pflicht zur Versicherung zu befreien (§ 19 Abs. 1 Buchst. m d. S.). Der Antrag kann nur innerhalb von zwei Monaten nach Beginn des Arbeitsverhältnisses gestellt werden (§ 2 Abs. 2 Satz 2 ATV/ATV-K). Wird das Arbeitsverhältnis verlängert oder fortgesetzt, beginnt die Pflichtversicherung mit dem Ersten des Monats, in dem die Verlängerung oder Fortsetzung des Arbeitsverhältnisses über fünf Jahre hinaus vereinbart wurde (§ 19 Abs. 2 d. S.). Eine rückwirkende Pflichtversicherung von Beginn des Arbeitsverhältnisses an ist ausgeschlossen. Wird eine Befreiung ausgesprochen, muss der Arbeitgeber anstatt der Pflichtversicherung eine freiwillige Versicherung für den Beschäftigten abschließen und einen Beitrag in Höhe des Umlagesatzes/Beitragssatzes, aber maximal 4 % des zusatzversorgungspflichtigen Entgelts einzahlen (§ 2 Abs. 2 Satz 3 ATV/ATV-K).

Diese Befreiungsmöglichkeit besteht nur für Arbeitsverhältnisse, die nach dem 31. Dezember 2002 begründet werden.

In der freiwilligen Versicherung ist im Unterschied zur Pflichtversicherung die Erfüllung der Wartezeit von 60 Umlage- bzw. Beitragsmonaten für eine spätere Rentenleistung nicht erforderlich. Hier reicht der Eintritt des Versicherungsfalls für den Bezug einer Rente aus. Daher können wissenschaftliche Beschäftigte, die für ein auf nicht mehr als fünf Jahre befristetes Arbeitsverhältnis eingestellt werden und damit die Wartezeit in der Pflichtversicherung nicht erfüllen können, in der freiwilligen Versicherung unverfallbare Betriebsrentenanwartschaften erwerben.

Der Arbeitgeber sollte die in Frage kommenden Beschäftigten deshalb auf die Möglichkeit der freiwilligen Versicherung hinweisen. Der Beschäftigte ist zudem entweder von seiner Zusatzversorgungskasse oder vom Arbeitgeber über die Unterschiede zwischen der Pflichtversicherung und der freiwilligen Versicherung zu informieren.

▸ Justizvollzugsdienst

Siehe => Übergangsversorgung.

▸ Kurzzeitig Beschäftigte

Kurzzeitig Beschäftigte sind versicherungsfrei (siehe auch => geringfügig Beschäftigte).

Ein kurzfristiger Minijob liegt vor, wenn die Beschäftigung im Voraus auf zwei Monate oder insgesamt 50 Arbeitstage in einem Kalenderjahr befristet ist und nicht berufsmäßig ausgeübt wird (§ 8 Abs. 1 Nr. 2 SGB IV). Kurzfristige Minijobs sind sozialversicherungsfrei. Das bedeutet, dass der Beschäftigte keine Sozialversicherungsbeiträge zahlen muss. Zudem ist diese Beschäftigungsart in der Regel beitragsfrei für den Arbeitgeber.

Eine kurzfristige Beschäftigung führt – unabhängig von der Höhe des Arbeitsentgelts – weder zur Versicherungspflicht in der gesetzlichen Rentenversicherung, noch zur Versicherungspflicht in der Zusatzversorgung (§ 19 Abs. 1 Buchst. i d. S.). Zu beachten ist jedoch, dass auch bei einer kurzfristigen Beschäftigungsdauer Versicherungspflicht in der Sozialversicherung und Zusatzversorgung dann eintritt, wenn die Beschäftigung berufsmäßig ausgeübt wird und der (anteilige) Verdienst die 450-€-Grenze überschreitet. Eine Berufsmäßigkeit liegt beispielsweise vor, wenn der Beschäftigte Leistungen nach dem SGB III (z. B. Arbeitslosengeld) bezieht oder bei der Agentur für Arbeit für eine mehr als kurzfristige Beschäftigung als Arbeitsuchender gemeldet ist. Gleiches gilt auch für Beschäftigungen, die während einer Elternzeit oder eines unbezahlten Urlaubs ausgeübt werden. Die 450-€-Grenze muss dabei auf das befristete Arbeitsverhältnis zeitanteilig begrenzt werden. Ob eine berufsmäßige Beschäftigung ausgeübt wird, prüft der zuständige Sozialversicherungsträger.

Wird eine zunächst kurzfristige Beschäftigung verlängert und entsteht dadurch Versicherungspflicht in der Sozialversicherung, ist der Beschäftigte ab dem Zeitpunkt der Verlängerung (also nicht rückwirkend) in der Zusatzversorgung anzumelden.

▸ Landrat, stellvertretender Landrat

Landräte sind – wie => hauptamtliche Bürgermeister – kommunale Wahlbeamte und damit nicht versicherungspflichtig.

Der gewählte Vertreter des Landrates ist ebenfalls nicht versicherungspflichtig, da es sich um eine => ehrenamtliche Tätigkeit handelt. Der Stellvertreter erhält eine => Aufwandsentschädigung, die kein zusatzversorgungspflichtiges Entgelt darstellt (§ 62 Abs. 2 Buchst. r d. S.). Auch wenn der Stellvertreter nach der jeweiligen Kommunalverfassung als kommunaler Wahlbeamter (in Form einer ehrenamtlichen Tätigkeit) angesehen wird, besteht keine Versicherungspflicht.

▸ Lebensversicherung – anstelle Pflichtversicherung

Im kommunalen und kirchlichen Bereich sind Beschäftigte in der Zusatzversorgung versicherungsfrei, wenn bis zum Erwerb der Mitgliedschaft des Arbeitgebers bei einer Zusatzversorgungskasse die Zusatzversorgung im Wege der Versicherung bei einem Lebensversicherungsunternehmen durchgeführt wurde (§ 19 Abs. 4 d. S.). Sie können innerhalb von sechs Monaten ab Beginn der Mitgliedschaft die Versicherung in der Zusatzversorgung beantragen. Diese Vorschrift ist damit nur dann von Bedeutung, wenn ein Arbeitgeber neues Mitglied in einer Zusatzversorgungskasse wird.

▸ Leitende Angestellte

Leitende Angestellte sind grundsätzlich versicherungsfrei, da sie von den Tarifverträgen des öffentlichen Dienstes ausgenommen sind. Allerdings kann die Versicherungspflicht arbeitsvertraglich vereinbart werden (§ 19 Abs. 1 Buchst. k). Siehe => Außertariflich Beschäftigte.

▶ Nachversicherung von teilzeitbeschäftigten Arbeitnehmern, die tariflich bis zum 31. März 1991 nicht zu versichern waren (unterhälftig beschäftigte Arbeitnehmer)

Bis zum 31. März 1991 bestand Versicherungspflicht in der Zusatzversorgung nur dann, wenn im Arbeitsverhältnis eine wöchentliche Arbeitszeit von mindestens 18 Stunden vereinbart wurde. Vor dem 1. Januar 1988 war ein Arbeitnehmer nur versicherungspflichtig, wenn seine arbeitsvertraglich vereinbarte durchschnittliche regelmäßige wöchentliche Arbeitszeit mindestens die Hälfte der regelmäßigen Arbeitszeit eines entsprechend vollbeschäftigten Arbeitnehmers betrug.

Das Bundesarbeitsgericht (BAG) hat in mehreren Urteilen Arbeitgeber verpflichtet, teilzeitbeschäftigte Arbeitnehmer, die wegen der mit ihnen vereinbarten Arbeitszeit vor dem 1. April 1991 nicht in der Zusatzversorgung zu versichern waren, so zu stellen, als ob sie seit Beginn des Arbeitsverhältnisses in der Zusatzversorgung versichert gewesen wären, da der Ausschluss von der Versicherungspflicht infolge der vereinbarten Arbeitszeit gegen Art. 3 GG verstoße. Entsprechendes gilt für weitere Arbeitnehmergruppen, z. B. nebenberuflich Beschäftigte bis 31. Dezember 1997, Saisonarbeitnehmer, Waldarbeiter und teilzeitbeschäftigte Angestellte in der Fleischuntersuchung.

Zur Entlastung der Arbeitgeber hatten sich die Zusatzversorgungskassen bereit erklärt, diese Zeit einer Teilzeitbeschäftigung vor dem 1. April 1991 aufgrund der Rechtsprechung des BAG im Wege der Nachentrichtung von Umlagen und Beiträgen als versorgungswirksam anzuerkennen, wenn die sonstigen Voraussetzungen zur Versicherungspflicht (z. B. keine geringfügige Beschäftigung) erfüllt waren.

Der Arbeitgeber hat auch die Möglichkeit, mit dem ehemaligen Beschäftigten zu vereinbaren, dass der Anspruch auf Zusatzversorgung aus den nicht versicherten Zeiten einer unterhälftigen Beschäftigung durch eine einmalige Zahlung des Arbeitgebers abgegolten wird. Diesbezüglich hat das Bundessozialgericht mit Urteil vom 7. März 2007 entschieden, dass Zahlungen zur Abgeltung eines Anspruchs auf Zusatzversorgungsleistungen für Zeiten nach der Beendigung des Beschäftigungsverhältnisses kein beitragspflichtiges Entgelt im Sinne des SGB sind.

▶ Ordensmitglieder

Ordensmitglieder gehören aufgrund ihrer Zugehörigkeit zu einer Ordensgemeinschaft nicht zum zusatzversorgungspflichtigen Personenkreis. Sie erbringen ihre Dienste in der Regel aufgrund eines Gestellungsvertrags. Eine Versicherung in der Zusatzversorgung kommt allerdings dann in

Betracht, wenn neben der Eigenschaft als Ordensmitglied ein Arbeitsvertrag im arbeitsrechtlichen Sinne abgeschlossen worden ist. Gleiches gilt für Mitglieder einer Schwesterngemeinschaft.

► **Organisten**

Organisten in nebenberuflicher Tätigkeit sind abhängig beschäftigt und unterliegen damit der Versicherungspflicht in der Sozialversicherung und der Zusatzversorgung. Soweit die Regelung des § 3 Nr. 26 EStG (vgl. Übungsleiter) anzuwenden ist, sind Organisten in der Zusatzversorgung zu versichern, wenn das Entgelt den Freibetrag nach § 3 Nr. 26 EStG überschreitet.

Wird der Freibetrag gelegentlich überschritten, so ist eine bereits erfolgte Anmeldung in der Zusatzversorgung aufrechtzuerhalten. Lediglich in der Jahresmeldung sind dann Zeiträume ohne zusatzversorgungspflichtiges Entgelt, die mehr als einen Kalendermonat dauern, mit den Buchungsschlüsseln 01 40 00 zu melden.

► **Pastoralassistenten**

Pastoral- und Gemeindeassistenten im Vorbereitungsdienst sind keine Beschäftigten, da ihr Beschäftigungsverhältnis überwiegend Ausbildungszwecken dient. Eine Versicherung ist jedoch ausnahmsweise dann möglich, wenn diese arbeitsvertraglich vereinbart wird.

► **Praktikanten**

sind versicherungsfrei, weil sie vom TVAöD ausgenommen sind (§ 1 Abs. 2 Buchst. b TVAöD). Siehe auch => Auszubildende.

► **Probezeit**

Wenn im Rahmen eines Beschäftigungsverhältnisses eine Probezeit vereinbart ist, ist die Beschäftigung von Anfang an versicherungspflichtig, wenn die sonstigen Voraussetzungen zur Versicherungspflicht erfüllt sind. Eine Probezeit ist Teil des Beschäftigungsverhältnisses und wie ein solches zu versichern.

► **Rechtsreferendare**

sind nicht versicherungspflichtig. Sie sind während der Referendarzeit – je nach Bundesland – entweder Beamte oder in einem öffentlich-rechtlichen Ausbildungsverhältnis besonderer Art.

► **Rentner**

► Beschäftigte mit Altersrente als Vollrente.

Beschäftigte, die eine Altersrente aus der gesetzlichen Rentenversicherung als Vollrente erhalten oder erhalten haben, sind stets versicherungsfrei (§ 19 Abs. 1 Buchst. e d. S.). Hintergrund der Regelung ist, dass Versicherungszeiten, die nach Beginn einer Altersrente erworben würden, nicht mehr rentenerhöhend wirken können, da nach Beginn einer Altersrente kein weiterer Versicherungsfall (außer Tod) mehr eintreten kann, bei dem diese zusätzlichen Zeiten zu berücksichtigen wären.

Altersrente ist dabei jede Rente, die ab dem 60. Lebensjahr gewährt wird (also jede Rente außer einer Erwerbsminderungsrente oder fortbestehender Berufs- oder Erwerbsunfähigkeitsrente). Vollrente bedeutet, dass die Rente im vollen Umfang (also nicht lediglich als Teilrente im Umfang von $^2/_3$, ½ oder $^1/_3$) bezogen wird. Um eine Vollrente handelt es sich auch dann, wenn die gesetzliche Rente wegen Beginn vor dem 65. Lebensjahr (vorzeitige Inanspruchnahme) mit Abschlägen belegt ist.

- Beschäftigte mit Altersrente als Teilrente

Wird das Arbeitsverhältnis bei Bezug einer Altersrente als Teilrente als Teilzeitbeschäftigung fortgesetzt, so ist es versicherungspflichtig, wenn die sonstigen Voraussetzungen hierfür vorliegen. In diesem Fall endet weder das Arbeitsverhältnis, noch besteht Anspruch auf eine Betriebsrente aus der Zusatzversorgung. Wird jedoch zunächst eine Altersrente als Vollrente aus der gesetzlichen Rentenversicherung bezogen und diese zu einem späteren Zeitpunkt in eine Altersrente als Teilrente umgewandelt, so besteht während des Teilrentenbezugs weiter Versicherungsfreiheit.

- Rentner mit Erwerbsminderungsrente

Beschäftigte, die eine Erwerbsminderungsrente aus der gesetzlichen Rentenversicherung oder Zusatzversorgung beziehen, sind versicherungspflichtig, wenn sie ein Arbeitsverhältnis aufnehmen oder fortführen, das die sonstigen Voraussetzungen für die Versicherungspflicht erfüllt. Die sich während der Erwerbsminderungsrente aus der versicherungspflichtigen Beschäftigung ergebenden Versorgungspunkte werden bei Eintritt eines neuen Versicherungsfalls (z. B. Beginn einer Altersrente) berücksichtigt. Dabei erfolgt jedoch gegebenenfalls eine Verrechnung mit Versorgungspunkten für Zurechnungszeiten, die in der bisherigen Erwerbsminderungsrente enthalten sind.

- **Saisonarbeitnehmer**

Saisonarbeitnehmer sind versicherungspflichtig.

Saisonarbeitnehmer leisten Arbeit nur in bestimmten Abschnitten eines Kalenderjahres, in denen durch den jahreszeitlichen Ablauf die Voraussetzungen und das Bedürfnis für eine zeitbegrenzte Arbeitsleistung bestehen.

Saisonarbeitnehmer mit unbefristetem Arbeitsverhältnis waren immer schon ab Beginn ihres Arbeitsverhältnisses in der Zusatzversorgung zu versichern.

Saisonarbeitnehmer mit einem für die Dauer der Saison befristeten Arbeitsverhältnis sind vom Beginn des Beschäftigungsverhältnisses an – also ab Beginn der ersten Saison – zu versichern, sofern die allgemeinen Voraussetzungen für eine Versicherungspflicht erfüllt sind. Saisonarbeitnehmer mit befristeten Arbeitsverhältnissen gelten hinsichtlich der Verteilung von Bonuspunkten auch dann als pflichtversichert, wenn die Saison geendet hat und sie bei Beginn der nächsten Saison voraussichtlich wieder eingestellt werden. Damit werden diese Beschäftigten, soweit sie als pflichtversichert gelten, in die Verteilung von Bonuspunkten mit einbezogen, da sie am Ende des laufenden Geschäftsjahres als pflichtversichert anzusehen sind (§ 66 Abs. 3 d. S.).

▶ **Schüler**

Schülerinnen und Schüler, die in der Gesundheits- und Krankenpflege, Gesundheits- und Kinderkrankenpflege, Entbindungspflege und Altenpflege ausgebildet werden, unterliegen dem TVAöD und sind somit versicherungspflichtig.

Schülerinnen/Schüler in der Krankenpflegehilfe und Altenpflegehilfe und Heilerziehungspflegeschüler/innen sind versicherungsfrei, weil sie vom TVAöD ausgenommen sind (siehe => Auszubildende).

Schüler, die noch an allgemeinbildenden Schulen lernen (z. B. Grundschule, Gymnasium usw.) und in ihrer Freizeit arbeiten, sind versicherungspflichtig, wenn sie die allgemeinen Voraussetzungen für die Versicherungspflicht (insbesondere Vollendung 17. Lebensjahr, keine kurzfristige Beschäftigung) erfüllen.

▶ **Soldaten**

=> Wehrpflichtige.

▶ **Studenten, die neben ihrem Studium eine Beschäftigung ausüben,**

sind grundsätzlich versicherungspflichtig. Von der Versicherungspflicht ausgeschlossen sind lediglich die Studenten, die während der Dauer eines Studiums als ordentliche Studierende einer Fachschule oder Hochschule ein Praktikum ableisten, das in ihrer Studien- oder Prüfungsordnung vorgeschrieben ist (sie sind dann => Praktikanten). Ausgenommen sind auch Studenten, die lediglich eine => kurzfristige Beschäftigung während der Semesterferien ausüben.

Bis zum 30. September 1996 waren von der Versicherungspflicht in der Zusatzversorgung alle Personen ausgenommen, die während der Dauer ihres Studiums als ordentliche Studierende einer Hochschule oder einer der fachlichen Ausbildung dienenden Schule gegen Arbeitsentgelt beschäftigt und in der gesetzlichen Rentenversicherung versicherungsfrei waren. Dies war regelmäßig dann der Fall, wenn die wöchentliche Arbeitszeit 20 Stunden nicht überschritten hatte.

In der Zeit vom 1. Oktober 1996 bis 31. Dezember 1997 waren Studierende grundsätzlich in der Zusatzversorgung versicherungsfrei. Eine Anmeldung zur Zusatzversorgung kam allerdings dann in Betracht, wenn im Arbeitsvertrag die Teilnahme an der Zusatzversorgung – z. B. durch Vereinbarung des § 46 BAT – vereinbart wurde.

▶ Studenten an Dualen Hochschulen

Die Frage der Versicherungspflicht richtet sich nach der Art des dualen Studienganges:

Praxisintegrierte duale Studiengänge (auch praxisorientierten Studiengängen) weisen einen hohen Anteil berufspraktischer Phasen auf. Im Unterschied zu klassischen Studiengängen (mit Praxisbezug) wird das Studium in diesen Studiengängen mit einer praktischen Tätigkeit derart verbunden, dass sie inhaltlich und zeitlich mit der theoretischen Ausbildung verknüpft ist. Diese Praxisphasen werden als Bestandteil des Hochschulstudiums absolviert.

Studenten in praxisintegrierten dualen Studiengängen sind nicht in der Zusatzversorgung versicherungspflichtig. Sie fallen nicht unter das Berufsbildungsgesetz, sodass auch der TVAöD keine Anwendung findet. Während eines praxisintegrierten dualen Studiums besteht kein Arbeitsverhältnis, sodass weder der TVöD noch andere Manteltarifverträge Anwendung finden. Da kein Beschäftigungsverhältnis vorliegt, ist auch keine Versicherungspflicht in der Zusatzversorgung gegeben.

Ausbildungsintegrierte duale Studiengänge sind auf eine berufliche Erstausbildung gerichtet. Das Studium wird dabei mit einer betrieblichen Ausbildung in einem anerkannten Ausbildungsberuf nach dem Berufsbildungsgesetz oder der Handwerksordnung verbunden. Neben dem Studienabschluss wird ein Abschluss in einem Ausbildungsberuf erworben. Hierzu ist ein entsprechender Ausbildungsvertrag abzuschließen, für den keine Besonderheiten gelten. Solange die Berufsausbildung andauert und es sich um einen anerkannten Ausbildungsberuf handelt, fällt das Ausbildungsverhältnis unter den TVAöD und unterliegt somit der Zusatzversorgungspflicht.

Nach Abschluss der Berufsausbildung wechseln die dual Studierenden in den Status eines Normalstudiengangs bzw. in den des praxisintegrierten dualen Studiengangs, sodass im weiteren Verlauf des Studiums während noch abzuleistender Praxisphasen oder Praktika der TVAöD keine weitere Anwendung findet und damit eine Zusatzversorgungspflicht nicht mehr gegeben ist.

Eine Zusatzversorgungspflicht besteht – wie bei den praxisintegrierten dualen Studiengängen – nur, wenn für die Praxisphasen ausdrücklich ein unter den TVöD bzw. ein unter die anderen genannten Manteltarifverträge fallendes Arbeitsverhältnis vereinbart wird.

Berufsintegrierte und berufsbegleitende duale Studiengänge sind auf berufliche Weiterbildung ausgerichtet und wenden sich an Studieninteressenten mit bereits abgeschlossener Berufsausbildung, die neben ihrer beruflichen Tätigkeit ein Studium absolvieren möchten. Hier besteht regelmäßig nur eine zeitliche, aber keine inhaltliche Verzahnung von theoretischer und praktischer Ausbildung.

Soweit das fortzusetzende Arbeitsverhältnis unter den Geltungsbereich des TVöD oder eines anderen genannten Manteltarifvertrages fällt, besteht während des Studiums weiterhin Versicherungspflicht in der Zusatzversorgung.

► **Studienförderungsvertrag**

Schließt ein Arbeitgeber mit einem Studenten einen Studienförderungsvertrag ab, besteht keine Versicherungspflicht in der Zusatzversorgung. Grundvoraussetzung für eine Versicherungspflicht ist, dass ein Beschäftigungsverhältnis als Arbeitnehmer besteht. Dies ist bei einem Studienförderungsvertrag nicht gegeben.

► **Teilzeitbeschäftigte**

Teilzeitbeschäftigte Arbeitnehmer sind versicherungspflichtig, wenn sie die allgemeinen Voraussetzungen für die Versicherungspflicht erfüllen. Es gibt keine Mindestarbeitszeit, die für die Versicherungspflicht vorausgesetzt würde.

Beschäftigte, die eine Altersteilzeitarbeit ausüben, sind ebenfalls versicherungspflichtig. Gleichgültig welches Modell für die Altersteilzeit ausgewählt wurde, fallen Umlagen und Beiträge für den gesamten Zeitraum der vereinbarten Altersteilzeit an, also auch während der Freizeitphase im Blockmodell (siehe => Altersteilzeit).

Versicherungspflicht besteht auch bei einer Teilzeitbeschäftigung wegen Inanspruchnahme einer Altersrente als Teilrente in der gesetzlichen Rentenversicherung. Versicherungsfrei ist hingegen ein Beschäftigter, der zunächst eine Altersrente als Vollrente bezieht, diese anschließend in eine Altersrente als Teilrente umgewandelt wird und während des Bezugs der Teilrente eine Teilzeitbeschäftigung ausübt.

Wenn in einem bestehenden Beschäftigungsverhältnis aufgrund eines Rahmenarbeitsvertrages zeitweise kein zusatzversorgungspflichtiges Entgelt anfällt (z. B. Arbeit nach Anfall, Arbeit auf Abruf), bleibt das Versicherungsverhältnis bestehen. Die Fehlzeit ist mit dem Buchungsschlüssel 01 40 00 zu melden, wenn der Zeitraum ohne Entgelt durchgehend länger als ein Kalendermonat ist. Bei einer Unterbrechung der Arbeit ist keine Abmeldung und Wiederanmeldung vorzunehmen.

Seit dem 1. September 1994 sind auch Teilzeitbeschäftigungen während des Erziehungsurlaubs versicherungspflichtig, wenn die sonstigen Voraussetzungen für die Versicherungspflicht erfüllt sind. Bis zum 31. August 1994 war dagegen eine Teilzeitbeschäftigung bis zu 19 Stunden während eines Erziehungsurlaubs nach dem Bundeserziehungsgeldgesetz versicherungsfrei. Bei einer Beschäftigung während der Elternzeit ist darauf zu achten, dass während der Elternzeit keine soziale Komponente mehr zusteht (vgl. Teil A 5.5.2).

▸ Tierärzte, amtliche

Siehe => Fleischkontrolleure.

▸ Trainee

Ein Trainee ist in der Zusatzversorgung zu versichern, wenn die allgemeinen Voraussetzungen erfüllt sind.

Ein Trainee wird in der Regel nach einem abgeschlossenen Studium befristet eingestellt. Während der Volontär meist ohne oder nur gegen ein geringes Entgelt beschäftigt ist, hat der Trainee in aller Regel ein im Vergleich höheres monatliches Entgelt.

Ein Trainee ist kein Auszubildender nach dem TVAöD, sondern Arbeitnehmer. Er wird in einem regulären, befristeten Arbeitsverhältnis beschäftigt. Nach § 14 Abs. 1 Nr. 2 Gesetz über Teilzeitarbeit und befristete Arbeitsverträge (TzBfG) handelt es sich um eine zulässige Befristung des Arbeitsverhältnisses im Anschluss an ein Studium oder an eine Ausbildung. Ein Trainee ist daher hinsichtlich der Zusatzversorgung wie jedes andere befristete Beschäftigungsverhältnis zu bewerten und zu versichern. Eine Ausnahme vom Geltungsbereich des TVöD ist nicht gegeben.

▸ Übergangsversorgung / Übergangszahlung

Beschäftigte im kommunalen feuerwehrtechnischen Dienst und Beschäftigte im Justizvollzugsdienst der Länder sind, wenn sie eine Übergangszahlung oder Übergangsversorgung erhalten, in der Zusatzversorgung nicht mehr versicherungspflichtig.

Das Arbeitsverhältnis von hauptamtlich Beschäftigten im kommunalen feuerwehrtechnischen Dienst und von Beschäftigten im Justizvollzugsdienst der Länder endet auf schriftliches Verlangen vor Vollendung des gesetzlich festgelegten Alters zum Erreichen der Regelaltersrente zu dem Zeitpunkt, zu dem vergleichbare Beamtinnen und Beamte in den gesetzlichen Ruhestand treten. Nach der Beendigung des Arbeitsverhältnisses erhält der Beschäftigte eine einmalige Übergangszahlung nach § 46 Nr. 4 TVöD BT-V (VKA) bzw. § 47 Nr. 3 TV-L. Die Pflichtversicherung endet mit dem Ende des Arbeitsverhältnisses. Der Ausschluss von der Versicherungspflicht erfolgt, weil die Übergangszahlung dazu dient, den Zeitraum vom Ende des Arbeitsverhältnisses bis zum Rentenbeginn zu überbrücken. Die Übergangszahlung selbst ist nicht zusatzversorgungspflichtig (§ 62 Abs. 2 Satz 1

Buchst. d d. S.). Die Abmeldung erfolgt mit dem Abmeldegrund 13 (= Ende des Arbeitsverhältnisses ohne Versicherungsfall). Wird nach dem Ausscheiden aus dem kommunalen feuerwehrtechnischen Dienst eine andere Beschäftigung bei einem Mitglied einer Zusatzversorgungskasse ausgeübt, so ist diese nach § 19 Abs. 1 Buchst. f d. S. versicherungsfrei (vgl. Teil C 5.1).

B

▶ Übungsleiter

Das Entgelt eines Übungsleiters ist bis zu dem sich aus § 3 Nr. 26 EStG ergebenden Betrag von 2.400,00 €/Jahr nicht steuerpflichtig und damit auch kein zusatzversorgungspflichtiges Entgelt (§ 62 Abs. 2 Satz 1 d. S.)

Sofern ein reguläres Arbeitsverhältnis besteht und die sonstigen Voraussetzungen für die Pflichtversicherung vorliegen, besteht in der Zusatzversorgung dann Versicherungspflicht, wenn das Einkommen den Freibetrag des § 3 Nr. 26 EStG übersteigt. Der Beschäftigte ist ab dem Zeitpunkt in der Zusatzversorgung zu versichern, ab dem sein Einkommen den Jahresfreibetrag von 2.400,00 € bzw. den monatlichen Freibetrag von 200,00 € übersteigt und damit steuerpflichtig ist. Handelt es sich um einen Übungsleiter, der über die Variante „monatlicher Freibetrag" (200,00 €) abgerechnet wird, erfolgt in der Zusatzversorgung eine Anmeldung, sobald der monatliche Grenzbetrag überschritten wurde. Bei der Variante „jährlicher Freibetrag" erfolgt die Anmeldung ab dem Zeitpunkt, ab dem das Entgelt den jährlichen Freibetrag von 2.400,0 € überschreitet. Zusatzversorgungspflichtiges Entgelt ist das Entgelt, das den jeweils angewandten Freibetrag übersteigt.

Wenn nach der Anmeldung zur Zusatzversorgung das Entgelt den Freibetrag von monatlich 200,00 € bzw. in den folgenden Jahren von jährlich 2.400,00 € wieder unterschreitet, das Beschäftigungsverhältnis jedoch fortbesteht, erfolgt in der Zusatzversorgung keine Abmeldung. Entgeltlose Zeiten sind bei einem fortbestehenden Beschäftigungsverhältnis mit dem Buchungsschlüssel 01 40 00 zu melden. Eine Abmeldung ist erst dann vorzunehmen, wenn die Beschäftigung beendet wird.

▶ Umschüler

Umschüler unterliegen der Versicherungspflicht, wenn sie mit dem ausbildenden Arbeitgeber einen Ausbildungsvertrag (Umschulungsvertrag) abgeschlossen haben. Zusätzliche Voraussetzung ist dann aber noch, dass auch tatsächlich durch den Arbeitgeber eine Ausbildungsvergütung gezahlt wird. Wird keine Ausbildungsvergütung gezahlt, sondern erhalten die Umschüler lediglich eine Entschädigung von der Agentur für Arbeit ist keine Versicherungspflicht gegeben.

▶ Unterhälftig Beschäftigte

Unterhälftig Beschäftigte sind versicherungspflichtig.

Siehe auch => Nachversicherung von teilzeitbeschäftigten Arbeitnehmern, die tariflich bis zum 31. März 1991 nicht zu versichern waren (unterhälftig beschäftigte Arbeitnehmer).

▶ Versorgungsanstalt der deutschen Bühnen/Versorgungsanstalt der deutschen Kulturorchester (VddB / VddKO)

Ist ein Beschäftigter für das beim Mitglied bestehende Beschäftigungsverhältnis in einer der genannten Versorgungsanstalten **pflichtversichert,** so ist er für dieses Arbeitsverhältnis in der Zusatzversorgung versicherungsfrei (§ 19 Abs. 1 Buchst. c d. S.). Dabei ist es ohne Bedeutung, ob die Pflicht zur Versicherung bei diesen Versorgungsanstalten aufgrund gesetzlicher, tariflicher oder vertraglicher Vorschrift besteht.

Bis 31. Dezember 2013 war ein Beschäftigter in der Zusatzversorgung versicherungsfrei, wenn er bei der Versorgungsanstalt der deutschen Bühnen oder bei der Versorgungsanstalt der deutschen Kulturorchester **freiwillig weiterversichert** war. Dies galt auch dann, wenn die freiwillige Weiterversicherung bei einer dieser Versorgungsanstalten später als drei Monate nach Aufnahme des Arbeitsverhältnisses bei einem Mitglied der Zusatzversorgungskasse beendet wurde. Endete die freiwillige Versicherung zu einem späteren Zeitpunkt, so blieb der Beschäftigte in der Zusatzversorgung weiterhin versicherungsfrei (§ 19 Abs. 1 Buchst. d d. S.).

Im Bereich der Versorgungsanstalt des Bundes und der Länder wurde die Satzung geändert:

Ab dem 1. Januar 2013 gilt Folgendes: Beschäftigte, die bisher aufgrund einer freiwilligen Weiterversicherung bei der VddKO oder der VddB nicht zur Zusatzversorgung angemeldet werden konnten, wird ein Wahlrecht eingeräumt. Sie können bis zum 31. Dezember 2013 bei ihrem Arbeitgeber einen Antrag stellen, bei der Zusatzversorgungskasse zur Pflichtversicherung angemeldet zu werden. Die Pflichtversicherung beginnt dann ab dem Ersten des Monats, in dem der Antrag beim Arbeitgeber eingeht. Wurde bis zum 31. Dezember 2013 kein Antrag gestellt, ist die bestehende Befreiung endgültig.

Im Bereich der Kommunalen und Kirchlichen Zusatzversorgungskassen wurde bis Redaktionsschluss der Tarifvertrag – und damit die Satzung – noch nicht geändert. Die Regelung in § 19 Abs. 1 Buchst. d d. S. muss allerdings auch bei diesen Kassen nicht mehr beachtet werden. Die Beschäftigten können demnach in der Zusatzversorgung versichert werden, wenn sie bei der VddB oder VddKO freiwillig weiterversichert sind.

▶ Versorgungswerk der Presse

Beschäftigte werden von der Versicherungspflicht in der Zusatzversorgung auf schriftlichen Antrag hin befreit, solange sie freiwillig Mitglied des Versorgungswerks der Presse sind (§ 19 Abs. 1 Buchst. l d. S). Wird der Antrag auf Befreiung innerhalb von zwölf Monaten nach Beginn der Pflichtversicherung gestellt, gilt die Pflichtversicherung als nicht entstanden. Wird der Antrag erst nach Ablauf von zwölf Monaten nach Beginn der Pflichtversicherung gestellt, wirkt die Befreiung nur für die Zukunft, und zwar ab dem Tag des Eingangs des Befreiungsantrags bei dem Arbeitgeber. Endet die freiwillige Mitgliedschaft im Versorgungswerk der Presse, so entsteht unter den üblichen Voraussetzungen Versicherungspflicht in der Zusatzversorgung.

Beschäftigte, die freiwilliges Mitglied des Versorgungswerkes der Presse sind, und die von der Pflicht zur Versicherung in einer Zusatzversorgungseinrichtung befreit wurden, erhalten auf ihren Antrag einen zweckgebundenen Zuschuss zu ihren Beiträgen zur Versicherung im Versorgungswerk der Presse. Der Zuschuss beträgt die Hälfte des Beitrages, höchstens jedoch 4 % des zusatzversorgungspflichtigen Entgelts (§ 25 Abs. 1 Satz 3 und 4 ATV/ATV-K).

▶ Volontäre

Volontäre sind versicherungsfrei, weil sie vom TVAöD ausgenommen sind (§ 1 Abs. 2 Buchst. b TVAöD). Siehe auch => Auszubildende.

▶ Vorstandsmitglieder

Vorstandsmitglieder sind grundsätzlich versicherungsfrei – können aber versichert werden.

Vorstandsmitglieder und sonstige Beschäftigte in Organfunktionen sind keine Arbeitnehmer. Sie erbringen in dieser Funktion ihre Dienstleistung in unabhängiger Stellung.

Vertretungsberechtigte Organmitglieder können trotz der fehlenden Arbeitnehmereigenschaft in der Zusatzversorgung versichert werden, wenn

- die Beschäftigungsbedingungen nach dem für die ausgeübte Organfunktion maßgeblichen Recht durch einen privatrechtlichen Dienstvertrag gestaltet werden können und
- im Dienstvertrag die Teilnahme an der Zusatzversorgung vereinbart ist.

Im Vorfeld der Vereinbarung wird empfohlen, mit der jeweiligen Zusatzversorgungseinrichtung zu klären, ob alternative Versicherungsmöglichkeiten bestehen (z. B. freiwillige Versicherung in der Zusatzversorgung) und welche Versicherung für den Beschäftigten zu empfehlen ist.

▸ Waldarbeiter

Waldarbeiter sind versicherungspflichtig, wenn für ihre Arbeitsverhältnisse aufgrund Tarifvertrages oder aufgrund eines durch den Arbeitsvertrag für anwendbar erklärten Tarifvertrages die Pflicht zu Versicherung besteht. Dies sind Beschäftigte, für deren Beschäftigungsverhältnis z. B. der Tarifvertrag zur Regelung der Arbeitsbedingungen von Beschäftigten in forstwirtschaftlichen Verwaltungen, Einrichtungen und Betrieben der Länder (TV-Forst) Anwendung findet oder in einem Einzelarbeitsvertrag auf diesen (wenn auch nur teilweise) Bezug genommen wird. Solche Beschäftigte sind vom TVöD ausgenommen (§ 1 Abs. 2 Buchst. g TVöD), da für sie, wenn ein Tarifvertrag für Waldarbeiter vereinbart wird, speziellere Regelungen gelten. Diese Tarifverträge für Waldarbeiter beinhalten immer auch einen Hinweis auf die Versicherungspflicht in der Zusatzversorgung.

Beschäftigte, die im Wald arbeiten und auf deren Beschäftigung z. B. der TVöD für anwendbar erklärt wird, sind keine Waldarbeiter im Sinne der Satzung (oder dieses Handbuchs). Sie sind unter den allgemeinen Voraussetzungen stets versicherungspflichtig.

Bei einem Saisonwaldarbeiter mit einem auf die Dauer der jeweiligen Saison befristeten Arbeitsvertrag sind die Ausführungen für => Saisonarbeitnehmer zu beachten (vgl. Teil E 2.16).

▸ Wehrpflichtige

Für freiwillig Wehrdienstleistende, bei denen zeitgleich ein in der Zusatzversorgung versichertes Beschäftigungsverhältnis besteht (welches während der freiwilligen Wehrdienstzeit ruht), hat der Arbeitgeber Zahlungen an die Zusatzversorgungseinrichtung, ggf. auch Zuschüsse zu einer Versicherung bei einer berufsständischen Versorgungseinrichtung (z. B. Ärzte, Rechtsanwälte, Architekten usw.), weiter zu entrichten, und zwar in der Höhe, in der sie zu entrichten gewesen wären, wenn das Arbeitsverhältnis nicht ruhen würde (§ 14a Abs. 1 und 2 ArbPlSchG). Bemessungsgrundlage ist dabei die Vergütung, die bei einer unterstellten Tätigkeit bezogen worden wäre (Hätelohn nach dem Lohnausfallprinzip).

Die Vorschriften des § 14a Abs. 1 und 2 ArbPlSchG finden entsprechende Anwendung. Damit wird der freiwillige Wehrdienst versicherungsrechtlich wie der frühere Grundwehrdienst behandelt.

Erbringt ein Beschäftigter während eines bestehenden (ruhenden) Beschäftigungsverhältnisses eine Tätigkeit im Rahmen des Bundesfreiwilligendienstes, sind keine Umlagen-/Beiträge zur Zusatzversorgung zu zahlen. Der Bundesfreiwilligendienst ist rechtlich vom freiwilligen Wehrdienst zu unterscheiden. Die Vorschriften des Arbeitsplatzschutzgesetzes finden keine Anwendung. Auch die Tätigkeit im Rahmen des Bundesfreiwilligendienstes selbst unterliegt nicht der Versicherungspflicht in der Zusatzversorgung, da kein Arbeitsverhältnis begründet wird.

▶ **Wissenschaftlich Tätige**

Siehe => Hochschule, wissenschaftlich Beschäftigte an

▶ **Zeitsoldaten**

haben Anspruch auf eine Versorgung nach soldatenrechtlichen Vorschriften und sind somit nicht versicherungspflichtig. Versicherungspflicht in der Zusatzversorgung kann erst eintreten, wenn der Anspruch auf die Versorgung nach soldatenrechtlichen Vorschriften weggefallen ist. Beginnt der Zeitsoldat noch während der Soldatenzeit eine Ausbildung bei einem Mitglied, bleibt er für die Dauer des Soldatenverhältnisses von der Zusatzversorgung ausgeschlossen. Dieser Ausschluss soll verhindern, dass bei Eintritt eines Versicherungsfalls (z. B. Erwerbsminderungsrente) sowohl aus dem Soldatenverhältnis (Soldatenversorgungsgesetz) als auch aus der Zusatzversorgung Renten gezahlt werden. Wird nach Beendigung des Soldatenverhältnisses für eine gewisse Zeit Übergangsgeld/Übergangsgebührnisse gezahlt, so ist ein zeitgleiches Beschäftigungsverhältnis versicherungspflichtig.

2.2 Sonstige Beschäftigungsverhältnisse

2.2.1 Mehrere Arbeitsverträge mit demselben Arbeitgeber

Mehrere Arbeitsverhältnisse bei demselben Arbeitgeber dürfen lediglich dann begründet werden, wenn die übertragenen Tätigkeiten nicht in einem unmittelbaren Sachzusammenhang stehen (§ 2 Abs. 2 TVöD). Sofern kein unmittelbarer Sachzusammenhang besteht, dürfen diese Arbeitsverhältnisse für die Prüfung der Versicherungspflicht auch in der Zusatzversorgung nicht zusammengefasst werden. Sie sind nur versicherungspflichtig, wenn das jeweilige Arbeitsverhältnis für sich genommen die Voraussetzungen hierfür erfüllt.

Übt ein Beschäftigter bei einem Arbeitgeber mehrere Beschäftigungen mit einem unmittelbaren Sachzusammenhang aus, so gelten diese tarifvertraglich grundsätzlich als ein Arbeitsverhältnis. Dies ist auch dann der Fall, wenn für die verschiedenen Tätigkeiten jeweils eigene Arbeitsverträge abgeschlossen wurden. Für die Frage, ob der Beschäftigte in der Zusatzversorgung versicherungspflichtig ist, sind in diesem Fall die verschiedenen Tätigkeiten bei einem Arbeitgeber zusammenzufassen.

2.2.2 Mehrere Arbeitsverhältnisse bei verschiedenen Arbeitgebern

Bestehen gleichzeitig Arbeitsverhältnisse bei verschiedenen Arbeitgebern, so ist von jedem Arbeitgeber zu prüfen, ob das bei ihm bestehende Arbeitsverhältnis die Voraussetzungen für die Versicherungspflicht in der Zusatzversorgung erfüllt und er den Beschäftigten in der Zusatzversorgung anmelden muss. Auf diese Weise können für einen Beschäftigten mehrere eigenständige Pflichtversicherungsverhältnisse entstehen. Dies gilt auch dann, wenn die Arbeitgeber verschiedenen Zusatzversorgungskassen angehören. Bei Eintritt eines Versicherungsfalles werden für die Rentenberechnung die verschiedenen Pflichtversicherungen – gegebenenfalls im Wege der Überleitung zwischen den betroffenen Zusatzversorgungskassen – zusammengeführt. Monate, die gleichzeitig in zwei Beschäftigungsverhältnissen mit Umlagen oder Beiträgen belegt sind, zählen nur einmal für die Erfüllung der Wartezeit etc.

Wenn die Beschäftigungsverhältnisse wegen einer Elternzeit ruhen, bestimmt die Versicherte, in welchem Beschäftigungsverhältnis die Elternzeit der Zusatzversorgungskasse gemeldet werden soll. Eine Elternzeit kann nicht zeitgleich von mehreren Arbeitgebern gemeldet werden, da dies zu einer ungerechtfertigten Erhöhung der sozialen Komponente für Elternzeit führen würde.

2.2.3 Wechsel zu einem Arbeitgeber, der nicht Mitglied einer Zusatzversorgungskasse ist

Ausnahmsweise kann für **einzelne** Beschäftigte eine bestehende Pflichtversicherung auch dann fortgeführt werden, wenn diese Beschäftigten zu einem Arbeitgeber wechseln, der nicht Mitglied einer Zusatzversorgungskasse des öffentlichen oder kirchlichen Dienstes ist (§ 18 Abs. 2 d. S.). Dies setzt allerdings voraus, dass

- die Fortführung der Pflichtversicherung arbeitsvertraglich vereinbart wird und
- der Arbeitgeber, bei dem die Pflichtversicherung begründet wurde und der Mitglied der Zusatzversorgungskasse ist, an dem neuen Arbeitgeber, zu dem der Beschäftigte wechselt, unmittelbar oder über ein verbundenes Unternehmen beteiligt ist.

Die Vereinbarung bedarf der Zustimmung der Zusatzversorgungskasse (vgl. Teil C 5.2).

Hinweis:

Eine Fortführung der Versicherung kann nur in Einzelfällen erfolgen, nicht im Rahmen eines Betriebsübergangs oder einer sonstigen organisatorischen Veränderung. Eventuelle Auswirkungen einer geplanten strukturellen Veränderung sollten vom Mitglied frühzeitig mit der Kasse abgeklärt werden.

2.2.4 Beschäftigte mit bestehender Betriebsrentenzusage bei Mitgliedschaftsbeginn

Beschäftigte, die bei Beginn der Mitgliedschaft ihres Arbeitgebers bereits einen Anspruch oder eine Anwartschaft auf eine betriebliche Altersversorgung nach einer Ruhelohnordnung oder einer entsprechenden Bestimmung durch diesen Arbeitgeber haben, sind versicherungsfrei (§ 19 Abs. 1 Buchst. a d. S.). Mit diesem Ausschluss soll verhindert werden, dass die Beschäftigten des Mitglieds aus einem Beschäftigungsverhältnis zwei Anwartschaften/Ansprüche auf Betriebsrente erwerben. Hat ein Beschäftigter eine Anwartschaft oder einen Anspruch auf eine betriebliche Altersversorgung gegenüber einem anderen Arbeitgeber aus einem früheren Arbeitsverhältnis erworben, so ist dies unerheblich.

B

3. Überleitungen bei Wechsel der Zusatzversorgungskasse

Zwischen den Zusatzversorgungseinrichtungen – sowohl im kommunalen als auch kirchlichen Bereich, sowie mit der Versorgungsanstalt des Bundes und der Länder – ist vereinbart, dass ein Wechsel des Arbeitsverhältnisses, der zu einem Wechsel zu einer anderen Zusatzversorgungseinrichtung führt, keinen Nachteil in der späteren Altersversorgung des Beschäftigten bewirken soll. Eine Überleitungsvereinbarung besteht zwischen den in Teil A 17 aufgeführten Zusatzversorgungskassen.

Daher muss ein Arbeitgeber bei Beginn eines Arbeitsverhältnisses den neu anzumeldenden Beschäftigten danach fragen, ob er bereits bei einer Zusatzversorgungseinrichtung versichert gewesen ist. Wird diese Frage bejaht und bestand die Versicherung bei einer anderen Kasse als der, bei der nunmehr die neue Versicherung begründet wird, ist mit der Anmeldung zugleich auch ein Antrag auf Überleitung/Anerkennung von Versicherungszeiten zu stellen. Der Antrag auf Überleitung/Anerkennung ist dabei durch den Versicherten selbst (nicht durch den Arbeitgeber) bei der neu zuständigen Kasse zu stellen. Nur so ist sichergestellt, dass die bei der früheren Kasse erreichte Rentenanwartschaft künftig an der Überschussverteilung durch Bonuspunkte (§ 66 d. S.) teilnimmt.

Die Rechtsfolgen, die eine Überleitung hat, sind unterschiedlich geregelt, je nachdem, ob die Überleitung zwischen kommunalen und/oder kirchlichen Zusatzversorgungseinrichtungen stattfindet oder mit der Versorgungsanstalt des Bundes und der Länder (VBL).

3.1 Überleitung zwischen den kommunalen und kirchlichen Zusatzversorgungskassen

Bei Überleitungen zwischen in der Arbeitsgemeinschaft kommunale und kirchliche Altersversorgung (AKA) e. V. zusammengeschlossenen Kassen (siehe Teil A 17) erfolgt im Rahmen der Pflichtversicherung eine komplette Übertragung der bei der abgebenden Kasse bestehenden Versicherung an die neue Kasse. Es wird also sowohl der gesamte bisherige Versicherungsverlauf – unter Anerkennung aller bisherigen Versicherungszeiten – als auch die bisher bestehende Anwartschaft auf Betriebsrente übernommen. Im Rahmen der Pflichtversicherung werden dabei die bereits erworbenen Versorgungspunkte übertragen. Damit bleibt die bereits bestehende Anwartschaft in vollem Umfang erhalten (1 Versorgungspunkt = 4 € Anwartschaft).

Soweit bei einer freiwilligen Versicherung eine Überleitung beantragt wird, wird der versicherungsmathematische Barwert (also nicht die Versorgungspunkte) übertragen. Dieser übertragene Barwert wird von der annehmenden Kasse wertgleich in Versorgungspunkte umgerechnet. Durch die Überleitung kann sich in der freiwilligen Versicherung die Höhe der erreichten Rentenanwartschaft verändern. Daher sollte sich der Versicherte im Vorfeld der Überleitung bei der annehmenden Kasse darüber beraten lassen, ob die Überleitung für ihn sinnvoll ist, da eine Überleitung im Bereich der freiwilligen Versicherung nicht zwingend vorgeschrieben ist.

3.2 Überleitung mit der Versorgungsanstalt des Bundes und der Länder (VBL)

Mit der Versorgungsanstalt des Bundes und der Länder (VBL) wurde eine getrennte Vereinbarung zur gegenseitigen Anerkennung der Versicherungszeiten geschlossen. Mit der VBL erfolgt keine Übertragung von Versicherungszeiten und Versorgungspunkten, vielmehr werden Versicherungszeiten bei der VBL und der anderen Kasse gegenseitig anerkannt (z. B. für die Wartezeit von 60 Monaten und die Wartezeit für die Vergabe von Bonuspunkten). Die erreichten Rentenanwartschaften bleiben jedoch bei der jeweiligen Kasse bestehen. Hat also ein Versicherter z. B. bei der VBL 40 Umlagemonate zurückgelegt und erwirbt anschließend bei einer anderen Kasse weitere 20 Umlagemonate, so ist bei beiden Kassen die Wartezeit von 60 Monaten erfüllt. Bei Beginn einer Rente werden dann von beiden Zusatzversorgungseinrichtungen aus den jeweils bestehenden Versicherungsverhältnissen Leistungen errechnet und ausgezahlt. Damit muss der Versicherte bei Rentenbeginn bei beiden Kassen jeweils einen Antrag auf Betriebsrente stellen.

3.3 Gruppenüberleitungen

Wechselt nicht ein einzelner Beschäftigter das Arbeitsverhältnis und damit die Zuständigkeit einer Zusatzversorgungseinrichtung, sondern erfolgt durch einen Betriebsübergang oder eine andere Art der Übertragung ein Wechsel einer Gruppe von Beschäftigten von einer Kasse zur anderen, gibt es keine verbindlichen Regelungen, wie ein Ausgleich zwischen den betroffenen Kassen – ggf. auch durch das ausscheidende Mitglied – zu erfolgen hat. Vielmehr müssen sich alle Beteiligten, d. h. die betroffenen Arbeitgeber und Kassen auf einen Weg einigen, wobei sowohl die Interessen der beteiligten Arbeitgeber als auch das der Solidargemeinschaft (Gesamtheit der Mitglieder eines Abrechnungsverbandes) zu beachten sind.

Deshalb ist es stets anzuraten, bereits im Vorfeld einer in Aussicht stehenden Übertragung von Beschäftigten, die rechtlichen Folgen im Hinblick auf die Zusatzversorgung mit den beteiligten Kassen abzuklären.

3.4 Kassenwechsel des Arbeitgebers

Wechselt ein Arbeitgeber die Zusatzversorgungseinrichtung, sodass die Pflichtversicherungen bei der einen Kasse beendet und bei der anderen neu begründet werden, finden die Regelungen zur Überleitung keine Anwendung. Hier ist in jedem Fall durch das ausscheidende Mitglied ein Ausgleichsbetrag an die Kasse, bei der die Pflichtversicherungen beendet wurden, zu zahlen (§ 15 d. S.).

Eine Überleitung findet nicht statt, da ein solcher Wechsel nichts mit der Mobilität der Beschäftigten zu tun hat, sondern allein auf der Entscheidung des Arbeitgebers beruht. Damit werden in einem solchen Fall bei der neuen Kasse neue Versicherungsverhältnisse begründet, ohne dass die bisherigen Versicherungszeiten oder Rentenanwartschaften bei der bisherigen Kasse berücksichtigt werden.

Teil C Ende des Arbeitsverhältnisses/ Wegfall der Versicherungspflicht/ Abmeldung

1. Wann endet die Versicherungspflicht?

Grundlegende Voraussetzung für die Pflichtversicherung ist das Bestehen eines Arbeitsverhältnisses mit einem Arbeitgeber, der Mitglied oder Beteiligter einer Zusatzversorgungskasse ist. Wird das Arbeitsverhältnis beendet, endet die Pflichtversicherung.

Die Versicherungspflicht endet, wenn ihre Voraussetzungen nicht mehr erfüllt sind (vgl. Teil B 1), insbesondere wenn

- das Arbeitsverhältnis wegen Kündigung, Auflösungsvertrag, Ablauf der Befristung usw. endet,
- der Beschäftigte in ein öffentlich-rechtliches Dienstverhältnis als Beamter übernommen wird,
- das Arbeitsverhältnis wegen Eintritt des Versicherungsfalles endet (vgl. Teil C 6),
- der Versicherte verstorben ist,
- ein Aufgabenübergang an einen anderen Arbeitgeber vorliegt, der nicht Mitglied einer Zusatzversorgungskasse ist,
- der Arbeitgeber als Mitglied bei der Zusatzversorgungskasse ausscheidet.

Der Beschäftigte ist umgehend bei der Kasse abzumelden.

2. Welche zusatzversorgungsrechtlichen Folgen ergeben sich, wenn das Beschäftigungsverhältnis oder die Pflichtversicherung vor Rentenbeginn endet?

Scheidet der pflichtversicherte Beschäftigte aus seinem Arbeitsverhältnis aus oder entfällt die Versicherungspflicht aus sonstigen Gründen, bevor der Beschäftigte aus der gesetzlichen Rentenversicherung eine Erwerbsminderungsrente bzw. eine Altersrente als Vollrente erhält (Eintritt des Versicherungsfalles), so wird das bestehende Versicherungsverhältnis als beitragsfreie Pflichtversicherung fortgeführt (§ 21 Abs. 1 d. S.). Die bis zum Ausscheiden erreichte Anwartschaft auf Betriebsrente bleibt in jedem Fall erhalten. Ein Anspruch auf Betriebsrente besteht, wenn die Wartezeit zum Zeitpunkt des Eintritts des Versicherungsfalles erfüllt ist (vgl. Teil A 7.1).

Das Ende der Pflichtversicherung kann jedoch Auswirkungen auf die Verteilung von Bonuspunkten und für die Verteilung von Versorgungspunkten für Zurechnungszeiten bei einer Erwerbsminderungs- oder Hinterbliebenenrente haben.

2.1 Auswirkung auf Bonuspunkte (§ 66 d. S.)

Sofern Bonuspunkte aus Überschüssen der Zusatzversorgungskasse verteilt werden, erhalten diese alle Beschäftigten, die in der Zusatzversorgung pflichtversichert sind (vgl. Teil A 5.4). Wenn das Beschäftigungsverhältnis beendet wird, nimmt die erreichte Anwartschaft auf Betriebsrente bis zum Beginn einer erneuten Pflichtversicherung bzw. bis zum Rentenbeginn nur dann noch an der Verteilung von Bonuspunkten teil, wenn eine Wartezeit von 120 Umlage-/Beitragsmonaten erfüllt ist. Dann werden auch – obwohl kein Arbeitsverhältnis im öffentlichen oder kirchlichen Dienst mehr besteht – Bonuspunkte gutgeschrieben, sodass die Rentenanwartschaft noch während der beitragsfreien Pflichtversicherung weiter ansteigen kann. Sollte eine erneute Pflichtversicherung bei einer anderen Zusatzversorgungseinrichtung des öffentlichen oder kirchlichen Dienstes entstehen, nimmt die bisher erworbene Anwartschaft auch bei weniger als 120 Umlage-/Beitragsmonaten an der Verteilung von Bonuspunkten teil, wenn die bisherige Anwartschaft auf Betriebsrente an die neue Zusatzversorgungseinrichtung übergeleitet wird (vgl. Teil B 3). Die Überleitung muss vom Versicherten bei der neuen Zusatzversorgungseinrichtung beantragt werden. Sonderregelungen gelten für Saisonarbeitnehmer und für Waldarbeiter (vgl. Teil C 5.3 und C 5.4).

2.2 Auswirkung auf Erwerbsminderungsrenten und Hinterbliebenenrenten (§ 35 Abs. 2 d. S.)

Im Falle einer Erwerbsminderung oder beim Tod eines pflichtversicherten Beschäftigten werden bei der Rentenberechnung zusätzliche Zeiten vom Rentenbeginn bis zur Vollendung des 60. Lebensjahres berücksichtigt. Für diese sogenannten Zurechnungszeiten werden Versorgungspunkte errechnet, die sich rentensteigernd auswirken (vgl. Teil A 5.5.3). Eine solche Berücksichtigung von zusätzlichen Versorgungspunkten für Zurechnungszeiten erfolgt jedoch nur, wenn bei Eintritt des Versicherungsfalls der Erwerbsminderung oder zum Zeitpunkt des Todes des Versicherten eine Pflichtversicherung bestand. War das Arbeitsverhältnis bzw. die Pflichtversicherung zum Zeitpunkt des Versicherungsfalls bereits beendet, so werden bei der Berechnung der Erwerbsminderungsrente bzw. der Hinterbliebenenrente keine zusätzlichen Versorgungspunkte für Zurechnungszeiten berücksichtigt. Die Rente wird in diesem Fall nur aus den bis zum Rentenbeginn tatsächlich erreichten Versorgungspunkten errechnet.

Deshalb sollten alle Beschäftigten, die ihr Arbeitsverhältnis – insbesondere durch Auflösungsvertrag – beenden wollen,

- bevor über ihren Antrag auf Zahlung einer Erwerbsminderungsrente aus der gesetzlichen Rentenversicherung entschieden ist,
- weil sie nicht mehr bis zum Zeitpunkt des Beginns einer Altersrente im Arbeitsverhältnis bleiben wollen,

durch den Arbeitgeber über die hiermit verbundenen Folgen (keine zusätzlichen Versorgungspunkte für Zurechnungszeiten im Falle einer Erwerbsminderungs- oder Hinterbliebenenrente) aufgeklärt werden. Unterlässt der Arbeitgeber eine solche Aufklärung, macht er sich ggf. schadensersatzpflichtig.

C

2.3 Auswirkungen auf eine freiwillige Versicherung (§ 23 d. S.)

Versicherte können, bevor sie aus der Zusatzversorgung ausscheiden – also solange noch das Beschäftigungsverhältnis im öffentlichen oder kirchlichen Dienst besteht – in der Zusatzversorgung eine freiwillige Versicherung begründen. Diese kann der Versicherte nach dem Ausscheiden aus dem öffentlichen oder kirchlichen Dienst weiterführen. Die Absicht, die Versicherung fortzusetzen, muss der Versicherte der Kasse innerhalb von drei Monaten nach Beendigung des Beschäftigungsverhältnisses mitteilen (vgl. Teil F 1.5).

3. Die Abmeldung

Die Kasse benötigt in allen Fällen, in denen die Pflichtversicherung endet, eine Abmeldung. Nur mit der Abmeldung durch den Arbeitgeber kann die Pflichtversicherung beendet werden. Insbesondere dann, wenn das Arbeitsverhältnis wegen des Beginns einer Rente endet, ist eine Abmeldung zeitnah erforderlich, da die Kasse sonst die Rente nicht berechnen kann. Erst mit der Abmeldung erhält die Kasse die noch nicht mit einer Jahresmeldung mitgeteilten Daten, die sie für die endgültige Berechnung der Betriebsrente benötigt (vgl. Teil C 6).

3.1 Ende der Pflichtversicherung (§ 20 d. S.)

Der Beschäftigte ist bei der Kasse abzumelden, wenn das Arbeitsverhältnis endet oder die Versicherungspflicht aus sonstigen Gründen weggefallen ist.

Die Besonderheiten bei der Erwerbsminderungsrente auf Zeit sind im Teil C 6.2.2 dargestellt.

Will ein Beschäftigter eine Altersrente als Vollrente aus der gesetzlichen Rentenversicherung vor dem Beginn der Regelaltersrente in Anspruch nehmen, wird das Arbeitsverhältnis in der Regel durch Auflösungsvertrag beendet. Damit endet gleichzeitig auch die Pflichtversicherung.

Die Pflichtversicherung endet nicht automatisch mit Ablauf des Monats, in dem der Versicherte die Regelaltersgrenze erreicht. Vielmehr endet sie in diesen Fällen nur dann, wenn der Versicherte auch eine Altersrente als Vollrente bezieht. Beantragt er eine solche Rente nicht und arbeitet er über das Erreichen der Regelaltersgrenze hinaus weiter, so bleibt auch die Pflichtversicherung bestehen.

3.2 Beitragsfreie Pflichtversicherung (§ 21 d. S.)

Endet die Pflichtversicherung, ohne dass ein Rentenanspruch entsteht, so wird die Versicherung als beitragsfreie Pflichtversicherung fortgeführt.

Der typische Fall für das Entstehen einer beitragsfreien Pflichtversicherung ist also das Ausscheiden aus einem Arbeitsverhältnis. Mit der Abmeldung des Versicherten entsteht die beitragsfreie Pflichtversicherung.

Die bei Beendigung der Pflichtversicherung vorhandene Anwartschaft auf Betriebsrente bleibt in der beitragsfreien Pflichtversicherung bestehen (vgl. Teil C 2).

Tritt während einer beitragsfreien Pflichtversicherung eine Erwerbsminderung oder der Tod des Versicherten ein, werden keine zusätzlichen Versorgungspunkte für Zurechnungszeiten berücksichtigt (vgl. Teil C 2.2).

4. Wie ist abzumelden?

Die Abmeldung kann durch Datenträger, elektronischen Datenaustausch oder mit Formular erfolgen.

Mitzuteilen ist u. a. das Datum, zu dem die Pflichtversicherung geendet hat, sowie der Grund der Abmeldung.

Darüber hinaus sind alle Versicherungsabschnitte, die seit der letzten Jahresmeldung angefallen sind, mit den entsprechenden Buchungsschlüsseln (vgl. Teil E 1) zu melden.

In der Abmeldung sind folgende Daten zu melden:

- Art der Meldung (40 = Abmeldung; 41 = berichtigte Abmeldung)
- Persönliche Daten des Versicherten
- Abmeldegrund
- Datum des Endes der Versicherungspflicht
- Versicherungsabschnitte seit der letzten Jahresmeldung

- Buchungsschlüssel (Einzahler, Versicherungsmerkmal, Steuermerkmal)
- das zusatzversorgungspflichtige Entgelt für die Umlage, Zusatzbeitrag, Sanierungsgeld usw.
- die Höhe der gezahlten Umlage und ab 01.01.2003 des gezahlten Zusatzbeitrages (nur bei einzelnen Kassen)
- ggf. das den Grenzwert des § 76 d. S. überschreitende Entgelt mit der zusätzlichen Umlage von 9 %
- ggf. die für die Elternzeit relevante Kinderzahl.

Für den Abmeldegrund sind folgende Kennzahlen vorgesehen:

03 = Rente wegen Alters (Versicherungsfall)

04 = Teilweise Erwerbsminderungsrente ohne Beendigung des Beschäftigungsverhältnisses (Versicherungsfall)

05 = Teilweise Erwerbsminderungsrente mit Beendigung des Beschäftigungsverhältnisses (Versicherungsfall)

06 = Volle Erwerbsminderungsrente ohne Beendigung des Beschäftigungsverhältnisses (Versicherungsfall)

07 = Volle Erwerbsminderungsrente mit Beendigung des Beschäftigungsverhältnisses (Versicherungsfall)

11 = Tod des Versicherten (Versicherungsfall)

13 = Ende des Beschäftigungsverhältnisses wegen Kündigung, Auflösungsvertrags usw., jedoch nicht, wenn die Abmeldung erfolgt, weil ein Versicherungsfall eingetreten ist

16 = Befreiung von der Pflichtversicherung aufgrund Antrages wegen einer Mitgliedschaft beim Versorgungswerk der Presse (§ 19 Abs. 1 Buchst. l d. S.)

20 = Abrechnung unter einer neuen Kontonummer / Mitgliedsnummer / Abrechnungsstellennummer, ohne dass der Arbeitgeber gewechselt wurde

21 = Ausscheiden des Arbeitgebers aus der Beteiligung / Mitgliedschaft (§ 14 Abs. 1 d. S.)

23 = Ende der Versicherung wegen Aufgabenübergangs an einen anderen Arbeitgeber

24 = Ende der Versicherung wegen Vereinbarung des Mitglieds mit einem neuen Arbeitgeber zur Fortsetzung des Beschäftigungsverhältnisses

27 = Ende der Versicherung für Waldarbeiter, sonstige Arbeitnehmer oder Saisonarbeitnehmer mit Anspruch auf Wiedereinstellung (§ 66 Abs. 3 d. S.)

28 = vorübergehende Beendigung der Versicherung wegen Wechsels des Abrechnungsverbandes

C

29 = Ende der Versicherung aus sonstigen Gründen (nur zu verwenden, wenn keine andere Kennzahl zutrifft – z. B. bei Wechsel des Lohnabrechnungssystems – oder wenn mehrere Kennzahlen gleichzeitig zutreffen).

5. Ausscheiden aus dem Arbeitsverhältnis in Sonderfällen

In den nachfolgend dargestellten Fällen sind bei der Beendigung des Arbeitsverhältnisses ggf. Besonderheiten zu beachten.

C

5.1 Übergangszahlung bzw. Übergangsversorgung (Feuerwehrtechnischer Einsatzdienst, Justizvollzugsdienst)

Das Arbeitsverhältnis von hauptamtlich Beschäftigten im kommunalen feuerwehrtechnischen Dienst und von Beschäftigten im Justizvollzugsdienst der Länder endet auf schriftliches Verlangen vor Vollendung des gesetzlich festgelegten Alters zum Erreichen der Regelaltersrente zu dem Zeitpunkt, zu dem vergleichbare Beamtinnen und Beamte in den gesetzlichen Ruhestand treten. Nach der Beendigung des Arbeitsverhältnisses erhält der Beschäftigte eine einmalige Übergangszahlung nach § 46 Nr. 4 TVöD BT-V (VKA) bzw. § 47 Nr. 3 TV-L. Der Beschäftigte erhält eine Übergangszahlung in Höhe von 45 % des monatlichen Tabellenentgelts der Entgeltgruppe 6 Stufe 6, höchstens das 35-Fache dieses Betrages. Die Übergangszahlung wird vom Arbeitgeber ermittelt und in einer Summe mit dem Ausscheiden des Beschäftigten ausgezahlt. Die Pflichtversicherung endet mit dem Ende des Arbeitsverhältnisses. Der Ausschluss von der Versicherungspflicht erfolgt, weil die Übergangszahlung dazu dient, den Zeitraum vom Ende des Arbeitsverhältnisses bis zum Rentenbeginn zu überbrücken. Die Übergangszahlung selbst ist nicht zusatzversorgungspflichtig (§ 62 Abs. 2 Satz 1 Buchst. d d. S.). Die Abmeldung erfolgt mit dem Abmeldegrund 13 (= Ende des Arbeitsverhältnisses ohne Versicherungsfall). Wird nach dem Ausscheiden aus dem kommunalen feuerwehrtechnischen Dienst eine andere Beschäftigung bei einem Mitglied einer Zusatzversorgungskasse ausgeübt, so ist diese nach § 19 Abs. 1 Buchst. f d. S. versicherungsfrei (vgl. „Übergangsversorgung/Übergangszahlung“ in Teil B 2.1).

5.2 Wechsel zu einem Arbeitgeber, an dem der frühere Arbeitgeber beteiligt ist

Wechselt ein Pflichtversicherter zu einem Arbeitgeber, der nicht Mitglied einer Zusatzversorgungseinrichtung ist, an dem aber sein früherer Arbeitgeber unmittelbar oder über ein verbundenes Unternehmen beteiligt ist, kann die Pflichtversicherung durch den früheren Arbeitgeber fortgeführt werden (§ 18 Abs. 2 d. S.; vgl. Teil B 2.2.3).

Bei einer auf diese Art fortgeführten Versicherung gilt der frühere Arbeitgeber – im Hinblick auf die Zusatzversorgung – weiterhin als Arbeitgeber. Die Fortführung der Pflichtversicherung muss arbeitsvertraglich vereinbart werden und bedarf der Zustimmung der Kasse. Die Zustimmung kann mit Auflagen versehen werden.

Hinweis:

Eine Fortführung der Versicherung kann nur in Einzelfällen erfolgen, nicht jedoch im Rahmen eines Betriebsübergangs oder einer sonstigen organisatorischen Veränderung. Eventuelle Auswirkungen einer geplanten strukturellen Veränderung sollten vom Mitglied frühzeitig mit der Kasse abgeklärt werden.

5.3 Unterbrechung der Pflichtversicherung bei Waldarbeitern

Bei Waldarbeitern, für die aufgrund Tarifvertrages oder aufgrund eines durch Arbeitsvertrag für anwendbar erklärten Tarifvertrages die Pflicht zur Versicherung besteht, und sonstigen Beschäftigten mit witterungsabhängigen Arbeitsverhältnissen wird das Arbeitsverhältnis bei schlechtem Wetter bzw. im Winter nach tariflichen Vorschriften regelmäßig unterbrochen (vgl. „Waldarbeiter" im Teil B 2.1).

Hat ein solcher Beschäftigter bei Wiederbeginn der Arbeit einen Anspruch auf Wiedereinstellung, gilt Folgendes:

Die Pflichtversicherung endet jeweils mit dem Ende des Arbeitsverhältnisses und beginnt erneut bei Wiederaufnahme der Tätigkeit.

Waldarbeiter gelten hinsichtlich der Verteilung von Bonuspunkten weiter als pflichtversichert, wenn das Arbeitsverhältnis in Folge von Witterungseinflüssen oder wegen anderer Naturereignisse nach besonderen tarifvertraglichen Vorschriften geendet hat und sie bei Wiederaufnahme der Arbeit Anspruch auf Wiedereinstellung haben (§ 66 Abs. 3 Satz 3 d. S.). Tritt nach dem Ende des Arbeitsverhältnisses jedoch ein Versicherungsfall der Erwerbsminderung ein, so werden keine zusätzlichen Versorgungspunkte für Zurechnungszeiten bis zum 60. Lebensjahr berechnet (vgl. Teil C 2.2).

Damit diese Beschäftigten für die Dauer der witterungsbedingten Arbeitsunterbrechung als pflichtversichert gelten, ist bei der Abmeldung über Datenträger oder Formular der Abmeldegrund 27 anzugeben. Bei Wiederaufnahme der Beschäftigung ist der Beschäftigte neu anzumelden.

Beispiel:

Sachverhalt: Das Arbeitsverhältnis des Waldarbeiters endet nach tarifvertraglichen Vorschriften infolge von Witterungseinflüssen am 15.11.2013.

Es besteht Anspruch auf Wiedereinstellung.

	Wiederaufnahme der Tätigkeit am 16.03.2014. Ende des Arbeitsverhältnisses infolge von Witterungseinflüssen am 15.12.2014.
Lösung:	Der Beschäftigte ist zum 16.03.2014 anzumelden und zum 15.12.2014 mit dem Abmeldegrund 27 abzumelden.

Meldung der Versicherungsabschnitte: In der beschäftigungslosen Zeit werden keine Versicherungsabschnitte an die Zusatzversorgungskasse gemeldet.

Wird die Beschäftigung nicht wieder aufgenommen, werden Waldarbeiter in den folgenden Geschäftsjahren nur dann in die Verteilung von Bonuspunkten einbezogen, wenn sie bereits 120 Beitrags-/Umlagemonate zurückgelegt haben.

Weitere Beispiele zur Meldung der Versicherungsabschnitte bei Waldarbeitern enthält Teil E 2.22.

C

5.4 Beendigung der Pflichtversicherung bei Saisonarbeitnehmern

Wird mit Saisonarbeitnehmern für jeden Beschäftigungsabschnitt ein neuer Arbeitsvertrag begründet, endet die Pflichtversicherung zum Ende des Arbeitsverhältnisses und beginnt erneut bei Wiederaufnahme der Beschäftigung (vgl. „Saisonarbeitnehmer" im Teil B 2.1).

Für die Meldung ist Folgendes zu beachten:

Jeweils zum Ende der Saison ist eine Abmeldung und bei Wiedereinstellung eine Anmeldung vorzunehmen.

Saisonarbeitnehmer gelten hinsichtlich der Verteilung von Bonuspunkten als pflichtversichert, wenn die Saison geendet hat und sie bei Beginn der nächsten Saison voraussichtlich wieder eingestellt werden (§ 66 Abs. 3 Satz 3 d. S.). Tritt nach dem Ende des Arbeitsverhältnisses jedoch ein Versicherungsfall der Erwerbsminderung ein, so werden keine zusätzlichen Versorgungspunkte für Zurechnungszeiten bis zum 60. Lebensjahr berechnet (vgl. Teil C 2.2).

Damit diese Beschäftigten für die Dauer der saisonbedingten Arbeitsunterbrechung als pflichtversichert gelten, ist bei der Abmeldung über Datenträger oder Formular der Abmeldegrund 27 anzugeben. Bei Wiederaufnahme der Beschäftigung ist der Beschäftigte neu anmelden.

Beispiel:

Sachverhalt:	Beginn der Saison am 01.04.2014
	Ende der Saison am 30.11.2014
	Es ist beabsichtigt, ihn in der nächsten Saison wieder einzustellen.
Lösung:	Zum 01.04.2014 ist eine Anmeldung und zum 30.11.2014 eine Abmeldung vorzunehmen.
	In der Abmeldung ist der Abmeldegrund 27 anzugeben.

Wird die Beschäftigung nicht wieder aufgenommen, werden Saisonarbeitnehmer in den folgenden Geschäftsjahren nur dann in die Verteilung von Bonuspunkten einbezogen, wenn sie bereits 120 Beitrags-/Umlagemonate zurückgelegt haben.

Wird mit einem Saisonarbeitnehmer ein unbefristeter Arbeitsvertrag abgeschlossen, bleibt die Pflichtversicherung während der beschäftigungslosen Zeit aufrechterhalten. Für diese Zeit ist ein Versicherungsabschnitt mit dem Buchungsschlüssel 01 40 00 zu melden. Eine Abmeldung von der Versicherungspflicht am Ende der Saison sowie eine Wiederanmeldung zur Pflichtversicherung bei Beginn der nächsten Saison entfällt daher.

Weitere Beispiele zur Meldung der Versicherungsabschnitte bei Saisonarbeitnehmern enthält Teil E 2.16.

C

6. Beendigung bzw. Ruhen des Arbeitsverhältnisses wegen Bezugs einer Rente

Bis zum Versicherungsfall (z. B. Beginn einer Altersrente als Vollrente oder einer Erwerbsminderungsrente) muss die Wartezeit von 60 Umlage-/Beitragsmonaten (§ 32 d. S.) erfüllt sein, damit eine Betriebsrente aus der Zusatzversorgung bezogen werden kann.

Die Betriebsrente beginnt generell mit dem Beginn der Rente aus der gesetzlichen Rentenversicherung. Sie errechnet sich aus der Summe der bis zum Rentenbeginn erworbenen Versorgungspunkte.

6.1 Altersrenten

6.1.1 Regelaltersrente

Nach den tariflichen Vorschriften (z. B. § 33 Abs. 1 Buchst. a TVöD) endet das Arbeitsverhältnis, ohne dass es einer Kündigung bedarf, mit Ablauf des Monats, in dem der Beschäftigte das gesetzlich festgelegte Alter zum Erreichen der Regelaltersrente vollendet hat. Mit der Beendigung des Arbeitsverhältnisses endet auch die Pflichtversicherung (§ 20 Abs. 1 d. S.).

Der Beschäftigte ist zu diesem Zeitpunkt bei der Zusatzversorgungskasse abzumelden.

Etwas anderes gilt nur, wenn der Beschäftigte trotz Erreichens der gesetzlichen Altersgrenze für die Regelaltersrente keine gesetzliche Rente beantragt und über diesen Zeitpunkt hinaus weiter beschäftigt wird. Die Pflichtversicherung besteht fort, wenn keine Altersrente als Vollrente bezogen wird (§ 19 Abs. 1 Buchst. e d. S.).

Bei **Lehrern** endet das Arbeitsverhältnis erst mit Ablauf des Schulhalbjahres in dem die gesetzliche Altersgrenze für die Regelaltersrente erreicht wird.

C

6.1.2 Sonstige Altersrenten

Der Versicherungsfall tritt bei einem Versicherten, der in der gesetzlichen Rentenversicherung versichert ist, an dem Tag ein, an dem aufgrund des Bescheides des Rentenversicherungsträgers die Rente wegen Alters als Vollrente beginnt.

Bei Versicherten, die nicht in der gesetzlichen Rentenversicherung versichert sind (z. B. berufsständische Versicherte) oder die die Voraussetzungen für den Bezug einer Rente aus der gesetzlichen Rentenversicherung nicht erfüllen, tritt der Versicherungsfall auf Antrag nur unter besonderen Voraussetzungen ein (§ 43 d. S.). Zum Zeitpunkt des beantragten Rentenbeginns müssen die Voraussetzungen (z. B. Wartezeiten), die für eine Rente aus der gesetzlichen Rentenversicherung erforderlich sind, in der Pflichtversicherung der Zusatzversorgung erfüllt sein. Für die Berechnung der erforderlichen Wartezeiten werden dabei die Pflichtversicherungszeiten aus der Zusatzversorgung zugrunde gelegt. Die Rente aus dem berufsständischen Versorgungswerk löst in der Zusatzversorgung keinen Versicherungsfall aus (vgl. Teil A 7.2.2).

Der Versicherte ist mit Ende des Arbeitsverhältnisses bzw. mit dem Beginn der Altersrente als Vollrente abzumelden (§ 19 Abs. 1 Buchst. e d. S.).

6.2 Erwerbsminderungsrenten

Die Erwerbsminderungsrente errechnet sich aus der Summe der bis zum Rentenbeginn erworbenen Versorgungspunkte sowie ggf. aus zusätzlichen Versorgungspunkten für Zurechnungszeiten. Die bis zum Rentenbeginn versicherten zusatzversorgungspflichtigen Entgelte müssen daher bei der Berechnung der Betriebsrente wegen Erwerbsminderung mit berücksichtigt werden. Aus diesem Grund benötigt die Zusatzversorgungskasse eine Meldung mit dem bis zum Rentenbeginn erzielten zusatzversorgungspflichtigen Entgelt. Dies gilt auch dann, wenn die Erwerbsminderungsrente nur auf Zeit bewilligt wurde und das Beschäftigungsverhältnis fortbesteht.

Bei Bezug einer Rente wegen Erwerbsminderung benötigt die Zusatzversorgungskasse immer eine Abmeldung mit einem zum Rentenbeginn abgegrenzten Versicherungsabschnitt. Sofern das Arbeitsverhältnis fortbesteht, ist der Abmeldegrund „04“ oder „06“ anzugeben. In diesen Fällen erfolgt dann eine automatische Wiederanmeldung durch die Kasse zum darauffolgenden Tag. In der Jahresmeldung sind dann nur noch die Versicherungsabschnitte, die sich im Anschluss an den Rentenbeginn noch ergeben haben, zu melden.

Ist der Beschäftigte nicht in der gesetzlichen Rentenversicherung versichert (z. B. berufsständische Versicherte), so muss die volle oder teilweise Erwerbsminderung durch ein Gutachten eines von der Kasse zu bestimmenden Facharztes festgestellt werden (§ 43 d. S.). Das Arbeitsverhältnis kann durch Auflösungsvertrag (z. B. § 33 Abs. 1 Buchst. b TVöD) beendet werden oder endet nach Ablauf der Kündigungsfrist bzw. der tarifvertraglichen Fristen (z. B. § 33 Abs. 2–4 TVöD, § 18 AVR). Mit Ende des Arbeitsverhältnisses endet zugleich die Versicherungspflicht. Der Beschäftigte ist zu diesem Zeitpunkt abzumelden.

6.2.1 Erwerbsminderungsrenten auf Dauer

Wird durch den Bescheid eines Rentenversicherungsträgers eine **volle Erwerbsminderungsrente auf Dauer** bewilligt, so endet – bei tarifgebundenen Arbeitsverhältnissen bzw. wenn der TVöD/TV-L oder die AVR etc. arbeitsvertraglich vereinbart sind – sowohl das Arbeitsverhältnis als auch die Versicherungspflicht mit Ablauf des Monats, in dem der Bescheid des Rentenversicherungsträgers zugestellt wird (z. B. § 33 Abs. 2 Satz 1 TVöD, § 18 AVR). Dabei ist allerdings zu beachten, dass § 33 Abs. 2 TVöD/TV-L die Beendigung des Arbeitsverhältnisses infolge einer auflösenden Bedingung regelt, womit die einschlägigen Regelungen des Teilzeit- und Befristungsgesetzes (TzBfG) zur Anwendung kommen. Somit endet das Arbeitsverhältnis zwei Wochen nach Zugang der Unterrichtung des Beschäftigten durch den Arbeitgeber über den Zeitpunkt des Eintritts der auflösenden Bedingung (§§ 21, 15 Abs. 2 TzBfG).

C

Beispiel

Ein Rentenbescheid wird am 20.10.2014 an den Beschäftigten zugestellt. Der Beschäftigte informiert seinen Arbeitgeber darüber am 24.10.2014. Der Arbeitgeber teilt dem Beschäftigten am 31.10.2014 mit, dass das Arbeitsverhältnis wegen Eintritt der auflösenden Bedingung der Rentenbewilligung beendet worden ist. Das Arbeitsverhältnis endet damit am 14.11.2014 (§§ 21, 15 Abs. 2 TzBfG).

Zum Ende des Arbeitsverhältnisses muss der Beschäftigte abgemeldet werden. Liegt der Rentenbeginn vor dem Ende der Beschäftigung, müssen die fehlenden Versicherungsabschnitte zum Rentenbeginn abgegrenzt werden.

Beginnt die gesetzliche Rente wegen voller Erwerbsminderung erst nach der Zustellung des Rentenbescheids, so endet das Arbeitsverhältnis – und damit die Versicherungspflicht – mit Ablauf des dem Rentenbeginn vorangehenden Tages (§ 33 Abs. 2 Satz 3 TVöD).

Bei nicht tarifgebundenen Arbeitsverhältnissen, bzw. wenn der TVöD oder die AVR nicht vereinbart sind, endet das Arbeitsverhältnis und die Versicherungspflicht, wenn es im Zusammenhang mit der Erwerbsminderung beendet wird. Wird das Arbeitsverhältnis fortgeführt, so besteht auch die Versicherungspflicht fort.

Bei einer **teilweisen Erwerbsminderung auf Dauer** endet das Arbeitsverhältnis – und damit die Versicherungspflicht – nicht, wenn der Beschäftigte auf einem geeigneten und freien Arbeitsplatz weiter beschäftigt werden kann und dringende dienstliche bzw. betriebliche Gründe nicht entgegenstehen. Die Weiterbeschäftigung muss vom Beschäftigten innerhalb von zwei Wochen ab Zugang des Rentenbescheides schriftlich beantragt werden (§ 33 Abs. 3 TVöD).

Bei Versicherten, die nicht in der gesetzlichen Rentenversicherung versichert sind, tritt an die Stelle des Rentenbescheides das Gutachten eines Amtsarztes oder eines nach § 3 Abs. 4 Satz 2 TVöD bestimmten Arztes (§ 33 Abs. 4 TVöD).

C

6.2.2 Erwerbsminderungsrenten auf Zeit

Wird durch die gesetzliche Rentenversicherung eine **volle Erwerbsminderungsrente auf Zeit** gewährt, so endet das Arbeitsverhältnis nicht. In diesen Fällen ruht das Arbeitsverhältnis von dem Tag an, an dem das Arbeitsverhältnis bei Bezug einer vollen Erwerbsminderungsrente auf Dauer (vgl. Teil C 6.2.1) enden würde (§ 33 Abs. 2 Satz 5 und 6 TVöD, § 18 Abs. 4 AVR).

Obwohl bei einer Erwerbsminderungsrente auf Zeit das Arbeitsverhältnis nicht endet, sondern ruht und somit die Pflichtversicherung fortbesteht, ist dennoch eine Abmeldung erforderlich. Mit der Abmeldung muss der Arbeitgeber der Kasse alle Daten mitteilen, die bisher noch nicht im Rahmen der Jahresmeldung übermittelt wurden. Nur unter Berücksichtigung dieser Daten kann die Erwerbsminderungsrente berechnet werden.

Zum Beginn des Ruhens des Arbeitsverhältnisses muss der Beschäftigte abgemeldet werden. Liegt der Rentenbeginn vor dem Beginn des Ruhens, müssen die fehlenden Versicherungsabschnitte zum Rentenbeginn abgegrenzt werden.

Abmeldegrund ist in diesen Fällen „04“ für die teilweise Erwerbsminderungsrente und „06“ für die volle Erwerbsminderungsrente.

In der Jahresmeldung ist für die Dauer der Zeitrente ein Versicherungsabschnitt mit dem Buchungsschlüssel 01 41 00 zu melden (vgl. Teil E 2.24).

Erhält der Versicherte nach Ablauf der Zeitrente eine Erwerbsminderungsrente auf Dauer, ist er endgültig abzumelden. Abmeldegrund ist in diesen Fällen „05“ für die teilweise Erwerbsminderungsrente und „07“ für die volle Erwerbsminderungsrente.

Bei einer **teilweisen Erwerbsminderung** ruht das Arbeitsverhältnis nicht, wenn der Beschäftigte auf einem geeigneten und freien Arbeitsplatz weiter beschäftigt werden kann und dringende dienstliche bzw. betriebliche Gründe nicht entgegenstehen. Die Weiterbeschäftigung muss vom Beschäftigten innerhalb von zwei Wochen ab Zugang des Rentenbescheides schriftlich beantragt werden (§ 33 Abs. 3 TVöD).

Teil D Laufendes Arbeitsverhältnis/ Finanzierung der Zusatzversorgung, Steuer- und Sozialversicherungspflicht[1])

1. Was ist nach einer Anmeldung zu beachten?

Nach der Anmeldung eines Beschäftigten muss der Arbeitgeber der Zusatzversorgungskasse alle Umstände und Verhältnisse mitteilen, die für die späteren Rentenleistungen von Bedeutung sind und die Umlagen/Beiträge rechtzeitig abführen. Der Arbeitgeber ist insbesondere verpflichtet

- im Rahmen der Jahres-, Berichtigungs- und Nachmeldung Angaben über das zusatzversorgungspflichtige Entgelt zu machen,
- einen Beschäftigten bei Wegfall der Versicherungspflicht abzumelden (§ 13 Abs. 3 Buchst. a d. S.).

Für die Meldung dieser Daten sind die von der Zusatzversorgungskasse herausgegebenen Formblätter zu verwenden (§ 13 Abs. 3 Buchst. e d. S.). Die Meldung sollte in der Regel im Wege der automatisierten Datenübermittlung erfolgen.

In den Meldungen sind die zusatzversorgungspflichtigen Entgelte und Beschäftigungszeiten in Versicherungsabschnitte zu gliedern (zum Begriff des Versicherungsabschnittes vgl. Teil D 6. und Teil E).

Während eines Kalenderjahres sind Meldungen über vorgenommene Zahlungen oder Änderungen der zusatzversorgungspflichtigen Entgelte nicht erforderlich. Die Zusatzversorgungskasse entnimmt die entsprechenden Angaben der jeweiligen Jahresmeldung nach Ablauf des Kalenderjahres.

Nur bei einer Abmeldung während eines Kalenderjahres sind die Daten für noch nicht abgerechnete Versicherungsabschnitte im Kalenderjahr des Ausscheidens mit dem von der Zusatzversorgungskasse herausgegebenen Formblatt zur Abmeldung mitzuteilen.

1) Für die Zusatzversorgung bei der VBL sind die Richtlinien für das Melde- und Abrechnungsverfahren (RIMA) zu beachten.

D

2. Was ist zusatzversorgungspflichtiges Entgelt?

2.1 Begriff

Zusatzversorgungspflichtiges Entgelt ist grundsätzlich der **steuerpflichtige Arbeitslohn.** Dies sind die ihrer Art nach der Einkommensteuer und damit auch der Lohnsteuer unterliegenden Einkünfte aus nicht selbstständiger Arbeit. Steuerfreie Lohnbestandteile (§ 3 EStG) gehören – mit Ausnahme von Entgeltbestandteilen, die aufgrund einer Entgeltumwandlung das steuerpflichtige Entgelt mindern – damit nicht zum zusatzversorgungspflichtigen Entgelt.

Entgeltbestandteile, die aufgrund einer Entgeltumwandlung als Beitrag zu einer Altersversorgung aufgewendet werden und deshalb das steuerpflichtige Entgelt mindern, gelten im zusatzversorgungsrechtlichen Sinn als steuerpflichtiger und somit als zusatzversorgungspflichtiger Arbeitslohn (§ 62 Abs. 2 Satz 8 d. S.). Damit ist also das ursprüngliche Bruttoentgelt (vor Minderung durch die Entgeltumwandlung) als zusatzversorgungspflichtiges Entgelt zu melden.

D

Maßgeblich für die Ermittlung des zusatzversorgungspflichtigen Entgelts ist nicht der tatsächlich zu versteuernde Arbeitslohn. Lohnsteuerfreibeträge, die auf der Lohnsteuerkarte eingetragen sind, sonstige für die Ermittlung des zu versteuernden Einkommens abzuziehende Beträge und die in der Lohnsteuertabelle eingearbeiteten Freibeträge mindern daher das zusatzversorgungspflichtige Entgelt nicht.

Das zusatzversorgungspflichtige Entgelt bestimmt einerseits die Höhe der späteren Rentenleistungen, andererseits dient es als Bemessungsgrundlage für die vom Arbeitgeber zu zahlenden Umlagen und Beiträge zur Finanzierung der Rentenleistungen. Daher ist für jeden angemeldeten Beschäftigten ein zusatzversorgungspflichtiges Entgelt zu ermitteln.

2.1.1 Nicht zusatzversorgungspflichtige Entgelte

Bestimmte Entgeltbestandteile sind kein zusatzversorgungspflichtiges Entgelt, obwohl sie lohnsteuerpflichtig sind. Sie sind in § 62 Abs. 2 d. S. aufgeführt.

Besonders wichtige Beispiele sind

- vermögenswirksame Leistungen,
- einmalige Zahlungen (z. B. Zuwendungen, Urlaubsabgeltungen), die aus Anlass der Beendigung, des Eintritts des Ruhens oder nach Beendigung des Arbeitsverhältnisses gezahlt werden,

- Krankengeldzuschüsse,[1])
- Aufwandsentschädigungen; reisekostenähnliche Entschädigungen; Entgelte aus Nebentätigkeiten; Tantiemen, Provisionen, Abschlussprämien und entsprechende Leistungen; einmalige und sonstige nicht laufend monatlich gezahlte über- und außertarifliche Leistungen,
- Zuschläge für Sonntags-, Feiertags- und Nachtarbeit.

Weitere Beispiele sind in der Entgeltliste (vgl. Teil G 1.) enthalten.

Hinweis!

Für die Ermittlung des zusatzversorgungspflichtigen Entgelts empfiehlt es sich daher, bei allen Entgeltbestandteilen, die zusätzlich zum Tariflohn gezahlt werden, die Entgeltliste heranzuziehen. Soweit darin einzelne, besondere Entgeltarten nicht aufgeführt sein sollten, wird im Zweifel eine Rückfrage bei der zuständigen Zusatzversorgungskasse empfohlen.

2.1.2 Höchstgrenze für das zusatzversorgungspflichtige Entgelt

Das zusatzversorgungspflichtige Entgelt ist nicht nur der Art, sondern auch der Höhe nach begrenzt. So ist der Teil des steuerpflichtigen Arbeitslohnes kein zusatzversorgungspflichtiges Entgelt, der den 2,5-fachen Wert der monatlichen Beitragsbemessungsgrenze in der gesetzlichen Rentenversicherung übersteigt (§ 62 Abs. 2 Satz 3 d. S.).

Es ist jedoch darauf zu achten, dass die Versicherungspflicht in der Zusatzversorgung bereits zu überprüfen ist, sobald das zusatzversorgungspflichtige Entgelt den Vergütungsrahmen des TVöD in der Endstufe übersteigt (vgl. Tabellen Teil G), da Beschäftigte, deren Vergütung den Vergütungsrahmen des TVöD übersteigt, nicht mehr versicherungspflichtig sind.

2.1.2.1 Monatsgrenze

Bis zum 2,5-fachen Wert der Beitragsbemessungsgrenze in der gesetzlichen Rentenversicherung können aus dem Entgelt monatlich Umlagen und Beiträge für einen versicherten Beschäftigten entrichtet werden. Diese Grenze ist eine Monatsgrenze. Übersteigt das steuerpflichtige Entgelt diesen Grenzbetrag nur während eines Teils des Jahres, dürfen die Monate, in denen der Grenzbetrag nicht erreicht wird, nicht mit überschießenden Entgeltsbeträgen bis zu diesem Grenzbetrag aufgefüllt werden. Ein Ausgleich während eines Jahres ist insoweit nicht zulässig.

Im Zuflussprinzip ist bei rückwirkenden Zahlungen für Vorjahre, die dem Zuflussjahr zugeordnet werden, der Grenzbetrag entsprechend dem Nachzahlungszeitraum zu erhöhen.

1) Während des Zeitraums, für den Anspruch auf Krankengeldzuschuss besteht, ist ein fiktives Entgelt nach § 21 TVöD als zusatzversorgungspflichtiges Entgelt zu melden (vgl. Teil E 2.13).

Beispiel 1 Rückwirkende Anmeldung in das Vorjahr Entgeltnachzahlung im laufenden Jahr 2,5-fache Beitragsbemessungsgrenze

Sachverhalt	Der Beschäftigte wird rückwirkend zum 01.03.2013 angemeldet. Das Entgelt für März 2013 bis April 2014 fließt dem Beschäftigten erst im April 2014 zu. Zusatzversorgungspflichtiges Jahresentgelt 2013: 24.700,00 € (einschl. 2.200,00 € Jahressonderzahlung) Zusatzversorgungspflichtiges Jahresentgelt 2014: 50.000,00 € Grenzwert 2013: 14.500,00 € monatlich Grenzwert 2014: 14.875,00 € monatlich Es handelt sich um eine Altzusage. Umlage 3,75 %; Zusatzbeitrag 4 %
Lösung	Da das Entgelt für 2013 erst in 2014 zufließt, sind für 3/2013 bis 12/2013 10 Umlagemonate zu berücksichtigen. Im April 2014 ist die 2,5-fache monatliche Beitragsbemessungsgrenze mit der Anzahl der Monate zu multiplizieren, für die insgesamt zugeflossenes Entgelt gemeldet wurde. In diesem Fall ist für 10 Monate in 2013 und 4 Monate in 2014 die Grenze für 2014 zu berücksichtigen, die monatliche Höchstgrenze wird dadurch im Monat des Entgeltzuflusses nicht überschritten.

Meldung der Versicherungsabschnitte

Versicherungsabschnitte		Buchungsschlüssel			ZV-Entgelt	Umlage/Beitrag	Elternzeit-bezogene Kinderzahl
Beginn	Ende	Ein-zahler	Versiche-rungs-merkmal	Versteue-rungs-merkmal	€ Cent	€ Cent	
Jahresmeldung 2013							
01.03.2013	31.12.2013	01	49	00	0,00	0,00	
Jahresmeldung 2014							
01.01.2014	31.12.2014	01	10	10	74.700,00	2.801,25	
01.01.2014	31.12.2014	01	20	01	71.400,00	2.856,00	
01.01.2014	31.12.2014	01	20	03	3.300,00	132,00	

Beispiel 2 Rückforderung aus dem Vorjahr 2,5-fache Beitragsbemessungsgrenze

Sachverhalt	Der Beschäftigte ist im Jahr 2013 durchgehend pflichtversichert. Sein Einkommen liegt monatlich bei 15.000,00 €. Er erhält keine Jahressonderzahlung. Im Februar 2014 wird das Dezembergehalt 2013, das irrtümlich ausgezahlt wurde, zurückgefordert. Grenzwert 2013: 14.500,00 € monatlich Grenzwert 2014: 14.875,00 € monatlich Es handelt sich um eine Altzusage. Umlage 3,75 %; Zusatzbeitrag 4 %
Lösung	Im Dezember 2013 wurde das zusatzversorgungspflichtige Entgelt auf 14.500,00 € begrenzt. Im Rückrechnungsmonat 2014 ist die Rückforderung jedoch auf den Grenzwert im Jahre 2014, also auf 14.875,00 €, zu begrenzen. Da im Monat Dezember 2013 zusatzversorgungspflichtiges Entgelt zugeflossen ist, aber der Anspruch darauf rückwirkend weggefallen ist, ist kein Umlagemonat entstanden. Daher ist im Dezember 2013 das Versicherungsmerkmal 47 zu melden.

D

Meldung der Versicherungsabschnitte									
Versicherungsabschnitte		Buchungsschlüssel			ZV-Entgelt		Umlage/Beitrag		Elternzeitbezogene Kinderzahl
Beginn	Ende	Einzahler	Versicherungsmerkmal	Versteuerungsmerkmal	€	Cent	€	Cent	
Jahresmeldung 2013									
01.01.2013	30.11.2013	01	10	10	159.500,00		5.981,25		
01.01.2013	30.11.2013	01	20	01	69.600,00		2.784,00		
01.01.2013	30.11.2013	01	20	03	89.900,00		3.596,00		
01.12.2013	31.12.2013	01	47	10	14.500,00		543,75		
01.12.2013	31.12.2013	01	20	03	14.500,00		580,00		
Jahresmeldung 2014									
01.01.2014	31.12.2014	01	10	10	163.625,00		6.135,94		
01.01.2014	31.12.2014	01	20	01	71.400,00		2.856,00		
01.01.2014	31.12.2014	01	20	03	92.225,00		3.689,00		

2.1.2.2 Grenzbetrag im Monat der Zahlung einer Zuwendung

Einmal jährlich wird der Grenzbetrag in dem Monat, in dem die Jahressonderzahlung gezahlt wird, verdoppelt (vgl. Teil G 4.). Dies gilt jedoch nur dann, **wenn der Versicherte tatsächlich eine zusatzversorgungspflichtige Jahressonderzahlung erhält.** Eine nicht zusatzversorgungspflichtige Jahressonderzahlung (§ 62 Abs. 2 Buchst. d und e d. S.) eröffnet diese Möglichkeit also nicht. Die Erhöhung darf dagegen auch dann vorgenommen werden, wenn lediglich ein Teil der dem versicherten Beschäftigten gezahlten Jahressonderzahlung zusatzversorgungspflichtig ist.

D

▶ Teilvergütung

Steht dem Beschäftigten während eines Monats nur eine Teilvergütung zu (z. B. weil der Zeitraum endet, für den wegen Krankheit die Vergütung weitergezahlt wurde), ist der Grenzbetrag tageweise aufzuteilen. Die Teilvergütung ist bis zu dem Teil des Grenzbetrages zusatzversorgungspflichtig, der dem Verhältnis der angefallenen Kalendertage zu den Tagen des vollen Monats entspricht.

Beispiel

Sachverhalt: Der Beschäftigte erhält vom 16. Juni bis 24. August des Jahres keine Bezüge.

Lösung: Ein zusatzversorgungspflichtiges Entgelt kann im Monat

- Juni höchstens in Höhe von $^{15}/_{30}$
- August höchstens in Höhe von $^{7}/_{31}$

des 2,5-fachen Wertes der Beitragsbemessungsgrenze in der gesetzlichen Rentenversicherung anfallen.

Da für den Monat Juli keine Bezüge angefallen sind, kann im Monat der Zahlung der Jahressonderzahlung der Grenzbetrag anteilig nur um $^{11}/_{12}$ aus dem Verdopplungsbetrag erhöht werden.

2.2 Zuflussprinzip

Das zusatzversorgungspflichtige Entgelt ist – unabhängig davon, ob es sich um laufendes Arbeitsentgelt, einmalige Zahlungen oder Nachzahlungen handelt – für Meldungen ab dem 01.01.2004 in dem Jahr zu melden, in dem es dem Beschäftigten zugeflossen ist. Es gilt damit grundsätzlich das steuerrechtliche Zuflussprinzip (§ 11 EStG).

Im Rahmen des Zuflussprinzips ist also nicht der Zeitpunkt ausschlaggebend, in dem die Umlage bzw. der Beitrag der Zusatzversorgungskasse zugegangen ist, sondern der Zeitpunkt, an dem die Entgeltzahlung dem Beschäftigten zugegangen ist bzw. an dem sie dem Beschäftigten verrechnet wurde.

Sozialversicherungsrechtlich jedoch ist laufendes Arbeitsentgelt dem Zeitraum zuzuordnen, für den es gezahlt wird. Einmalig gezahltes Arbeitsentgelt ist dem Zeitraum zuzuordnen in dem es gezahlt wird. Nachzahlungen aufgrund rückwirkender Höhergruppierung oder rückwirkender Tarifverträge stellen kein einmalig gezahltes Entgelt dar und müssen auf die Entgeltabrechnungszeiträume verteilt werden, für die sie bestimmt sind (vgl. § 23a SGB IV). In der Zusatzversorgung wären sie in dem Zeitraum zu melden, in dem diese Nachzahlungen gezahlt werden.

D

2.2.1 Zuordnung im laufenden Jahr

Laufende Entgeltzahlungen, einmalige Zahlungen und Nachzahlungen müssen dem Jahr zugeordnet werden, in dem diese dem Beschäftigten zugeflossen sind. Sie sind also mit den zusatzversorgungspflichtigen Entgelten des laufenden Abrechnungsjahres zu verrechnen bzw. diesen zuzuschlagen. Dabei müssen für die Berechnung der Umlage und Beiträge dieser Zahlungen der Umlage- bzw. Beitragssatz des laufendes Abrechnungsjahres zugrunde gelegt werden.

Zusatzversorgungspflichtige Einmalzahlungen, die in der Zeit vom 1. Januar bis 31. März des laufenden Jahres gezahlt werden und sozialversicherungsrechtlich dem Vorjahr zuzuordnen sind (§ 23a SGB IV – „März-Klausel" –), müssen dennoch dem Jahr zugeordnet werden, in dem sie dem Beschäftigten zufließen.

Bei ins Vorjahr reichenden Entgeltkürzungen muss das zusatzversorgungspflichtige Entgelt des Abrechnungsjahres um die auf das Vorjahr entfallenden Kürzungsbeträge gemindert werden. Entstehen hierbei negative Entgeltbeträge, sind diese in der Meldung mit einem Minusvorzeichen zu kennzeichnen.

Bei den Entgeltnachzahlungen bzw. -verrechnungen im laufenden Jahr ist jedoch darauf zu achten, dass sich durch die Nachzahlung bzw. Entgeltkürzung die Anzahl der Umlagemonate nicht verändert.

Beispiel 1 Nachzahlung im Folgejahr

Sachverhalt	Der Beschäftigte ist im Jahr 2014 durchgehend pflichtversichert. Er erhält im Monat März 2014 eine Nachzahlung in Höhe von 1.000,00 € für das Jahr 2013. Zusatzversorgungspflichtiges Jahresentgelt 2013: 50.000,00 € Zusatzversorgungspflichtiges Jahresentgelt 2014: 51.750,50 € (ohne Berücksichtigung der Nachzahlung) Umlage 3,75 %; Zusatzbeitrag 4 %
Lösung	Es ist keine Berichtigungsmeldung der Vorjahresmeldung im Monat der Nachzahlung erforderlich, da die Nachzahlung in der Jahresmeldung 2014 berücksichtigt werden kann. Die Jahresmeldung 2013 bleibt unverändert.

Meldung der Versicherungsabschnitte

Versicherungsabschnitte		Buchungsschlüssel			ZV-Entgelt	Umlage/Beitrag	Elternzeitbezogene Kinderzahl
Beginn	Ende	Einzahler	Versicherungsmerkmal	Versteuerungsmerkmal	€ Cent	€ Cent	
Jahresmeldung 2013							
01.01.2013	31.12.2013	01	10	10	50.000,00	1.875,00	
01.01.2013	31.12.2013	01	20	01	50.000,00	2.000,00	
Jahresmeldung 2014							
01.01.2014	31.12.2014	01	10	10	52.750,50	1.978,14	
01.01.2014	31.12.2014	01	20	01	52.750,50	2.110,02	

Beispiel 2 Nachzahlung im Folgejahr Folgejahr ohne Entgelt

Sachverhalt	Der Beschäftigte ist im Jahr 2014 durchgehend ohne laufendes zusatzversorgungspflichtiges Entgelt pflichtversichert. Es erfolgt im März 2014 eine Nachzahlung für 2013 in Höhe von 1.000,00 €. Zusatzversorgungspflichtiges Jahresentgelt 2013: 50.000,00 € Kein zusatzversorgungspflichtiges Entgelt wegen Fehlzeit (Sonderurlaub) in 2014 Umlage 3,75 %; Zusatzbeitrag 4 %
Lösung	Die Nachzahlung in Höhe von 1.000,00 € aus dem Jahr 2013 wird im Jahr 2014 ausgezahlt. Es ist keine Monatsmeldung im Monat der Nachzahlung erforderlich, da diese in der Jahresmeldung 2014 berücksichtigt werden kann. Die Jahresmeldung 2013 bleibt unverändert. In der Jahresmeldung 2014 ist für den Zeitraum des Entgeltzuflusses das Versicherungsmerkmal 48 zu melden. Da kein laufendes Entgelt im Jahr 2014 besteht, ist es nicht möglich, das Versicherungsmerkmal 10 zu melden. Das Versicherungsmerkmal 48 kennzeichnet eine Nachzahlung, ohne dass diese Zahlung als Beitrags- oder Umlagemonat berücksichtigt wird, weil das Entgelt eine Nachzahlung für 2013 ist; für das Jahr 2013 aber bereits 12 Umlagemonate vorliegen. Der Zeitraum für die Meldung des Versicherungsmerkmals 48 ist parallel dem Versicherungsabschnitt, in dem die Zahlung erfolgte (hier also 01.01.–31.12.2014). Für die Nachzahlung aus dem Jahr 2013 ist der Umlage- bzw. Zusatzbeitragssatz im Jahr 2014 maßgebend.

D

Meldung der Versicherungsabschnitte							
Versicherungsabschnitte		Buchungsschlüssel			ZV-Entgelt	Umlage/Beitrag	Elternzeit-bezogene Kinderzahl
Beginn	Ende	Ein-zahler	Versiche-rungs-merkmal	Versteue-rungs-merkmal	€ Cent	€ Cent	
Jahresmeldung 2013							
01.01.2013	31.12.2013	01	10	10	50.000,00	1.875,00	
01.01.2013	31.12.2013	01	20	01	50.000,00	2.000,00	
Jahresmeldung 2014							
01.01.2014	31.12.2014	01	40	00	0,00	0,00	
01.01.2014	31.12.2014	01	48	11	1.000,00	37,50	
01.01.2014	31.12.2014	01	20	01	1.000,00	40,00	

2.2.2 Berichtigungsmeldungen im Zuflussprinzip

Berichtigungsmeldungen von bereits abgerechneten Vorjahren sind im Zuflussprinzip lediglich dann notwendig, wenn sich durch Nachzahlungen oder Entgeltverrechnungen die Anzahl der Umlagemonate in den Vorjahren verändert. Hierbei ist zu berücksichtigen, dass ein Monat dann als belegter Umlagemonat gilt, wenn **mindestens für einen Tag** Aufwendungen aus der Pflichtversicherung nach §61 Buchst. a d. S. erbracht wurden.

D

Bei Berichtigungen des Krankengeldzuschusses (fiktive Entgeltzahlung) ist für die Meldung zu beachten, dass nicht das steuerrechtliche Zuflussprinzip, sondern ausnahmsweise das sozialversicherungsrechtliche Aufrollprinzip anzuwenden ist. Dies gilt auch unabhängig von einem Versicherungsfall.

Beispiel 1 Nachzahlung im laufenden Jahr Rückwirkende Anmeldung ins Vorjahr

Sachverhalt	Der Beschäftigte wird im März 2014 rückwirkend zum 01.12.2013 angemeldet. Das Entgelt für Dezember 2013 fließt erst Ende Januar 2014 zu. Zusatzversorgungspflichtiges Entgelt für Dezember 2013: 3.000,00 € Zusatzversorgungspflichtiges Jahresentgelt 2014: 38.000,00 € Umlage 3,75 %; Zusatzbeitrag 4 %
Lösung	Da das Entgelt für 2013 steuerrechtlich erst in 2014 zufließt, wird es auch in 2014 verpunktet. Im Jahr 2013 wird für den Monat Dezember ein Umlagemonat berücksichtigt. Die Monatsmeldung 3/2014 enthält neben der rückwirkenden Anmeldung auch die „Nachmeldung" des Versicherungsabschnittes für Dezember 2013. Das Entgelt für Dezember 2013, das ja steuerrechtlich erst Ende Januar 2014 zufließt, wird in der Jahresmeldung 2014 berücksichtigt.

Meldung der Versicherungsabschnitte							
Versicherungsabschnitte		Buchungsschlüssel			ZV-Entgelt	Umlage/Beitrag	Elternzeit bezogene Kinderzahl
Beginn	Ende	Einzahler	Versicherungsmerkmal	Versteuerungsmerkmal	€ Cent	€ Cent	
Rückwirkende Anmeldung und Nachmeldung 2013							
01.12.2013	31.12.2013	01	49	00	0,00	0,00	
Jahresmeldung 2014							
01.01.2014	31.12.2014	01	10	10	41.000,00	1.537,50	
01.01.2014	31.12.2014	01	20	01	41.000,00	1.640,00	

Beispiel 2 Rückwirkende Anmeldung Entgeltzufluss im Vorjahr

Sachverhalt	Der Beschäftigte wird im März 2014 rückwirkend zum 01.06.2013 angemeldet. Das Arbeitsentgelt ist laufend im Jahr 2013 zugeflossen, die Anmeldung ist aber bisher unterblieben. Die Umlage und der Zusatzbeitrag wurden im März 2014 überwiesen. Zusatzversorgungspflichtiges Jahresentgelt 2013: 17.500,00 € Zusatzversorgungspflichtiges Jahresentgelt 2014: 36.000,00 € Umlage 3,75 %; Zusatzbeitrag 4 %
Lösung	Das zusatzversorgungspflichtige Entgelt ist dem Versicherten laufend im Jahr 2013 zugeflossen und ist deshalb auch in der Nachmeldung für 2013 zu melden. Die Monatsmeldung im März 2014 enthält neben der rückwirkenden Anmeldung auch die „ Nachmeldung" der Versicherungsabschnitte für 2013. Da die Umlagen und Zusatzbeiträge bereits im Jahr 2013 fällig gewesen wären, jedoch erst im März 2014 überwiesen wurden, sind Zinsen zu erheben.

Meldung der Versicherungsabschnitte								
Versicherungsabschnitte		Buchungsschlüssel			ZV-Entgelt	Umlage/ Beitrag	Elternzeitbezogene Kinderzahl	Jahr des Zuflusses
Beginn	Ende	Einzahler	Versicherungsmerkmal	Versteuerungsmerkmal	€ Cent	€ Cent		
Rückwirkende Anmeldung und Nachmeldung 2013								
01.06.2013	31.12.2013	01	10	10	17.500,00	656,25		2013
01.06.2013	31.12.2013	01	20	01	17.500,00	700,00		2013
Jahresmeldung 2014								
01.01.2014	31.12.2014	01	10	10	36.000,00	1.350,00		2014
01.01.2014	31.12.2014	01	20	01	36.000,00	1.440,00		2014

D

Beispiel 3 Nachzahlung im Folgejahr Neu entstehende Umlagemonate im Vorjahr

Sachverhalt	Der Beschäftigte ist im Jahr 2013 durchgehend pflichtversichert. Für die Zeit vom 16.05.2013 bis 18.08.2013 wurde bisher Fehlzeit gemeldet. Es fällt eine Nachzahlung von 2.000,00 € für die Zeit vom 16.05.2013 bis 03.06.2013 an. Die Nachzahlung erfolgt im Juni 2014. Zusatzversorgungspflichtiges Jahresentgelt 2014: 55.000,00 € (ohne Nachzahlung) Umlage 3,75 %; Zusatzbeitrag 4 %
Lösung	Die Rückrechnung im Folgejahr schließt eine Veränderung der Beitrags-/Umlagemonate ein. Der nachgezahlte Entgeltzeitraum (16.05.–03.06.2013) ist in der berichtigten Jahresmeldung 2013 mit Versicherungsmerkmal 49 zu melden, da aus dem bisherigen Fehlzeitabschnitt ein Versicherungsabschnitt mit Umlagemonaten wird. Das Versicherungsmerkmal 10 kann nicht gemeldet werden, da zwar Umlagemonate vorliegen, aber kein Entgeltzufluss bestand. Die Nachzahlung der Entgelte ist in der Jahresmeldung 2014 zu berücksichtigen. Für die Nachzahlung für das Jahr 2013 ist sowohl der Umlagesatz, als auch der Zusatzbeitrag des Jahres 2014 maßgebend.

Meldung der Versicherungsabschnitte

Versicherungsabschnitte		Buchungsschlüssel			ZV-Entgelt	Umlage/Beitrag	Elternzeitbezogene Kinderzahl
Beginn	Ende	Einzahler	Versicherungsmerkmal	Versteuerungsmerkmal	€ Cent	€ Cent	
Bisherige Jahresmeldung 2013							
01.01.2013	15.05.2013	01	10	10	20.000,00	750,00	
01.01.2013	15.05.2013	01	20	01	20.000,00	800,00	
16.05.2013	18.08.2013	01	40	00			
19.08.2013	31.12.2013	01	10	10	21.000,00	787,50	
19.08.2013	31.12.2013	01	20	01	21.000,00	840,00	
Berichtigte Jahresmeldung 2013							
01.01.2013	15.05.2013	01	10	10	20.000,00	750,00	
01.01.2013	15.05.2013	01	20	01	20.000,00	800,00	
16.05.2013	03.06.2013	01	49	00			
04.06.2013	18.8.2013	01	40	00			
19.08.2013	31.12.2013	01	10	10	21.000,00	787,50	
19.08.2013	31.12.2013	01	20	01	21.000,00	840,00	
Jahresmeldung 2014							
01.01.2014	31.12.2014	01	10	10	57.000,00	2.137,50	
01.01.2014	31.12.2014	01	20	01	57.000,00	2.280,00	

Beispiel 4 Verrechnung im laufenden Jahr
Wegfall von Umlagemonaten im Vorjahr

Sachverhalt	Der Beschäftigte ist im Jahr 2014 durchgehend pflichtversichert. Für die Zeit vom 16.05.2013 bis 18.08.2013 entfallen rückwirkend die gesamten Entgelte in Höhe von 4.000,00 € (Wegfall von 2 Umlagemonaten für Juni und Juli 2013 da in diesen Monaten kein Tag mit Umlagen belegt ist). Die Verrechnung der überzahlten Entgelte 2013 erfolgt im Februar 2014. Zusatzversorgungspflichtiges Jahresentgelt 2013: 35.000,00 € Zusatzversorgungspflichtiges Jahresentgelt 2014: 34.000,00 € (38 000,00 € ./. 4 000,00 € wegen Rückrechnung) Umlage 3,75 %; Zusatzbeitrag 4 %
Lösung	Die Rückrechnung im Folgejahr schließt eine Veränderung der Beitrags-/Umlagemonate ein. Der wegfallende Entgeltzeitraum ist in der Monatsmeldung 2/2014 mit Versicherungsmerkmal 47 zu melden; die wegfallenden Entgelte sind diesem Abschnitt zuzuordnen und im Jahr des Zuflusses als zusatzversorgungspflichtiges Entgelt weiterhin auszuweisen. Die Entgeltsumme 2013 darf nicht geändert werden. Der Wegfall der Entgelte ist in der Jahresmeldung 2014 berücksichtigt. Für die Rückrechnung für das Jahr 2013 ist sowohl der Umlagesatz, als auch der Zusatzbeitrag im Jahr 2014 maßgebend.

Meldung der Versicherungsabschnitte

Versicherungsabschnitte		Buchungsschlüssel			ZV-Entgelt	Umlage/Beitrag	Elternzeitbezogene Kinderzahl
Beginn	Ende	Einzahler	Versicherungsmerkmal	Versteuerungsmerkmal	€ Cent	€ Cent	
Jahresmeldung 2013							
01.01.2013	31.12.2013	01	10	10	35.000,00	1.312,50	
01.01.2013	31.12.2013	01	20	01	35.000,00	1.400,00	
Berichtigungsmeldung 2013							
01.01.2013	15.05.2013	01	10	10	20.000,00	750,00	
01.01.2013	15.05.2013	01	20	01	20.000,00	800,00	
16.05.2013	18.08.2013	01	47	10	4.000,00	150,00	
16.05.2013	18.08.2013	01	20	01	4.000,00	160,00	
19.08.2013	31.12.2013	01	10	10	11.000,00	412,50	
19.08.2013	31.12.2013	01	20	01	11.000,00	440,00	
Jahresmeldung 2014							
01.01.2014	31.12.2014	01	10	10	32.186,67	1.207,00	
01.01.2014	31.12.2014	01	10	11	1.813,33	68,00	
01.01.2014	31.12.2014	01	20	01	34.000,00	1.360,00	

D

2.2.3 Zusatzversorgungspflichtige Entgelte nach Beendigung des Beschäftigungsverhältnisses

Aus den Satzungsregelungen ergeben sich keine Einschränkungen bezüglich der Zusatzversorgungspflicht von Entgelten, die nach Ende eines Beschäftigungsverhältnisses gezahlt werden. Einmalige Zahlungen, die **aus Anlass der Beendigung des Beschäftigungsverhältnisses** (z. B. Abfindungen) gezahlt werden, gelten aber nicht als zusatzversorgungspflichtiges Arbeitsentgelt.

Damit stellen Entgelte nach Beendigung des Beschäftigungsverhältnisses (Ausnahme: Einmalige Zahlungen aus Anlass der Beendigung des Beschäftigungsverhältnisses) nur dann kein zusatzversorgungspflichtiges Entgelt dar, wenn sie aus anderen – z. B. **steuerrechtlichen Gründen** – nicht mehr dem Zeitraum zugeordnet werden können, in dem noch eine Pflichtversicherung in der Zusatzversorgung bestanden hat. Dabei werden Rückforderungen genauso behandelt wie Nachzahlungen.

Laufende Entgelte (z. B. Monatsgehälter, Mehrarbeitsvergütungen, Zuschläge und Zulagen), die nach Beendigung des Beschäftigungsverhältnisses gezahlt werden, sind steuerrechtlich grundsätzlich dem letzten Entgeltabschnitt zuzuordnen, wenn die Zahlung

- im Jahr des Ausscheidens oder
- innerhalb von drei Wochen nach dem Jahreswechsel (also bis zum 21. Januar) erfolgt.

Diese Zahlungen gelten als im letzten Monat der Beschäftigung und damit während der Pflichtversicherung als zugeflossen und sind aus diesem Grund zusatzversorgungspflichtiges Entgelt.

Hierbei ist es ohne Bedeutung, ob ein Versicherungsfall eingetreten ist oder nicht.

D

Sonstige Bezüge, die nicht als laufendes Entgelt gezahlt werden (z. B. Jahressonderzahlung), können aber nach dem Jahreswechsel nicht mehr der Beschäftigung im Vorjahr zugeordnet werden. Die Dreiwochenregelung für den Januar ist bei sonstigen Bezügen nicht anwendbar. Es liegt in diesen Fällen also kein zusatzversorgungspflichtiges Entgelt vor, wenn das Beschäftigungsverhältnis im Vorjahr endete und die Nachzahlung von sonstigen Bezügen erst im Folgejahr erfolgte.

Beispiel 1 Nachzahlung im Jahr des Beschäftigungsendes

Sachverhalt:	Ein Beschäftigter scheidet am 30.06.2014 aus dem Arbeitsverhältnis aus. Zu diesem Zeitpunkt endet auch die Pflichtversicherung in der Zusatzversorgung. Im Monat Juli 2014 erhält er noch eine Nachzahlung von seinem Monatsgehalt.
Lösung:	Da das Entgelt im Jahr des Ausscheidens gezahlt wird, ist es steuerrechtlich dem letzten Monat des Arbeitsverhältnisses zuzuordnen und gilt damit als im Juni 2014 zugeflossen. Der Zufluss fällt damit noch in die Pflichtversicherung, sodass es sich um zusatzversorgungspflichtiges Entgelt handelt. Das Entgelt ist in dem den Monat Juni 2014 enthaltenden Versicherungsabschnitt mit den Versicherungsmerkmalen 10 und 20 zu melden. Ist bereits eine Abmeldung erfolgt, ist eine berichtigte Abmeldung zu erstellen.

Beispiel 2 Rückforderung im Jahr nach Beschäftigungsende

Sachverhalt: Ein Beschäftigter scheidet zum 31.10.2013 aus dem Arbeitsverhältnis aus. Zu diesem Zeitpunkt endet auch die Pflichtversicherung in der Zusatzversorgung. Am 19.01.2014 wird vom Arbeitgeber eine Rückforderung von 100,00 € aus dem Entgelt des Monats September 2013 geltend gemacht.

Lösung: Da die Rückforderung des Entgelts bis zum 21.01.2014 erfolgt ist – also innerhalb der ersten drei Wochen des Folgejahres – ist das zurückgeforderte Entgelt von 100,00 € steuerrechtlich dem letzten Monat des Arbeitsverhältnisses zuzuordnen und gilt als im Oktober 2013 zugeflossen/zurückgefordert. Der Zufluss/die Rückforderung fällt damit noch in die Pflichtversicherung. Das zurückgeforderte Entgelt von 100,00 € ist dem im Monat Oktober 2013 enthaltenden Versicherungsabschnitt zuzuordnen. Ist bereits eine Abmeldung erfolgt, ist eine berichtigte Abmeldung zu erstellen.

Beispiel 3 Nachzahlung im Jahr nach Beschäftigungsende – kein zusatzversorgungspflichtiges Entgelt

Sachverhalt: Ein Beschäftigter scheidet am 31.10.2013 aus dem Arbeitsverhältnis aus. Zu diesem Zeitpunkt endet auch die Pflichtversicherung in der Zusatzversorgung. Am 23.01.2014 werden ihm noch nachträglich Zuschläge aus den Monaten September und Oktober 2013 ausgezahlt.

Lösung: Da das Entgelt nach Ablauf der Dreiwochenfrist (also nach dem 21.01.2014) gezahlt wurde, ist ein steuerrechtliches Aufrollen in das Vorjahr nicht mehr möglich.

Ein steuerrechtlicher Zufluss im Jahr 2013 ist somit nicht mehr gegeben, sodass das Entgelt nicht zusatzversorgungspflichtig ist.

Hinweis!

Auch wenn der Versicherungsfall bereits eingetreten ist, sind Nachzahlungen und Rückforderung wie oben dargestellt zu behandeln. Korrigiert der Arbeitgeber Versicherungsabschnitte vor dem Rentenbeginn, so ist eine bereits berechnete Rente mit den korrigierten Entgelten/Versicherungsabschnitten zu berichtigen. Berichtigt der Arbeitgeber Versicherungsabschnitte nach dem Rentenbeginn, so wird diese Berichtigung bei einer folgenden Neuberechnung berücksichtigt.

2.2.4 Zusatzversorgungspflichtige Entgelte und Erwerbsminderungsrente auf Zeit

Bei einer Erwerbsminderungsrente auf Zeit ruht in der Regel das Arbeitsverhältnis, sodass Nachzahlungen bzw. Verrechnungen im laufenden Jahr – auch nach Rentenbeginn – zu berücksichtigen sind (vgl. auch Teil E 2.24).

Beispiel 1 Nachzahlung im laufenden Jahr – Ruhen des Arbeitsverhältnisses wegen Erwerbsminderung auf Zeit

Sachverhalt	Der Beschäftigte bezieht ab 01.05.2014 Rente wegen Erwerbsminderung auf Zeit. Er erhält im Juni 2014 eine Nachzahlung in Höhe von 212,00 €. Zusatzversorgungspflichtiges Entgelt 2014 (01.01.–30.04.): 10.800,00 € Umlage 3,75 %; Zusatzbeitrag 4 %
Lösung	Nachgezahlter Arbeitslohn, der dem Beschäftigten nach Eintritt des Versicherungsfalls bei fortgesetztem Beschäftigungsverhältnis zufließt, ist der Zusatzversorgungskasse zu melden. Die Versorgungspunkte aus diesem Entgelt dürfen in die Rentenberechnung des bereits eingetretenen Versicherungsfalls nicht einfließen.

Meldung der Versicherungsabschnitte

Versicherungsabschnitte		Buchungsschlüssel			ZV-Entgelt	Umlage/Beitrag	Elternzeit-bezogene Kinderzahl
Beginn	Ende	Einzahler	Versicherungsmerkmal	Versteuerungsmerkmal	€ Cent	€ Cent	
Abmeldung in der Monatsmeldung 2014							
01.01.2014	30.04.2014	01	10	11	10.800,00	405,00	
01.01.2014	30.04.2014	01	20	01	10.800,00	432,00	
Jahresmeldung 2014							
01.05.2014	31.05.2014	01	41	00	0,00	0,00	
01.06.2014	30.06.2014	01	10	11	212,00	7,95	
01.06.2014	30.06.2014	01	20	01	212,00	8,48	
01.07.2014	31.12.2014	01	41	00	0,00	0,00	

3. Wie werden Umlagen und Beiträge errechnet?

▸ Was ist eine Umlage?

In einem umlagefinanzierten Altersversorgungssystem werden mit den laufenden Einnahmen im Wesentlichen auch die laufenden Rentenleistungen gezahlt. Die von den Arbeitgebern eingezahlten Umlagen werden also nicht für zukünftig zu leistende Renten angespart, sondern zum Großteil für die aktuellen Rentner ausgegeben. Das bis zum 31.12.2001 bestehende beamtenähnliche Gesamtversorgungssystem war umlagefinanziert. Zusatzversorgungskassen sind auch nach Umstellung auf das Versorgungspunktesystem noch teilweise umlagefinanziert. Die Umlage ist mit dem Versicherungsmerkmal 10 und/oder 11 zu melden. Die Versteuerung einer Umlage richtet sich nach § 3 Nr. 56 EStG (steuerfrei), § 40b EStG (pauschale Versteuerung) und § 19 Abs. 1 Nr. 3 EStG (individuelle Versteuerung).

▶ Was ist ein Beitrag?

In ein kapitalfinanziertes Altersversorgungssystem zahlt der Arbeitgeber Beiträge ein, die dann für die später zu leistenden Renten angespart werden. Durch Beiträge werden also nicht die aktuellen Leistungen der Rentner finanziert. Im Rahmen der Zusatzversorgung liegt ein (Pflicht-)Beitrag vor, wenn dieser nach der vollständigen Umstellung auf das Kapitaldeckungsverfahren erhoben wird. Dies ist dann der Fall, wenn sowohl die alten Anwartschaften und Leistungen aus dem Gesamtversorgungssystem als auch die aus dem neuen Punktesystem entstehenden Anrechte ausfinanziert sind. Er ist mit dem Versicherungsmerkmal 15 zu melden. Die Versteuerung richtet sich nach § 3 Nr. 63 EStG (steuerfrei) und § 19 Abs. 1 Nr. 3 EStG (individuelle Versteuerung).

▶ Was ist ein Zusatzbeitrag?

Der Zusatzbeitrag richtet sich bei der Versteuerung nach § 3 Nr. 63 EStG (steuerfrei) und § 19 Abs. 1 Nr. 3 EStG (individuelle Versteuerung). Er dient nach § 64 d. S. zum Aufbau eines Kapitalstocks zur schrittweisen Umstellung des Finanzierungsverfahrens auf eine Kapitaldeckung. Er ist mit dem Versicherungsmerkmal 20 zu melden.

▶ Was ist ein Sanierungsgeld?

Mit einem Sanierungsgeld soll der zusätzliche Finanzbedarf abgedeckt werden, der infolge der Schließung des Gesamtversorgungssystems und des Wechsels in das Punktemodell entstanden ist. Sanierungsgelder kommen in Betracht, wenn der zum 01.11.2001 maßgebende Umlagesatz weiterhin erhoben wird, aber die Umlage zur Deckung der entstehenden Leistungsverpflichtungen nicht ausreicht. Sanierungsgelder dienen nicht zur Finanzierung von Leistungen, sondern dienen zur Finanzierung des durch die Systemumstellung entstandenen Sanierungsbedarfs der Kasse.

Damit ist das Sanierungsgeld weder in der Anwartschaftsphase noch in der Leistungsphase zu besteuern. Es ist mit dem Versicherungsmerkmal 19 zu melden bzw. abhängig vom Meldeverfahren der zuständigen Zusatzversorgungskasse kann auch eine Meldung unterbleiben (vgl. auch Teil D 4.1 und Teil D 5.1.3).

▶ Was ist eine Eigenbeteiligung?

Eine Eigenbeteiligung des Beschäftigten an den Kosten zur Zusatzversorgung kann – je nach Tarifbindung des Arbeitgebers – per Tarifvertrag, Betriebsvereinbarung oder per Einzelarbeitsvertrag vereinbart werden (vgl. auch Teil D 3.4 und Teil D 4).

Der Arbeitgeber ist gegenüber der Zusatzversorgungskasse stets Schuldner der Eigenbeteiligung eines Beschäftigten.

Zusatzbeiträge, Sanierungsgelder und evtl. Eigenbeteiligungen treten neben die Zahlungen der Umlagen bzw. der Beiträge.

3.1 Berechnung von Umlagen und Beiträgen

Der Arbeitgeber hat zur Deckung des Versorgungsaufwandes Umlagen, Sanierungsgelder, Eigenbeteiligungen der Beschäftigten und/oder Pflichtbeiträge/Zusatzbeiträge an die Zusatzversorgungskasse zu entrichten. Bemessungsgrundlage für die jeweiligen Zahlungen ist das zusatzversorgungspflichtige Entgelt des einzelnen Versicherten (vgl. Teil D 2.). Der zu zahlende Betrag ergibt sich aus der Multiplikation des zusatzversorgungspflichtigen Entgelts mit dem aktuellen Umlagesatz, dem geltenden (Pflicht-)Beitragssatz, dem Prozentsatz der Eigenbeteiligung oder dem maßgebenden Prozentsatz des Sanierungsgeldes der jeweiligen Zusatzversorgungskasse.

Zusatzversorgungspflichtiges Entgelt × Umlagesatz = Umlage
Zusatzversorgungspflichtiges Entgelt × (Pflicht-)Beitragssatz = (Pflicht-) Beitrag
Zusatzversorgungspflichtiges Entgelt × Prozentsatz Sanierungsgeld = Sanierungsgeld
Zusatzversorgungspflichtiges Entgelt × Prozentsatz der Eigenbeteiligung = Eigenbeteiligung

D

3.2 Zusätzliche Umlage

3.2.1 Begriff

Nach der Systemumstellung durch die Tarifvertragsparteien zum 01.01.2002 fällt lediglich für die Versicherten weiterhin eine zusätzliche Umlage an, für die **schon im Dezember 2001 und im Januar 2002** diese zusätzliche Umlage vom Arbeitgeber gezahlt wurde. Ist in einem der beiden Monate oder in beiden Monaten keine zusätzliche Umlage gezahlt worden, oder ist der Versicherte erst nach dem 01.01.2002 zur Zusatzversorgung angemeldet oder nach einem Arbeitgeberwechsel wieder angemeldet worden, so fällt zukünftig keine zusätzliche Umlage mehr an (§ 76 d. S.).

Muss für einen Versicherten nach den oben genannten Regelungen eine zusätzliche Umlage weiterhin entrichtet werden und übersteigt das monatliche zusatzversorgungspflichtige Entgelt den Grenzbetrag aus dem **1,133-Fachen der Entgeltgruppe 15 Stufe 6 TVöD-VKA** (jährlich einmal einschließlich der Jahressonderzahlung, wenn der Beschäftigte eine zusatzversorgungspflichtige Jahressonderzahlung erhält), so ist aus dem diesen Grenzbetrag (vgl. Teil G 3.) übersteigenden monatlichen Entgelt neben der regelmäßigen Umlage eine zusätzliche Umlage zu entrichten. Die zusätzliche Umlage **beträgt 9 %** des den Grenzbetrag übersteigenden monatlichen zusatzversorgungspflichtigen Entgelts. Der Grenzbetrag ist ein Monatsbetrag. Zugunsten des Versicherten werden die Versorgungspunkte aus dem übersteigenden zusatzversorgungspflichtigen Entgelt verdreifacht (§ 76 d. S.).

Die zusätzliche Umlage (Versicherungsmerkmal 17) ist in einer gesonderten Zeile zu dem für das normale zusatzversorgungspflichtige Entgelt maßgebenden Versicherungsabschnitt mit dem Buchungsschlüssel 01 17 10 anzugeben. Neben der zusätzlichen Umlage fällt kein zusätzlicher Zusatzbeitrag an. Bei kapitalgedeckten Zusatzversorgungskassen, bzw. in dem kapitalgedeckten Abrechnungsverband II handelt es sich um einen zusätzlichen Beitrag (ebenfalls Versicherungsmerkmal 17) in Höhe von 9 %, für den die Steuermerkmale 01 bis 03 maßgebend sind.

Beispiel Zusätzliche Umlage

Sachverhalt	Für einen Beschäftigten wurde im Dezember 2001 und im Januar 2002 eine zusätzliche Umlage entrichtet. Das Arbeitsverhältnis endet am 30.06.2013. Zum 01.07.2013 beginnt ein neues Arbeitsverhältnis ebenfalls im öffentlichen Dienst. Monatliches zusatzversorgungspflichtiges Entgelt bis 30.06.2013: 7.000,00 € Monatlicher Grenzwert für die zusätzliche Umlage: 6.550,41 € Monatliches zusatzversorgungspflichtiges Entgelt ab 01.07.2013: 7.500,00 €
Lösung	Für die Zeit vom 01.01.2013 bis zum Ausscheiden am 30.06.2013 ist eine zusätzliche Umlage zu entrichten. Nach dem Arbeitgeberwechsel entfällt die zusätzliche Umlage, selbst wenn das monatliche Entgelt den Grenzbetrag übersteigt. Die zusätzliche Umlage errechnet sich wie folgt:

	Monat	Entgelt	Grenzwert	übersteigendes Entgelt	daraus 9 %
	Januar	7.000,00 €	6.550,41 €	449,59 €	40,46 €
	Februar	7.000,00 €	6.550,41 €	449,59 €	40,46 €
	März	7.000,00 €	6.550,41 €	449,59 €	40,46 €
	April	7.000,00 €	6.550,41 €	449,59 €	40,46 €
	Mai	7.000,00 €	6.550,41 €	449,59 €	40,46 €
	Juni	7.000,00 €	6.550,41 €	449,59 €	40,46 €
	Summe			**2.697,54 €**	**242,76 €**
	Nach dem Arbeitgeberwechsel zum 01.07.2013 entfällt die zusätzliche Umlage.				

Meldung der Versicherungsabschnitte (bis 30.06 durch Arbeitgeber 1, danach durch Arbeitgeber 2)
Bei einem Arbeitgeberwechsel kann der Freibetrag nach § 3 Nr. 63 EStG für jedes Arbeitsverhältnis vollständig in Anspruch genommen werden.

Versicherungsabschnitte		Buchungsschlüssel			ZV-Entgelt	Umlage/Beitrag	Elternzeitbezogene Kinderzahl
Beginn	Ende	Einzahler	Versicherungsmerkmal	Versteuerungsmerkmal	€ Cent	€ Cent	
01.01.2013	30.06.2013	01	10	10	42.000,00	1.575,00	
01.01.2013	30.06.2013	01	17	10	2.697,54	242,76	
01.01.2013	30.06.2013	01	20	01	42.000,00	1.680,00	
01.07.2013	31.12.2013	01	10	10	45.000,00	1.687,50	
01.07.2013	31.12.2013	01	20	01	45.000,00	1.800,00	

3.2.2 Gelegentliches Überschreiten des Grenzbetrages

Übersteigt das zusatzversorgungspflichtige Entgelt den Grenzbetrag nur in einigen Monaten des Jahres, so ist die zusätzliche Umlage für diese Monate jeweils gesondert zu ermitteln. Ein Ausgleich durch die Bildung eines jährlichen Monatsdurchschnittsbetrages ist nicht zulässig.

Beispiel

Sachverhalt: Der Beschäftigte leistet im Monat Mai Überstunden. Die Überstundenvergütung wird im Monat Juli fällig und ausbezahlt. Mit der laufenden Vergütung und der Überstundenvergütung wird der Grenzbetrag überschritten. Für den Beschäftigten wurde bereits im Dezember 2001 und im Januar 2002 eine zusätzliche Umlage entrichtet.

Lösung: Da der Grenzbetrag im Juli überschritten wird, fällt im Juli eine zusätzliche Umlage an. Ein Ausgleich auf Vormonate darf nicht vorgenommen werden.

3.2.3 Teilvergütung

Erhält der Versicherte eine zusatzversorgungspflichtige Teilvergütung, ist der Grenzbetrag nicht auf die entsprechenden Tage umzurechnen. Eine zusätzliche Umlage fällt daher nur dann an, wenn die Teilvergütung den monatlichen Grenzbetrag übersteigt.

Beispiel

Sachverhalt: Der Beschäftigte erhält wegen Sonderurlaubs vom 05.03. bis 19.03.2014 eine Teilvergütung in Höhe von 3.000,00 € ($^{15}/_{30}$ aus 6.000,00 €).

Für den Beschäftigten wurde bereits im Dezember 2001 und im Januar 2002 eine zusätzliche Umlage entrichtet.

Lösung: Da der Grenzbetrag (für März 2014: 6.841,37 €) nicht auf die Tage, für die Anspruch auf laufende Vergütung besteht, aufzuteilen ist, wird der Grenzbetrag nicht überschritten. Eine zusätzliche Umlage fällt deshalb im Monat September nicht an. Für die anderen Monate des Kalenderjahres darf kein Ausgleich vorgenommen werden.

3.2.4 Jahressonderzahlung

Im Monat der Zahlung der Jahressonderzahlung kann der Grenzbetrag erhöht werden. Dies gilt jedoch nur dann, wenn der Versicherte tatsächlich eine zusatzversorgungspflichtige Jahressonderzahlung erhält. Selbst wenn lediglich ein Teil der Jahressonderzahlung zusatzversorgungspflichtig ist, darf der Grenzbetrag um die tarifvertragliche Jahressonderzahlung erhöht werden (vgl. Teil G 3.).

Hinweis!

Seit 1.01.2010 ist beim TVöD-VKA in den Entgelttabellen die Unterscheidung der Tarifgebiete West und Ost weggefallen. Beim Grenzbetrag im Monat der Sonderzahlung bestehen aber noch unterschiedliche Werte für West und Ost.

Beispiel Zusätzliche Umlage und Jahressonderzahlung

Sachverhalt	Für einen Arbeitnehmer wurde im Dezember 2001 und im Januar 2002 eine zusätzliche Umlage entrichtet. Monatliches Entgelt 2014: 7.000,00 € Jahressonderzahlung im November: 5.000,00 € Monatlicher Grenzwert für die zusätzliche Umlage bis 28.02.2014: 6.642,11 € Monatlicher Grenzwert für die zusätzliche Umlage ab 01.03.2014: 6.841,37 € Grenzwert (West) im Monat der Jahressonderzahlung: 10.946,19 € Umlage: 3,75 % Zusatzbeitrag: 4 %				
Lösung	Die zusätzliche Umlage errechnet sich wie im Folgenden dargestellt. Der Zusatzbeitrag (Versicherungsmerkmal 20) ist aufzuteilen, da die Steuerfreiheit der Beiträge auf 2.856 € (Altzusage) im Jahr 2014 begrenzt ist; der darüber hinausgehende Teil ist individuell zu versteuern (Steuermerkmal „03").				
	Monat	**Entgelt**	**Grenzwert**	**übersteigendes Entgelt**	**daraus 9 %**
	Januar	7.000,00 €	6.642,11 €	357,89 €	32,21 €
	Februar	7.000,00 €	6.642,11 €	357,89 €	32,21 €
	März	7.000,00 €	6.841,87 €	158,63 €	14,28 €
	April	7.000,00 €	6.841,87 €	158,63 €	14,28 €
	Mai	7.000,00 €	6.841,87 €	158,63 €	14,28 €
	Juni	7.000,00 €	6.841,87 €	158,63 €	14,28 €
	Juli	7.000,00 €	6.841,87 €	158,63 €	14,28 €
	August	7.000,00 €	6.841,87 €	158,63 €	14,28 €
	September	7.000,00 €	6.841,87 €	158,63 €	14,28 €
	Oktober	7.000,00 €	6.841,87 €	158,63 €	14,28 €
	November	12.000,00 €	10.946,19 €	1.053,81 €	94,84 €
	Dezember	7.000,00 €	6.841,87 €	158,63 €	14,23 €
	Summe			**3.157,25 €**	**287,78 €**

D

Meldung der Versicherungsabschnitte							
Versicherungsabschnitte		Buchungsschlüssel			ZV-Entgelt	Umlage/Beitrag	Elternzeitbezogene Kinderzahl
Beginn	Ende	Einzahler	Versicherungsmerkmal	Versteuerungsmerkmal	€ Cent	€ Cent	
01.01.2014	31.12.2014	01	10	10	89.000,00	3.337,50	
01.01.2014	31.12.2014	01	17	10	3.197,26	287,78	
01.01.2014	31.12.2014	01	20	01	71.400,00	2.856,00	
01.01.2014	31.12.2014	01	20	03	17.600,00	704,00	

Der Grenzbetrag für die zusätzliche Umlage kann durch die Jahressonderzahlung auch dann erhöht werden, wenn nur ein Teil der Jahressonderzahlung zusatzversorgungspflichtig ist.

Beispiel

Sachverhalt: Die Beschäftigte war in der Zeit ab 01.01. bis 20.04.2014 in Sonderurlaub und erhält ab 21.04.2014 durchgehend

- ein laufendes zusatzversorgungspflichtiges Entgelt in Höhe von monatlich 3.750,00 €,
- eine Jahressonderzahlung im November 2014 von 3.562,50 €.

Für die Beschäftigte wurde bereits im Dezember 2001 und im Januar 2002 eine zusätzliche Umlage entrichtet.

Lösung: Von der Jahressonderzahlung sind nur 9/12 zusatzversorgungspflichtig, weil in den Monaten Januar bis März keine Umlagen angefallen sind (§ 62 Abs. 2 Satz 1 Buchst. e d. S.). Da die Jahressonderzahlung zusatzversorgungspflichtig ist, darf der Grenzbetrag um die Jahressonderzahlung erhöht werden.

Eine zusätzliche Umlage fällt nicht an, weil der erhöhte Grenzbetrag für November 2014 (West: 10.946,19 €/Ost: 9.919,99 €) nicht überschritten wird.

3.2.5 Ausscheiden während eines Kalenderjahres

Scheidet ein Versicherter während eines Kalenderjahres zum Monatsende aus dem Arbeitsverhältnis aus und übersteigt das zusatzversorgungspflichtige Entgelt im Monat des Ausscheidens den Grenzwert, so erhöht sich dieser nur dann, wenn der Versicherte eine zusatzversorgungspflichtige Jahressonderzahlung – Teilzuwendung – erhält.

3.2.6 Ausscheiden während eines Monats

Scheidet ein Versicherter während eines Monats aus dem Arbeitsverhältnis aus und erhält der Versicherte eine Teilvergütung, ist der Grenzbetrag (ggf. der erhöhte Grenzbetrag) nicht auf die entsprechenden Tage umzurechnen, für die Anspruch auf Vergütung besteht.

Beispiel

Sachverhalt:	Der Beschäftigte scheidet zum 15.09.2014 aus dem Arbeitsverhältnis aus und beginnt am 01.10.2014 bei einem neuen Arbeitgeber im öffentlichen Dienst. Die Vergütung für die Zeit vom 01.09. bis 15.09. beträgt 3.000,00 € (15/30 aus 6.000,00 €). Außerdem wird Überstundenvergütung in Höhe von 800,00 € für die in den Monaten Juli und August geleisteten Überstunden gewährt. Für den Beschäftigten wurde bereits im Dezember 2001 und im Januar 2002 eine zusätzliche Umlage entrichtet.
Lösung:	Da der Grenzbetrag (für September 2014: 6.841,37 €) nicht auf die Tage 1. bis 15. Juni aufzuteilen ist, wird der Grenzbetrag nicht überschritten. Eine zusätzliche Umlage fällt somit nicht an. Auch in der Zukunft ist keine zusätzliche Umlage zu zahlen, da nach einem Arbeitgeberwechsel keine zusätzliche Umlage mehr anfällt.

D

3.3 Fälligkeit der Umlagen, Beiträge und Sanierungsgelder

Umlagen, (Zusatz-)Beiträge, Eigenbeteiligungen und Sanierungsgelder werden mit der Auszahlung (Zufluss) des zusatzversorgungspflichtigen Entgelts an den versicherten Beschäftigten fällig (§ 65 d. S.).

Dies bedeutet, dass gleichzeitig mit der Zahlung des Gehalts auch die Zahlung an die Zusatzversorgungskasse erfolgen soll.

Umlagen, (Zusatz-)Beiträge, Eigenbeteiligungen und Sanierungsgelder, die nicht bis zum Ende des Kalendermonats der Fälligkeit bei der Zusatzversorgungskasse eingehen, sind **ab diesem Zeitpunkt zu verzinsen** (§ 65 d. S.). Es ist daher wichtig, die fälligen Zahlungen rechtzeitig zu überweisen.

Entrichtet der Arbeitgeber die Umlagen, (Zusatz-)Beiträge, Eigenbeteiligungen und Sanierungsgelder erst nach der Fälligkeit, erfolgt vom ersten Tag des folgenden Kalendermonats an eine Verzinsung; unerheblich ist hierbei, ob den Arbeitgeber an der verspäteten Zahlung ein Verschulden trifft. Dies hängt damit zusammen, dass finanzierungstechnisch betrachtet die Verzinsung den Nachteil der verspäteten Kapitalanlage durch die Zusatzversorgungskasse ausgleichen soll.

Aus Gründen der Rechnungsabgrenzung sollten alle im Kalenderjahr fälligen Zahlungen unbedingt bis 31. Dezember des Kalenderjahres überwiesen sein.

Die nachfolgenden Ausführungen gelten nicht für alle Zusatzversorgungskassen. Die Überweisungsmodalitäten sind bei den einzelnen Zusatzversorgungskassen zu erfragen.

Bei der **Zusatzversorgungskasse der bayerischen Gemeinden** werden die Einzahlungen aufgrund der Angaben im Verwendungszweck automatisch auf das Konto des Arbeitgebers verbucht. Hierzu ist es notwendig, dass der Arbeitgeber fest vorgegebene Buchungsschlüssel bei der Überweisung in dem jeweiligen Verwendungszweck angibt.

Der Verwendungszweck muss bei der Überweisung von Umlagen und Zusatzbeiträgen folgende Informationen enthalten:

- Mitgliedsnummer oder Abrechnungsstellennummer
- Vertragsart: bei Zahlungen der Abrechnungsstelle ist dies immer „AS"
- das Kürzel „BS" für Buchungsschlüssel
- den sechsstelligen Buchungsschlüssel zur Zuordnung der Zahlung (siehe unten).

Die Informationen sind jeweils durch einen Bindestrich zu trennen; Leerzeichen dürfen nicht enthalten sein.

D

Daraus ergibt sich folgendes Muster:

123456-AS-BS-111020

Der Arbeitgeber darf keine weiteren Angaben oder Erläuterungen im Verwendungszweck machen, da diese aufgrund der automatischen Verarbeitung nicht beachtet werden können.

Aus folgender Aufstellung kann der entsprechende Buchungsschlüssel entnommen werden:

3.3.1 Einzelzahlungen

Eine Einzelzahlung ist die „normale" Überweisung durch ein Mitglied, wobei nur eine Mitgliedsnummer/Abrechnungsnummer verwendet wird, sowie ein Buchungsschlüssel (jeweils für die getrennte Überweisungen von Umlagen bzw. Zusatzbeiträgen).

Buchungs-schlüssel	Art der Zahlung
111020	Umlage – Zahlung für das laufende Jahr
111021	Umlage – Zahlung für das Vorjahr
111022	Umlage – Einzahlung der Abrechnungsschuld
111027	Umlage – Zinszahlung
112020	Zusatzbeitrag – Zahlung für das laufende Jahr
112021	Zusatzbeitrag – Zahlung für das Vorjahr
112022	Zusatzbeitrag – Einzahlung der Abrechnungsschuld
112027	Zusatzbeitrag – Zinszahlung
113020	Pflichtbeitrag (Beitrag Abrechnungsverband II) – Zahlung für das laufende Jahr
113021	Pflichtbeitrag – Zahlung für das Vorjahr
113022	Pflichtbeitrag – Einzahlung der Abrechnungsschuld
113027	Pflichtbeitrag – Zinszahlung

D

3.3.2 Sammelzahlungen

Eine Sammelzahlung liegt nur dann vor, wenn eine Gehaltsabrechnungsstelle Beträge für mehrere Abrechnungsstellen/Mitglieder überweisen. Sammelzahlungen müssen aber nach Umlage und Beitrag getrennt sein.

Buchungs-schlüssel	Art der Zahlung
111030	Umlage – Sammeleinzahlung
112030	Zusatzbeitrag – Sammeleinzahlung
113030	Pflichtbeitrag (Beitrag Abrechnungsverband II) – Sammeleinzahlung

Zusätzlich muss der Arbeitgeber in diesen Fällen je Überweisung per Avis mitteilen, welche Einzelzahlungen für welche Abrechnungsstellen im Überweisungsbetrag enthalten sind.

Andere Zahlungen als die Vorgenannten dürfen nicht in Sammelzahlungen enthalten sein, sondern müssen entsprechend dem jeweiligen Anforderungsschreiben gesondert als Einzelüberweisung erfolgen (z. B. bei Zinsforderungen).

Die einzelnen Einträge in den Avismeldungen sollten analog zum Verwendungszweck die nötigen Angaben in der Reihenfolge „Partnernummer – Buchungsschlüssel – Betrag" enthalten. Partnernummer ist dabei die Mitgliedsnummer oder Abrechnungsstellennummer.

Hinweis!

Die Aufwendungen (Umlagen und Beiträge) sind stets auf die dafür vorgesehenen jeweiligen Konten zu überweisen. Eine Verrechnung zwischen den Konten der Umlage und des (Zusatz-)Beitrages darf nicht vorgenommen werden. Die Aufwendungen (Umlage bzw. Beiträge) unterliegen einer unterschiedlichen steuerrechtlichen Behandlung. Zinszahlungen (aufgrund einer Zinsforderung) müssen immer separat und mit dem entsprechenden Buchungsschlüssel überwiesen werden.

Buchungstag

Zu beachten ist bei der Wahl des richtigen Buchungsschlüssels, dass er zum Buchungstag des Geldeingangs bei der Zusatzversorgungskasse passen muss.

D

Beispiel:

Wird die Überweisung am 30.12.2013 mit dem Schlüssel 111020 (= Umlage für das laufende Jahr) veranlasst (da sie für das Jahr 2013 gelten soll), aber erst mit Buchungstag 02.01.2014 der Zusatzversorgungskasse gutgeschrieben, dann gilt sie lt. Buchungsschlüssel für das Jahr 2014 (= das dem Buchungstag entsprechende „laufende Jahr"). Es wäre also der Schlüssel 111021 zu wählen, da die Buchung erst im Jahr 2014 erfolgt, die Zahlung jedoch noch dem Jahr 2013 zugeordnet werden soll.

Rückforderung von Fehlüberweisungen

Hat der Arbeitgeber Buchungen vorgenommen, die fehlerhaft sind, so können diese Zahlungen jederzeit bei der Zusatzversorgungskasse per Mail, Brief oder Anruf zurückgefordert werden.

3.4 Eigenbeteiligung

Die Finanzierung der Zusatzversorgungskassen ist sehr unterschiedlich. So müssen sich bei einigen Zusatzversorgungskassen die Beschäftigten aufgrund tarifvertraglicher oder arbeitsvertraglicher Regelungen an den Kosten zur Zusatzversorgung beteiligen. Ist eine Beteiligung der Beschäftigten an der Finanzierung tarifvertraglich nicht vorgesehen, können tarifgebundene Arbeitgeber eine solche Beteiligung ihrer Beschäftigten auch nicht vereinbaren.

Soweit **Arbeitgeber nicht tarifgebunden** sind, kann allerdings eine Eigenbeteiligung arbeitsvertraglich vereinbart werden. Schuldner der Umlagen- und Beitragszahlungen gegenüber der Zusatzversorgungskasse bleibt dennoch der Arbeitgeber; intern – also innerhalb des Beschäftigungsverhältnisses – kann jedoch eine Beteiligung der Beschäftigten an der Finanzierung erfolgen.

3.4.1 Eigenbeteiligung an der Umlage

Soweit die Eigenbeteiligung an der Umlage erfolgt, ist der Anteil, den die Beschäftigten selbst getragen haben, individuell zu versteuern. In der Meldung zur Zusatzversorgung erscheint damit der gesamte Umlagenbetrag (Arbeitgeber- und Arbeitnehmeranteil) in einer Summe und wird mit folgendem Buchungsschlüssel gemeldet (vgl. auch Teil D 4):

Einzahler	Versicherungsmerkmal	Versteuerungsmerkmal
01	10	10 und/oder 11

Einzahler 01	=	Arbeitgeber
Versicherungsmerkmal 10	=	Umlage aus zusatzversorgungspflichtigem Entgelt
Versteuerungsmerkmal 10	=	Mischversteuerung zwischen Pauschalversteuerung nach § 40b EStG und individueller Versteuerung der Umlage
Versteuerungsmerkmal 11	=	Sofern eine vom Arbeitgeber gezahlte Umlage nach § 3 Nr. 56 EStG steuerfrei ist

Die Beschäftigten erwerben durch die Eigenbeteiligung an der Umlage keinen zusätzlichen Rentenanspruch. Wird die Wartezeit nicht erfüllt, so erhalten die Beschäftigten keine Rente – auch nicht aus dem von ihnen selbst getragenen Umlagenanteil. Eine Riester-Förderung bei Eigenbeteiligung an der Umlage ist ebenfalls nicht möglich, da diese Förderung Einzahlungen in ein kapitalgedecktes System voraussetzt.

D

Beispiel

Sachverhalt	Das zusatzversorgungspflichtige Jahresentgelt eines Beschäftigten beträgt im Jahr 2014 25.000,00 €. Der Gesamtumlagesatz (Arbeitgeber und Arbeitnehmer) beträgt 3,75 %. Die Eigenbeteiligung des Beschäftigten an der Umlage beträgt 2 %. Der Zusatzbeitrag beträgt 4 %.
Lösung	Die Zeit der Beschäftigung ist mit dem Buchungsschlüssel 01 10 10 zu melden. Ein nach § 3 Nr. 56 EStG steuerfreier Teil der Umlage muss mit dem Buchungsschlüssel 01 10 11 gemeldet werden. Für jeden Versicherungsabschnitt mit dem Versicherungsmerkmal 10 muss auch ein weiterer Versicherungsabschnitt mit dem Buchungsschlüssel 01 20 01 gebildet werden, sofern der Zusatzbeitrag nach § 3 Nr. 63 EStG steuerfrei eingezahlt werden kann. Ein nach § 40b EStG alter Fassung pauschal versteuerter Zusatzbeitrag wäre mit Buchungsschlüssel 01 20 02, ein individuell versteuerter Zusatzbeitrag wäre mit Buchungsschlüssel 01 20 03 zu melden. Die Eigenbeteiligung des Beschäftigten an der Umlage wird nicht gesondert gemeldet

Meldung der Versicherungsabschnitte

Versicherungsabschnitte		Buchungsschlüssel			ZV-Entgelt	Umlage/Beitrag	Elternzeit-bezogene Kinderzahl
Beginn	Ende	Einzahler	Versicherungsmerkmal	Versteuerungsmerkmal	€ Cent	€ Cent	
01.01.2014	31.12.2014	01	10	10	13.586,67	509,50	
01.01.2014	31.12.2014	01	10	11	11.413,33	428,00	
01.01.2014	31.12.2014	01	20	01	25.000,00	1.000,00	

D

3.4.2 Eigenbeteiligung am Beitrag

Soweit eine Eigenbeteiligung am Pflicht- oder Zusatzbeitrag erfolgt, musste der von den Beschäftigten zu tragende Teil – nach der mittlerweile überholten Ansicht der Finanzverwaltung – individuell versteuert werden. Mit einer Entscheidung vom 09.12.2010 (Az. VI R 57/08) hat der Bundesfinanzhof (BFH) aber festgestellt, dass die Arbeitnehmerbeteiligung an den Beiträgen zum Aufbau einer kapitalgedeckten Altersversorgung nach § 3 Nr. 63 EStG steuerfrei ist. In der Folge sind diese Beiträge nach § 1 Abs. 1 Satz 1 Nr. 9 SvEV auch sozialversicherungsfrei. Damit ist die Eigenbeteiligung der Beschäftigten an den Beiträgen **steuer- und sozialversicherungsfrei.** Rein arbeitgeberfinanzierte Beiträge werden aber weiterhin vorrangig steuerfrei behandelt. Soweit die Eigenbeteiligung am Beitrag steuerfrei ist, ist eine Riester-Förderung hier nicht möglich, da die Riester-Förderung individuell versteuerte Beiträge voraussetzt. Nach dem Bundesministerium für Finanzen (BMF) sollen die Beschäftigten aber die Möglichkeit haben zugunsten der Riester-Förderung auf die Steuerfreiheit zu verzichten. Dieser Verzicht muss gegenüber dem Arbeitgeber erklärt werden. Zusatzversorgungskassen mit einer Eigenbeteiligung am Beitrag stellen ihren Mitgliedern hierfür Informationsmaterialien zur Verfügung.

Die Versicherten erwerben aus dem von ihnen finanzierten Anteil eine **sofort unverfallbare Anwartschaft.** Sofern die Versicherten bei Eintritt des

Versicherungsfalls die allgemeine Wartezeit (60 Monate mit Aufwendungen) nicht erfüllt haben, hat dies zur Folge, dass sie insoweit einen anteiligen Rentenanspruch für die Anwartschaften aus dieser Eigenbeteiligung und eventuellen Riester-Zulagen erhalten können (§ 32 Abs. 4 d. S.).

Dabei gilt Folgendes:

- Im Falle einer Erwerbsminderungsrente – ohne erfüllte Wartezeit von 60 Umlage-/Beitragsmonaten – ist dann ein anteiliger Rentenanspruch gegeben, wenn zwischen dem Beginn des Beschäftigungsverhältnisses, für das ein Arbeitnehmerbeitrag entrichtet wurde, und dem Beginn der Betriebsrente mindestens 60 Kalendermonate liegen. Hier ist also der reine Zeitablauf von 60 Monaten ausreichend, während für die allgemeine Wartezeiterfüllung 60 Monate mit Umlagen-/Beitragszahlungen vorliegen müssen. Die Rentenleistung erfolgt dann aus den zu verrentenden eigenen Beiträgen der Beschäftigten.
- Ist im Falle einer Altersrente die allgemeine Wartezeit (60 Umlage-/Beitragsmonate) nicht erfüllt, entsteht ohne weitere Voraussetzung aus dem von den Beschäftigten selbst getragenen Finanzierungsaufwand ein anteiliger Rentenanspruch.

Da eine Leistung der Zusatzversorgung ohne Erfüllung der Wartezeit vom Grundsatz her nicht möglich ist, sehen die Satzungen der Zusatzversorgungskassen teilweise vor, dass der Arbeitgeber die Leistungen, die sich aus einer von ihm vereinbarten Eigenbeteiligung ergeben, an die Zusatzversorgungskasse erstatten muss (§ 32 Abs. 4 d. S.). Die Zusatzversorgungskassen übernehmen in diesem Fall als Dienstleistung die Berechnung und Auszahlung der Leistungen aus der Eigenbeteiligung der Arbeitnehmer.

Soweit eine Eigenbeteiligung am Zusatzbeitrag bereits vorliegt oder in Zukunft vereinbart werden sollte, muss dies in den Meldungen zur Zusatzversorgung erkennbar werden. Daher ist in den Meldungen danach zu unterscheiden, wer Einzahler ist (Arbeitgeber oder Beschäftigte) und ob der Zusatzbeitrag steuerfrei einbezahlt oder versteuert wurde (vgl. auch Teil D 4).

Damit gelten in der Regel folgende Meldeschlüssel:

Einzahler	Versicherungsmerkmal	Versteuerungsmerkmal
01	20	01 oder 03
03	20	01 oder 03

Einzahler 01 = Arbeitgeber

Einzahler 03 = Beschäftigter mit Eigenbeteiligung

D

Versicherungs-merkmal 20	=	Zusatzbeitrag
Versteuerungs-merkmal 01	=	nach § 3 Nr. 63 EStG steuerfrei gezahlter Beitrag
Versteuerungs-merkmal 03	=	nach §§ 2 und 19 EStG individuell versteuerter Beitrag

Das zusatzversorgungspflichtige Entgelt ist im Fall einer Eigenbeteiligung am Zusatzbeitrag aufzuteilen.

Beispiel

Sachverhalt	Das zusatzversorgungspflichtige Jahresentgelt eines Beschäftigten beträgt im Jahr 2014 40.000,00 €. Umlage: 3,75 %. Zusatzbeitrag: 4 %. Arbeitgeberanteil am Zusatzbeitrag: 3 %. Eigenbeteiligung des Beschäftigten am Zusatzbeitrag: 1 %.
Lösung	Sowohl der Arbeitgeberanteil als auch die Eigenbeteiligung des Beschäftigten am Zusatzbeitrag sind vollständig steuerfrei, da die Obergrenze des § 3 Nr. 63 EStG (2014: 2.856 €) nicht überschritten wird.

Meldung der Versicherungsabschnitte

Versicherungsabschnitte		Buchungsschlüssel			ZV-Entgelt	Umlage/Beitrag	Elternzeit-bezogene Kinderzahl
Beginn	Ende	Einzahler	Versicherungsmerkmal	Versteuerungsmerkmal	€ Cent	€ Cent	
			Jahresmeldung 2014				
01.01.2014	31.12.2014	01	10	10	40.000,00	1.500,00	
01.01.2014	31.12.2014	01	20	01	30.000,00	1.200,00	
01.01.2014	31.12.2014	03	20	01	10.000,00	400,00	

4. Meldebeispiele für unterschiedlich finanzierte Zusatzversorgungseinrichtungen

In den in Teil E dargestellten Meldebeispielen handelt es sich um Meldungen, die an eine mischfinanzierte Zusatzversorgungseinrichtung im Tarifgebiet West abgegeben werden. Nachdem es nicht möglich ist, für jedes Meldebeispiel alle Fallvarianten der unterschiedlich finanzierten Zusatzversorgungseinrichtungen darzustellen, sind in den folgenden Punkten exemplarische Darstellungen zusammengefasst.

4.1 Rein umlagefinanzierte Zusatzversorgungseinrichtungen

Beispiel umlagefinanzierte Zusatzversorgungseinrichtung mit Eigenbeteiligung an der Umlage und Sanierungsgeld

Sachverhalt	Das zusatzversorgungspflichtige Jahresentgelt eines Beschäftigten beträgt im Jahr 2014 25.000,00 €. Der Gesamtumlagesatz (Arbeitgeber und Arbeitnehmer) beträgt 7,86 %. Die Eigenbeteiligung des Beschäftigten an der Umlage beträgt 1,41 %. Das vom Arbeitgeber zu entrichtende Sanierungsgeld beträgt 2,00 %.
Lösung	Die Zeit der Beschäftigung ist mit dem Buchungsschlüssel 01 10 10 bzw. 01 10 11 zu melden. Der Arbeitgeber- und Arbeitnehmeranteil an der Umlage sind zusammenzu fassen, da sie steuerlich gleich behandelt werden. Die Beschäftigten erhalten aus ihrem Eigenanteil an der Umlage keinen zusätzlichen Rentenanspruch. Das Sanierungsgeld wird in einem weiteren Versicherungsabschnitt mit dem Buchungsschlüssel 01 19 10 gemeldet (siehe dazu auch nachfolgender Hinweis). Die Eigenbeteiligung des Beschäftigten an der Umlage wird nicht gesondert gemeldet.

Meldung der Versicherungsabschnitte

Versicherungsabschnitte		Buchungsschlüssel			ZV-Entgelt	Umlage/Beitrag	Elternzeitbezogene Kinderzahl
Beginn	Ende	Einzahler	Versicherungsmerkmal	Versteuerungsmerkmal	€ Cent	€ Cent	
Jahresmeldung 2014							
01.01.2014	31.12.2014	01	10	10	6.832,06	537,00	
01.01.2014	31.12.2014	01	10	11	18.167,94	1.428,00	
01.01.2014	*31.12.2014*	*01*	*19*	*10*	*25.000,00*	*500,00*	

Hinweis!

Bei einzelnen Zusatzversorgungseinrichtungen ist der Versicherungsabschnitt mit dem Sanierungsgeld (01 19 10) nicht zu melden, da dieser von der Zusatzversorgungseinrichtung selbst ermittelt wird.

4.2 Rein kapitalfinanzierte Zusatzversorgungseinrichtungen

Beispiel kapitalfinanzierte Zusatzversorgungseinrichtung

Sachverhalt	Das zusatzversorgungspflichtige Jahresentgelt eines Beschäftigten beträgt im Jahr 2014 25.000,00 €. Der Beitragssatz beträgt 4 %
Lösung	Die Zeit der Beschäftigung ist mit dem Buchungsschlüssel 01 15 01 zu melden, sofern der Beitrag nach § 3 Nr. 63 EStG steuerfrei gezahlt werden kann. Über diesen Grenzwert hinaus gezahlte Beiträge können pauschal versteuert werden (Buchungsschlüssel 01 15 02) oder individuell versteuert werden (Buchungsschlüssel 01 15 03). Eine Pauschalversteuerung von Beiträgen nach § 40b alter Fassung EStG ist nur für vor dem 31.12.2004 erteilte Versorgungszusagen möglich.

Meldung der Versicherungsabschnitte

Versicherungsabschnitte		Buchungsschlüssel			ZV-Entgelt	Umlage/Beitrag	Elternzeitbezogene Kinderzahl
Beginn	Ende	Einzahler	Versicherungsmerkmal	Versteuerungsmerkmal	€ Cent	€ Cent	
01.01.2014	31.12.2014	01	15	01	25.000,00	1.000,00	

4.3 Mischfinanzierte Zusatzversorgungseinrichtungen

Beispiel 1 mischfinanzierte Zusatzversorgungseinrichtung

Sachverhalt	Das zusatzversorgungspflichtige Jahresentgelt eines Beschäftigten beträgt im Jahr 2014 25.000,00 €. Der Umlagesatz beträgt 3,75 %. Der Zusatzbeitrag beträgt 4 %.
Lösung	Die Zeit der Beschäftigung ist mit dem Buchungsschlüssel 01 10 10 zu melden. Ein nach § 3 Nr. 56 EStG steuerfreier Teil der Umlage muss mit dem Buchungsschlüssel 01 10 11 gemeldet werden. Für jeden Versicherungsabschnitt mit dem Versicherungsmerkmal 10 muss auch ein weiterer Versicherungsabschnitt mit dem Buchungsschlüssel 01 20 01 gebildet werden, sofern der Zusatzbeitrag nach § 3 Nr. 63 EStG steuerfrei eingezahlt werden kann. Ein nach § 40b EStG alter Fassung pauschal versteuerter Zusatzbeitrag wäre mit Buchungsschlüssel 01 20 02, ein individuell versteuerter Zusatzbeitrag wäre mit Buchungsschlüssel 01 20 03 zu melden.

Meldung der Versicherungsabschnitte

Versicherungsabschnitte		Buchungsschlüssel			ZV-Entgelt	Umlage/Beitrag	Elternzeitbezogene Kinderzahl
Beginn	Ende	Einzahler	Versicherungsmerkmal	Versteuerungsmerkmal	€ Cent	€ Cent	
01.01.2014	31.12.2014	01	10	10	13.586,67	509,50	
01.01.2014	31.12.2014	01	10	11	11.413,33	428,00	
01.01.2014	31.12.2014	01	20	01	25.000,00	1.000,00	

D

Beispiel 2 mischfinanzierte Zusatzversorgungseinrichtung mit Eigenbeteiligung an der Umlage

Sachverhalt	Das zusatzversorgungspflichtige Jahresentgelt eines Beschäftigten beträgt im Jahr 2014 25.000,00 €. Der Gesamtumlagesatz (Arbeitgeber und Arbeitnehmer) beträgt 3,75 %. Die Eigenbeteiligung des Beschäftigten an der Umlage beträgt 2 %. Der Zusatzbeitrag beträgt 4 %.
Lösung	Die Zeit der Beschäftigung ist mit dem Buchungsschlüssel 01 10 10 zu melden. Ein nach § 3 Nr. 56 EStG steuerfreier Teil der Umlage muss mit dem Buchungsschlüssel 01 10 11 gemeldet werden. Für jeden Versicherungsabschnitt mit dem Versicherungsmerkmal 10 muss auch ein weiterer Versicherungsabschnitt mit dem Buchungsschlüssel 01 20 01 gebildet werden, sofern der Zusatzbeitrag nach § 3 Nr. 63 EStG steuerfrei eingezahlt werden kann. Ein nach § 40b EStG alter Fassung pauschal versteuerter Zusatzbeitrag wäre mit Buchungsschlüssel 01 20 02, ein individuell versteuerter Zusatzbeitrag wäre mit Buchungsschlüssel 01 20 03 zu melden. Die Eigenbeteiligung des Beschäftigten an der Umlage wird nicht gesondert gemeldet.

Meldung der Versicherungsabschnitte

Versicherungsabschnitte		Buchungsschlüssel			ZV-Entgelt	Umlage/Beitrag	Elternzeitbezogene Kinderzahl
Beginn	Ende	Einzahler	Versicherungsmerkmal	Versteuerungsmerkmal	€ Cent	€ Cent	
01.01.2014	31.12.2014	01	10	10	13.586,67	509,50	
01.01.2014	31.12.2014	01	10	11	11.413,33	428,00	
01.01.2014	31.12.2014	01	20	01	25.000,00	1.000,00	

Beispiel 3 mischfinanzierte Zusatzversorgungseinrichtung mit Eigenbeteiligung am Zusatzbeitrag

Sachverhalt	Das zusatzversorgungspflichtige Jahresentgelt eines Beschäftigten beträgt im Jahr 2014 25.000,00 €. Der Umlagesatz beträgt 3,75 %. Der Zusatzbeitrag beträgt 4 %. Die Eigenbeteiligung des Beschäftigten am Zusatzbeitrag beträgt 1 %.
Lösung	Die Zeit der Beschäftigung ist mit dem Buchungsschlüssel 01 10 10 zu melden. Ein nach § 3 Nr. 56 EStG steuerfreier Teil der Umlage muss mit dem Buchungsschlüssel 01 10 11 gemeldet werden. Für jeden Versicherungsabschnitt mit dem Versicherungsmerkmal 10 muss auch ein weiterer Versicherungsabschnitt mit dem Buchungsschlüssel 01 20 01 gebildet werden, sofern der Zusatzbeitrag nach § 3 Nr. 63 EStG steuerfrei eingezahlt werden kann. Ein nach § 40b EStG alter Fassung pauschal versteuerter Zusatzbeitrag wäre mit Buchungsschlüssel 01 20 02, ein individuell versteuerter Zusatzbeitrag wäre mit Buchungsschlüssel 01 20 03 zu melden. Die Eigenbeteiligung am Zusatzbeitrag ist mit dem Buchungsschlüssel 03 20 01 zu melden, wenn sie steuerfrei ist, und mit dem Buchungsschlüssel 03 20 03, wenn sie wegen Überschreitung des steuerfreien Grenzbetrages nicht mehr steuerfrei ist. Bei Meldung des Zusatzbeitrages bzw. der Eigenbeteiligung, ist das Jahresentgelt (25.000,00 €) aufzuteilen und der Einzahler 01 und 03 zu melden.

Meldung der Versicherungsabschnitte

Versicherungsabschnitte		Buchungsschlüssel			ZV-Entgelt	Umlage/Beitrag	Elternzeit-bezogene Kinderzahl
Beginn	Ende	Einzahler	Versicherungsmerkmal	Versteuerungsmerkmal	€ Cent	€ Cent	
01.01.2014	31.12.2014	01	10	10	13.586,67	509,50	
01.01.2014	31.12.2014	01	10	11	11.413,33	428,00	
01.01.2014	31.12.2014	01	20	01	18.750,00	750,00	
01.01.2014	31.12.2014	03	20	01	6.250,00	250,00	

D

5. Wie werden Umlagen und Beiträge steuerrechtlich und sozialversicherungsrechtlich behandelt?

5.1 Steuerrechtliche Behandlung

5.1.1 Umlagen

Umlagen sind Aufwendungen des Arbeitgebers für die Zukunftssicherung des Beschäftigten i. S. d. Steuerrechts. Sie sind daher lohnsteuerpflichtiges Arbeitsentgelt. Grundlagen für die steuerrechtliche Behandlung der Umlage sind § 3 Nr. 56 EStG und § 40b EStG.

Eine Steuerfreistellung der Umlage ab 2008 nach § 3 Nr. 56 EStG oder eine Pauschalversteuerung von Umlagen nach § 40b EStG kann **nur im ersten Dienstverhältnis** erfolgen, also nicht, wenn ein Arbeitsverhältnis mit der Lohnsteuerklasse VI abgerechnet wird. Wird ein Arbeitsverhältnis mit Lohnsteuerklasse VI abgerechnet, so ist die Umlage individuell zu versteuern.

Für geringfügig Beschäftigte kann evtl. nach § 40a Abs. 2 EStG eine besondere Form der Pauschalversteuerung in Höhe von 2 % angewendet werden.

Die Umlage ist nach § 3 Nr. 56 EStG seit dem 01.01.2008 mit 1 % der Beitragsbemessungsgrenze der Rentenversicherung, seit 2014 mit 2 %, ab 2020 mit 3 % und ab 2025 mit 4 % der Beitragsbemessungsgrenze in einem ersten Dienstverhältnis pro Jahr **steuerfrei zu stellen.** Der Grenzwert nach § 3 Nr. 56 EStG ist jedoch um steuerfreie Beiträge nach § 3 Nr. 63 EStG zu vermindern (s. § 3 Nr. 56 Satz 3 EStG). Bei Beiträgen nach § 3 Nr. 63 EStG könnte es sich zum Beispiel um Beiträge, Zusatzbeiträge, Pflichtbeiträge oder um Beiträge zu einer Entgeltumwandlung in den Durchführungswegen Pensionskasse, Pensionsfonds oder Direktversicherung handeln.

Übersteigen im Laufe eines Kalenderjahres die Beiträge nach § 3 Nr. 63 EStG den Grenzwert nach § 3 Nr. 56 EStG, so müssen eventuell steuerfrei belassene Umlagen rückwirkend versteuert werden.

Der Grenzbetrag nach § 3 Nr. 56 EStG ist ein Jahresbetrag und kann dabei auf 12 gleiche Monatsteile (Verteilmodell) aufgeteilt werden, oder die Umlage kann so lange in voller Höhe steuerfrei gestellt werden, bis der Grenzbetrag nach § 3 Nr. 56 EStG aufgebraucht ist (Aufzehrmodell).

Bei einem Arbeitgeberwechsel gilt der Grenzbetrag für die Steuerfreiheit für jeden Arbeitgeber, es steht also in jedem Arbeitsverhältnis der volle Betrag zur Verfügung.

Nicht steuerfrei zu stellende Umlagen können nach § 40b EStG pauschal versteuert werden.

Ein tarifgebundener Arbeitgeber hat die Umlage bis zu einem Betrag von **monatlich 89,48 € pauschal zu versteuern** (§ 16 Abs. 2 ATV-K). Für den Versichertenbereich der Versorgungsanstalt des Bundes und der Länder (VBL) gilt ein pauschal zu versteuernder Betrag vom monatlich 92,03 € (Abrechnungsverband West) oder 89,48 € (Abrechnungsverband Ost).

Der Steuersatz für die Pauschalbesteuerung beträgt 20 % Aus dieser Pauschalsteuer sind zudem noch ein pauschaler Solidaritätszuschlag und ggf. eine pauschale Kirchensteuer zu entrichten. Den über den Höchstbetrag von 89,48 € bzw. 92,03 € hinausgehenden Betrag an Umlagen muss der Beschäftigte individuell versteuern.

Ein nicht tarifgebundener Arbeitgeber kann den Jahresgrenzbetrag zur Pauschalversteuerung nach § 40b EStG in Höhe von 1.752,00 € voll ausschöpfen. Dabei ist es unerheblich, ob dieser Jahresbetrag in 12 gleiche Monatsteile à 146,00 € aufgeteilt wird, oder ob die gesamte Umlage so lange pauschal versteuert wird, bis der Jahresbetrag aufgebraucht ist.

Nicht tarifgebundene Arbeitgeber können zudem bei der Pauschalierung der Lohnsteuer nach § 40b EStG für die Umlagen ein Durchschnittsberechnungsverfahren anwenden. Bei Gruppenversicherungsverträgen oder Rahmenverträgen kann ein Durchschnittswert aller Beschäftigter zugrunde gelegt werden, wobei Beschäftigte, für die der Arbeitgeber mehr als 2.148,00 € **pauschal zu versteuernde Umlagen** im Jahr zahlt, nicht berücksichtigt werden dürfen.

Steuerfreie Beiträge nach § 3 Nr. 63 EStG sind bei der Durchschnittsberechnung nicht heranzuziehen.

Übersteigt die Summe aller pauschal zu versteuernden Umlagen nach Anwendung des § 3 Nr. 56 EStG (max. jedoch 2.148,00 € pro Beschäftigten) geteilt durch die Anzahl der Beschäftigten nicht den Wert von 1.752,00 €, so ist diese jeweilige Umlage für jeden Arbeitnehmer der Pauschalbesteuerung zugrunde zu legen.

Beispiel:

Ein Arbeitgeber zahlt nach Steuerfreistellung der Umlage gemäß § 3 Nr. 56 EStG noch für

15 Beschäftigte eine Umlage von 1.100,00 € im Jahr
3 Beschäftigte eine Umlage von 2.000,00 € im Jahr und
1 Beschäftigten von 2.200,00 € im Jahr.

Lösung:
Der Beschäftigte mit 2.200,00 € Umlagen im Jahr darf zur Durchschnittsberechnung nicht herangezogen werden, da der Umlagenwert über 2.148,00 € liegt. Für alle anderen Beschäftigten ergibt sich folgender Durchschnitt:

15 × 1.100,00 €	=	16.500,00 €
3 × 2.000,00 €	=	6.000,00 €
Summe		22.500,00 € : 18 Beschäftigte = 1.250,00 €

Nachdem der Durchschnittswert unter 1.752,00 € liegt, können die Umlagen der Beschäftigten mit 2.000,00 € Umlagenaufkommen pauschal versteuert werden.

Das Alterseinkünftegesetz brachte für umlagefinanzierte und mischfinanzierte Zusatzversorgungseinrichtungen keine Änderungen, d. h. die Umlage wird seit dem 01.01.2005 auch weiterhin im Rahmen des § 40b EStG a. F. pauschal versteuert.

Nach Berücksichtigung des steuerfreien Teils der Umlage nach § 3 Nr. 56 EStG und je nach Höhe des Umlagesatzes ergibt sich für den Beschäftigten damit ein Grenzbetrag, ab dem er einen Teil der Umlage selbst zu versteuern hat.

Der Grenzbetrag errechnet sich wie folgt:

Summe aus steuerfreier und pauschal versteuerter Umlage : Umlagesatz % = Grenzbetrag

Der jeweilige monatliche Pauschalbesteuerungsbetrag gilt für jeden Monat des Kalenderjahres, unabhängig davon, ob

- im Laufe eines Kalenderjahres alle Monate mit zusatzversorgungspflichtigem Entgelt belegt sind,
- sich das zusatzversorgungspflichtige Entgelt im Laufe des Kalenderjahres ändert,
- zum laufenden zusatzversorgungspflichtigen Entgelt eine Jahressonderzahlung gezahlt wird.

Werden Umlagen nachentrichtet, sind diese im Monat der Nachentrichtung (Zuflussprinzip) steuerpflichtig. Es verbleibt beim jeweiligen monatlichen Pauschalbesteuerungsbetrag.

Beispiel 1 Umlagen steuerfrei

Sachverhalt:	Ein Beschäftigter bezieht im Monat Januar 2014 ein zusatzversorgungspflichtiges Entgelt von 1500,00 €. Der Grenzwert nach § 3 Nr. 56 EStG (2014: 1.428,00 €) wird auf 12 gleiche Monatsteile (2014: 119,00 €) aufgeteilt. Bei einem Umlagesatz von 3,75 % ergibt sich eine Umlage von 56,25 €. Pauschalversteuerungsgrenze: 89,48 € monatlich
Lösung:	Die Umlage ist komplett steuerfrei.

D

Beispiel 2 Umlagen steuerfrei und pauschal versteuert

Sachverhalt:	Ein Beschäftigter bezieht im Monat Januar 2014 ein zusatzversorgungspflichtiges Entgelt von 3.500,00 €. Der Grenzwert nach § 3 Nr. 56 EStG (2014: 1.428,00 €) wird auf 12 gleiche Monatsteile (2014: 119,00 €) aufgeteilt. Bei einem Umlagesatz von 3,75 % ergibt sich eine Umlage von 131,25 €. Pauschalversteuerungsgrenze: 89,48 € monatlich
Lösung:	Von der Umlage in Höhe von 131,25 € sind 119,00 € steuerfrei. Der restliche Umlagebetrag in Höhe von 12,25 € kann pauschal versteuert werden, da der monatliche Grenzbetrag zur Pauschalversteuerung von 89,48 € nicht überschritten wird.

Beispiel 3 Umlagen steuerfrei, pauschal und individuell versteuert

Sachverhalt:	Ein Beschäftigter bezieht im Monat Januar 2014 ein zusatzversorgungspflichtiges Entgelt von 5.800,00 €. Der Grenzwert nach § 3 Nr. 56 EStG (2014: 1.428,00 €) wird auf 12 gleiche Monatsteile (2014: 119,00 €) aufgeteilt. Bei einem Umlagesatz von 3,75 % ergibt sich eine Umlage von 217,50 €. Pauschalversteuerungsgrenze: 89,48 € monatlich

Lösung: Von der Umlage in Höhe von 217,50 € sind 119,00 € steuerfrei. Es verbleiben 98,50 €, die bis zu 89,48 € pauschal versteuert werden können. Die restliche Umlage in Höhe von 9,02 € (217,50 € ./. 119,00 € ./. 89,48 €) ist individuell zu versteuern.

Beispiel 4 Umlagen und zusätzliche Umlagen

Sachverhalt: Ein Beschäftigter bezieht im Monat Oktober 2014 ein zusatzversorgungspflichtiges Entgelt von 7.800,00 €. Für den Beschäftigten wurde bereits im Dezember 2001 und im Januar 2002 eine zusätzliche Umlage entrichtet.

Der Grenzwert nach § 3 Nr. 56 EStG (2014: 1.428,00 €) wird auf 12 gleiche Monatsteile (2014: 119,00 €) aufgeteilt.

Pauschalversteuerungsgrenze: 146,00 € monatlich

Bei einem Betrag von 7.800,00 € ergibt sich bei einem Umlagesatz von 3,75 %

a) eine Umlage von 292,50 €

und

b) eine zusätzliche Umlage von 9 % aus (7.800,00 € ./. 6.841,37[1]) =) 958,63 €, somit 86,28 €

insgesamt 378,78 €.

Lösung: Von der Umlage in Höhe von 378,78 € sind 119,00 € steuerfrei. Es verbleiben 259,78 €, die bis zu 146,00 € pauschal versteuert werden können. Die restliche Umlage in Höhe von 113,78 € (378,78 € ./. 119,00 € ./. 146,00 €) ist individuell zu versteuern.

D

Beispiel 5 Umlagen steuerfrei und Zusatzbeitrag

Sachverhalt: Ein Beschäftigter bezieht im Monat Januar 2014 ein zusatzversorgungspflichtiges Entgelt von 1.500,00 €.

Der Grenzwert nach § 3 Nr. 56 EStG (2014: 1.428,00 €) wird auf 12 gleiche Monatsteile (2014: 119,00 €) aufgeteilt.

Bei einem Umlagesatz von 3,75 % ergibt sich eine Umlage von 56,25 €.

Bei einem Zusatzbeitragssatz von 4,00 % ergibt sich ein Zusatzbeitrag von 60,00 €.

Pauschalversteuerungsgrenze: 89,48 € monatlich

Lösung: Von dem Grenzbetrag nach § 3 Nr. 56 EStG (119,00 €) sind steuerfreie Beiträge nach § 3 Nr. 63 EStG (steuerfreier Zusatzbeitrag von 60,00 €) abzuziehen. Der Restbetrag von 59 € reicht aus um die Umlage von 56,25 € komplett steuerfrei zu stellen.

1) Grenzwert: 1,133 × Entgeltgruppe 15 Endstufe TVöD für Oktober 2014.

Beispiel 6 Umlagen (steuerfrei und pauschal versteuert) und Zusatzbeitrag

Sachverhalt: Ein Beschäftigter bezieht im Monat Januar 2014 ein zusatzversorgungspflichtiges Entgelt von 1.800,00 €.

Der Grenzwert nach § 3 Nr. 56 EStG (2014: 1.428,00 €) wird auf 12 gleiche Monatsteile (2014: 119,00 €) aufgeteilt.

Bei einem Umlagesatz von 3,75 % ergibt sich eine Umlage von 67,50 €.

Bei einem Zusatzbeitragssatz von 4,00 % ergibt sich ein Zusatzbeitrag von 72,00 €.

Pauschalversteuerungsgrenze: 89,48 € monatlich

Lösung: Von dem Grenzbetrag nach § 3 Nr. 56 EStG (119,00 €) sind steuerfreie Beiträge nach § 3 Nr. 63 EStG (steuerfreier Zusatzbeitrag von 72,00 €) abzuziehen. Von der Umlage in Höhe von 67,50 € sind daher 47,00 € steuerfrei. Der restliche Umlagebetrag in Höhe von 20,50 € kann pauschal versteuert werden, da der monatliche Grenzbetrag zur Pauschalversteuerung von 89,48 € nicht überschritten wird.

D

Beispiel 7 Umlagen (steuerfrei, pauschal und individuell versteuert) und Zusatzbeitrag

Sachverhalt: Ein Beschäftigter bezieht im Monat Januar 2014 ein zusatzversorgungspflichtiges Entgelt von 2800,00 €.

Der Grenzwert nach § 3 Nr. 56 EStG (2014: 1.428,00 €) wird auf 12 gleiche Monatsteile (2014: 119,00 €) aufgeteilt.

Bei einem Umlagesatz von 3,75 % ergibt sich eine Umlage von 105,00 €.

Bei einem Zusatzbeitragssatz von 4,00 % ergibt sich ein Zusatzbeitrag von 112,00 €.

Pauschalversteuerungsgrenze: 89,48 € monatlich

Lösung: Von dem Grenzbetrag nach § 3 Nr. 56 EStG (119,00 €) sind steuerfreie Beiträge nach § 3 Nr. 63 EStG (steuerfreier Zusatzbeitrag von 112,00 €) abzuziehen. Von der Umlage in Höhe von 105,00 € sind daher 7,00 € steuerfrei. Der restliche Umlagebetrag in Höhe von 98,00 € kann bis zu 89,48 € pauschal versteuert werden. Die restliche Umlage in Höhe von 8,52 € ist individuell zu versteuern.

Beispiel 8 Umlagen, zusätzliche Umlagen und Zusatzbeitrag

Sachverhalt: Ein Beschäftigter bezieht im Monat Oktober 2014 ein zusatzversorgungspflichtiges Entgelt von 7.800,00 €. Für den Beschäftigten wurde bereits im Dezember 2001 und im Januar 2002 eine zusätzliche Umlage entrichtet.

Der Grenzwert nach § 3 Nr. 56 EStG (2014: 1.428,00 €) wird auf 12 gleiche Monatsteile (2014: 119,00 €) aufgeteilt.

Pauschalversteuerungsgrenze: 89,48 € monatlich.

Bei einem Betrag von 7.800,00 € ergibt sich bei einem Umlagesatz von 3,75 %

a) eine Umlage von 292,50 €

und

b) eine zusätzliche Umlage von 9 % aus (7.800,00 € ./. 6.841,37[1]) =) 958,63 €, somit 86,28 €

insgesamt 378,78 €.

Bei einem Zusatzbeitragssatz von 4,00 % ergibt sich

ein Zusatzbeitrag von 312,00 € (steuerfrei nach § 3 Nr. 63 EStG: 238 €).

Lösung: Von dem Grenzbetrag nach § 3 Nr. 56 EStG (119,00 €) sind steuerfreie Beiträge nach § 3 Nr. 63 EStG (steuerfreier Zusatzbeitrag von 238,00 €) abzuziehen. Von der Umlage in Höhe von 378,78 € sind 0,00 € steuerfrei. Der Umlagebetrag in Höhe von 378,78 € kann bis zu 89,48 € pauschal versteuert werden. Die restliche Umlage in Höhe von 289,30 € ist individuell zu versteuern. Der Zusatzbeitrag von 312,00 € ist in Höhe von 238,00 € steuerfrei. Der Restbetrag muss individuell (bei Altzusage evtl. auch pauschal nach § 40b EStG alte Fassung) versteuert werden.

Beispiel 9 Umlagen und Zusatzbeitrag und Beitrag zur Entgeltumwandlung

Sachverhalt: Ein Beschäftigter bezieht im Monat Januar 2014 ein zusatzversorgungspflichtiges Entgelt von 1.500,00 €. Er zahlt jeden Monat 100 € in einen Entgeltumwandlungsvertrag ein.

Der Grenzwert nach § 3 Nr. 56 EStG (2014: 1.428,00 €) wird auf 12 gleiche Monatsteile (2014: 119,00 €) aufgeteilt.

Bei einem Umlagesatz von 3,75 % ergibt sich eine Umlage von 56,25 €.

Bei einem Zusatzbeitragssatz von 4,00 % ergibt sich ein Zusatzbeitrag von 60,00 €.

Pauschalversteuerungsgrenze: 89,48 € monatlich

Lösung: Von dem Grenzbetrag nach § 3 Nr. 56 EStG (119,00 €) sind steuerfreie Beiträge nach § 3 Nr. 63 EStG (steuerfreier Zusatzbeitrag von 60,00 €) abzuziehen. Da der Beitrag (100 €) zur Entgeltumwandlung ebenfalls nach § 3 Nr. 63 EStG steuerfrei ist, ist er gleichfalls von dem Grenzbetrag nach § 3 Nr. 56 EStG abzuziehen. Von der Umlage in Höhe von 56,25 € sind 0,00 € steuerfrei. Der Umlagebetrag in Höhe von 56,25 € kann bis zu 89,48 € pauschal versteuert werden.

1) Grenzwert: 1,133 × Entgeltgruppe 15 Endstufe TVöD für Oktober 2014.

5.1.2 Pflicht- und Zusatzbeiträge

Beiträge sind Aufwendungen des Arbeitgebers für die Zukunftssicherung des Beschäftigten i. S. d. Steuerrechts.

Ein zu zahlender Pflicht- oder Zusatzbeitrag kann **in einem ersten Dienstverhältnis** bis zu 4 % der Beitragsbemessungsgrenze in der gesetzlichen Rentenversicherung **steuerfrei** nach §3 Nr. 63 EStG und nach der Sozialversicherungsentgeltverordnung **sozialversicherungsfrei** eingezahlt werden.

Dabei ist ab dem 01.01.2005 zu beachten, dass der Freibetrag nach §3 Nr. 63 EStG steuerrechtlich pro Arbeitsverhältnis angewandt werden kann. Bei einem Arbeitgeberwechsel gilt der Freibetrag nach §3 Nr. 63 EStG für jeden Arbeitgeber, es steht also in jedem Arbeitsverhältnis der volle Betrag zur Verfügung. Er ist aber nur bei einem ersten Dienstverhältnis anwendbar (also kein Arbeitsverhältnis mit Steuerklasse VI).

Für neue Versorgungszusagen ab dem 01.01.2005 **(Neuzusagen)** kann der Grenzbetrag nach §3 Nr. 63 EStG **um 1.800,00 € erhöht** werden. Für die Frage, zu welchem Zeitpunkt eine Versorgungszusage erstmalig erteilt wurde **(Frage: Alt- oder Neuzusage),** ist grundsätzlich die Verpflichtungserklärung des Arbeitgebers maßgebend. Bei kollektiven, rein arbeitgeberfinanzierten Versorgungsregelungen (wie z. B. die Versicherung in der Zusatzversorgung) ist die Zusage daher in der Regel mit Beginn des Arbeitsverhältnisses des Beschäftigten erteilt (auch wenn bereits aufgrund früherer Beschäftigungen Vorversicherungszeiten bestehen). Hat das Arbeitsverhältnis somit vor dem 1. Januar 2005 begonnen, liegt eine Altzusage vor, bei Beginn nach dem 31.12.2004 eine Neuzusage. Der Erhöhungsbetrag von 1.800,00 € ist steuerfrei, **unterliegt jedoch der Sozialversicherungspflicht**. Für am 01.01.2005 bereits bestehende Versorgungszusagen (Altzusagen) kann der Beitrag – wie bisher – bis zu 4 % der Beitragsbemessungsgrenze in der gesetzlichen Rentenversicherung steuerfrei und sozialversicherungsfrei eingezahlt werden. Für Beiträge, die über diesen Grenzwert hinausgehen, kann §40b EStG alter Fassung weiter angewendet werden. Bei der Anwendung von §40b EStG alter Fassung kann der Erhöhungsbetrag von 1.800,00 € nach §3 Nr. 63 EStG aber nicht gewährt werden.

§40b EStG alter Fassung und §40b EStG neuer Fassung sind selbstständige Rechtsgrundlagen und können nebeneinander angewendet werden. Somit ist also eine pauschale Versteuerung einer vor dem 01.01.2005 erteilten Versorgungszusage an eine Direktversicherung oder Pensionskasse nach §40 b EStG alter Fassung neben der pauschalen Versteuerung der Umlagen nach §40b EStG neuer Fassung möglich.

Ist eine Steuerfreistellung nach §3 Nr. 63 EStG und eine Pauschalversteuerung nach §40b EStG alter Fassung oder §40a EStG (bei geringfügiger Beschäftigung) nicht möglich, so ist der Zusatzbeitrag individuell durch den Beschäftigten zu versteuern.

Beispiel 1 Zusatzbeitrag – vollständig steuerfrei

Sachverhalt	Das zusatzversorgungspflichtige Jahresentgelt eines Beschäftigten beträgt 40.000 €. Der Umlagesatz beträgt 3,75 %. Der Zusatzbeitrag beträgt 4 %.
Lösung	Die Zeit der Beschäftigung ist mit dem Buchungsschlüssel 01 10 10 zu melden. Der Zusatzbeitrag ist mit dem Buchungsschlüssel 01 20 01 zu melden.

Meldung der Versicherungsabschnitte

Versicherungsabschnitte		Buchungsschlüssel			ZV-Entgelt	Umlage/Beitrag	Elternzeitbezogene Kinderzahl
Beginn	Ende	Einzahler	Versicherungsmerkmal	Versteuerungsmerkmal	€ Cent	€ Cent	
01.01.2014	31.12.2014	01	10	10	40.000,00	1 500,00	
01.01.2014	31.12.2014	01	20	01	40.000,00	1.600,00	

Beispiel 2 Zusatzbeitrag – Aufteilung in steuerfreie und steuerpflichtige Leistung

Sachverhalt	Der Beschäftigte ist im Jahr 2014 durchgehend ohne Fehlzeiten pflichtversichert. Aufgrund der Höhe des zusatzversorgungspflichtigen Entgelts übersteigt der Zusatzbeitrag den maximal steuerfreien Betrag nach § 3 Nr. 63 EStG von 2.856,00 €. Es handelt sich um eine Altzusage. Zusatzversorgungspflichtiges Jahresentgelt 2014: 80.000,00 €.
Lösung	Der Zusatzbeitrag ist in einen steuerfrei gezahlten Teil und einen individuell versteuerten Teil aufzuteilen, da die Höchstgrenze nach § 3 Nr. 63 EStG überschritten wurde. Der den Grenzbetrag nach § 3 Nr. 63 EStG übersteigende Betrag könnte noch bis zu 1.752,00 €/Jahr nach § 40b EStG alter Fassung pauschal versteuert werden (Meldung mit Steuermerkmal 02), da eine Altzusage besteht. Würde es sich um eine **Neuzusage** handeln, wäre der gesamte Zusatzbeitrag in Höhe von 3.200,00 € (letztendlich bis 4.656,00 €) steuerfrei und mit Steuermerkmal 01 zu melden.

Meldung der Versicherungsabschnitte

Versicherungsabschnitte		Buchungsschlüssel			ZV-Entgelt	Umlage/Beitrag	Elternzeitbezogene Kinderzahl
Beginn	Ende	Einzahler	Versicherungsmerkmal	Versteuerungsmerkmal	€ Cent	€ Cent	
Jahresmeldung 2014							
01.01.2014	31.12.2014	01	10	10	80.000,00	3.000,00	
01.01.2014	31.12.2014	01	20	01	71.400,00	2.856,00	
01.01.2014	31.12.2014	01	20	02	8.600,00	344,00	

5.1.3 Sanierungsgelder

Mit einem Sanierungsgeld soll der zusätzliche Finanzbedarf abgedeckt werden, der infolge der Schließung des Gesamtversorgungssystems und des Wechsels in das Punktemodell entstanden ist. Sanierungsgelder kommen in Betracht, wenn der zum 01.11.2001 maßgebende Umlagesatz weiterhin erhoben wird, aber die Umlage zur Deckung der entstehenden Leistungsverpflichtungen nicht ausreicht. Sanierungsgelder sind nicht mit dem von

D

einigen Zusatzversorgungseinrichtungen erhobenen Zusatzbeitrag zu verwechseln. Ein Zusatzbeitrag dient ausschließlich zur Finanzierung von neuen kapitalgedeckten Anwartschaften ab der Systemumstellung zum 01.01.2002. Sanierungsgelder sind generell steuerfrei, da sie zur Finanzierung des durch den Systemwechsel entstandenen Sanierungsbedarfs der Zusatzversorgungskassen und nicht zur Finanzierung der Leistung des einzelnen Versicherten dienen. Das Sanierungsgeld ist bei einzelnen Zusatzversorgungseinrichtungen nicht zu melden, sondern wird von der Zusatzversorgungseinrichtung selber ermittelt.

Beispiel

Sachverhalt	Das zusatzversorgungspflichtige Jahresentgelt eines Beschäftigten beträgt 25.000,00 €. Gesamtumlagesatz (Arbeitgeber und Arbeitnehmer): 7,86 %. Davon Arbeitgeberanteil: 6,45 %. Eigenbeteiligung des Beschäftigten an der Umlage: 1,41 %. Vom Arbeitgeber zu entrichtendes Sanierungsgeld: 2,00 %.
Lösung	Die Zeit der Beschäftigung ist mit dem Buchungsschlüssel 01 10 10 bzw. 01 10 11 zu melden. Das Sanierungsgeld kann (abhängig vom Verfahren bei der jeweiligen Zusatzversorgungseinrichtung) in einem weiteren Versicherungsabschnitt mit dem Buchungsschlüssel 01 19 10 gemeldet werden. Die Eigenbeteiligung des Beschäftigten an der Umlage wird nicht gesondert gemeldet.

Meldung der Versicherungsabschnitte

Versicherungsabschnitte		Buchungsschlüssel			ZV-Entgelt	Umlage/Beitrag	Elternzeitbezogene Kinderzahl
Beginn	Ende	Einzahler	Versicherungsmerkmal	Versteuerungsmerkmal	€ Cent	€ Cent	
Jahresmeldung 2014							
01.01.2014	31.12.2014	01	10	10	6.832,06	537,00	
01.01.2014	31.12.2014	01	10	11	18.167,94	1.428,00	
01.01.2014	*31.12.2014*	*01*	*19*	*10*	*25.000,00*	*500,00*	

5.1.4 Eigenbeteiligung

Wenn die Eigenbeteiligung **an der Umlage** erfolgt, wird der Anteil, den die Beschäftigten selbst tragen, aus dem Nettoentgelt erbracht. Die Arbeitnehmerbeteiligung **an den Beiträgen** hingegen ist nach § 3 Nr. 63 EStG steuerfrei (Urteil des Bundesfinanzhofs vom 09.12.2010 – Az. VI R 57/08). Steuerfreie Aufwendungen des Arbeitgebers werden beim Grenzwert des § 3 Nr. 63 EStG aber vorrangig vor der Eigenbeteiligung der Arbeitnehmer am Beitrag behandelt. Beiträge zu einer Entgeltumwandlung und eine Arbeitnehmerbeteiligung an den Beiträgen hingegen werden gleichrangig behandelt. Soweit der Höchstbetrag des § 3 Nr. 63 EStG nicht durch arbeitgeberfinanzierte Beiträge ausgeschöpft wurde, sind die verbleibenden Beiträge bei den Beiträgen des Beschäftigten zu berücksichtigen (vgl. auch Teil D 3.4).

5.2 Sozialversicherungsrechtliche Behandlung von Umlagen

Umlagen, die vom Beschäftigten **individuell** zu versteuern sind, gehören im Rahmen der Beitragsbemessungsgrenze zum sozialversicherungspflichtigen Entgelt.

Die Umlagen sind – soweit sie nach § 3 Nr. 56 EStG **steuerfrei** gestellt werden oder nach § 40b EStG vom Arbeitgeber **pauschal versteuert** werden – dem sozialversicherungspflichtigen Entgelt nicht hinzuzurechnen.

Zu beachten ist jedoch, dass das Entgelt, aus dem die Umlagen steuerfrei gestellt oder pauschal versteuert wurden, maximal aus 100 €, mit 2,5 %[1]) multipliziert und dieser Wert dann um 13,30 € vermindert werden muss (vgl. § 1 Abs. 1 Satz 3 und 4 der Sozialversicherungsentgeltverordnung). Das Ergebnis ist dem sozialversicherungspflichtigen Bruttoentgelt hinzuzurechnen **(sogenannter Hinzurechnungsbetrag).**

Steuerfreie und pauschal versteuerte Umlagen, die monatlich über 100 € liegen, sind ebenso dem sozialversicherungspflichtigen Bruttoentgelt hinzuzurechnen.

Steuerfrei gezahlte (Zusatz-)Beiträge (vgl. § 1 Abs. 1 Nr. 9 SvEV) und Sanierungsgelder (vgl. § 1 Abs. 1 Nr. 12 SvEV) gehören nicht zum Arbeitsentgelt im Sinne der Sozialversicherungsentgeltverordnung und sind somit nicht dem sozialversicherungspflichtigen Entgelt hinzuzurechnen.

D

5.2.1 Tarifgebiet West

Beispiel 1 Umlagen steuerfrei

Sachverhalt: Ein Beschäftigter bezieht im Monat Januar 2014 ein zusatzversorgungspflichtiges Entgelt von 1.500,00 €.

Der Grenzwert nach § 3 Nr. 56 EStG (2014: 1.428,00 €) wird auf 12 gleiche Monatsteile (2014: 119,00 €) aufgeteilt.

Bei einem Umlagesatz von 3,75 % ergibt sich eine Umlage von 56,25 €.

Pauschalversteuerungsgrenze: 89,48 € monatlich

Lösung: Die Umlage in Höhe von 56,25 € ist komplett steuerfrei. Eine teilweise pauschale Versteuerung ist nicht notwendig.

Summe aus steuerfreien und pauschal versteuerten Umlagen =

56,25 € + 0 € = 56,25 €

56,25 € dividiert durch den Umlagesatz (3,75 %) =	1.500,00 €
1.500,00 € × 2,5 % =	37,50 €
abzüglich 13,30 € =	24,20 €

1) Hinweis: Es ist nicht von 2,5 %, sondern von der Höhe der jeweiligen Umlage auszugehen, soweit diese unter 2,5 % liegt (z. B. Tarifgebiet Ost).

Nachdem keine Umlage individuell versteuert wurde und die Summe aus steuerfreien Umlagen und pauschal versteuerten Umlagen unter 100,00 € liegt, sind dem sozialversicherungspflichtigen Bruttoentgelt lediglich 24,20 € hinzuzurechnen (§ 1 Abs. 1 Satz 3 SvEV).

Beispiel 2 Umlagen steuerfrei und pauschal versteuert

Sachverhalt: Ein Beschäftigter bezieht im Monat Januar 2014 ein zusatzversorgungspflichtiges Entgelt von 3.500,00 €.

Der Grenzwert nach § 3 Nr. 56 EStG (2014: 1.428,00 €) wird auf 12 gleiche Monatsteile (2014: 119,00 €) aufgeteilt.

Bei einem Umlagesatz von 3,75 % ergibt sich eine Umlage von 131,25 €.

Pauschalversteuerungsgrenze: 146,00 € monatlich

Lösung: Von der Umlage in Höhe von 131,25 € sind 119,00 € steuerfrei. Der restliche Umlagebetrag in Höhe von 12,25 € kann pauschal versteuert werden, da der monatliche Grenzbetrag zur Pauschalversteuerung von 146,00 € nicht überschritten wird.

Summe aus steuerfreien und pauschal versteuerten Umlagen =

119,00 € + 12,25 € = 131,25 €

131,25 € sind auf 100,00 € zu begrenzen, 31,25 € sind damit sozialversicherungspflichtig =	100,00 €
100,00 € dividiert durch den Umlagesatz (3,75 %) =	2.666,67 €
2.666,67 € × 2,5 % =	66,67 €
abzüglich 13,30 € =	53,37 €

Dem sozialversicherungspflichtigen Bruttoentgelt sind 31,25 € (100,00 € nach § 1 Abs. 1 Satz 4 SvEV übersteigende Summe aus steuerfreien und pauschal versteuerten Umlagen) und 53,37 € (pauschale Berechnung aus 100,00 € nach § 1 Abs. 1 Satz 3 SvEV) = 84,62 € hinzuzurechnen.

Beispiel 3 Umlagen steuerfrei, pauschal und individuell versteuert

Sachverhalt: Ein Beschäftigter bezieht im Monat Januar 2014 ein zusatzversorgungspflichtiges Entgelt von 5.800,00 €.

Der Grenzwert nach § 3 Nr. 56 EStG (2014: 1.428,00 €) wird auf 12 gleiche Monatsteile (2014: 119,00 €) aufgeteilt.

Bei einem Umlagesatz von 3,75 % ergibt sich eine Umlage von 217,50 €.

Pauschalversteuerungsgrenze: 89,48 € monatlich

Lösung: Von der Umlage in Höhe von 217,50 € sind 119,00 € steuerfrei. Es verbleiben 98,50 €, die bis zu 89,48 € pauschal versteuert werden können. Die restliche Umlage in Höhe von 9,02 €

(217,50 € ./. 119,00 € ./. 89,48 €) ist individuell zu versteuern und sozialversicherungspflichtig.

Summe aus steuerfreien und pauschal versteuerten Umlagen = 119,00 € + 89,48 € = 208,48 €

208,48 € sind auf 100,00 € zu begrenzen, 108,48 € sind damit sozialversicherungspflichtig = 100,00 €

100,00 € dividiert durch den Umlagesatz (3,75 %) = 2.666,67 €

2.666,67 € × 2,5 % = 66,67 €

abzüglich 13,30 € = 53,37 €

Dem sozialversicherungspflichtigen Bruttoentgelt sind 9,02 € (individuell versteuerte Umlage), 108,48 € (100,00 € nach § 1 Abs. 1 Satz 4 SvEV übersteigende Summe aus steuerfreien und pauschal versteuerten Umlagen) und 53,37 € (pauschale Berechnung aus 100,00 € nach § 1 Abs. 1 Satz 3 SvEV) = 170,87 € hinzuzurechnen.

Beispiel 4 Umlagen und zusätzliche Umlagen

Sachverhalt: Ein Beschäftigter bezieht im Monat Oktober 2014 ein zusatzversorgungspflichtiges Entgelt von 7.800,00 €. Für den Beschäftigten wurde bereits im Dezember 2001 und im Januar 2002 eine zusätzliche Umlage entrichtet.

Der Grenzwert nach § 3 Nr. 56 EStG (2014: 1.428,00 €) wird auf 12 gleiche Monatsteile (2014: 119,00 €) aufgeteilt.

Pauschalversteuerungsgrenze: 146,00 € monatlich

Bei einem Betrag von 7.800,00 € ergibt sich bei einem Umlagesatz von z. B. 3,75 %

a) eine Umlage von 292,50 €

und

b) eine zusätzliche Umlage von 9 % aus (7.800,00 € ./. 6.841,37[1]) =) 958,63 €, somit 86,28 €

insgesamt 378,78 €.

Lösung: Von der Umlage in Höhe von 378,78 € sind 119,00 € steuerfrei. Es verbleiben 259,78 €, die bis zu 146,00 € pauschal versteuert werden können. Die restliche Umlage in Höhe von 113,78 € (378,78 € ./. 119,00 € ./. 146,00 €) ist individuell zu versteuern und sozialversicherungspflichtig.

Summe aus steuerfreien und pauschal versteuerten Umlagen = 119,00 € + 146,00 € = 265,00 €

265,00 € sind auf 100,00 € zu begrenzen, 165,00 € sind damit sozialversicherungspflichtig = 100,00 €

1) Grenzwert: 1,133 × Entgeltgruppe 15 Endstufe TVöD für Oktober 2014.

100,00 € dividiert durch den Umlagesatz (3,75 %) =	2.666,67 €
2.666,67 € × 2,5 % =	66,67 €
abzüglich 13,30 € =	53,37 €

Dem sozialversicherungspflichtigen Bruttoentgelt sind 113,78 € (individuell versteuerte Umlage), 165,00 € (100,00 € nach § 1 Abs. 1 Satz 4 SvEV übersteigende Summe aus steuerfreien und pauschal versteuerten Umlagen) und 53,37 € (pauschale Berechnung aus 100,00 € nach § 1 Abs. 1 Satz 3 SvEV) = 332,15 € hinzuzurechnen.

Beispiel 5 Umlagen steuerfrei und Zusatzbeitrag

Sachverhalt: Ein Beschäftigter bezieht im Monat Januar 2014 ein zusatzversorgungspflichtiges Entgelt von 1.500,00 €.

Der Grenzwert nach § 3 Nr. 56 EStG (2014: 1.428,00 €) wird auf 12 gleiche Monatsteile (2014: 119,00 €) aufgeteilt.

Bei einem Umlagesatz von 3,75 % ergibt sich eine Umlage von 56,25 €.

Bei einem Zusatzbeitragssatz von 4,00 % ergibt sich ein Zusatzbeitrag von 60,00 €.

Pauschalversteuerungsgrenze: 89,48 € monatlich

Lösung: Von dem Grenzbetrag nach § 3 Nr. 56 EStG (119,00 €) sind steuerfreie Beiträge nach § 3 Nr. 63 EStG (steuerfreier Zusatzbeitrag von 60,00 €) abzuziehen. Der Restbetrag von 59,00 € reicht aus um die Umlage von 56,25 € komplett steuerfrei zu stellen.

Summe aus steuerfreien und pauschal versteuerten Umlagen =

56,25 € + 0 € = 56,25 €

56,25 € dividiert durch den Umlagesatz (3,75 %) =	1.500,00 €
1.500,00 € × 2,5 % =	37,50 €
abzüglich 13,30 € =	24,20 €

Nachdem keine Umlage individuell versteuert wurde und die Summe aus steuerfreien Umlagen und pauschal versteuerten Umlagen unter 100,00 € liegt, sind dem sozialversicherungspflichtigen Bruttoentgelt lediglich 24,20 € hinzuzurechnen (pauschale Berechnung aus § 1 Abs. 1 Satz 3 SvEV).

Beispiel 6 Umlagen (steuerfrei und pauschal versteuert) und Zusatzbeitrag

Sachverhalt: Ein Beschäftigter bezieht im Monat Januar 2014 ein zusatzversorgungspflichtiges Entgelt von 1.800,00 €.

Der Grenzwert nach § 3 Nr. 56 EStG (2014: 1.428,00 €) wird auf 12 gleiche Monatsteile (2014: 119,00 €) aufgeteilt.

Bei einem Umlagesatz von 3,75 % ergibt sich eine Umlage von 67,50 €.

Bei einem Zusatzbeitragssatz von 4,00 % ergibt sich ein Zusatzbeitrag von 72,00 €.

Pauschalversteuerungsgrenze: 89,48 € monatlich

Lösung: Von dem Grenzbetrag nach § 3 Nr. 56 EStG (119,00 €) sind steuerfreie Beiträge nach § 3 Nr. 63 EStG (steuerfreier Zusatzbeitrag von 72,00 €) abzuziehen. Von der Umlage in Höhe von 67,50 € sind daher 47,00 € steuerfrei. Der restliche Umlagebetrag in Höhe von 20,50 € kann pauschal versteuert werden, da der monatliche Grenzbetrag zur Pauschalversteuerung von 89,48 € nicht überschritten wird.

Summe aus steuerfreien und pauschal versteuerten Umlagen =

47,00 € + 20,50 € = 67,50 €

67,50 € dividiert durch den Umlagesatz (3,75 %) =	1.800,00 €
1.800,00 € × 2,5 % =	45,00 €
abzüglich 13,30 € =	31,70 €

Nachdem keine Umlage individuell versteuert wurde und die Summe aus steuerfreien Umlagen und pauschal versteuerten Umlagen unter 100,00 € liegt, sind dem sozialversicherungspflichtigen Bruttoentgelt lediglich 31,70 € hinzuzurechnen (pauschale Berechnung aus § 1 Abs. 1 Satz 3 SvEV).

Beispiel 7 Umlagen (pauschal und individuell versteuert) und Zusatzbeitrag

Sachverhalt: Ein Beschäftigter bezieht im Monat Januar 2014 ein zusatzversorgungspflichtiges Entgelt von 4.500,00 €.

Der Grenzwert nach § 3 Nr. 56 EStG (2014: 1.428,00 €) wird auf 12 gleiche Monatsteile (2014: 119,00 €) aufgeteilt.

Bei einem Umlagesatz von 3,75 % ergibt sich eine Umlage von 168,75 €.

Bei einem Zusatzbeitragssatz von 4,00 % ergibt sich ein Zusatzbeitrag von 180,00 €.

Pauschalversteuerungsgrenze: 89,48 € monatlich

Lösung: Von dem Grenzbetrag nach § 3 Nr. 56 EStG (119,00 €) sind steuerfreie Beiträge nach § 3 Nr. 63 EStG (steuerfreier Zusatzbeitrag von 180,00 €) abzuziehen. Von der Umlage in Höhe von 168,75 € sind daher 0,00 € steuerfrei. Der Umlagebetrag in Höhe von 168,75 € kann bis zu 89,48 € pauschal versteuert werden. Die restliche Umlage in Höhe von 79,27 € ist individuell zu versteuern.

Summe aus steuerfreien und pauschal versteuerten Umlagen =

0,00 € + 89,48 € = 89,48 €

89,48 € dividiert durch den Umlagesatz (3,75 %) =	2.386,13 €
2.386,13 € × 2,5 % =	59,65 €
abzüglich 13,30 € =	46,35 €

D

Dem sozialversicherungspflichtigen Bruttoentgelt sind 79,27 € (individuell versteuerte Umlage) und 46,35 € (pauschale Berechnung aus § 1 Abs. 1 Satz 3 SvEV) = 125,62 € hinzuzurechnen.

Beispiel 8 Umlagen, zusätzliche Umlagen und Zusatzbeitrag

Sachverhalt: Ein Beschäftigter bezieht im Monat Oktober 2014 ein zusatzversorgungspflichtiges Entgelt von 7.800,00 €. Für den Beschäftigten wurde bereits im Dezember 2001 und im Januar 2002 eine zusätzliche Umlage entrichtet.

Der Grenzwert nach § 3 Nr. 56 EStG (2014: 1.428,00 €) wird auf 12 gleiche Monatsteile (2014: 119,00 €) aufgeteilt.

Pauschalversteuerungsgrenze: 89,48 € monatlich.

Bei einem Betrag von 7.800,00 € ergibt sich bei einem Umlagesatz von 3,75 v. H

a) eine Umlage von	292,50 €
und	
b) eine zusätzliche Umlage von 9 % aus (7.800,00 € ./.6.841,37[1]) =) 958,63 €, somit	86,28 €

insgesamt 378,78 €.

Bei einem Entgelt von 7.800,00 € ergibt sich bei einem Zusatzbeitragssatz von z. B. 4,00 % ein Zusatzbeitrag in Höhe von 312,00 € (steuerfrei nach § 3 Nr. 63 EStG: 238 €).

Lösung: Von dem Grenzbetrag nach § 3 Nr. 56 EStG (119,00 €) sind steuerfreie Beiträge nach § 3 Nr. 63 EStG (steuerfreier Zusatzbeitrag von 238,00 €) abzuziehen. Von der Umlage in Höhe von 378,78 € sind daher 0,00 € steuerfrei. Der Umlagebetrag in Höhe von 378,78 € kann bis zu 89,48 € pauschal versteuert werden. Die restliche Umlage in Höhe von 289,30 € ist individuell zu versteuern.

Summe aus steuerfreien und pauschal versteuerten Umlagen =

0,00 € + 89,48 € =	89,48 €
89,48 € dividiert durch den Umlagesatz (3,75 %) =	2.386,13 €
2386,13 € × 2,5 % =	59,65 €
abzüglich 13,30 € =	46,35 €

Dem sozialversicherungspflichtigen Bruttoentgelt sind 289,30 € (individuell versteuerte Umlage) und 46,35 € (pauschale Berechnung aus § 1 Abs. 1 Satz 3 SvEV) = 335,65 € hinzuzurechnen.

1) Grenzwert: 1,133 × Entgeltgruppe 15 Endstufe TVöD für Oktober 2014.

5.2.2 Tarifgebiet Ost

Hinweis!

Beim Hinzurechnungsbetrag ist bei der pauschalen Berechnung nicht von 2,5 %, sondern von der Höhe der jeweiligen Umlage auszugehen, soweit diese unter 2,5 % liegt (z. B. Tarifgebiet Ost).

Beispiel 1 Umlagen steuerfrei und Zusatzbeitrag

Sachverhalt: Ein Beschäftigter bezieht im Monat Januar 2014 ein zusatzversorgungspflichtiges Entgelt von 1.500,00 €.

Daraus ist bei einem Umlagesatz von 1,5 % ein Betrag von 22,50 €

und ein Zusatzbeitrag in Höhe von 4 % 60,00 €

zu zahlen.

Der Grenzwert nach § 3 Nr. 56 EStG (2014: 1.428,00 €) wird auf 12 gleiche Monatsteile (2014: 119,00 €) aufgeteilt.

Pauschalversteuerungsgrenze: 89,48 € monatlich.

Lösung: Von dem Grenzbetrag nach § 3 Nr. 56 EStG (119,00 €) sind steuerfreie Beiträge nach § 3 Nr. 63 EStG (steuerfreier Zusatzbeitrag von 60,00 €) abzuziehen. Der Restbetrag von 59,00 € reicht aus um die Umlage von 22,50 € komplett steuerfrei zu stellen.

Summe aus steuerfreien und pauschal versteuerten Umlagen = 22,50 € + 0,00 € = 22,50 €

22,50 € dividiert durch den Umlagesatz (1,5 %) =	1.500,00 €
1.500,00 € × 1,5 %[1]) =	22,50 €
abzüglich 13,30 € =	9,20 €

Nachdem keine Umlage individuell versteuert wurde und die Summe aus steuerfreien Umlagen und pauschal versteuerten Umlagen unter 100,00 € liegt, sind dem sozialversicherungspflichtigen Bruttoentgelt lediglich 9,20 € hinzuzurechnen (pauschale Berechnung aus § 1 Abs. 1 Satz 3 SvEV).

Beispiel 2 Umlagen (pauschal und individuell versteuert) und Zusatzbeitrag

Sachverhalt: Ein Beschäftigter bezieht im Monat April 2014 ein zusatzversorgungspflichtiges Entgelt – einschließlich Überstundenvergütung – von 7.000,00 €.

Daraus ist bei einem Umlagesatz von 1,5 % ein Betrag von 105,00 €

und ein Zusatzbeitrag in Höhe von 4 % 280,00 €

zu zahlen.

Der Grenzwert nach § 3 Nr. 56 EStG (2014: 1.428,00 €) wird auf 12 gleiche Monatsteile (2014: 119,00 €) aufgeteilt.

1) Es ist hier 1,5 % anzusetzen, da der Umlagesatz von 1,5 % geringer als 2,5 % ist.

Pauschalversteuerungsgrenze: 89,48 € monatlich.

Es handelt sich um eine Neuzusage. Nach § 3 Nr. 63 Satz 3 EStG können also noch zusätzlich 1.800,00 € steuerfrei in Anspruch genommen werden.

Lösung: Von dem Grenzbetrag nach § 3 Nr. 56 EStG (119,00 €) sind steuerfreie Beiträge nach § 3 Nr. 63 EStG (steuerfreier Zusatzbeitrag von 280,00 €) abzuziehen. Von der Umlage in Höhe von 105,00 € sind daher 0,00 € steuerfrei. Der Umlagebetrag in Höhe von 105,00 € kann bis zu 89,48 € pauschal versteuert werden. Die restliche Umlage in Höhe von 15,52 € ist individuell zu versteuern.

Summe aus steuerfreien und pauschal versteuerten Umlagen =

0,00 € + 89,48 € =	89,48 €
89,48 € dividiert durch den Umlagesatz (1,5 %) =	5.965,33 €
5.965,33 € × 1,5 %[1]) =	89,48 €
abzüglich 13,30 € =	76,18 €

Dem sozialversicherungspflichtigen Bruttoentgelt sind 15,52 € (individuell versteuerte Umlage) und 76,18 € (pauschale Berechnung aus § 1 Abs. 1 Satz 3 SvEV) = 91,70 € hinzuzurechnen.

Beispiele für die steuer- und sozialversicherungsrechtliche Behandlung der Umlage bei geringfügig Beschäftigten vgl. Teil E 2.11.

6. Wie sind zusatzversorgungspflichtiges Entgelt und Umlagen/Beiträge den Zusatzversorgungskassen zu melden?

Das zusatzversorgungspflichtige Entgelt sowie die sich daraus errechnenden Umlagen, Beiträge, Eigenbeteiligungen und Sanierungsgelder müssen mit den von den Zusatzversorgungskassen ausgelegten Vordrucken für die Abmeldung, Nachmeldung, Berichtigungsmeldung und Jahresmeldung gemeldet werden. In der Regel erfolgen die Meldungen im Weg des automatisierten Datenträgeraustauschs. Einige Zusatzversorgungskassen stellen ihren Mitgliedern auch ein **Mitglieder-Portal** für Meldungen zur Verfügung. Für den Zugang zu diesem Portal ist in der Regel eine Zertifizierung bei der Zusatzversorgungskasse notwendig. Danach können Mitglieder z. B. Anmeldungen, Abmeldungen, die Stammdatenpflege ihrer Beschäftigten oder auch die Jahresmeldungen online über das Mitglieder-Portal durchführen. Bearbeitungszeiten werden dadurch erheblich verkürzt. Über das Portal können auch Informationen über Versicherungsabschnitte der Beschäftigten erlangt oder Bestandsauswertungen durchgeführt werden.

1) Es ist hier 1,5 % anzusetzen, da der Umlagesatz von 1,5 % geringer als 2,5 % ist.

Auch Rechenzentren haben die Möglichkeit Meldungen über das Portal abzugeben. Damit können Mitglieder, die selber keine direkten Meldungen an die Zusatzversorgungskasse abgeben, über das Portal den jeweiligen Verarbeitungsstand verfolgen.

Die Meldung der zusatzversorgungspflichtigen Entgelte, der Umlagen, Beiträge, Eigenbeteiligungen und Sanierungsgelder erfolgt in Versicherungsabschnitten.

Dabei ist stets zu beachten, dass Umlagen, Beiträge, Eigenbeteiligungen und Sanierungsgelder nicht allein, sondern nur zusammen mit dem zusatzversorgungspflichtigen Entgelt gemeldet werden können.

Bei einzelnen Zusatzversorgungseinrichtungen sind Sanierungsgelder und/oder Eigenbeteiligungen nicht zu melden, da diese programmtechnisch ermittelt werden.

6.1 Versicherungsabschnitte

Der Arbeitgeber hat die erforderlichen Daten in Versicherungsabschnitten zu melden (§ 13 Abs. 5 d. S.).

Versicherungsabschnitt ist grundsätzlich das **Kalenderjahr.** Mit Beginn eines neuen Kalenderjahres beginnt daher stets ein neuer Versicherungsabschnitt.

Wird innerhalb eines Kalenderjahres die Zahlung von laufendem zusatzversorgungspflichtigen Entgelt, z. B. wegen Wegfalls der Vergütung im Krankheitsfall, unterbrochen, ist ein neuer Versicherungsabschnitt zu bilden. Werden nach dem Ende der Unterbrechungszeit erneut Umlagen für laufendes zusatzversorgungspflichtiges Entgelt gezahlt, beginnt wieder ein neuer Versicherungsabschnitt.

Ausnahmsweise ist dann kein neuer Versicherungsabschnitt aufzubauen, wenn die Unterbrechung keinen vollen Kalendermonat beträgt. Als Unterbrechungszeit sind unter anderem unbezahlter Urlaub und keine Gehaltszahlung bei bestehendem Arbeitsverhältnis (z. B. Wegfall der Krankenbezüge) zu melden, sofern die Unterbrechungszeit einen Kalendermonat und länger dauert.

6.2 Meldung des zusatzversorgungspflichtigen Entgelts und der Umlagen/Beiträge bei einem laufenden Arbeitsverhältnis mit ununterbrochener Entgeltzahlung

Während einer Pflichtversicherung können:

- zusatzversorgungspflichtige Entgelte
- Umlagen
- zusätzliche Umlagen/Beiträge

- (Zusatz-)Beiträge
- Sanierungsgelder
- Eigenbeteiligungen

anfallen. Die Meldung ist in Versicherungsabschnitten vorzunehmen.

Beispiel Zusatzversorgungspflichtiges Entgelt

Sachverhalt	Für einen Beschäftigten mit einem zusatzversorgungspflichtigen Jahresentgelt von 36.000,00 € wurden 2014 ununterbrochen Umlagen (3,75 %) und Zusatzbeiträge (4 %) entrichtet.						
Lösung	Es sind Versicherungsabschnitte für die Umlage mit dem Buchungsschlüssel 01 10 10 und ein weiterer Versicherungsabschnitt für den Zusatzbeitrag mit dem Buchungsschlüssel 01 20 01 zu melden.						
Meldung der Versicherungsabschnitte							
Versicherungsabschnitte		Buchungsschlüssel			ZV-Entgelt	Umlage/Beitrag	Elternzeit-bezogene Kinderzahl
Beginn	Ende	Einzahler	Versicherungsmerkmal	Versteuerungsmerkmal	€ Cent	€ Cent	
Jahresmeldung 2014							
01.01.2014	31.12.2014	01	10	10	36.000,00	1.350,00	
01.01.2014	31.12.2014	01	20	01	36.000,00	1.440,00	

Bei bereits kapitalfinanzierten Zusatzversorgungseinrichtungen oder im kapitalgedeckten Abrechnungsverband II einer Zusatzversorgungseinrichtung ist das zusatzversorgungspflichtige Entgelt mit dem Versicherungsmerkmal 15 und dem dazugehörigen Steuermerkmal zu melden (z. B. 01 15 01).

Wird von einer Zusatzversorgungskasse anstatt eines Zusatzbeitrages ein Sanierungsgeld erhoben, so ist dieses (abhängig vom Verfahren bei der jeweiligen Zusatzversorgungseinrichtung) mit dem Buchungsschlüssel 01 19 10 zu melden.

7. Was ist nach Ablauf eines Kalenderjahres zu beachten?

Nach Ablauf eines Kalenderjahres hat der Arbeitgeber der Zusatzversorgungskasse für jeden pflichtversicherten Beschäftigten eine **Jahresmeldung** zu übersenden. Die Jahresmeldung ist in allen Angaben nach Versicherungsabschnitten zu gliedern (§ 13 Abs. 5 d. S.). Die Jahresmeldungen müssen nach den aktuellen Allgemeine Richtlinien der Zusatzversorgungseinrichtungen des öffentlichen und kirchlichen Dienstes für ein einheitliches Verfahren der automatisierten Datenübermittlung **(DATÜV-ZVE)** erstellt werden, damit sie von den Zusatzversorgungskassen auch verarbeitet werden können. Fehlerhafte Meldungen werden nicht verarbeitet und gelten damit als nicht eingegangen. Die Information, ob Jahresmeldungen fehlerfrei verarbeitet werden konnten, können nur die Zusatzversorgungskassen verbindlich geben. Etwaige Bestätigungen von Datenträgeraustauschstellen der Arbeitgeber bedeuten dagegen nicht unbedingt, dass die Meldungen tatsächlich alle korrekt verarbeitet werden konnten.

§ 5 der Lohnsteuer-Durchführungsverordnung enthält **Mitteilungspflichten** (zur Versteuerung der Beiträge) des Arbeitgebers gegenüber seiner Versorgungseinrichtung (Zusatzversorgungskasse). Diese Pflichten werden durch die Jahresmeldung an die Zusatzversorgungskasse erfüllt, da darin auch Informationen über die Versteuerung der Aufwendungen enthalten sind. Bei Beiträgen zur freiwilligen Versicherung enthält der Buchungsschlüssel, der bei der Überweisung der Beiträge anzugeben ist, die Informationen über die Versteuerung.

7.1 Manuelle Jahresmeldung

Bei Arbeitgebern, die die Jahresmeldung im manuellen Verfahren durchführen, ist für jeden im Kalenderjahr angemeldeten versicherten Beschäftigten eine Jahresmeldung mit Vordruck zu erstellen.

7.2 Jahresmeldung im Datenträgeraustausch oder über ein Mitglieder-Portal

D

Die im Rahmen der Jahresmeldungen an die Zusatzversorgungskasse übermittelten Daten werden von den Rechenzentren auch dem Arbeitgeber mitgeteilt. In diesem Fall sollten die Arbeitgeber im Interesse einer korrekten Jahresmeldung die gemeldeten Daten mit den Lohn- und Gehaltsunterlagen vergleichen und evtl. erforderliche Änderungen umgehend mit den hierfür vorgesehenen Berichtigungsformularen der Kasse mitteilen.

Der Arbeitgeber ist für die Richtigkeit der übermittelten Jahresmeldungen sowie für deren rechtzeitige Vorlage verantwortlich (§ 13 Abs. 5 und 6 d. S.) und zwar auch dann, wenn die Jahresmeldung vom Rechenzentrum an die Zusatzversorgungskasse übermittelt wird.

Soweit Arbeitgeber, die am automatisierten Datenübermittlungsverfahren teilnehmen, die Jahresdaten für einzelne Versicherte nicht auf Datenträger melden können, ist für diese Versicherten – wie im manuellen Abrechnungsverfahren – ein Vordruck „Jahresmeldung“ zu erstellen.

Verschiedentlich kann bei Zusatzversorgungskassen auch ein Mitglieder-Portal genutzt werden, um Jahresmeldungen an die Zusatzversorgungskasse online abzugeben.

8. Wie sind bereits gemeldete Daten vom Arbeitgeber zu berichtigen oder nachzumelden?

8.1 Berichtigungen und Namensänderungen

Eine Namens- bzw Adressänderung kann über eine berichtigte An- oder Abmeldung erfolgen. Innerhalb der Jahresmeldung kann nur die Adresse geändert werden, jedoch nicht der Name.

Die Jahresmeldung ist insbesondere dann zu berichtigen, wenn bereits abgerechnete Versicherungsabschnitte für Vorjahre berichtigt werden müssen, z. B. bei Berichtigung

- des zusatzversorgungspflichtigen Entgelts,
- der zusätzlichen Umlage,
- des Steuermerkmals,
- des Zeitraums des jeweiligen Buchungsschlüssels.

Zu melden sind jeweils nur die neuen berichtigten Daten bzw. Versicherungsabschnitte.

Hinweis!

Es ist jedoch darauf zu achten, dass im Rahmen des steuerlichen Zuflussprinzips eine Berichtigung des zusatzversorgungspflichtigen Entgelts des Vorjahres nur dann möglich ist, wenn das Entgelt dem Beschäftigten auch im Vorjahr zugeflossen ist.

D

8.2 Nachmeldungen

Eine Nachmeldung fällt an, wenn bei einem Versicherten für bereits abgerechnete Geschäftsjahre zusatzversorgungspflichtige Entgelte nachzumelden sind. Dies ist z. B. der Fall, wenn das Mitglied die Anmeldung nicht rechtzeitig vorgenommen hat und deshalb zusatzversorgungspflichtige Entgelte gemeldet werden müssen, die dem Beschäftigten bereits im Vorjahr zugeflossen sind, oder wenn die Meldung zusatzversorgungspflichtiger Entgelte bisher unterlassen wurde. Ist ein Jahr noch nicht abgerechnet, so ist eine Nachmeldung nicht möglich.

9. Jahresabrechnung

Die Zusatzversorgungskassen geben teilweise zur Vorbereitung der Jahresmeldung und Jahresabrechnung verschiedene Informationen an die Arbeitgeber. So werden beispielsweise Zahlungsübersichten zu einem bestimmten Stichtag, getrennt nach Umlage bzw. Beiträgen, zur Überprüfung auf Vollständigkeit an die Arbeitgeber verschickt. Es werden nach der Jahresmeldung auch Schreiben an die Arbeitgeber versandt, in denen zu einem bestimmten Stichtag noch fehlende Jahresmeldungen aufgelistet sind. So besteht für die Arbeitgeber die Möglichkeit, diese fehlenden Jahresmeldungen noch bis zur Jahresabrechnung nachzuliefern. Nach Abschluss der Prüfungsarbeiten und Durchführung etwa erforderlicher Berichtigungen erhalten die Arbeitgeber von der Zusatzversorgungskasse nach Durchführung der Jahresabrechnung eine Abrechnungsmitteilung für das abgerechnete Geschäftsjahr.

Soweit in der Abrechnungsmitteilung eine Schuld festgestellt ist, die nicht durch eine Überweisung bis zum 31.12. des abzurechnenden Geschäftsjahres beglichen wurde, sind für diesen Betrag für die Zeit vom 1. Januar des Folgejahres bis zum Zeitpunkt des Zahlungseingangs **Zinsen** nach § 65 d. S. zu zahlen.

Ob eine Schuld oder ein Guthaben im Rahmen der Jahresabrechnung zu Recht besteht, kann erst festgestellt werden, wenn alle Umlagen, (Zusatz-) Beiträge, evtl. Eigenbeteiligungen oder Sanierungsgelder von dem Mitglied mitgeteilt wurden und von der Zusatzversorgungskasse für das abzurechnende Geschäftsjahr in Rechnung gestellt werden konnten.

Wurden z. B. Umlagen, (Zusatz-)Beiträge, Eigenbeteiligungen oder Sanierungsgelder für einen Versicherten durch die Zusatzversorgungskasse nicht in Rechnung gestellt, weil eine Jahresmeldung nicht verarbeitet werden konnte, hat das Mitglied aber diese Aufwendungen bereits überwiesen, so entsteht in der Jahresabrechnung ein Guthaben. Das Guthaben besteht jedoch zu Unrecht, da sich dieses Guthaben verrechnet, sobald die entsprechenden Umlagen, (Zusatz-)Beiträge, Eigenbeteiligungen oder Sanierungsgelder von der Zusatzversorgungskasse in Rechnung gestellt werden.

D

Ebenso kann eine in der Jahresabrechnung ausgewiesene Schuld nicht zu Recht bestehen, wenn eine Zahlung des Mitglieds z. B. im Folgejahr erfolgte, aber für das abzurechnende Jahr zu berücksichtigen gewesen wäre.

Es empfiehlt sich, das jeweilige Abrechnungsschreiben nach Erhalt durchzusehen und Unstimmigkeiten mit der Zusatzversorgungskasse abzustimmen.

10. Erstattung von Umlagen und Beiträgen nach dem Aufwendungsausgleichsgesetz (AAG)

Aufwendungen des Arbeitgebers, die während einer Entgeltfortzahlung oder während eines Beschäftigungsverbotes an eine Zusatzversorgungskasse gezahlt werden, können nach dem Aufwendungsausgleichsgesetz (AAG) zur **Erstattung bei den Krankenkassen** angemeldet werden. Zu den erstattungsfähigen Aufwendungen zählen **Umlagen und (Zusatz-)Beiträge.**

Arbeitgeber zahlen an die Krankenkassen neben den Beiträgen sog. zusätzliche Umlagen (U1 und U2):

- Die Umlage U1 dient dazu, dass im Falle einer Lohnfortzahlung Teile dieser Lohnfortzahlung von den Krankenkassen an die Arbeitgeber erstattet werden. Die Umlage U1 gilt nur für Arbeitgeber mit weniger als 30 Beschäftigten.
- Die Umlage U2 dient dazu, in Fällen des Mutterschutzes und eines Beschäftigungsverbots die Aufwendungen des Arbeitgebers zu erstatten. Dies gilt für alle Arbeitgeber unabhängig von der Anzahl der Beschäftigten.

Zu den erstattungsfähigen Aufwendungen nach dem Aufwendungsausgleichsgesetz (AAG) gehören:

- bei Arbeitsunfähigkeit das nach § 3 Abs. 1 und 2, § 9 Abs. 1 Entgeltfortzahlungsgesetz fortbezahlte Arbeitsentgelt (§ 1 Abs. 1 Nr. 1 AAG)
- der vom Arbeitgeber nach § 14 Abs. 1 MuSchG gezahlte Zuschuss zum Mutterschaftsgeld (§ 1 Abs. 2 Nr. 1 AAG)
- das vom Arbeitgeber nach § 11 MuSchG fortbezahlte Arbeitsentgelt bei Beschäftigungsverboten (§ 1 Abs. 2 Nr. 2 AAG).

Zu den erstattungsfähigen Aufwendungen gehören aber auch die Umlagen und (Zusatz-)Beiträge, die ein Arbeitgeber als Mitglied einer Zusatzversorgungskasse in den Fällen der Lohnfortzahlung oder im Rahmen eines Beschäftigungsverbotes zahlt. Bei der Erstattung von fortgezahlten Arbeitsentgelten sowohl im Falle der Entgeltfortzahlung im Krankheitsfall (U1-Verfahren) als auch bei mutterschutzrechtlichen Beschäftigungsverboten (U2-Verfahren) ist vom arbeitsrechtlichen Entgeltbegriff auszugehen. Da während Zeiten eines Mutterschutzes keine Zahlungen des Arbeitgebers an die Zusatzversorgungskasse erfolgen, besteht insoweit auch kein Erstattungsanspruch nach dem AAG. Zum Arbeitsentgelt in diesem Sinne gehören grundsätzlich alle Zuwendungen, die nach ihrer Zweckbestimmung zumindest auch als Gegenleistung für geleistete oder noch zu leistende Arbeit aufzufassen sind. Darunter fallen dann auch Aufwendungen, die ein Arbeitgeber leistet, um die Beschäftigten oder diesen nahestehenden Personen für den Fall der Invalidität, des Alters oder des Todes abzusichern. Damit gehören zu den erstattungsfähigen Aufwendungen sowohl Umlagen als auch (Zusatz-)Beiträge an die Zusatzversorgung. Die sich nach den Regelungen der Sozialversicherungsentgeltverordnung (SvEV) ergebenden beitragsrechtlich relevanten Hinzurechnungsbeträge nach § 1 Satz 3 und 4 SvEV bleiben unberücksichtigt, d. h. die Arbeitgeberumlagen sind im Erstattungsfall weder auf diese Beiträge zu begrenzen noch sind die Hinzurechnungsbeträge zusätzlich erstattungsfähig. Ebenfalls nicht erstattungsfähig ist die vom Arbeitgeber übernommene Pauschalsteuer nach § 40b EStG.

Erstattungsfähig sind nur die Aufwendungen

- während der sechswöchigen Entgeltfortzahlung (§ 3 Abs. 1 und 2 Entgeltfortzahlungsgesetz), nicht jedoch die weiteren Zahlungen aus einer fiktiven Entgeltfortzahlung
- für den Zeitraum, in dem Anspruch auf Krankengeldzuschuss besteht (§ 62 Abs. 2 Satz 4 d. S.)
- während eines Beschäftigungsverbots (nicht während Mutterschutzzeiten, da in diesen Zeiten keine Zahlungen an die Zusatzversorgungskasse erfolgen).

Teil E Versicherungsabschnitte, Meldungen in Beispielen von A–Z

1. Auszug aus dem Buchungsschlüsselverzeichnis

Seit dem 1. Januar 2002 werden die Versicherungsabschnitte mit sechsstelligen Buchungsschlüsseln gemeldet. Diese Buchungsschlüssel teilen sich in drei Teile auf.

In den Stellen

- 1 bis 2 des Buchungsschlüssels wird der Einzahler der Umlage bzw. des Beitrages angegeben,
- 3 bis 4 des Buchungsschlüssels wird das Versicherungsmerkmal, also der Grund für die eingezahlten Umlagen bzw. Beiträge angegeben,
- 5 bis 6 des Buchungsschlüssels wird die Versteuerung der eingezahlten Umlage bzw. des Beitrages angegeben.

Eine detaillierte Beschreibung der einzelnen Buchungsschlüssel finden Sie in Teil G.

Das vollständige Buchungsschlüsselverzeichnis finden Sie in der DATÜV-ZVE.

Stellen 1 bis 2		Stellen 3 bis 4		Stellen 5 bis 6	
Einzahler		Versicherungsmerkmal		Versteuerungsmerkmal	
01	Arbeitgeber (Mitglied)	10	Zusatzversorgungspflichtiges Entgelt und **Umlage** bei einer ganz oder teilweise umlagefinanzierten Zusatzversorgungseinrichtung	00	Versicherungsabschnitte ohne Aufwendungen (z. B. Versicherungsmerkmal 28, 40, 41, 45, 49)
03	Arbeitgeber (Mitglied) Eigenbeteiligung der Beschäftigten	15	Zusatzversorgungspflichtiges Entgelt und **Pflichtbeitrag** bei einer kapitalfinanzierten Zusatzversorgungseinrichtung	01	Nach § 3 Nr. 63 EStG steuerfrei gezahlter Beitrag (z. B. bei Versicherungsmerkmal 20)

E

Stellen 1 bis 2		Stellen 3 bis 4		Stellen 5 bis 6	
Einzahler		**Versicherungsmerkmal**		**Versteuerungsmerkmal**	
		17	Zusätzliche/r Umlage/ Beitrag in Höhe von 9% für Versicherte, für die im Dezember 2001 und im Januar 2002 bereits eine zusätzliche Umlage gezahlt wurde	02	Nach § 40b EStG a. F. pauschal versteuerter Beitrag
		19	Sanierungsgeld (Bei einzelnen Zusatzversorgungskassen ist dieser Abschnitt nicht zu melden)	03	Nach §§ 2, 19 EStG individuell versteuerter Beitrag
		20	Pflichtbeitrag bzw. Zusatzbeitrag	05	Nach § 40a Abs. 2 EStG pauschal versteuerter Beitrag (zu melden für Beiträge ab 1. Januar 2011)
		22	Altersteilzeit **vor** dem 1. Januar 2003 vereinbart (es ist lediglich das hälftige zusatzversorgungspflichtige Entgelt zu melden)	10	Pauschal (§ 40b EStG) oder individuell versteuerte Umlage
		23	Altersteilzeit **nach** dem 31. Dezember 2002 vereinbart (das zusatzversorgungspflichtige Entgelt ist mit dem Faktor 1,8 zu multiplizieren)	11	Nach § 3 Nr. 56 EStG steuerfrei gezahlte Umlage (vor 1. Januar 2011 mit Steuermerkmal 01 gemeldet)
		24	Altersteilzeit in Sonderfällen		
		25	Pflichtbeitrag bzw. Zusatzbeitrag bei Altersteilzeit, die vor dem 1. Januar 2003 vereinbart wurde		
		26	Pflichtbeitrag bzw. Zusatzbeitrag bei Altersteilzeit in Sonderfällen		
		27	Mutterschutzzeiten ab dem 1. Januar 2012		
		28	Elternzeit ab Ende der Mutterschutzzeit zu melden (vor 1. Januar 2012: ab Geburt des Kindes zu melden)		

Stellen 1 bis 2		Stellen 3 bis 4		Stellen 5 bis 6	
Einzahler		Versicherungsmerkmal		Versteuerungsmerkmal	
		40	Fehlzeit – keine Entgeltzahlungen während der Pflicht- versicherung (nur zu melden, wenn der Versicherungsabschnitt einen Kalendermonat oder länger dauert)		
		41	Bezug einer befristeten Rente (Zeitrente) mit ruhendem Arbeitsverhältnis		
		45	Zeit als Parlamentsabgeordneter		
		47	Wegfall von Beitrags-/ Umlagemonaten aufgrund nachträglichen Wegfalls von zusatzversorgungspflichtigem Entgelt		
		48	Nach- oder Rückzahlung ohne Auswirkung auf die Anzahl der Beitrags-/Umlagemonate		
		49	Beitrags-/Umlagemonat ohne laufende Entgeltzahlung aufgrund späteren Entgeltzuflusses		
		65	Beitrag für wissenschaftliche Beschäftigte (gem. § 19 Abs. 2 Mustersatzung)		
		66	Beitrag für Entgeltbestandteile Grenzbetrag gem. § 82 Abs. 1 VBLS		

E

2. Meldebeispiele von A–Z

Im Folgenden werden Meldebeispiele für verschiedene Situationen im Beschäftigungsverhältnis dargestellt.

Die Meldebeispiele sind in aller Regel – soweit nichts anderes angemerkt ist – auf eine **mischfinanzierte Zusatzversorgungskasse** mit einem **Umlagesatz von 3,75 % und** einem **Zusatzbeitrag von 4 %** bezogen, um sowohl eine Finanzierung mit Umlagen als auch mit Beiträgen (Pflichtbeitrag oder Zusatzbeitrag) darstellen zu können.

2.1 Abgeordnete

Während einer Mitgliedschaft im Deutschen Bundestag, Europäischen Parlament oder in einem Parlament eines deutschen Bundeslandes ruht das Arbeitsverhältnis. Die Pflichtversicherung in der Zusatzversorgung des öffentlichen Dienstes bleibt aufrechterhalten. Umlagen fallen nicht an, somit kann auch kein zusatzversorgungspflichtiges Entgelt gemeldet werden. Ab dem Beginn der Mitgliedschaft im Parlament ist ein neuer Versicherungsabschnitt mit dem Buchungsschlüssel 01 45 00 zu melden.

Die Zeiten der Mitgliedschaft in einem Parlament, während derer das Beschäftigungsverhältnis ruht, werden für die Erfüllung der Wartezeit mit angerechnet (§ 32 Abs. 3 d. S.).

Beispiel Das Arbeitsverhältnis ruht

Sachverhalt	Das Beschäftigungsverhältnis ruht wegen Mitgliedschaft in einem Parlament ab dem 01.07.2014. Die Jahressonderzahlung wurde in Höhe von 6/12 Ende November 2014 gezahlt.
Lösung	Die Pflichtversicherung bleibt ab 01.07.2014 bei der Kasse aufrechterhalten. Ab dem 01.07.2014 ist der Buchungsschlüssel 01 45 00 zu melden. Die Jahressonderzahlung in Höhe von 6/12 ist zusatzversorgungspflichtig, weil sie nicht aus Anlass des Ruhens gezahlt wurde (§ 62 Abs. 2 Buchst. d der Satzung).

Meldung der Versicherungsabschnitte

Versicherungsabschnitte		Buchungsschlüssel			ZV-Entgelt	Umlage/Beitrag	Elternzeitbezogene Kinderzahl
Beginn	Ende	Einzahler	Versicherungsmerkmal	Versteuerungsmerkmal	€ Cent	€ Cent	
01.01.2014	30.06.2014	01	10	10	36.000,00	1.350,00	
01.01.2014	30.06.2014	01	20	01	36.000,00	1.440,00	
01.07.2014	31.12.2014	01	45	00	0,00	0,00	
01.11.2014	30.11.2014	01	10	10	1.800,00	67,50	
01.11.2014	30.11.2014	01	20	01	1.800,00	72,00	

Hinweis:

Die Pflichtversicherung endet, sobald aus dem Abgeordnetenverhältnis eine unverfallbare lebenslängliche Anwartschaft auf Versorgung entstanden ist (§ 19 Abs. 1 Buchst. b d. S.).

Anmerkung: Abweichende Regelungen entsprechend den landesrechtlichen Bestimmungen sind möglich.

2.2 Änderung der Arbeitszeit

Die Höhe der Betriebsrente ist bis auf wenige Ausnahmen (bei Elternzeit, Bonuspunkten und Zurechnungszeiten bei Erwerbsminderungs- bzw. Hinterbliebenenrenten) von der Höhe der zusatzversorgungspflichtigen Entgelte abhängig.

Die tarifvertraglichen bzw. die arbeitsvertraglich vereinbarten Arbeitszeiten haben keinen Einfluss auf die Rentenberechnung und sind daher (seit dem 1. Januar 2002) nicht zu melden.

Beispiel Änderung der Arbeitszeit

Sachverhalt	Vereinbarte Wochenarbeitszeit: Vollbeschäftigung (Entgelt: 4.000,00 €) Änderung der Arbeitszeit in Halbtagsbeschäftigung ab 16.07.2014 (Entgelt 2.007 €).
Lösung	Es ist ein Versicherungsabschnitt mit dem gesamten zusatzversorgungspflichtigen Entgelt des Jahres zu bilden (Beispiel ohne Jahressonderzahlung)

Meldung der Versicherungsabschnitte

Versicherungsabschnitte		Buchungsschlüssel			ZV-Entgelt	Umlage/Beitrag	Elternzeitbezogene Kinderzahl
Beginn	Ende	Einzahler	Versicherungsmerkmal	Versteuerungsmerkmal	€ Cent	€ Cent	
01.01.2014	31.12.2014	01	10	10	37.000,00	1.387,50	
01.01.2014	31.12.2014	01	20	01	37.000,00	1.480,00	

2.3 Altersteilzeit

Wird mit einem Beschäftigten Altersteilzeitarbeit vereinbart, bleibt die Pflichtversicherung während dieser Zeit bei der Zusatzversorgungseinrichtung aufrechterhalten.

Zusatzversorgungsrechtlich werden die Beschäftigten für die Dauer des Altersteilzeitarbeitsverhältnisses so gestellt, als ob sie mit 90 % ihrer bisherigen Arbeitszeit weitergearbeitet hätten. Dabei sind zwei unterschiedliche Berechnungswege zu beachten:

- Bei vor dem 1. Januar 2003 vereinbarten „Altfällen" leistet der Arbeitgeber Umlagen/Beiträge nur aus dem tatsächlichen (halben) Altersteilzeitentgelt – die Zusatzversorgungskasse rechnet daraus dennoch eine Leistung in Höhe von 90 %.
- Wurde die Altersteilzeit nach dem 31. Dezember 2002 vereinbart, so ist das (halbe) Altersteilzeitentgelt vom Arbeitgeber mit dem Faktor 1,8 zu multiplizieren und wird damit auf 90 % des ursprünglichen Vollzeitentgelts hochgerechnet. Aus diesem „erhöhten" Entgelt sind dann Umlagen/Beiträge zu zahlen (§ 62 Abs. 3 d. S.).

Wichtig

Entscheidend für die Unterscheidung zwischen „Altfällen" und „Neufällen" ist der Zeitpunkt der arbeitsrechtlichen Vereinbarung der Altersteilzeit und nicht der tatsächliche Beginn des Altersteilzeitarbeitsverhältnisses. Bis zum 31. Dezember 2002 geschlossene Altersteilzeitvereinbarungen gelten als „Altfälle", ab dem 1. Januar 2003 getroffene Vereinbarungen sind „Neufälle".

Durch den Tarifvertrag zur flexiblen Arbeitszeitregelung für ältere Beschäftigte (TV FlexAZ) vom 27. Februar 2010 wurde die Altersteilzeit neu geregelt. Der TV FlexAZ findet nur auf die ab dem 1. Januar 2010 beginnenden Altersteilzeitarbeitsverhältnisse Anwendung. Er berührt nicht die vor dem 1. Januar 2010 nach dem TV ATZ begonnenen Altersteilzeitbeschäftigungen.

Auch bei der ab dem 1. Januar 2010 vereinbarten Altersteilzeit ist das zusatzversorgungspflichtige Altersteilzeitentgelt mit dem Faktor 1,8 zu multiplizieren. Dieser Faktor steht allerdings unter dem Vorbehalt einer eventuellen tariflichen Änderung.

Zusatzversorgungspflichtiges Entgelt ist der steuerpflichtige Arbeitslohn (§ 62 Abs. 2 d. S.), der sich aus der vertraglich vereinbarten Arbeitszeit während der Altersteilzeit ergibt (in aller Regel also halbes Entgelt gegenüber dem vor der Altersteilzeit bestehenden Entgelt). Der Aufstockungsbetrag ist nicht steuerpflichtig und damit nicht zusatzversorgungsfähig.

2.3.1 Altersteilzeit vor dem 1. Januar 2003 vereinbart

Wurde die Altersteilzeit vor dem 1. Januar 2003 vereinbart, so ist zusatzversorgungspflichtiges Entgelt das während der Altersteilzeit tatsächlich vereinbarte (halbe) Arbeitsentgelt. Umlagen sind mit Versicherungsmerkmal 22, der Zusatzbeitrag mit Versicherungsmerkmal 25 zu melden. Zur Ermittlung der Versorgungspunkte wird das während der Altersteilzeit gemeldete zusatzversorgungspflichtige Entgelt von der Zusatzversorgungskasse mit dem Faktor 1,8 multipliziert und so auf 90 % des ursprünglichen Vollzeitentgelts hochgerechnet (§ 34 Abs. 2 Satz 2 d. S.). Entgeltbestandteile, die während dieser Altersteilzeit in vollem Umfang ausgezahlt werden (z. B. Überstunden, Erschwerniszuschläge etc.) sind gesondert in einem Versicherungsabschnitt mit Versicherungsmerkmal 10 bzw. 20 zu melden. Dies ist erforderlich, weil es sich bereits um 100 %iges Entgelt handelt und dieses Entgelt damit nicht mehr mit dem Faktor 1,8 multipliziert werden darf.

E

Beispiel 1 Vereinbarung der Altersteilzeit vor dem 1. Januar 2003 mit Überstunden

Sachverhalt	Die Altersteilzeit wurde im Dezember 2002 vereinbart vom 01.08.2003 bis 31.07.2005. Die Arbeitsphase endet am 31.07.2004. Das monatliche Arbeitsentgelt aus Vollzeitbeschäftigung betrug 3.000,00 €. Jahressonderzahlung 2003 und 2004: 1.500,00 € Vom 01.08.2003 bis zum 31.12.2003 wurden monatlich 50,00 € Überstunden ausgezahlt. Umlagesatz 2003 bis 2004: 4,75% Zusatzbeitrag: 2003: 2%; 2004: 2,5%

Lösung	Weil die Altersteilzeit vor 2003 vereinbart worden ist, ist ab Beginn der Altersteilzeit das tatsächliche (halbe) Entgelt zu melden, also 1.500,00 € monatlich. Hieraus sind Umlagen (Versicherungsmerkmal 22) und ein Zusatzbeitrag (Versicherungsmerkmal 25) zu zahlen. Bei der Ermittlung der Versorgungspunkte wird das während der Altersteilzeit gemeldete Entgelt von der Zusatzversorgungskasse mit dem Faktor 1,8 berücksichtigt. Das Entgelt für die Überstunden ist in einem separaten Versicherungsabschnitt mit dem Versicherungsmerkmal 10 und 20 zu melden, da es bereits voll ausgezahlt wurde. Es darf von der Zusatzversorgungskasse nicht hochgerechnet werden.

Meldung der Versicherungsabschnitte

Versicherungsabschnitte		Buchungsschlüssel			ZV-Entgelt	Umlage/Beitrag	Elternzeit-bezogene Kinderzahl
Beginn	Ende	Einzahler	Versicherungsmerkmal	Versteuerungsmerkmal	€ Cent	€ Cent	
01.01.2003	31.07.2003	01	10	10	21.000,00	997,50	
01.01.2003	31.07.2003	01	20	01	21.000,00	420,00	
01.08.2003	31.12.2003	01	10	10	250,00	11,88	
01.08.2003	31.12.2003	01	20	01	250,00	5,00	
01.08.2003	31.12.2003	01	22	10	9.000,00	427,50	
01.08.2003	31.12.2003	01	25	01	9.000,00	180,00	
01.01.2004	31.12.2004	01	22	10	19.500,00	926,25	
01.01.2004	31.12.2004	01	25	01	19.500,00	487,50	

Beispiel 2 Vereinbarung der Altersteilzeit vor dem 1. Januar 2003 – Nachzahlung im laufenden Jahr Aufteilung der Nachzahlung

Sachverhalt	Der Beschäftigte ist im Jahr 2005 durchgehend pflichtversichert. Ab 01.12.2004 beginnt die Altersteilzeit (ATZ). Er erhält während der ATZ im März 2005 eine Nachzahlung sowohl für Zeiten vor Beginn als auch während der ATZ. Die Nachzahlung beträgt 1.000,00 €, davon für die Zeit bis November 2004 (vor ATZ) 750,00 € und für Dezember 2004 (während ATZ) 250,00 €. Die Altersteilzeit wurde vor dem 01.01.2003 vereinbart. zusatzversorgungspflichtiges Entgelt Januar bis November 2004 = 45.000,00 € zusatzversorgungspflichtiges Entgelt im Dezember 2004 (ATZ) = 2.500,00 € zusatzversorgungspflichtiges Jahresentgelt 2005 (ATZ) = 26.300,00 € Umlage 4,75 %, Zusatzbeitrag 4 %
Lösung	Es ist keine Meldung im Monat der Nachzahlung erforderlich, da die Nachzahlung in der Jahresmeldung 2005 berücksichtigt werden kann. Die Jahresmeldung 2004 bleibt unverändert. Die Nachzahlung ist aufzuteilen. Da 750,00 € für Zeiten vor Beginn der Altersteilzeit gezahlt werden, ist dies mit dem Versicherungsmerkmal 10 zu melden. Die Nachzahlung in Höhe von 250,00 € ist während der Altersteilzeit zu erfassen und ist somit im Versicherungsabschnitt mit dem Versicherungsmerkmal 22 zu melden.

Meldung der Versicherungsabschnitte

Versicherungsabschnitte		Buchungsschlüssel			ZV-Entgelt	Umlage/Beitrag	Elternzeit-bezogene Kinderzahl
Beginn	Ende	Einzahler	Versicherungsmerkmal	Versteuerungsmerkmal	€ Cent	€ Cent	
Jahresmeldung 2004							
01.01.2004	30.11.2004	01	10	10	45.000,00	2.137,50	
01.01.2004	30.11.2004	01	20	01	45.000,00	1.800,00	

E

01.12.2004	31.12.2004	01	22	10	2.500,00	118,75	
01.12.2004	31.12.2004	01	25	01	2.500,00	100,00	
Jahresmeldung 2005							
01.01.2005	31.12.2005	01	10	10	750,00	35,63	
01.01.2005	31.12.2005	01	20	01	750,00	30,00	
01.01.2005	31.12.2005	01	22	10	26.550,00	1.261,13	
01.01.2005	31.12.2005	01	25	01	26.550,00	1.062,00	

2.3.2 Altersteilzeit nach dem 31. Dezember 2002 vereinbart

Wurde die Altersteilzeit nach dem 31. Dezember 2002 vereinbart, so ist das zusatzversorgungspflichtige Entgelt, das sich aus der während der Altersteilzeit vereinbarten Arbeitszeit ergibt (also der Hälfte der bisherigen Arbeitszeit) vom Arbeitgeber mit dem Faktor 1,8 zu multiplizieren (§ 62 Abs. 3 Satz 1 d. S.). Umlagen sind mit Versicherungsmerkmal 23 zu melden, Zusatzbeiträge mit Versicherungsmerkmal 20. Entgeltbestandteile, die während dieser Altersteilzeit in vollem Umfang ausgezahlt werden (z. B. Überstunden, Erschwerniszuschläge etc.) sind nicht hochzurechnen, da sie bereits in vollem Umfang bezahlt wurden. Sie sind in die Meldungen mit Versicherungsmerkmal 23 und 20 zu integrieren.

Diese Regelung gilt auch für Altersteilzeitvereinbarungen, die ab/nach dem 01.01.2010 getroffen wurden.

Beispiel 1 Vereinbarung der Altersteilzeit nach dem 31. Dezember 2002 ohne Überstunden

Sachverhalt	Die Altersteilzeit wurde im Januar 2009 vereinbart vom 01.08.2009 bis 31.07.2011. Die Arbeitsphase endet am 31.07.2010. Das monatliche Arbeitsentgelt aus Vollzeitbeschäftigung betrug 3.000,00 €. Jahressonderzahlung 2009: 1.500,00 € (= reines Altersteilzeit-Entgelt) Umlage 4,75%; Zusatzbeitrag 4%
Lösung	Das tatsächliche Entgelt während der ab 2009 vereinbarten Altersteilzeit ist vom Arbeitgeber mit dem Faktor 1,8 hochzurechnen und entsprechend zu melden. Das betrifft sowohl das laufende Entgelt als auch die Jahressonderzahlung. 1.500,00 € × 5 (Monate) = 7.500,00 € × 1,8 = 13.500,00 € Jahressonderzahlung 1.500,00 € × 1,8 = 2.700,00 € Gesamtes Entgelt während Altersteilzeit **16.200,00 €**

Meldung der Versicherungsabschnitte

Versicherungsabschnitte		Buchungsschlüssel			ZV-Entgelt	Umlage/Beitrag	Elternzeitbezogene Kinderzahl
Beginn	Ende	Einzahler	Versicherungsmerkmal	Versteuerungsmerkmal	€ Cent	€ Cent	
01.01.2009	31.07.2009	01	10	10	21.000,00	997,50	
01.01.2009	31.07.2009	01	20	01	21.000,00	840,00	
01.08.2009	31.12.2009	01	23	10	16.200,00	769,50	
01.08.2009	31.12.2009	01	20	01	16.200,00	648,00	

Beispiel 2 Vereinbarung der Altersteilzeit nach dem 31. Dezember 2002 mit Überstunden

Sachverhalt	Die Altersteilzeit wurde im Januar 2009 vereinbart vom 01.08.2009 bis 31.07.2011. Die Arbeitsphase endet am 31.07.2010. Das monatliche Arbeitsentgelt aus Vollzeitbeschäftigung betrug 3.000,00 €. Vom 01.08.2009 bis zum 31.12.2009 wurden monatlich 50,00 € Überstunden ausgezahlt. Jahressonderzahlung 2009: 1.500,00 € (= reines Altersteilzeit-Entgelt) Umlage 4,75%; Zusatzbeitrag 4%;
Lösung	Das tatsächliche Entgelt während der ab 2009 vereinbarten Altersteilzeit ist vom Arbeitgeber mit dem Faktor 1,8 hochzurechnen und entsprechend zu melden. Das Entgelt für die Überstunden ist nicht hochzurechnen, da es bereits voll ausgezahlt wurde. Es ist dem hochgerechneten Entgelt der Altersteilzeitbeschäftigung hinzuzurechnen. 1.500,00 € × 5 (Monate) = 7.500,00 € × 1,8 = 13.500,00 € Jahressonderzahlung 1.500,00 € × 1,8 = 2.700,00 € Überstunden 250,00 € **16.450,00 €**

Meldung der Versicherungsabschnitte

Versicherungsabschnitte		Buchungsschlüssel			ZV-Entgelt	Umlage/Beitrag	Elternzeitbezogene Kinderzahl
Beginn	Ende	Einzahler	Versicherungsmerkmal	Versteuerungsmerkmal	€ Cent	€ Cent	
01.01.2009	31.07.2009	01	10	10	21.000,00	997,50	
01.01.2009	31.07.2009	01	20	01	21.000,00	840,00	
01.08.2009	31.12.2009	01	23	10	16.450,00	781,38	
01.08.2009	31.12.2009	01	20	01	16.450,00	658,00	

2.3.3 Jahressonderzahlung bei Beginn der Altersteilzeit ab dem Jahr 2007

Ab dem Jahr 2007 wird die Jahressonderzahlung nach § 20 TVöD auf der Basis des in den Monaten Juli, August und September durchschnittlich gezahlten monatlichen Entgelts berechnet.

Für die Meldung der Höhe der zusatzversorgungspflichtigen Jahressonderzahlung für Beschäftigte in Altersteilzeit gilt Folgendes:

2.3.3.1 Beginn der Altersteilzeit bis einschließlich 1. Juli

In diesen Fällen liegen der Berechnung der Jahressonderzahlung aus den Monaten Juli, August und September ausschließlich Altersteilzeitentgelte – halbe Entgelte – zu Grunde. Wird die Jahressonderzahlung also im November gezahlt, ist sie wie „normales Entgelt" zu behandeln, also

- bei vereinbarter Altersteilzeit vor 01.01.2003 als halbes Entgelt (= so wie gezahlt) zu melden (Versicherungsmerkmale 22/25) ,
- bei vereinbarter Altersteilzeit nach dem 31.12.2002 als halbes Entgelt × 1,8 zu melden (Versicherungsmerkmale 23/20).

E

2.3.3.2 Beginn der Altersteilzeit ab Oktober eines Jahres

In diesen Fällen liegen der Berechnung der Jahressonderzahlung aus den Monaten Juli, August und September ausschließlich volle Entgelte zu Grunde. Wird die Jahressonderzuwendung also im November gezahlt, ist sie

- bei vereinbarter Altersteilzeit vor dem 01.01.2003 in einem gesonderten Versicherungsabschnitt (parallel zur Meldung der Altersteilzeit) mit Versicherungsmerkmal 10 und 20 zu melden,
- bei vereinbarter Altersteilzeit nach 31.12.2002 in die Meldung der Altersteilzeit mit Versicherungsmerkmal 23 und 20 zu integrieren.

2.3.3.3 Beginn der Altersteilzeit im August oder September

In diesen Fällen liegen der Berechnung der Jahressonderzahlung teilweise volle und teilweise (halbe) Altersteilzeitentgelte zu Grunde. Bei Ermittlung der Jahressonderzahlung als zusatzversorgungspflichtiges Entgelt ist dabei der Anteil der Entgelte, die für die Berechnung der Jahressonderzahlung benötigt werden und aus einer Altersteilzeitarbeit stammen, mit dem Faktor 1,8 zu erhöhen.

Beispiel 1 Berechnung der zusatzversorgungspflichtigen Jahressonderzahlung

Sachverhalt	Am 01.09.2011 beginnt eine Altersteilzeitarbeit. Im Monat Juli und August 2011 betrug das zusatzversorgungspflichtige Entgelt 3.000,00 €, ab September 2011 ergab sich ein Altersteilzeitentgelt von 1.500,00 €. Entsprechend § 20 Abs. 2 Satz 1 TVöD hat der Beschäftigte Anspruch auf eine Jahressonderzahlung von 80 % (Entgeltgruppen 9 bis 12).
Lösung	3.000,00 € (Juli) + 3.000,00 € (August) + 2.700,00 € (1.500,00 € × 1,8 für September) = 8.700,00 € 8.700,00 € : 3 = 2.900,00 € 2.900,00 € × 80 % (Faktor der Jahressonderzahlung) = 2.320,00 € Die zusatzversorgungspflichtige Jahressonderzahlung beträgt also 2.320,00 €.

Beispiel 2 Altersteilzeit nach 31. Dezember 2002 vereinbart

Die Jahressonderzahlung ist in der berechneten Höhe von 2.320,00 € mit Versicherungsmerkmal 23 und 20 zu melden.

1.500,00 € × 4 (Monate) × 1,8 = 10.800,00 € + 2.320,00 € (Jahressonderzahlung) = 13.120,00 €

Umlagesatz: 4,75 %; Zusatzbeitrag: 4 %

Meldung der Versicherungsabschnitte							
Versicherungsabschnitte		Buchungsschlüssel			ZV-Entgelt	Umlage/Beitrag	Elternzeit-bezogene Kinderzahl
Beginn	Ende	Einzahler	Versicherungsmerkmal	Versteuerungsmerkmal	€ Cent	€ Cent	
01.01.2011	31.08.2011	01	10	10	24.000,00	1.140,00	
01.01.2011	31.08.2011	01	20	01	24.000,00	960,00	
01.09.2011	31.12.2011	01	23	10	13.120,00	623,20	
01.09.2011	31.12.2011	01	20	01	13.120,00	524,80	

2.3.4 Krankheit während einer Altersteilzeit

Erkrankt ein Beschäftigter während einer Altersteilzeit, so erhält er zunächst für 6 Wochen Entgeltfortzahlung (§ 21 TVöD) und hat danach Anspruch auf Krankengeldzuschuss (§ 22 TVöD). Während der Entgeltfortzahlung und des Anspruchs auf Krankengeldzuschuss werden weiterhin Aufstockungsbeträge nach § 5 Abs. 1 und 2 TV ATZ erbracht. Nach Ablauf der 6 Wochen Entgeltfortzahlung werden jedoch keine (auf 90 %) erhöhten Beiträge zur gesetzlichen Rentenversicherung mehr gezahlt.

In der Zusatzversorgung ist während der gesamten Bezugszeit von Krankenbezügen – also sowohl während der Entgeltfortzahlung als auch während des Bezugs von Krankengeldzuschuss – ein mit dem Faktor 1,8 erhöhtes Entgelt zu berücksichtigen. Während eines Anspruchs auf Krankengeldzuschuss ist in der Zusatzversorgung eine fiktive Entgeltfortzahlung zu unterstellen und zu melden (§ 62 Abs. 2 Satz 4 der Satzung). Der daraus resultierende Betrag ist also ebenso mit 1,8 zu multiplizieren.

Dabei ist zu unterscheiden:

2.3.4.1 Krankheit – Altersteilzeit vor 1. Januar 2003 vereinbart

Es ist das Entgelt während der Altersteilzeit, also die Entgeltfortzahlung und die fiktive Entgeltfortzahlung für die Dauer des Anspruchs auf Krankengeldzuschuss zu melden (= halbes Entgelt, vgl. Teil E 2.3.1). Die Erhöhung mit dem Faktor 1,8 wird durch die Zusatzversorgungskasse vorgenommen.

Damit sind hier die Versicherungsmerkmale 22 und 25 zu verwenden.

2.3.4.2 Krankheit – Altersteilzeit nach 31. Dezember 2002 vereinbart

Hier ist das halbe Entgelt während der Entgeltfortzahlung, sowie die (halbe) fiktive Entgeltfortzahlung vom Arbeitgeber mit dem Faktor 1,8 zu multiplizieren (vgl. Teil E 2.3.2).

Damit sind hier die Versicherungsmerkmale 23 und 20 zu verwenden.

E

2.3.5 Störfall bzw. Stornierung der Altersteilzeit

Unter Störfall versteht man eine vorzeitige Beendigung des Altersteilzeitverhältnisses z. B. aufgrund von Tod oder des Eintritts einer Erwerbsminderung.

2.3.5.1 Regelfall: Wertguthaben

Endet bei einem Beschäftigten, der Altersteilzeit im Blockmodell vereinbart hat, das Arbeitsverhältnis vorzeitig, hat er Anspruch auf eine etwaige Differenz zwischen den erhaltenen Bezügen und Aufstockungsleistungen und den Bezügen für den Zeitraum seiner tatsächlichen Beschäftigung, die er ohne Eintritt in die Altersteilzeit erzielt hätte (Wertguthaben nach § 9 Abs. 3 TV ATZ). Dieses Wertguthaben ist kein zusatzversorgungspflichtiges Entgelt, da es aus Anlass der Beendigung des Arbeitsverhältnisses gezahlt wird (§ 62 Abs. 2 Satz 2 Buchst. d d. S.). Gleiches gilt für die nach § 11 Abs. 3 TVFlexAZ zu zahlende Differenzzahlung. In beiden Fällen verbleibt es bei der Meldung der Altersteilzeit bis zum Zeitpunkt der Beendigung des Arbeitsverhältnisses.

2.3.5.2 Sonderfall: Rückabwicklung

Wird aufgrund einer gesonderten Vereinbarung zwischen Beschäftigtem und Arbeitgeber die Altersteilzeitvereinbarung storniert, so wird nach dem TV ATZ die gesamte Beschäftigung so behandelt, als habe keine Altersteilzeit bestanden.

Beispiel

Sachverhalt	Ein Beschäftigter hatte ursprünglich Altersteilzeit im Blockmodell ab dem 01.08.2009 ausgeübt. Im Februar 2011 wurde die Altersteilzeitvereinbarung storniert. Da der Beschäftigte bisher nur in der „Arbeitsphase“ gewesen war, hatte er weiter vollzeitig gearbeitet. In die gesetzliche Rentenversicherung wurden die Beiträge erhöht (von bisher 90 % auf 100 %) für die vergangenen Monate nachgezahlt und der Beschäftigte daran zur Hälfte beteiligt. Im Februar 2011 wurde dem Beschäftigten noch der fehlende Betrag zum „vollen Entgelt“ ausgezahlt (Zufluss also im Februar 2011).
Lösung	Da keine Altersteilzeit zu melden ist, sind die bisher während der Altersteilzeit gemeldeten Versicherungsmerkmale (22/25 oder 23/20) in Versicherungsmerkmale 10 und 20 zu ändern. Es sind also durchgehend die Versicherungsmerkmale 10/20 zu melden (auch im Jahr des ursprünglichen Beginns der Altersteilzeit). Das bis zum 31.12.2010 gemeldete Altersteilzeitentgelt bleibt bei den Versicherungsmerkmalen 22/25 in den Jahren 2009 und 2010 betragsmäßig unverändert bestehen. Bei den Versicherungsmerkmalen 23/20 bleibt das um den Faktor 1,8 erhöhte Entgelt. Die Nachzahlung des Arbeitsentgelts im Februar 2011 (Aufstockung zum vollen Entgelt) ist in der Jahresmeldung 2011 zu melden, da es erst in diesem Jahr dem Beschäftigten steuerrechtlich zugeflossen ist.

E

2.3.5.3 Regelungen im TVFlexAZ

Nach den Regelungen des **TVFlexAZ** gilt eine andere Regelung als im bisherigen TV ATZ. Endet bei einem Beschäftigten, der im Rahmen der Altersteilzeit nach dem Blockmodell beschäftigt wird, das Beschäftigungsverhältnis vorzeitig, so hat er Anspruch auf die etwaige Differenz zwischen den erhaltenen Entgelten und dem Entgelt für den Zeitraum seiner tatsächlichen Beschäftigung, die er ohne Eintritt in die Altersteilzeit erzielt hätte, vermindert um die vom Arbeitgeber gezahlten Aufstockungsleistungen.

Zu ermitteln ist also:

1. Wie viel Personalausgaben hatte der Arbeitgeber insgesamt tatsächlich?
2. Wie viel Personalkosten hätte ein vergleichbarer Vollzeitbeschäftigter verursacht?
3. Besteht eine Differenz zugunsten des Arbeitgebers?
4. Wird Frage 3 bejaht, ist die Differenz als ungerechtfertigte Bereicherung herauszugeben.

Damit ist auch in Fällen einer Rückabwicklung nach dem TVFlexAZ die bisherige Meldung der Altersteilzeit zu korrigieren und das nach § 11 Abs. 3 TVFlexAZ ermittelte Entgelt anzusetzen. Weil dabei auch eventuell Nachzahlungen bzw. Rückforderungen entstehen können, ist die Nach- oder Rückzahlung immer im laufenden Jahr (Jahr der Rückrechnung) zu melden.

2.3.6 Zusammenfassende Darstellung der Meldungen bei Altersteilzeit

Altersteilzeit	**vereinbart vor 01.01.2003**	**vereinbart nach 31.12.2002**
Zusatzversorgungspflichtiges Entgelt	Zu melden ist das für die Altersteilzeit vereinbarte Entgelt (halber Arbeitslohn)	Zu melden ist das auf 90 % hochgerechnete tatsächliche (halbe) Entgelt (also Entgelt × 1,8)
Versicherungsmerkmal Umlage	22	23
Versicherungsmerkmal Zusatzbeitrag	25	20

E

Altersteilzeit	**vereinbart vor 01.01.2003**	**vereinbart nach 31.12.2002**
Entgeltbestandteile in vollem Umfang (z. B. Überstunden)	Sind in gesondertem Versicherungsabschnitt mit Versicherungsmerkmalen 10 und 20 parallel zur Altersteilzeitbeschäftigung zu melden	Sind nicht mit 1,8 zu multiplizieren und in die Versicherungsabschnitte mit Versicherungsmerkmal 23 und 20 zu integrieren
Jahressonderzahlung bei laufender Altersteilzeit	So zu melden, wie sie gezahlt wurde	Mit 1,8 zu multiplizieren
Jahressonderzahlung bei Beginn Altersteilzeit ab 2007		
a) Beginn Altersteilzeit bis 1. Juli	a) wie berechnet (halbe Entgelte)	a) wie berechnet × 1,8
b) Beginn Altersteilzeit ab Oktober	b) wie berechnet (volle Entgelte) eigener Versicherungsabschnitt mit VM 10/20 melden	b) wie berechnet in Meldung mit VM 23/20 integrieren
c) Beginn Altersteilzeit im August oder September	c) Aufteilung der Jahressonderzahlung (vgl. Teil E 2.3.3)	c) Meldung wie berechnet mit VM 23/20
Entgelte bei Krankheit während Altersteilzeit	Entgeltfortzahlung + fiktive Entgeltfortzahlung wie aus vereinbarter Arbeitszeit (halbes Entgelt)	Entgeltfortzahlung + fiktive Entgeltfortzahlung wie aus vereinbarter Arbeitszeit (halbes Entgelt) × 1,8
Berechnung der Leistung	Der gemeldete (halbe) Arbeitslohn wird von der Kasse mit 1,8 multipliziert (also auf 90 %hochgerechnet)	Das halbe Arbeitsentgelt wurde vom Arbeitgeber mit 1,8 multipliziert (also auf 90 % hochgerechnet)

2.3.7 Altersteilzeit in Sonderfällen (Aufstockung auf über 90 %)

Wird auf Grund einer Einzelregelung ein Beitrag in die gesetzliche Rentenversicherung gezahlt, der den Mindestbeitrag von 90 % des Entgelts, das der Bemessung des Altersteilzeitentgelts zu Grunde liegt, übersteigt, ist das

E

zusatzversorgungspflichtige Entgelt so zu erhöhen, dass entsprechend mehr Versorgungspunkte auch in der Zusatzversorgung erworben werden. Bei einer Aufstockung auf beispielsweise 95 % ist das zusatzversorgungspflichtige Entgelt um den Faktor $^{95}/_{90}$ zu erhöhen. Von diesem erhöhten Entgelt sind Umlagen zu entrichten.

Ist die Altersteilzeit **vor dem 1. Januar 2003** vereinbart worden, wird das um den Faktor $^{95}/_{90}$ erhöhte Entgelt vor der Umrechnung in Versorgungspunkte von der Zusatzversorgungseinrichtung mit dem Faktor 1,8 multipliziert (vgl. Beispiel 1).

Bei einer Altersteilzeitvereinbarung **nach dem 31. Dezember 2002** muss der Arbeitgeber das um den Faktor $^{95}/_{90}$ erhöhte zusatzversorgungspflichtige Entgelt mit dem Faktor 1,8 multiplizieren und aus diesem erhöhten Entgelt Umlagen und Zusatzbeiträge abführen (vgl. Beispiel 2).

Unabhängig vom Zeitpunkt der Vereinbarung der Altersteilzeitbeschäftigung ist zu beachten, dass Aufstockungsbeträge zum Arbeitsentgelt kein zusatzversorgungspflichtiges Entgelt darstellen, da diese nicht steuerpflichtig sind.

Beispiel 1 Vereinbarung der Altersteilzeit vor dem 1. Januar 2003 mit Beitrag über 90 % in der gesetzlichen Rentenversicherung

Sachverhalt	Die Altersteilzeit wurde im Dezember 2002 vereinbart vom 01.08.2003 bis 31.07.2005. Die Arbeitsphase endet am 31.07.2004. Das monatliche Arbeitsentgelt aus Vollzeitbeschäftigung betrug 3.000,00 €. Mit dem Beschäftigten wurde vereinbart, dass 95 % Beitrag in die gesetzliche Rentenversicherung während der Altersteilzeitbeschäftigung eingezahlt werden. Die Jahressonderzahlung beträgt jeweils 1.500,00 €.	
Lösung	Ab Beginn der Altersteilzeit ist das tatsächliche (halbe) Entgelt, also 1.500,00 € monatlich, um den Faktor $^{95}/_{90}$ zu erhöhen. Hieraus sind Umlagen (Versicherungsmerkmal 24) und ein Zusatzbeitrag (Versicherungsmerkmal 26) zu zahlen. Bei der Ermittlung der Versorgungspunkte wird das während der Altersteilzeit gemeldete Entgelt von der Zusatzversorgungskasse mit dem Faktor 1,8 berücksichtigt. Eventuell anfallende Entgelte, die voll ausgezahlt wurden, sind in einem separaten Versicherungsabschnitt mit dem Versicherungsmerkmal 10 und 20 zu melden. Diese Entgelte dürfen von der Zusatzversorgungskasse nicht hochgerechnet werden.	
	01.08.2003 bis 31.12.2003	
	1.500,00 € × 5 Monate = 7.500,00 €	
	7.500,00 € × $^{95}/_{90}$ =	7.916,67 €
	Jahressonderzahlung 1 500,00 € × $^{95}/_{90}$ =	1.583,33 €
	Summe:	9.500,00 €
	2004	
	1.500,00 € × 12 Monate = 18.000,00 €	
	18.000,00 € × $^{95}/_{90}$ =	19.000,00 €
	Jahressonderzahlung 1.500,00 € × $^{95}/_{90}$ =	1.583,33 €
	Summe:	20.583,33 €
	Umlage 4,75 %; Zusatzbeitrag 2003 = 2 %, 2004 = 2,5 %; 2005 = 3 %	

E

Meldung der Versicherungsabschnitte							
Versicherungsabschnitte		Buchungsschlüssel			ZV-Entgelt	Umlage/Beitrag	Elternzeit-bezogene Kinderzahl
Beginn	Ende	Ein-zahler	Versiche-rungs-merkmal	Versteue-rungs-merkmal	€ Cent	€ Cent	
01.01.2003	31.07.2003	01	10	10	21.000,00	997,50	
01.01.2003	31.07.2003	01	20	01	21.000,00	420,00	
01.08.2003	31.12.2003	01	24	10	9.500,00	451,25	
01.08.2003	31.12.2003	01	26	01	9.500,00	190,00	
01.01.2004	31.12.2004	01	24	10	20.583,33	977,71	
01.01.2004	31.12.2004	01	26	01	20.583,33	514,58	
01.01.2005	31.07.2005	01	24	10	11.083,33	526,46	
01.01.2005	31.07.2005	01	26	01	11.083,33	332,50	

Hinweis:

Entgeltbestandteile, die während der Altersteilzeit zu 100 % angefallen sind (z. B. Überstunden, Erschwerniszuschläge etc.), müssen in einem gesonderten Versicherungsabschnitt parallel zu dem Versicherungsabschnitt mit Altersteilzeit mit den Versicherungsmerkmalen 10 und 20 gemeldet werden.

Beispiel 2 Vereinbarung der Altersteilzeit nach dem 31. Dezember 2002 mit Beitrag über 90 % in der gesetzlichen Rentenversicherung

Sachverhalt	Die Altersteilzeit wurde im Januar 2009 vereinbart vom 01.08.2009 bis 31.07.2011. Die Arbeitsphase endet am 31.07.2010. Das monatliche Arbeitsentgelt aus Vollzeitbeschäftigung betrug 3.000,00 €. Mit dem Beschäftigten wurde vereinbart, dass 95 % Beitrag in die gesetzliche Rentenversicherung während der Altersteilzeitbeschäftigung eingezahlt werden. Die Jahressonderzahlung beträgt jeweils 1.500,00 €.
Lösung	Ab Beginn der Altersteilzeit ist das tatsächliche (halbe) Entgelt, also 1.500,00 € monatlich, um die Faktoren 1,8 und um den Faktor 95/90 zu erhöhen. Hieraus sind Umlagen (Versicherungsmerkmal 23) und ein Zusatzbeitrag (Versicherungsmerkmal 20) zu zahlen. Bei der Ermittlung der Versorgungspunkte wird das während der Altersteilzeit gemeldete Entgelt nicht mehr von der Zusatzversorgungskasse hochgerechnet. Eventuell anfallende Entgelte, die voll ausgezahlt wurden, sind dem gemeldeten Entgelt zuzuschlagen. **01.08.2009 bis 31.12.2009** 1.500,00 € × 5 Monate = 7.500,00 € × 1,8 = 13.500,00 € 13.500,00 € × 95/90 = 14.250,00 € Jahressonderzahlung 1.500,00 € × 1,8 × 95/90 = 2.850,00 € Summe 17.100,00 € **2010** 1.500,00 € × 12 Monate = 18.000,00 € × 1,8 = 32.400,00 € 32.400,00 € × 95/90 = 34.200,00 € Jahressonderzahlung 1.500,00 € × 1,8 × 95/90 = 2.850,00 € Summe 37.050,00 € Umlage 4,75 %; Zusatzbeitrag 4 %

E

Meldung der Versicherungsabschnitte							
Versicherungsabschnitte		Buchungsschlüssel			ZV-Entgelt	Umlage/Beitrag	Elternzeitbezogene Kinderzahl
Beginn	Ende	Einzahler	Versicherungsmerkmal	Versteuerungsmerkmal	€ Cent	€ Cent	
01.01.2009	31.07.2009	01	10	10	21.000,00	997,50	
01.01.2009	31.07.2009	01	20	01	21.000,00	840,00	
01.08.2009	31.12.2009	01	23	10	17.100,00	812,25	
01.08.2009	31.12.2009	01	20	01	17.100,00	684,00	
01.01.2010	31.12.2010	01	23	10	37.050,00	1.759,88	
01.01.2010	31.12.2010	01	20	01	37.050,00	1.482,00	
01.01.2011	31.07.2011	01	23	10	19.950,00	947,63	
01.01.2011	31.07.2011	01	20	01	19.950,00	798,00	

Hinweis:

Entgeltbestandteile, die während der Altersteilzeit zu 100 % angefallen sind (z. B. Überstunden, Erschwerniszuschläge etc.), müssen zu dem Versicherungsabschnitt mit Altersteilzeit hinzuaddiert werden.

2.4 Arbeitsunterbrechung/Arbeit nach Anfall/Fehlzeiten

Fehlzeiten im Sinne der Zusatzversorgung sind Zeiten, in denen trotz eines bestehenden Arbeitsverhältnisses kein laufendes Entgelt anfällt (z. B. unbezahlter Sonderurlaub, Zeiten des Mutterschutzes vor 01.01.2012, Krankheitszeiten nach Ablauf des Krankengeldzuschusses). Für diese Zeiten ist in der Jahresmeldung das Versicherungsmerkmal 40 zu melden – allerdings in aller Regel nur dann, wenn die Fehlzeit mindestens einen gesamten Kalendermonat umfasst hat.

2.4.1 Arbeitsunterbrechung

Die Regelung, dass eine Meldung der Fehlzeit nur dann zu erfolgen hat, wenn ein ganzer Kalendermonat ohne Entgelt besteht, gilt nur dann, wenn die Meldung der Fehlzeit innerhalb einer Meldung von laufendem Entgelt entsteht. Wird also die Meldung von laufendem Entgelt (Versicherungsmerkmale 10, 15 oder 22 ff. bei Altersteilzeit) von einer Fehlzeit unterbrochen, so ist die Fehlzeit nur dann zu melden, wenn mindestens ein ganzer Kalendermonat ohne Entgelt besteht. Anderenfalls bleibt auch während dieser Zeit die Meldung der Umlage-/Beitragszeit bestehen; lediglich die Entgelte sind verringert.

E

Beispiel 1 Unterbrechung – länger als ein Kalendermonat

Sachverhalt	Der pflichtversicherte Beschäftigte ist ohne zusatzversorgungspflichtiges Entgelt in der Zeit vom 01.05.2014 bis 01.06.2014.
Lösung	Der Zeitraum der Unterbrechung beträgt mehr als einen Kalendermonat. Für die Unterbrechung ist somit ein Versicherungsabschnitt zu bilden. Umlage: 3,75 %; Zusatzbeitrag 4 %

Meldung der Versicherungsabschnitte

Versicherungsabschnitte		Buchungsschlüssel			ZV-Entgelt	Umlage/Beitrag	Elternzeit-bezogene Kinderzahl
Beginn	Ende	Ein-zahler	Versiche-rungs-merkmal	Versteue-rungs-merkmal	€ Cent	€ Cent	
01.01.2014	30.04.2014	01	10	10	12.000,00	450,00	
01.01.2014	30.04.2014	01	20	01	12.000,00	480,00	
01.05.2014	01.06.2014	01	40	00	0,00		
02.06.2014	31.12.2014	01	10	10	24.000,00	900,00	
02.06.2014	31.12.2014	01	20	01	24.000,00	960,00	

Beispiel 2 Unterbrechung – kürzer als ein Kalendermonat

Sachverhalt	Der pflichtversicherte Beschäftigte ist ohne zusatzversorgungspflichtiges Entgelt in der Zeit vom 02.04.2014 bis 29.04.2014 und vom 02.05.2014 bis 01.06.2014.
Lösung	Der Zeitraum der Unterbrechung beträgt jeweils weniger als einen Kalendermonat. Für die Unterbrechungen sind somit keine Versicherungsabschnitte mit Versicherungsmerkmal 40 zu bilden. Umlage 3,75 %; Zusatzbeitrag 4 %

Meldung der Versicherungsabschnitte

Versicherungsabschnitte		Buchungsschlüssel			ZV-Entgelt	Umlage/Beitrag	Elternzeit-bezogene Kinderzahl
Beginn	Ende	Ein-zahler	Versiche-rungs-merkmal	Versteue-rungs-merkmal	€ Cent	€ Cent	
01.01.2014	31.12.2014	01	10	10	39.000,00	1.462,50	
01.01.2014	31.12.2014	01	20	01	39.000,00	1.560,00	

E

Beispiel 3 Unterbrechungen – kürzer als ein Kalendermonat und Unterbrechungen – länger als ein Kalendermonat

Sachverhalt	Der pflichtversicherte Beschäftigte ist ohne zusatzversorgungspflichtiges Entgelt in der Zeit vom 02.04.2014 bis 29.04.2014 und vom 02.05.2014 bis 01.06.2014 und vom 01.08.2014 bis 02.09.2014.
Lösung	Die Zeiträume der Unterbrechung, die weniger als einen Kalendermonat betragen, sind nicht zu melden. Für die Unterbrechung, die länger als einen Kalendermonat dauert, ist ein Versicherungsabschnitt mit Versicherungsmerkmal 40 zu bilden. Umlage 3,75 %; Zusatzbeitrag 4 %

Meldung der Versicherungsabschnitte							
Versicherungsabschnitte		Buchungsschlüssel			ZV-Entgelt	Umlage/Beitrag	Elternzeitbezogene Kinderzahl
Beginn	Ende	Einzahler	Versicherungsmerkmal	Versteuerungsmerkmal	€ Cent	€ Cent	
01.01.2014	31.07.2014	01	10	10	22.000,00	825,00	
01.01.2014	31.07.2014	01	20	01	22.000,00	880,00	
01.08.2014	02.09.2014	01	40	00	0,00	0,00	
03.09.2014	31.12.2014	01	10	10	14.000,00	525,00	
03.09.2014	31.12.2014	01	20	01	14.000,00	560,00	

2.4.2 Arbeitsunterbrechung/Fehlzeiten mit unterschiedlichen Versicherungsmerkmalen

Wenn die Fehlzeit nicht innerhalb einer Meldung von laufendem Entgelt (Versicherungsmerkmale 10, 15 bzw. 22 ff.) liegt, sondern auf ein anderes Versicherungsmerkmal für entgeltlose Zeiten folgt oder einem solchen vorangeht, muss die entgeltlose Zeit taggenau gemeldet werden, auch wenn sie weniger als einen vollen Kalendermonat beträgt.

So waren z. B. Zeiten eines Mutterschutzes vor dem 01.01.2012, die mangels laufendem Entgelt auch als Fehlzeiten galten und mit Versicherungsmerkmal 40 zu melden waren, stets taggenau zu melden, selbst wenn kein voller Kalendermonat hiervon erfasst wurde.

Beispiel

Sachverhalt	Beschäftigung mit laufendem Entgelt 01.01.2011 – 02.05.2011 Mutterschutz 03.05.2011 – 15.06.2011 Elternzeit (ab Geburt des Kindes) 16.06.2011 – 31.12.2011. Umlage 4,75 %; Zusatzbeitrag 4 % Im November wird eine Jahressonderzahlung geleistet, die in Höhe von 1.000,00 € zusatzversorgungspflichtig ist.
Lösung	Da auf die Meldung mit Versicherungsmerkmal 40 nicht das Versicherungsmerkmal 10, 15 bzw. 22 ff. folgt, sondern Versicherungsmerkmal 28 für Elternzeit, ist die Fehlzeit taggenau zu melden. Die Zeit des Mutterschutzes vom 03.05.2011 bis 15.06.2011 ist mit Versicherungsmerkmal 40 zu melden, obwohl kein ganzer Kalendermonat davon umfasst ist.

Meldung der Versicherungsabschnitte							
Versicherungsabschnitte		Buchungsschlüssel			ZV-Entgelt	Umlage/Beitrag	Elternzeitbezogene Kinderzahl
Beginn	Ende	Einzahler	Versicherungsmerkmal	Versteuerungsmerkmal	€ Cent	€ Cent	
01.01.2011	02.05.2011	01	10	10	15.500,00	736,25	
01.01.2011	02.05.2011	01	20	01	15.500,00	620,00	
03.05.2011	15.06.2011	01	40	00	0,00	0,00	
16.06.2011	31.12.2011	01	28	00	0,00	0,00	1
01.11.2011	30.11.2011	01	10	10	1.000,00	47,50	
01.11.2011	30.11.2011	01	20	01	1.000,00	40,00	

E

2.4.3 Beurlaubung ohne Bezüge/Sonderurlaub

Wenn ein Sonderurlaub aus wichtigem Grund ohne Fortzahlung des Entgelts bewilligt wird (z. B. § 28 TVöD), bleibt die Pflichtversicherung in der Zusatzversorgung bestehen.

Ein wichtiger Grund liegt insbesondere vor bei:

- Betreuung eines Kindes bzw. Pflege eines nahen Angehörigen.
- Fortbildungs- und Weiterbildungsmaßnahmen.
- Alterssonderurlaub und Sonderurlaub entsprechend beamtenrechtlichen Regelungen.

Für Zeiten des Sonderurlaubes ist ein Versicherungsabschnitt mit dem Buchungsschlüssel 01 40 00 in der Jahresmeldung zu bilden. Dauert die Beurlaubung nicht länger als einen Kalendermonat, so ist keine Meldung erforderlich.

Die Pflichtversicherung kann dagegen nicht fortgeführt werden, wenn das Arbeitsverhältnis beendet wird und der Beschäftigte lediglich einen Anspruch auf Wiedereinstellung hat (vgl. Saisonarbeitnehmer Teil E 2.16.2).

Beispiel Sonderurlaub zur Betreuung eines Kindes

Sachverhalt	Ende der Elternzeit Dauer des Kinderbetreuungssonderurlaubs: Wiederaufnahme der Tätigkeit Umlage 3,75 %; Zusatzbeitrag 4 %	30.06.2014 01.07.2014 bis 30.11.2014 01.12.2014
Lösung	Die Elternzeit ist mit Buchungsschlüssel 01 28 00 zu melden. Der Kinderbetreuungsurlaub ist mit Buchungsschlüssel 01 40 00 zu melden. Die Umlagen sind nach § 3 Nr. 56 EStG steuerfrei.	

Meldung der Versicherungsabschnitte

Versicherungsabschnitte		Buchungsschlüssel			ZV-Entgelt	Umlage/Beitrag	Elternzeit-bezogene Kinderzahl
Beginn	Ende	Einzahler	Versicherungsmerkmal	Versteuerungsmerkmal	€ Cent	€ Cent	
01.01.2014	30.06.2014	01	28	00	0,00	0,00	1
01.07.2014	30.11.2014	01	40	00	0,00	0,00	
01.12.2014	31.12.2014	01	10	11	2 100,00	78,75	
01.12.2014	31.12.2014	01	20	01	2 100,00	84,00	

2.5 Eigenbeteiligung

Soweit Beschäftigte an der Finanzierung beteiligt werden, ist dies gesondert zu melden, wenn die Eigenbeteiligung am Pflicht- oder Zusatzbeitrag erfolgt. Mehr hierzu siehe Teil D 3.4.

2.6 Einmalige Zahlungen

2.6.1 Einmalige Zahlungen, die während eines bestehenden Arbeitsverhältnisses ausgezahlt werden

Einmalzahlungen sind steuerpflichtiger Arbeitslohn und damit grundsätzlich auch zusatzversorgungspflichtig. Einmalzahlungen sind ausnahmsweise dann kein zusatzversorgungspflichtiges Entgelt, wenn dies im Tarifvertrag über die jeweilige Einmalzahlung ausdrücklich vereinbart wurde

Wird eine zusatzversorgungspflichtige Einmalzahlung in einem Zeitraum ohne laufendes Entgelt (Versicherungsmerkmal 40 und 28) gezahlt, ist ein Versicherungsabschnitt für den gesamten Monat zu bilden, in dem die Einmalzahlung erfolgte. Einmalige Zahlungen sind z. B. die Jahressonderzahlung und die Sparkassensonderzahlung.

Meldebeispiele zu Einmalzahlungen sind dargestellt im Teil E 2.12 (Jahressonderzahlung) und im Teil E 2.18 (Sparkassensonderzahlung).

2.6.2 Einmalige Zahlungen, die bei oder nach der Beendigung bzw. Ruhen des Arbeitsverhältnisses ausgezahlt werden

Aus der Satzung ergeben sich keine Einschränkungen bezüglich der Zusatzversorgungspflicht von Entgelten, die nach Ende des Arbeitsverhältnisses gezahlt werden. Daher sind auch Einmalzahlungen, die nach der Beendigung des Arbeitsverhältnisses gezahlt werden, in der Regel zusatzversorgungspflichtiges Entgelt und sind dem letzten Versicherungsabschnitt mit Entgelt zuzuordnen (Besonderheiten Sparkassensonderzahlung, siehe E 2.18).

In folgenden Fällen ist eine nach dem Ausscheiden gezahlte Einmalzahlung jedoch kein zusatzversorgungspflichtiges Entgelt:

- Einmalzahlungen sind – wie auch andere Entgelte – dann von der Zusatzversorgungspflicht ausgenommen, wenn sie steuerrechtlich nicht mehr einem Zeitraum zuzuordnen sind, in dem noch eine Pflichtversicherung in der Zusatzversorgung bestanden hat. Dies ist dann gegeben, wenn ein Beschäftigter aus dem Arbeitsverhältnis ausscheidet und eine Einmalzahlung nach dem 21. Januar des Folgejahres ausgezahlt wird (vgl. Teil D 2.2.3).
- Einmalige Zahlungen, die aus Anlass der Beendigung oder des Eintritts des Ruhens des Arbeitsverhältnisses gezahlt werden, sind grundsätzlich kein zusatzversorgungspflichtiges Entgelt (§ 62 Abs. 2 Buchst. d der Satzung). Einmalige Zahlungen sind dabei solche, die nicht für die Arbeit in einem Zeitraum, sondern von Fall zu Fall aus einem besonderen Anlass gewährt werden. Ist dieser Anlass die Beendigung des Arbeitsverhältnisses, so sind sie von der Zusatzversorgungspflicht ausgenommen.

- Die Gewährung einer anteiligen Jahressonderzahlung – nach der sog. Zwölftelungsregelung – ist bei Ausscheiden des Beschäftigten vor dem 01.12. des Jahres im TVöD (im Gegensatz zum früheren Tarifrecht BAT) nicht vorgesehen. Dies gilt unabhängig davon, aus welchem Grund der Beschäftigte aus dem Beschäftigungsverhältnis ausscheidet (Ablauf eines befristeten Arbeitsvertrages, Kündigung, Abschluss eines Aufhebungsvertrages, Erreichen der Regelaltersgrenze etc.). Andere Regelungen gelten aber z. B. im TVöD-K oder bei der Sparkassensonderzahlung.

  Überstunden, die bisher angesammelt und aufgrund der Beendigung des Arbeitsverhältnisses in einem Monat ohne laufendes Entgelt ausgezahlt werden, sind kein zusatzversorgungspflichtiges Entgelt, da sie aufgrund der Beendigung des Beschäftigungsverhältnisses zur Auszahlung gelangen. Werden aber Überstunden regelmäßig erbracht und (um zwei Monate) zeitversetzt ausgezahlt, so wird zwar ggf. bei einer Beendigung des Beschäftigungsverhältnisses der Auszahlungszeitpunkt nach vorne verlegt. Dennoch handelt es sich in diesem Fall um keine einmalige Zahlung – sondern eine laufende Zahlung – die lediglich aus Anlass der Beendigung zeitlich vorverlegt wird. Damit ist diese Zahlung zusatzversorgungspflichtiges Entgelt.

Beispiel 1 Ausscheiden Ende Juni Nachzahlung im Juli

Sachverhalt	Ein Beschäftigter scheidet zum 30.06. aus dem Arbeitsverhältnis aus. Zu diesem Zeitpunkt endet auch die Pflichtversicherung in der Zusatzversorgung. Im Monat Juli erhält er noch eine Nachzahlung einer tariflichen zusatzversorgungspflichtigen Einmalzahlung.
Lösung	Da das Entgelt im Jahr des Ausscheidens gezahlt wird, ist es steuerrechtlich dem letzten Monat des Arbeitsverhältnisses zuzuordnen und gilt damit als im Juni zugeflossen. Der Zufluss fällt damit noch in die Pflichtversicherung, sodass es sich um zusatzversorgungspflichtiges Entgelt handelt. Das Entgelt ist in dem den Monat Juni enthaltenden Versicherungsabschnitt mit den Versicherungsmerkmalen 10 und 20 zu melden. Ist eine Abmeldung bereits erfolgt, muss eine berichtigte Abmeldung erstellt werden.

Beispiel 2 Ausscheiden 30.11.2013 Nachzahlung am 19.01.2014

Sachverhalt	Ein Beschäftigter scheidet am 30.11.2013 aus dem Arbeitsverhältnis aus. Zu diesem Zeitpunkt endet auch die Pflichtversicherung in der Zusatzversorgung. Am 19.01.2014 erhält er noch eine Nachzahlung einer tariflichen Einmalzahlung.

E

Lösung	Da die Nachzahlung des Entgelts bis zum 21.01.2014 erfolgt ist – also innerhalb der ersten drei Wochen des Folgejahres – ist das Entgelt steuerrechtlich dem letzten Monat des Arbeitsverhältnisses zuzuordnen und gilt als im November 2013 zugeflossen. Der Zufluss fällt damit noch in die Pflichtversicherung. Das Entgelt ist in dem den Monat November 2013 enthaltenden Versicherungsabschnitt mit den Versicherungsmerkmalen 10 und 20 zu melden.

Beispiel 3 Ausscheiden 30.11.2013 Nachzahlung am 23.01.2014

Sachverhalt	Ein Beschäftigter scheidet am 30.11.2013 aus dem Arbeitsverhältnis aus. Zu diesem Zeitpunkt endet auch die Pflichtversicherung in der Zusatzversorgung. Am 23.01.2014 wird ihm noch eine tarifliche Einmalzahlung ausgezahlt.
Lösung	Da das Entgelt nach Ablauf der Dreiwochenfrist (also nach dem 21.01.2014) gezahlt wurde, ist ein steuerrechtliches Aufrollen in das Vorjahr nicht mehr möglich. Ein steuerrechtlicher Zufluss im Jahr 2013 ist somit nicht mehr gegeben, sodass das Entgelt nicht zusatzversorgungspflichtig ist.

Beispiel 4 Ruhen des Arbeitsverhältnisses wegen Bezugs einer Zeitrente Anspruch auf Überstundenvergütung

Sachverhalt	Der Beschäftigte erhält ab 01.02.2014 eine volle Erwerbsminderungsrente auf Zeit. Der Rentenbescheid wird im Februar 2014 zugestellt. Der Beschäftigte ► leistete in den Monaten Juni und Juli 2013 Überstunden, ► hat noch Anspruch auf Überstundenvergütung, ► hat seit August 2013 wegen Krankheit keinen Anspruch mehr auf laufende Vergütung
Lösung	Das Arbeitsverhältnis ruht ab 01.03.2014 (§ 33 Abs. 2 Satz 1 TVöD). Die Überstundenvergütung wird bei Beginn des Ruhens ausgezahlt. Die steuerpflichtige Überstundenvergütung ist nicht zusatzversorgungspflichtig, da sie als einmalige Zahlung gilt, die aus Anlass des Eintritts des Ruhens des Arbeitsverhältnisses gezahlt wird (§ 62 Abs. 2 Buchst. d der Satzung). Umlagen fallen aus der steuerpflichtigen Überstundenvergütung nicht an.

E

Beispiel 5 Freiwilliger Wehrdienst – Anspruch auf Überstundenvergütung

Sachverhalt	Der Beschäftigte ▶ leistete in den Monaten Mai und Juni 2014 Überstunden, ▶ hat noch Anspruch auf Überstundenvergütung, ▶ hat für den Monat Juni 2014 Anspruch auf laufende Vergütung ▶ leistet ab 01.07.2014 freiwilligen Wehrdienst.
Lösung	Die Zahlung der Überstundenvergütung ist dem Monat Juni 2014 zuzuordnen, weil der freiwillige Wehrdienst am 01.07.2014 beginnt. Die steuerpflichtige Überstundenvergütung ist dem zusatzversorgungspflichtigen Entgelt für den Monat Juni 2014 zuzuordnen. Umlagen/Beiträge fallen aus der steuerpflichtigen Überstundenvergütung und dem laufenden zusatzversorgungspflichtigen Entgelt für den Monat Juni 2014 an, weil die Zahlung nicht aus Anlass der Beendigung etc. des Beschäftigungsverhältnisses erfolgt. Der Arbeitgeber zahlt nach § 14a ArbPlSchG weiterhin Umlagen/Beiträge auch während des freiwilligen Wehrdienstes (siehe Wehrdienst). Das laufende zusatzversorgungspflichtige Entgelt und die Überstundenvergütung sind in einem Betrag zu melden.

2.7 Elternzeit und Mutterschutz

In der Zusatzversorgung sind die Zeiten eines Mutterschutzes (§ 3 Abs. 2 und § 6 Abs. 1 MuSchG) und die Elternzeit nach § 15 Bundeselterngeld- und Elternzeitgesetz (BEEG) sogenannte soziale Komponenten. Für diese Zeiten sind vom Arbeitgeber keine Zahlung von Umlagen oder (Zusatz-)Beiträgen zu erbringen, obwohl beide Zeiten die späteren Rentenleistungen erhöhen. Der Arbeitgeber hat die Zeiten eines Mutterschutzes bzw. einer Elternzeit mit besonderen Versicherungsmerkmalen an die Zusatzversorgungskasse zu melden.

E

2.7.1 Zeiten eines Mutterschutzes

Mutterschutzzeiten werden erst seit dem 1. Januar 2012 vom Arbeitgeber als soziale Komponente gemeldet. Für die Dauer der gesamten Mutterschutzzeit ist eine fiktive Entgeltfortzahlung (§ 21 TVöD) zu unterstellen und zu melden, (§ 35 Abs. 1 Satz 3 d. S.). Aus der fiktiven Entgeltfortzahlung während der Dauer eines Mutterschutzes sind vom Arbeitgeber keine Umlagen oder Beiträge zu zahlen. Diese Zeiten werden aber dennoch als Umlage-/ Beitragsmonate für die Erfüllung der Wartezeit berücksichtigt (§ 35 Abs. 1 Satz 4 d. S.).

- **Meldung ab 1. Januar 2012**

  Für die gesamten Mutterschutzzeiten (vor und nach der Geburt) ist Versicherungsmerkmal 27 zu melden. Die Elternzeit beginnt am Tag nach dem Ende der Mutterschutzzeit.

- ***Meldung bis 31. Dezember 2011***

  Vor dem 1. Januar 2012 wurden Mutterschutzzeiten vor der Geburt wie Fehlzeiten behandelt und waren mit Versicherungsmerkmal 40 – und damit ohne Entgelt – zu melden. Die Elternzeit begann ab dem Tag der Geburt. Mutterschutzzeiten vor dem 1. Januar 2012 können auf Antrag der Versicherten als Versicherungszeiten berücksichtigt werden. In diesen Fällen müssen die Versicherten einen Antrag bei der Zusatzversorgungskasse stellen. Eine Mitwirkung der Arbeitgeber durch Meldung o. Ä. ist nicht erforderlich (siehe Teil A 5.5.1)

Grundsätze für die Meldung der Mutterschutzzeiten ab 1. Januar 2012:

- Die Mutterschutzzeit beginnt in der Regel sechs Wochen vor dem errechneten Geburtstermin und endet acht Wochen (bei Mehrlingsgeburten zwölf Wochen) nach dem tatsächlichen Geburtstermin.
- Es ist eine taggenaue Meldung erforderlich, sowohl für den Wechsel von der Arbeitsphase in den Mutterschutz, als auch vom Ende der Mutterschutzzeit zum Beginn der Elternzeit oder zurück in die Beschäftigung.
- Mutterschutzzeiten können nur für weibliche Versicherte gemeldet werden, nicht bei Adoptivkindern.
- Die Meldung erfolgt mit Versicherungsmerkmal 27.
- Für die Dauer der Mutterschutzzeit ist eine fiktive Entgeltfortzahlung (§ 21 TVöD) zu melden – also das Entgelt, das bei einer Entgeltfortzahlung während der Mutterschutzzeit entstanden wäre. Dabei ist nur das so errechnete Entgelt anzugeben. Umlagen oder (Zusatz-)Beiträge sind weder zu melden, noch zu zahlen.
- Eine Mutterschutzzeit kann auch während einer bestehenden Elternzeit oder einem Sonderurlaub beantragt werden. Eine Beantragung von Mutterschutzzeiten für zurückliegende Zeiträume ist in diesen Fällen nicht möglich. Es ist nicht möglich, eine Unterbrechung von Elternzeiten durch Mutterschutzzeiten rückwirkend zu beantragen.

Exkurs: „Fiktive Entgeltfortzahlung“ während Mutterschutzzeiten bzw. bei Anspruch auf Krankengeldzuschuss

Die Bemessungsgrundlage für die Entgeltfortzahlung nach § 21 TVöD stellt eine Kombination aus Lohnausfall- und Referenzprinzip dar. Sie besteht aus zwei Bestandteilen:

- den in Monatsbeträgen festgelegten (ständigen) Entgeltbestandteilen
- den nicht in Monatsbeträgen festgelegten (unständigen) Entgeltbestandteilen

E

1. Ständige Entgeltbestandteile:
Ständige Entgeltbestandteile sind z. B. Tabellenentgelt, Funktionszulagen, Heimzulagen, Pflegezulagen, Techniker-, Meister-, Programmierzulagen, Garantiebetrag bei Höhergruppierung, Wechselschicht- und Schichtzulage bei ständiger Schichtarbeit.
Hat der Beschäftigte somit ein ständiges Entgelt in Höhe von z. B. 3.000,00 € im Monat bezogen, ist dieses auf jeden Fall als zusatzversorgungspflichtiges Entgelt für einen Monat zugrunde zu legen. Besteht nicht für den ganzen Monat Anspruch auf Mutterschutz/Krankengeldzuschuss, so wird nur der auf den Anspruchszeitraum entfallende Teil als zusatzversorgungspflichtiges Entgelt gemeldet. Bei Berechnung eines anteiligen Entgelts werden die Kalendertage mit Anspruch auf Mutterschutz (nicht nur die tatsächlichen Arbeitstage) ins Verhältnis gesetzt zu der Zahl der Kalendertage des jeweiligen Kalendermonats (§ 24 Abs. 3 Satz 1 TVöD).

Beispiel:
Die Beschäftigte ist vom 15. April 2014 bis 22. Juli 2014 in Mutterschutz. Das Entgelt aus ständigen Entgeltbestandteilen betrug 3.000,00 €.
Das fiktive Entgelt für diesen Zeitraum beträgt somit 9.729,03 €.

▶ April	=	(3.000,00 € : 30) × 16	=	1.600,00 €
▶ Mai / Juni	=	jeweils 3.000,00 €	=	6.000,00 €
▶ Juli	=	(3.000,00 € : 31) × 22	=	2.129,03 €

2. Unständige Entgeltbestandteile:
Bei unständigen Entgeltbestandteilen wird nach dem Referenzprinzip ein Durchschnittsbetrag ermittelt. Basis der Durchschnittsberechnung sind die letzten drei vollen Kalendermonate, die dem Mutterschutz für die Meldung des zusatzversorgungspflichtigen Entgelts vorausgegangen sind.
Entsprechend § 11 Abs. 1 Satz 1 BUrlG ist dabei auf den Beginn des maßgebenden Ereignisses (z. B. Beginn Mutterschutz) abzustellen. Da der Mutterschutz länger als einen Kalendermonat dauert, erfolgt die Durchschnittsberechnung für die gesamte Dauer auf der Grundlage derselben Durchschnittsberechnung. Ein voller Kalendermonat liegt vor, wenn das Beschäftigungsverhältnis an allen Tagen des Kalendermonats bestanden hat. Unerheblich ist, ob auch Entgelt bezogen wurde. Auch ein Sonderurlaub oder ein Ruhen des Beschäftigungsverhältnisses ändert nichts am Bestehen des Beschäftigungsverhältnisses.
Hat das Beschäftigungsverhältnis weniger als drei volle Kalendermonate bestanden, sind die vollen Kalendermonate, in denen das Beschäftigungsverhältnis bestanden hat, zugrunde zu legen.

2.1 1. Berechnungsschritt: Feststellung der unständigen Entgeltbestandteile

Es sind die unständigen Entgeltbestandteile festzustellen, die in die Durchschnittsberechnung einfließen, z. B.

- Zeitzuschläge
- Erschwerniszuschläge
- Bereitschaftsdienstentgelte
- Rufbereitschaftsentgelte

Sofern unständige Entgeltbestandteile als Monatspauschale gezahlt werden, fließen sie nicht in die Durchschnittsberechnung ein. Sie werden vielmehr wie ständige Entgeltbestandteile behandelt.

Grundsätzlich unberücksichtigt bleiben (§ 21 Satz 3 TVöD):

- Entgelte für Überstunden und Mehrarbeit (mit Ausnahme der im Dienstplan vorgesehenen Überstunden und Mehrarbeit)
- Leistungsentgelt
- Jahressonderzahlung
- sowie besondere Zahlungen nach § 23 TVöD.

Für die Zusammenrechnung maßgeblich sind nicht die im Berechnungszeitraum fälligen Entgeltbestandteile, sondern die unständigen Entgeltbestandteile, deren Voraussetzung entsprechend dem sozialversicherungsrechtlichen Entstehungsprinzip nach § 22 Abs. 1 SGB IV im Bemessungszeitraum gegeben sind.

2.2 2. Berechnungsschritt: Bildung eines Tagesdurchschnitts

In Anlehnung an die gesetzliche Regelung nach § 11 BUrlG ist für die Berechnung des Tagesdurchschnitts in der Fünftagewoche der Faktor $^1/_{65}$ (= 13 Wochen × 5 Arbeitstage) aus der Summe der zu berücksichtigenden unständigen Entgeltbestandteile anzusetzen.

Bei einer abweichenden Verteilung der Arbeitszeit wie z. B. bei einer Sechstagewoche ist der Faktor $^1/_{78}$ (13 Wochen × sechs Arbeitstage) maßgebend. Beträgt der Bemessungszeitraum weniger als drei Kalendermonate, sind die verbliebenen vollen Kalendermonate zugrunde zu legen.

E

In diesen Fällen ist bei einer Fünftagewoche der Tagesdurchschnitt dann wie folgt zu ermitteln:

- von einem vollen Kalendermonat mit $^{1}/_{22}$ (= 65 Arbeitstage × $^{1}/_{3}$)
- von zwei vollen Kalendermonaten mit $^{1}/_{43}$ (= 65 Arbeitstage × $^{2}/_{3}$)

Bei einer abweichenden Verteilung der Arbeitszeit (z. B. Sechstagewoche) ist der Tagesdurchschnitt entsprechend zu ermitteln. Hat das Beschäftigungsverhältnis keinen vollen Kalendermonat vor dem Mutterschutz bestanden (was eher selten der Fall ist), besteht kein Anspruch auf einen Tagesdurchschnitt, sodass dann auch keine unständigen Entgeltbestandteile berücksichtigt werden.

Beispiel:
Eine Beschäftigte ist vom 15. April bis 22. Juli in Mutterschutz. In den Kalendermonaten Januar bis März 2013 erzielte sie bei einer Fünftagewoche unständige Entgeltbestandteile i.H. von insgesamt 500,00 €.
Das fiktive Entgelt aus den unständigen Entgeltbestandteilen beträgt somit für diesen Zeitraum insgesamt 761,31 €

▶ April	=	(500,00 € : 65) × 16	=	123,04 €
▶ Mai	=	(500,00 € : 65) × 31	=	238,39 €
▶ Juni	=	(500,00 € : 65) × 30	=	230,70 €
▶ Juli	=	(500,00 € : 65) × 22	=	169,18 €

Auf die tatsächliche Anzahl der Arbeitstage im Berechnungszeitraum kommt es nicht an. Zu beachten ist auch, dass kein Tagesdurchschnitt vom Tagesdurchschnitt errechnet wird, d. h. wenn in den drei vollen Kalendermonaten vor Beginn des Mutterschutzes bereits eine Durchschnittsberechnung für einen Zeitraum durchgeführt wurde (z. B. wegen Urlaub), ist dieser nicht mit einzubeziehen.

3. Tatsächlich anfallende Einmalzahlungen
Neben dem fiktiven Entgelt nach § 21 TVöD sind noch „in diesen Kalendermonaten (Mutterschutz) anfallende einmalige Zahlungen" zusatzversorgungspflichtiges Entgelt. Das ist insbesondere die Jahressonderzahlung.

E

4. Meldung der fiktiven Entgelte
Das fiktive Entgelt aus den Mutterschutzzeiten ist mit Versicherungsmerkmal 27 zu melden. Aus dem fiktiven Entgelt sind keine Umlagen oder Beiträge zu zahlen.
Die Einmalzahlung (z. B. Jahressonderzahlung) ist in einem gesonderten Versicherungsabschnitt mit Versicherungsmerkmal 10 und 20 (oder bei kapitalgedeckten Abrechnungsverbänden mit Versicherungsmerkmal 15) zu melden und zwar für den gesamten Monat, in dem die Einmalzahlung erfolgt ist. Da für die Jahressonderzahlung Umlagen und Beiträge abzuführen sind, während dies aus dem fiktiven Entgelt während der Mutterschutzzeit nicht der Fall ist, ist die Jahressonderzahlung separat zu melden.
Das fiktive Entgelt bei Anspruch auf Krankengeldzuschuss ist (zusammen mit einer etwaigen Einmalzahlung) mit Versicherungsmerkmal 10 und 20 (oder bei kapitalgedeckten Abrechnungsverbänden mit Versicherungsmerkmal 15) zu melden. Dabei ist die Meldung durchgehend zu gestalten, egal ob Entgelt aus Arbeitsleistung, Entgeltfortzahlung oder fiktives Entgelt während eines Anspruchs auf Krankengeldzuschuss angefallen ist.

2.7.2 Elternzeit

Ruht ein Beschäftigungsverhältnis wegen einer Elternzeit nach § 15 Bundeselterngeld- und Elternzeitgesetz (BEEG), so werden für jedes Kind, für das ein Anspruch auf Elternzeit besteht, Versorgungspunkte berücksichtigt, die sich bei einem zusatzversorgungspflichtigen Entgelt von 500,00 € pro Monat ergeben würden. Dabei werden nur volle Kalendermonate berücksichtigt (§ 35 Abs. 1 Satz 1 d. S.). Die Elternzeit gilt – anders als Mutterschutzzeiten – nicht als Umlage-/Beitragsmonat und trägt damit nicht zur Erfüllung von Wartezeiten bei.

Als Kinder, für die ein Anspruch auf Elternzeit besteht, gehören neben dem leiblichen Kind u. a. auch:

- Kinder, die im Haushalt leben, weil sie mit dem Ziel der Annahme als Kind aufgenommen wurden,
- Kinder des Ehegatten oder Lebenspartners, die im Haushalt aufgenommen wurden.

Mit Wirkung vom 29. Januar 2009 haben auch Großeltern dann einen Anspruch auf Elternzeit, wenn sie mit ihrem Enkelkind in einem Haushalt leben und dieses Kind selbst betreuen und erziehen und

- ein Elternteil des Kindes minderjährig ist oder
- ein Elternteil des Kindes sich im letzten oder vorletzten Jahr einer Ausbildung befindet, die vor Vollendung des 18. Lebensjahres begonnen wurde und die Arbeitskraft des Elternteils im Allgemeinen voll in Anspruch nimmt.

E

Ein Anspruch auf „Großelternzeit" besteht nur für Zeiten, in denen keiner der Elternteile des Kindes selbst Elternzeit beansprucht.

Ruht das Arbeitsverhältnis wegen Elternzeit, wird eine soziale Komponente geleistet.

Um die soziale Komponente berücksichtigen zu können, müssen der Zusatzversorgungskasse durch den Arbeitgeber in der Jahresmeldung die Daten genau gemeldet werden.

Grundsätze für die Meldung der Elternzeit:

- Es muss Elternzeit beim Arbeitgeber beantragt sein.
- Das Arbeitsverhältnis muss wegen der Elternzeit nach § 15 des Bundeselterngeld- und Elternzeitgesetzes ruhen. Eine Beschäftigung während der Elternzeit beendet die Meldung der Elternzeit.
- Die Elternzeit kann pro Kind für maximal 36 Monate gemeldet werden.
- Die Elternzeit ist mit Versicherungsmerkmal 28 zu melden.
- Bei der Meldung ist kein Entgelt – also auch nicht das fiktive Entgelt von 500,00 € pro vollen Kalendermonat – zu melden. Ebenso erfolgt keine Zahlung von Umlagen oder Zusatzbeiträgen.
- Die Anzahl der Kinder, für die im jeweiligen Zeitpunkt Elternzeit beansprucht wird, ist anzugeben. Dabei entsteht für jedes Kind die soziale Komponente, d. h. dass pro Kind 500,00 € Entgelt unterstellt werden.
- Die Elternzeit ist unmittelbar nach Beendigung der Mutterschutzzeit zu melden *(bei Meldungen bis zum 31.12.2011: ab dem Tag der Geburt).*
- Der Wechsel von der Arbeitsphase (z. B. Versicherungsmerkmal 10/20) in den Mutterschutz (Versicherungsmerkmal 27 oder 40) sowie der Beginn der Elternzeit (Versicherungsmerkmal 28) bzw. deren Ende sind stets taggenau zu melden.
- Haben beide Elternteile Elternzeit beantragt, werden für jeden Elternteil maximal 36 Monate berücksichtigt. Es muss jedoch tatsächlich ein Ruhen des Beschäftigungsverhältnisses aufgrund der Elternzeit vorliegen.
- Bestehen bei Geburt eines Kindes gleichzeitig mehrere zusatzversorgungspflichtige Beschäftigungsverhältnisse, kann die Elternzeit nur in einem Beschäftigungsverhältnis gemeldet werden. Die Versicherte muss gegenüber ihren Arbeitgebern erklären, in welchem Versicherungsverhältnis die Elternzeit gemeldet werden soll (§ 35 Abs. 1 Satz 2 d. S.). In dem Versicherungsverhältnis, in dem die Elternzeit nicht gemeldet wird, ist für diese Zeit Versicherungsmerkmal 40 (Fehlzeit = entgeltlose Zeit) zu melden.
- Zuschüsse des Arbeitgebers zum Mutterschaftsgeld sind kein zusatzversorgungspflichtiges Entgelt, sodass keine Umlagen oder Zusatzbeiträge anfallen.

Beispiel 1 Meldung von Mutterschutzzeiten ab dem 1. Januar 2012

Sachverhalt	Beginn des Mutterschutzes 25.08.2014 – 01.12.2014 Tag der Geburt des Kindes: 06.10.2014 Anspruch auf Jahressonderzahlung im: November 2014 Elternzeit wurde beantragt. Umlage 3,75 %; Zusatzbeitrag 4 %
Lösung	Die Mutterschutzzeit ist mit Versicherungsmerkmal 27 zu melden mit fiktiver Entgeltfortzahlung. Die Elternzeit mit Versicherungsmerkmal 28 ist im unmittelbaren Anschluss an das Ende der Mutterschutzzeit zu melden. Die Jahressonderzahlung ist in einem separaten Versicherungsabschnitt für den gesamten Monat, in dem sie gezahlt wird, zu melden. Die Jahressonderzahlung ist in voller Höhe zusatzversorgungspflichtig, da von Januar bis Dezember Entgelt bezogen bzw. während der Mutterschutzzeiten unterstellt wurde.

Meldung der Versicherungsabschnitte

Versicherungsabschnitte		Buchungsschlüssel			ZV-Entgelt	Umlage/Beitrag	Elternzeitbezogene Kinderzahl
Beginn	Ende	Einzahler	Versicherungsmerkmal	Versteuerungsmerkmal	€ Cent	€ Cent	
01.01.2014	24.08.2014	01	10	10	16.253,33	609,50	
01.01.2014	24.08.2014	01	10	11	8.746.67	328,00	
01.01.2014	24.08.2014	01	20	01	25.000,00	1.000,00	
25.08.2014	01.12.2014	01	27	00	12.300,00	0,00	
01.11.2014	30.11.2014	01	10	10	2.500,00	93,75	
01.11.2014	30.11.2014	01	20	01	2.500,00	100,00	
02.12.2014	31.12.2014	01	28	00	0,00	0,00	1

Beispiel 2 Meldung von Mutterschutzzeiten bis 31. Dezember 2011

Sachverhalt	Beginn des Mutterschutzes 25.08.2011 Tag der Geburt des Kindes: 06.10.2011 Anspruch auf Jahressonderzahlung im: November 2011 Elternzeit wurde beantragt. Bis zum Beginn des Mutterschutzes beträgt das Entgelt 32 000,00 €. Die gesamte Jahressonderzahlung (12/12) beträgt 3.000,00 €. Umlage 4,75 %; Zusatzbeitrag 4 %
Lösung	**Bis zum 31.12.2011 galt:** Die Mutterschutzzeit vor der Geburt ist mit Versicherungsmerkmal 40 zu melden. Ab dem Tag der Geburt ist Elternzeit mit Versicherungsmerkmal 28 zu melden – durchgehend bis zum Jahresende. Mutterschutz und Elternzeit sind taggenau zu melden. Die Jahressonderzahlung ist in einem separaten Versicherungsabschnitt für den gesamten Monat, in dem sie gezahlt wird, zu melden und unterbricht die Meldung der Elternzeit nicht, sondern tritt parallel daneben. Damit erhält die Versicherte für den Monat November sowohl die soziale Komponente von 500,00 € als auch die Jahressonderzahlung, aus denen sich dann insgesamt Versorgungspunkte ergeben. Die Jahressonderzahlung ist nur in Höhe von 8/12 zusatzversorgungspflichtig (Ausnahme; Sparkassensonderzahlung = voll zusatzversorgungspflichtig).

Meldung der Versicherungsabschnitte							
Versicherungsabschnitte		Buchungsschlüssel			ZV-Entgelt	Umlage/Beitrag	Elternzeit-bezogene Kinderzahl
Beginn	Ende	Ein-zahler	Versiche-rungs-merkmal	Versteue-rungs-merkmal	€ Cent	€ Cent	
01.01.2011	24.08.2011	01	10	10	32.000,00	1.520,00	
01.01.2011	24.08.2011	01	20	01	32.000,00	1.280,00	
25.08.2011	05.10.2011	01	40	00	0,00	0,00	
06.10.2011	31.12.2011	01	28	00	0,00	0,00	1
01.11.2011	30.11.2011	01	10	10	2.000,00	95,00	
01.11.2011	30.11.2011	01	20	01	2.000,00	80,00	

2.7.3 Einmalzahlungen während der Mutterschutz- bzw. Elternzeit

Eine Elternzeit berührt den Anspruch auf Jahressonderzahlung grundsätzlich nicht. Dieser setzt lediglich ein am 1. Dezember des Jahres bestehendes Beschäftigungsverhältnis voraus. Zeiten, in denen kein Anspruch auf Entgelt oder Fortzahlung des Entgelts (nach § 21 TVöD) besteht, führen allerdings zu einer Verringerung des Anspruchs um $^{1}/_{12}$ für jeden Kalendermonat. Die Verminderung unterbleibt für Kalendermonate

- für die die Beschäftigte kein Tabellenentgelt erhalten hat wegen Beschäftigungsverboten nach § 3 Abs. 2 und § 6 Abs. 1 MuSchG oder
- bei Inanspruchnahme der Elternzeit bis zum Ende des Kalenderjahres, in dem das Kind geboren wurde,

wenn am Tag vor Antritt der Elternzeit Entgeltansprüche bestanden haben.

E

Besteht während der Elternzeit in einem ruhenden Arbeitsverhältnis Anspruch auf eine Einmalzahlung (z. B. Jahressonderzahlung), so ist für den gesamten Monat, in dem die Einmalzahlung erfolgt – jedoch nicht über das Ende des Versicherungsabschnitts der Mutterschutzzeit/Elternzeit hinaus – ein eigener zusätzlicher Versicherungsabschnitt (z. B. Versicherungsmerkmal 10/20 oder 15) zu melden. Damit wird durch die Einmalzahlung die Mutterschutzzeit/Elternzeit nicht unterbrochen, sodass für den Monat der Einmalzahlung sowohl die soziale Komponente als auch die Einmalzahlung in der Rentenberechnung berücksichtigt wird.

Die Jahressonderzahlung ist dabei aufzuteilen. Sie ist nur insoweit zusatzversorgungspflichtig, als sie für Monate gezahlt wird, für die Umlagen für laufendes zusatzversorgungspflichtiges Entgelt vorliegen (§ 62 Abs. 2 Satz 2 Buchst. e der Satzung). Dabei sind ab 1. Januar 2012 Zeiten eines Mutterschutzes als Umlagemonate zu bewerten. Die Sparkassensonderzahlung ist stets in vollem Umfang zusatzversorgungspflichtig (vgl. Teil E 2.18).

Fällt die Jahressonderzahlung in den Zeitraum des Mutterschutzes, so ist die Einmalzahlung parallel zur Meldung der Mutterschutzzeiten zu melden. Da während der Mutterschutzzeit ein fiktives Entgelt (entsprechend § 21 TVöD) zu melden ist, aus dem keine Umlagen oder Beiträge zu zahlen sind, während bei der Jahressonderzahlung ein „echtes" Entgelt mit Umlagen- bzw. Beitragszahlungen vorliegt, ist diese parallele Meldung erforderlich.

Für Zeiten vor dem 1. Januar 2012 galt:

Fällt die Jahressonderzahlung in den Zeitraum des Mutterschutzes, so wird das Versicherungsmerkmal 40 im Monat der Zahlung der Zuwendung durch die Einmalzahlung (z. B. Versicherungsmerkmal 10/20) verdrängt. Die Meldung für die Einmalzahlung endet mit dem Beginn der Elternzeit (vgl. Beispiel 2).

Beispiel 1 Mutterschutz ab 1. Januar 2012
Elternzeit
Jahressonderzahlung während Elternzeit

Sachverhalt	Mutterschutz	28.04.2014 – 13.08.2014
	Tag der Geburt des Kindes:	15.06.2014
	Anspruch auf Jahressonderzahlung im:	November 2014
	Elternzeit wurde beantragt.	
	Die gesamte Jahressonderzahlung (12/12) beträgt 2.400,00 €.	
Lösung	Die Zeiten des Mutterschutzes sind mit Versicherungsmerkmal 27 zu melden. Dabei schließt sich die Meldung der Elternzeit unmittelbar an die Mutterschutzzeit an. Für September bis Dezember wird von der Zusatzversorgungskasse bei der Ermittlung der Versorgungspunkte als „soziale Komponente" ein Entgelt von 500,00 € für jedes Kind berücksichtigt, für das Elternzeit in Anspruch genommen wird. Die Jahressonderzahlung in Höhe von 2.400,00 € wird in voller Höhe gezahlt. Sie ist jedoch nur in Höhe von 8/12 zusatzversorgungspflichtig, da nur in den Monaten Januar bis August Umlagen entrichtet wurden bzw. die Zeiten des Mutterschutzes als Umlagemonate zählen. Für den Monat, in dem die Jahressonderzahlung gezahlt wird, ist ein eigener Versicherungsabschnitt zu bilden. Im Rahmen einer Elternzeit beenden Einmalzahlungen aus dem ruhenden Beschäftigungsverhältnis den Versicherungsabschnitt der Elternzeit (Versicherungsmerkmal 28) nicht. Vielmehr wird ein eigener Versicherungsabschnitt für die Dauer des Monats gebildet, in dem die Einmalzahlung erfolgt ist.	

Meldung der Versicherungsabschnitte

Versicherungsabschnitte		Buchungsschlüssel			ZV-Entgelt	Umlage/Beitrag	Elternzeitbezogene Kinderzahl
Beginn	Ende	Einzahler	Versicherungsmerkmal	Versteuerungsmerkmal	€ Cent	€ Cent	
01.01.2014	27.04.2014	01	10	11	9.000,00	337,50	
01.01.2014	27.04.2014	01	20	01	9.000,00	360,00	
28.04.2014	13.08.2014	01	27	00	8.700,00		
14.08.2014	31.12.2014	01	28	00	0,00	0,00	1
01.11.2014	30.11.2014	01	10	11	1.600,00	60,00	
01.11.2014	30.11.2014	01	20	01	1.600,00	64,00	

E

Beispiel 2 Mutterschutz vor 1. Januar 2012 Elternzeit Jahressonderzahlung während Elternzeit

Sachverhalt	Mutterschutz 28.04.2011 – 13.08.2011 Tag der Geburt des Kindes: 15.06.2011 Anspruch auf Jahressonderzahlung im: November 2011 Elternzeit wurde beantragt. Die gesamte Jahressonderzahlung (12/12) beträgt 2.400,00 €. Umlage 4,75 %; Zusatzbeitrag 4,00 % Umlage im Jahr 2011 steuerfrei bis 660,00 € (§ 3 Nr. 56 EStG)
Lösung	**Bis 31.12.2011 galt:** Die Zeiten des Mutterschutzes vor der Geburt sind mit Versicherungsmerkmal 40 zu melden. Die Meldung der Elternzeit beginnt mit dem Tag der Geburt. Für Juli bis Dezember wird von der Zusatzversorgungskasse bei der Ermittlung der Versorgungspunkte als „soziale Komponente“ ein Entgelt von 500,00 € für jedes Kind berücksichtigt, für das Elternzeit in Anspruch genommen wird. Die Jahressonderzahlung in Höhe von 2.400,00 € wird in voller Höhe gezahlt. Sie ist jedoch nur in Höhe von 4/12 zusatzversorgungspflichtig, da nur in den Monaten Januar bis April Umlagen entrichtet wurden. Für den Monat, in dem die Jahressonderzahlung gezahlt wird, ist ein eigener Versicherungsabschnitt zu bilden. Im Rahmen einer Elternzeit beenden Einmalzahlungen aus dem ruhenden Beschäftigungsverhältnis den Versicherungsabschnitt der Elternzeit (Versicherungsmerkmal 28) nicht. Vielmehr wird ein eigener Versicherungsabschnitt für die Dauer des Monats gebildet, in dem die Einmalzahlung erfolgt ist.

Meldung der Versicherungsabschnitte

Versicherungsabschnitte		Buchungsschlüssel			ZV-Entgelt	Umlage/Beitrag	Elternzeit-bezogene Kinderzahl
Beginn	Ende	Einzahler	Versicherungsmerkmal	Versteuerungsmerkmal	€ Cent	€ Cent	
01.01.2011	27.04.2011	01	10	10	8.884,21	422,00	
01.01.2011	27.04.2011	01	10	11	3.115,79	148,00	
01.01.2011	27.04.2011	01	20	01	12.000.00	480,00	
28.04.2011	14.06.2011	01	40	00	0,00	0,00	
15.06.2011	31.12.2011	01	28	00	0,00	0,00	1
01.11.2011	30.11.2011	01	10	10	800,00	38,00	
01.11.2011	30.11.2011	01	20	01	800,00	32,00	

E

Beispiel 3 Meldung Mutterschutz ab 1. Januar 2012 Elternzeit Jahressonderzahlung während Mutterschutz

Sachverhalt	Mutterschutz 03.08.2014 – 09.11.2014 Tag der Geburt des Kindes: 14.09.2014 Anspruch auf Jahressonderzahlung im: November 2014 Elternzeit wurde beantragt. Die gesamte Jahressonderzahlung (12/12) beträgt 2.400,00 €.

Lösung	Die Zeiten des Mutterschutzes sind mit Versicherungsmerkmal 27 zu melden. Dabei schließt sich die Meldung der Elternzeit unmittelbar an die Mutterschutzzeit an. Für Dezember wird von der Zusatzversorgungskasse bei der Ermittlung der Versorgungspunkte als „soziale Komponente“ ein Entgelt von 500,00 € für jedes Kind berücksichtigt, für das Elternzeit in Anspruch genommen wird. Die Jahressonderzahlung in Höhe von 2.400,00 € wird in voller Höhe gezahlt. Sie ist jedoch nur in Höhe von 11/12 zusatzversorgungspflichtig, da nur in den Monaten Januar bis November Umlagen entrichtet wurden bzw. die Zeiten des Mutterschutzes als Umlagemonate zählen. Für den Monat, in dem die Jahressonderzahlung gezahlt wird, ist ein eigener Versicherungsabschnitt zu bilden. Dies gilt auch, wenn die Zahlung der Jahressonderzahlung in den Monat mit Mutterschutz fällt. Die Jahressonderzahlung ist „echtes Entgelt“, aus dem durch den Arbeitgeber Umlagen/Zusatzbeiträge zu entrichten sind; demgegenüber enthält VM 27 nur eine „fiktive Entgeltmeldung“ ohne Zahlung von Umlagen durch den Arbeitgeber. Im Rahmen einer Elternzeit beenden Einmalzahlungen aus dem ruhenden Beschäftigungsverhältnis den Versicherungsabschnitt der Elternzeit (Versicherungsmerkmal 28) nicht. Vielmehr wird ein eigener Versicherungsabschnitt für die Dauer des Monats gebildet, in dem die Einmalzahlung erfolgt ist.

Meldung der Versicherungsabschnitte

Versicherungsabschnitte		Buchungsschlüssel			ZV-Entgelt	Umlage/Beitrag	Elternzeitbezogene Kinderzahl
Beginn	Ende	Einzahler	Versicherungsmerkmal	Versteuerungsmerkmal	€ Cent	€ Cent	
01.01.2014	02.08.2014	01	10	10	5.600,00	210,00	
01.01.2014	02.08.2014	01	10	11	14.400,00	540,00	
01.01.2014	02.08.2014	01	20	01	20.000,00	800,00	
03.08.2014	09.11.2014	01	27	00	8.000,00		
01.11.2014	30.11.2014	01	10	10	2.200,00	82,50	
01.11.2014	30.11.2014	01	20	01	2.200,00	88,00	
10.11.2014	31.12.2014	01	28	00	0,00	0,00	1

Beispiel 4 Meldung Mutterschutz bis 31. Dezember 2011 Elternzeit Jahressonderzahlung während der Mutterschutzzeit

Sachverhalt	Beginn Mutterschutz 08.10.2011 Tag der Geburt des Kindes: 21.11.2011 Elternzeit wurde beantragt: Ende November 2011 wurde eine Jahressonderzahlung (12/12) von 2.288,00 € gezahlt.
Lösung	**Bis 31.12.2011 galt:** Die Elternzeit muss taggenau gemeldet werden. Die Jahressonderzahlung (Versicherungsmerkmal 10) unterbricht bzw. verdrängt im Monat November die Mutterschutzzeit (Versicherungsmerkmal 40). Die Meldung der Jahressonderzahlung endet am Tag vor Beginn der Elternzeit, da die Jahressonderzahlung zusatzversorgungspflichtig ist. Die Elternzeit ist mit dem Buchungsschlüssel 01 28 00 ab dem Tag der Geburt (21.11.2011) zu melden, womit die Meldung für die Jahressonderzahlung im November nur den Zeitraum vom 01.11. bis 20.11.2011 umfasst. Von der Jahressonderzahlung sind 10/12 zusatzversorgungspflichtig (2.288,00 € × 10/12 = 1.906,67 €). Umlage 4,75 %; Zusatzbeitrag 4 % Umlage im Jahr 2011 steuerfrei bis 660,00 € (§ 3 Nr. 56 EStG)

E

Meldung der Versicherungsabschnitte							
Versicherungsabschnitte		Buchungsschlüssel			ZV-Entgelt	Umlage/Beitrag	Elternzeit-bezogene Kinderzahl
Beginn	Ende	Einzahler	Versicherungsmerkmal	Versteuerungsmerkmal	€ Cent	€ Cent	
01.01.2011	07.10.2011	01	10	10	30.000,00	1.425,00	
01.01.2011	07.10.2011	01	20	01	30.000,00	1.200,00	
08.10.2011	31.10.2011	01	40	00	0,00	0,00	
01.11.2011	20.11.2011	01	10	10	1.906,67	90,57	
01.11.2011	20.11.2011	01	20	01	1.906,67	76,27	
21.11.2011	31.12.2011	01	28	00	0,00	0,00	1

2.7.4 Geburt eines weiteren Kindes während einer bereits bestehenden Elternzeit

► Beantragung von Mutterschutz

Nach einem Urteil des EuGH (C-116/09) vom 20. September 2007 ist es nicht mit Unionsrecht vereinbar, wenn eine schwangere Frau den Zeitraum des Erziehungsurlaubes/der Erziehungszeit nicht verändern kann, um die ihr zustehenden Mutterschaftsfristen und die damit verbundenen Vorteile in Anspruch zu nehmen. Beschäftigte können daher ihre bereits vereinbarte Elternzeit zur Inanspruchnahme einer erneuten Mutterschutzfrist nach § 3 Abs. 2 und § 6 Abs. 1 MuSchG vorzeitig beenden. Der Arbeitgeber hat der vorzeitigen Beendigung zuzustimmen.

Mit der vorzeitigen Beendigung der Elternzeit entsteht – soweit die entsprechenden Anspruchsvoraussetzungen erfüllt sind – zugleich der Anspruch auf Mutterschaftsgeld bzw. Zuschuss zum Mutterschaftsgeld.

Die Beendigung der Elternzeit wegen der Schutzfristen des Mutterschutzgesetzes hat auch Einfluss auf die Jahressonderzahlung. Grundsätzlich vermindert sich die Jahressonderzahlung um $^{1}/_{12}$ für jeden Kalendermonat, in dem die Beschäftigte keinen Anspruch auf Entgelt oder Entgeltfortzahlung hat. Durch Niederschriftserklärung (Nr. 18a zu § 20 Abs. 4 Satz 2 Nr. 1 Buchst. c TVöD) haben die Tarifvertragsparteien klargestellt, dass der Anspruch auf Zuschuss zum Mutterschaftsgeld dem Entgeltanspruch gleichsteht. Für Kalendermonate, in denen die Arbeitnehmerin Zuschuss zum Mutterschaftsgeld erhält, erfolgt also keine Kürzung. Die Jahressonderzahlung ist damit auch zusatzversorgungspflichtig. Da die Jahressonderzahlung nur für die Monate mit Mutterschaftsgeld gezahlt wird, dies aber gleichzeitig die Umlagemonate wegen Mutterschutz sind, ist die Jahressonderzahlung in der (vollen) gezahlten Höhe zusatzversorgungspflichtig.

Da in aller Regel die soziale Komponente während eines Mutterschutzes (fiktive Entgeltfortzahlung) günstiger ist als die soziale Komponente während einer Elternzeit (500,00 € pro vollem Kalendermonat und Kind), ist eine Beendigung der Elternzeit aus zusatzversorgungsrechtlicher Sicht in vielen Fällen sinnvoll.

In § 15 Abs. 2 Satz 3 BEEG ist ausdrücklich geregelt, dass der Anspruch auf Elternzeit für jedes Kind besteht, auch wenn sich die ersten drei Lebensjahre überschneiden, wobei der Anspruch auf Elternzeit grundsätzlich bis zur Vollendung des dritten Lebensjahres des jeweiligen Kindes besteht. Bis zu zwölf Monate der Elternzeit können mit Zustimmung der Arbeitgeberseite auf den Zeitraum nach dem dritten Geburtstag bis zur Vollendung des achten Lebensjahres des Kindes übertragen werden.

Damit kann also z. B. die Mutter, die wegen einer erneuten Mutterschutzzeit die Elternzeit für ihr erstes Kind unterbricht, bis zu zwölf Monate dieser Elternzeit auf einen späteren Zeitpunkt übertragen.

Beantragt die Versicherte die vorzeitige Beendigung der Elternzeit wegen Mutterschutzfrist für ein weiteres Kind, ist die Elternzeit am Vortag des Beginns der Mutterschutzzeit zu beenden. In der Folge ist die Mutterschutzzeit zu berücksichtigen. Die Fortführung der Elternzeit für das 1. Kind im Anschluss an die Mutterschutzzeiten ist gegebenenfalls neu zu beantragen.

Beispiel 1: Beendigung Elternzeit – Erneuter Mutterschutz wird beantragt

Sachverhalt	Geburt 1. Kind	03.03.2012
	Elternzeit 1. Kind	03.03.2012 – 02.03.2015
	Geburt 2. Kind	15.06.2014
	Mutterschutz 2. Kind	28.04.2014 – 13.08.2014
	Elternzeit 2. Kind	15.06.2014 – 14.06.2017
	Zusatzversorgungspflichtige Jahressonderzahlung (5/12) im November 2014 von 1.200,00 €	
Lösung	Stellt die Versicherte einen Antrag auf Beendigung der Elternzeit für das 1. Kind und beantragt Mutterschutz für das 2. Kind, endet die Elternzeit für das 1. Kind mit Beginn der neuen Mutterschutzzeit. Nach dem Ende der Mutterschutzzeit für das 2. Kind ist ggf. Elternzeit für 2 Kinder zu berücksichtigen, wenn wieder Elternzeit für das 1. Kind beantragt wurde.	

Meldung der Versicherungsabschnitte

Versicherungsabschnitte		Buchungsschlüssel			ZV-Entgelt	Umlage/Beitrag	Elternzeitbezogene Kinderzahl
Beginn	Ende	Einzahler	Versicherungsmerkmal	Versteuerungsmerkmal	€ Cent	€ Cent	
01.01.2014	27.04.2014	01	28	00			1
28.04.2014	13.08.2014	01	27	00	11.000,00		
14.08.2014	31.12.2014	01	28	00			2
01.11.2014	30.11.2014	01	10	11	1.200,00	45,00	
01.11.2014	30.11.2014	01	20	01	1.200,00	48,00	
01.01.2015	02.03.2015	01	28	00			2
03.03.2015	31.12.2015	01	28	00			1

E

▶ Keine Beantragung von Mutterschutz

Wird bei Geburt eines weiteren Kindes während einer bestehenden Elternzeit für dieses weitere Kind kein Mutterschutz beantragt, kann auch keine Mutterschutzzeit versorgungswirksam berücksichtigt werden. Damit bleibt die Elternzeit für das 1. Kind bestehen, zu der ggf. noch die Elternzeit für das weitere Kind hinzutritt.

Beispiel 2: Keine Beendigung Elternzeit – Erneuter Mutterschutz wird nicht beantragt

Sachverhalt	Geburt 1. Kind	03.03.2012
	Elternzeit 1. Kind	03.03.2012 – 02.03.2015
	Geburt 2. Kind	15.06.2014
	Mutterschutz 2. Kind	28.04.2014 – 13.08.2014
	Elternzeit 2. Kind	15.06.2014 – 14.06.2017
Lösung	Beantragt die Beschäftigte bei einer Schwangerschaft während einer bestehenden Elternzeit bei ihrem Arbeitgeber keine Unterbrechung der Elternzeit wegen Mutterschutz, findet die Mutterschutzzeit keine Berücksichtigung. Mit der Geburt des 2. Kindes beginnt eine Elternzeit für dieses Kind, soweit Monate nicht auf einen anderen Zeitraum gelegt werden. Das Hinzukommen eines weiteren Kindes ist in der Meldung zu berücksichtigen. In diesem Fall ist ab dem Zeitpunkt der Geburt des 2. Kindes – und fortbestehender Elternzeit für das 1. Kind – die Elternzeit mit Versicherungsmerkmal 28 und „Anzahl Kinder 2“ zu melden.	

Meldung der Versicherungsabschnitte

Versicherungsabschnitte		Buchungsschlüssel			ZV-Entgelt		Umlage/Beitrag		Elternzeitbezogene Kinderzahl
Beginn	Ende	Einzahler	Versicherungsmerkmal	Versteuerungsmerkmal	€	Cent	€	Cent	
01.01.2014	14.06.2014	01	28	00					1
15.06.2014	31.12.2014	01	28	00					2
01.01.2015	02.03.2015	01	28	00					2
03.03.2015	31.12.2015	01	28	00					1

E

▶ Geburt eines weiteren Kindes während einer bereits bestehenden Elternzeit

Wenn während einer laufenden Elternzeit ein weiteres Kind geboren wird, schließt sich die Elternzeit für das weitere Kind an die abgelaufene erste Elternzeit an. Wird aufgrund der Geburt eines weiteren Kindes eine neue Elternzeit beantragt, endet die alte Elternzeit (§ 16 Abs. 3 Satz 2 BEEG), d. h. es bestehen daher bei einem Elternteil nie mehrere Elternzeiten parallel.

In der Zusatzversorgung ist für die Gewährung der sozialen Komponente Elternzeit neben der Tatsache, dass das Beschäftigungsverhältnis wegen Elternzeit ruht, die Anzahl der Kinder maßgebend, für die ein Anspruch auf Elternzeit besteht. Nicht entscheidend ist hingegen, dass für alle Kinder tatsächlich Elternzeit beantragt wird (so noch die Auffassung Handbuch 2. Auflage). Wird also während einer bestehenden Elternzeit ein weiteres

Kind geboren, so beginnt ab der Geburt des 2. Kindes ein neuer Versicherungsabschnitt mit Versicherungsmerkmal „28“ und Anzahl der Kinder „2“.

Da der Anspruch auf Elternzeit für jedes Kind dem Grunde nach auch im Überschneidungszeitraum besteht (§ 15 Abs. 2 Satz 3 BEEG), ist es für die Gewährung der sozialen Komponente gleichgültig, ob die zweite Elternzeit auf Antrag erst nach Ablauf des Anspruchs für die erste Elternzeit tatsächlich beginnt oder ob die zweite Elternzeit auf Antrag schon ab Geburt des zweiten Kindes tatsächlich in Anspruch genommen wird (was zur Folge hätte, dass die erste Elternzeit automatisch endet, der Anspruch dem Grunde nach aber fortbesteht). Während des Überschneidungszeitraums besteht also in beiden Fallvarianten Anspruch auf soziale Komponente für zwei Kinder.

Grundsätzlich kann ein Anteil von bis zu zwölf Monaten der Elternzeit auf die Zeit bis zur Vollendung des 8. Lebensjahres des Kindes übertragen werden (§ 15 Abs. 2 Satz 4 BEEG). Bei Elternzeit für mehrere Kinder können diese Anteile von je zwölf Monaten für jedes Kind auf einen späteren Zeitraum übertragen werden. Die Meldung hat dann jeweils so zu erfolgen, wie die Elternzeit beantragt wurde.

Beispiel 1

Kind A – Geburt 01.02.2010	Elternzeit 01.02.2010 – 31.01.2013
Kind B – Geburt 01.02.2011	Elternzeit 01.02.2011 – 31.01.2014

Wenn der Arbeitgeber der Übertragung eines Anteils der Elternzeit nicht zustimmt, schließt sich die beanspruchte Elternzeit für das Kind B an die Elternzeit des Kindes A an und endet mit der Vollendung des 3. Lebensjahres von Kind B am 31.01.2014

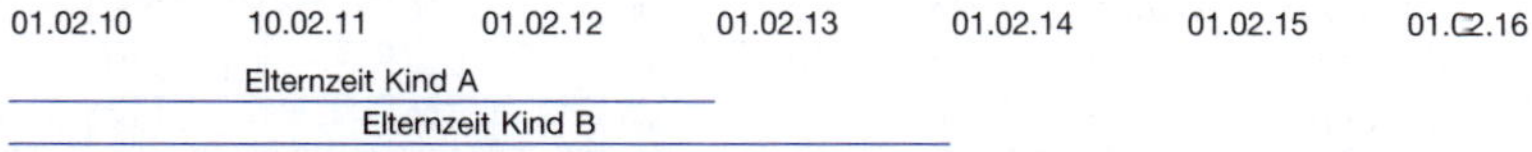

Wenn der Arbeitgeber der Übertragung eines Anteils der Elternzeit zustimmt, kann die Beschäftigte für Kind A zunächst Elternzeit bis zur Vollendung des 2. Lebensjahres am 31.01.2012 beanspruchen. Im Anschluss daran kann sie zwei Jahre Elternzeit für Kind B bis zur Vollendung von dessen 3. Lebensjahr am 31.01.2014 nehmen. Die jeweils übertragenen Monate der Elternzeit kann sie anschließend für ihr Kind A vom 01.02.2014 – 31.01.2015 und für Kind B vom 01.02.2015 – 31.01.2016 in Anspruch nehmen.

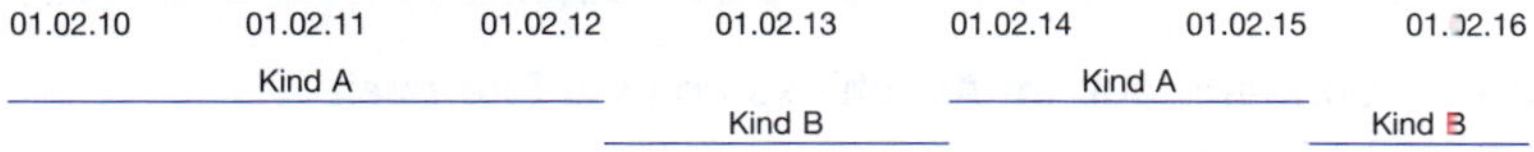

Variante 1: Meldung ohne Übertragung von Elternzeiten:

Meldung der Versicherungsabschnitte							
Versicherungsabschnitte		Buchungsschlüssel			ZV-Entgelt	Umlage/Beitrag	Elternzeitbezogene Kinderzahl
Beginn	Ende	Einzahler	Versicherungsmerkmal	Versteuerungsmerkmal	€ Cent	€ Cent	
01.01.2010	31.01.2010	01	40	00	0,00	0,00	
01.02.2010	31.12.2010	01	28	00	0,00	0,00	1
01.01.2011	31.01.2011	01	28	00	0,00	0,00	1
01.02.2011	31.12.2011	01	28	00	0,00	0,00	2
01.01.2012	31.12.2012	01	28	00	0,00	0,00	2
01.01.2013	31.01.2013	01	28	00	0,00	0,00	2
01.02.2013	31.12.2013	01	28	00	0,00	0,00	1
01.01.2014	31.01.2014	01	28	00	0,00	0,00	1
01.02.2014	31.12.2014	01	10	10	36.000,00	1.350,00	
01.02.2014	31.12.2014	01	20	01	36.000,00	1.440,00	

Variante 2: Meldung mit Übertragung von Elternzeiten:

Meldung der Versicherungsabschnitte							
Versicherungsabschnitte		Buchungsschlüssel			ZV-Entgelt	Umlage/Beitrag	Elternzeitbezogene Kinderzahl
Beginn	Ende	Einzahler	Versicherungsmerkmal	Versteuerungsmerkmal	€ Cent	€ Cent	
01.01.2010	31.01.2010	01	40	00	0,00	0,00	
01.02.2010	31.12.2010	01	28	00	0,00	0,00	1
01.02.2011	31.12.2011	01	28	00	0,00	0,00	1
01.01.2012	31.01.2012	01	28	00	0,00	0,00	1
01.02.2012	31.12.2012	01	28	00	0,00	0,00	1
01.01.2013	31.12.2013	01	28	00	0,00	0,00	1
01.01.2014	31.01.2014	01	28	00	0,00	0,00	1
01.02.2014	31.12.2014	01	28	00	0,00	0,00	1
01.01.2015	31.01.2015	01	28	00	0,00	0,00	1
01.02.2015	31.12.2015	01	28	00	0,00	0,00	1
01.01.2016	31.01.2016	01	28	00	0,00	0,00	1
01.02.2016	31.12.2016	01	10	10	36.000,00	1.350,00	
01.02.2016	31.12.2016	01	20	01	36.000,00	1.440,00	

2.7.5 Sonderurlaub im Anschluss an eine Elternzeit

Wird nach Ablauf einer Elternzeit ein Sonderurlaub (Sonderurlaub zur Erziehung des Kindes) beantragt, so ist dieser ab dem Tag nach Ende der Elternzeit mit Versicherungsmerkmal 40 zu melden. Der Sonderurlaub wirkt sich auf die Rentenanwartschaft nicht aus – insbesondere entsteht kein versorgungsrechtlicher Nachteil.

2.7.6 Geburt eines weiteren Kindes während eines Sonderurlaubs

Ist einer Beschäftigten Sonderurlaub ohne Fortzahlung der Bezüge nach § 28 TVöD gewährt worden und könnte sie durch die Geburt eines Kindes in der Zeit des Sonderurlaubs nun Elternzeit geltend machen, so besteht grundsätzlich kein Rechtsanspruch auf Elternzeit. Eine Freistellung zum Zweck der Kindererziehung ist nicht mehr möglich, da die Beschäftigte bereits durch den Sonderurlaub freigestellt ist.

Die Beschäftigte kann aber – wenn es sich um eine werdende Mutter handelt – in analoger Anwendung des § 16 Abs. 3 Satz 3 BEEG den Sonderurlaub vorzeitig durch einseitige Erklärung gegenüber dem Arbeitgeber abbrechen, um die Mutterschutzfristen nach § 3 Abs. 2 und § 6 Abs. 1 MuSchG in Anspruch zu nehmen. Im Anschluss hieran kann sie dann Elternzeit beanspruchen.

Beantragt die Beschäftigte, die sich bisher im Sonderurlaub befunden hat, also die Beendigung des Sonderurlaubs wegen erneuten Mutterschutzes, so ist dies in der Zusatzversorgung entsprechend zu melden.

Beispiel: Neuer Mutterschutz während eines Sonderurlaubs

Sachverhalt	Dauer des Sonderurlaubs 17.05.2012 – 16.05.2015 Erneuter Mutterschutz 01.03.2014 – 07.06.2014
	Die Beschäftigte hat Sonderurlaub zur Erziehung ihres 1. Kindes. Während des Sonderurlaubs beginnt ein neuer Mutterschutz. Die Beschäftigte beantragt bei ihrem Arbeitgeber den Sonderurlaub wegen der Mutterschutzfristen zu beenden. Im November wird eine Jahressonderzahlung geleistet, die zu 1/12 (800,00 €) zusatzversorgungspflichtig ist, da die Mutterschutzzeiten als Umlagemonate gelten.
Lösung	Mit Beginn des Mutterschutzes endet der Sonderurlaub. Nach Ende des Mutterschutzes kann die Beschäftigte Elternzeit beantragen.

Meldung der Versicherungsabschnitte

Versicherungsabschnitte		Buchungsschlüssel			ZV-Entgelt	Umlage/Beitrag	Elternzeitbezogene Kinderzahl
Beginn	Ende	Einzahler	Versicherungsmerkmal	Versteuerungsmerkmal	€ Cent	€ Cent	
01.01.2014	28.02.2014	01	40	00	0,00	0,00	
01.03.2014	07.06.2014	01	27	00	8.400,00	0,00	
08.06.2014	31.12.2014	01	28	00	0,00	0,00	1
01.11.2014	30.11.2014	01	10	11	800,00	30,00	
01.11.2014	30.11.2014	01	20	01	800,00	32,00	

E

2.7.7 Wiederaufnahme der Beschäftigung im Anschluss an die Mutterschutzzeit

Wird für ein Kind keine Elternzeit beim Arbeitgeber beantragt, so ist die gesamte Zeit des Mutterschutzes (sechs Wochen vor dem voraussichtlichen Zeitpunkt der Geburt, acht Wochen nach der Geburt) mit Versicherungsmerkmal 27 zu melden. Der Tag der Geburt wirkt sich dabei auf die Meldung nicht aus. Wird nach Ende des Mutterschutzes die Beschäftigung wieder aufgenommen, so erfolgt ab diesem Tag die Meldung mit Versicherungsmerkmalen 10 / 20 oder 15. Wird hingegen Sonderurlaub beantragt (keine Elternzeit), so ist dieser Sonderurlaub mit Versicherungsmerkmal 40 zu melden.

Sachverhalt	Dauer des Mutterschutzes	13.05.2014 bis 25.08.2014
	Tag der Geburt des Kindes	30.06.2014
	Wiederaufnahme der Tätigkeit	26.08.2014
	Es wurde keine Elternzeit beantragt.	
	Ende November 2014 wurde die Jahressonderzahlung gezahlt.	
Lösung	Die Jahressonderzahlung ($^{12}/_{12}$) ist für 2014 in voller Höhe zusatzversorgungspflichtig, da auch die Mutterschutzzeiten als Umlagemonate gelten. Es ist kein Versicherungsabschnitt mit Buchungsschlüssel 01 28 00 zu bilden, da keine Elternzeit beantragt wurde.	

Meldung der Versicherungsabschnitte

Versicherungsabschnitte		Buchungsschlüssel			ZV-Entgelt	Umlage/ Beitrag	Elternzeitbezogene Kinderzahl
Beginn	Ende	Einzahler	Versicherungsmerkmal	Versteuerungsmerkmal	€ Cent	€ Cent	
01.01.2014	12.05.2014	01	10	10	7.320,00	274,50	
01.01.2014	12.05.2014	01	10	11	7.680,00	288,00	
01.01.2014	12.05.2014	01	20	01	15.000,00	600,00	
13.05.2014	25.08.2014	01	27	00	7.800,00	0,00	
26.08.2014	31.12.2014	01	10	10	13.500,00	506,25	
26.08.2014	31.12.2014	01	20	01	13.500,00	540,00	

2.7.8 Wiederaufnahme der Beschäftigung während der Elternzeit

Wird während einer Elternzeit bei dem Arbeitgeber, bei dem die Beschäftigung wegen Elternzeit ruhte, eine Beschäftigung wieder aufgenommen, endet die Meldung der Elternzeit mit Versicherungsmerkmal 28. Ab Beginn dieser Beschäftigung ist wieder Versicherungsmerkmal 10 / 20 und das erzielte Entgelt zu melden. Liegt das Entgelt im Monat unter 500,00 €, tritt versorgungsrechtlich ein Nachteil ein, da die soziale Komponente 500,00 € betragen hätte. Die Beschäftigte sollte entsprechend informiert werden.

Die Aufnahme einer Beschäftigung bei einem anderen Arbeitgeber als dem, bei dem das Arbeitsverhältnis wegen Elternzeit ruht, hat dagegen keine

Auswirkungen auf die Elternzeit, die fortbesteht. Eine solche Beschäftigung ist im Hinblick auf die soziale Komponente unschädlich.

Beispiel Mutterschutz
Elternzeit
Aufnahme eines Minijobs (geringfügige Beschäftigung nach § 8 SGB IV) beim Arbeitgeber, bei dem das Beschäftigungsverhältnis wegen Elternzeit ruht

Sachverhalt	Tag der Geburt des Kindes: 14.02.2012 Dauer der Elternzeit: 14.02.2012 bis 13.02.2015 Die Beschäftigte arbeitet in der Zeit vom 01.07.2014 bis zum 30.09.2014 mit einem Entgelt von 300,00 € im Monat bei dem Arbeitgeber, bei dem das Beschäftigungsverhältnis wegen Elternzeit ruht. (Beispiel ohne eventuelle Jahressonderzahlung)
Lösung	Für die Dauer der Beschäftigung (01.07. – 30.09.2014) wird die Meldung der Elternzeit unterbrochen. Es sind Entgelte und Umlagen/Zusatzbeiträge zu melden (Versicherungsmerkmal 10 / 20). Nach Beendigung der Beschäftigung ist wieder Elternzeit zu melden. Die soziale Komponente für die Elternzeit entsteht nur für volle Kalendermonate mit Elternzeit (also nicht für die Zeit vom 01.07. – 30.09.2014)

Meldung der Versicherungsabschnitte

Versicherungsabschnitte		Buchungsschlüssel			ZV-Entgelt	Umlage/Beitrag	Elternzeitbezogene Kinderzahl
Beginn	Ende	Einzahler	Versicherungsmerkmal	Versteuerungsmerkmal	€ Cent	€ Cent	
01.01.2014	30.06.2014	01	28	00	0,00	0,00	1
01.07.2014	30.09.2014	01	10	11	900,00	33,75	
01.07.2014	30.09.2014	01	20	01	900,00	36,00	
01.10.2014	31.12.2014	01	28	00	0,00	0,00	1

2.8 Entgeltumwandlung

Im Rahmen der freiwilligen Versicherung kann der Arbeitgeber auf Wunsch des Beschäftigten neben der Pflichtversicherung in der Zusatzversorgung, eine Entgeltumwandlung abschließen (vgl. Teil F 2). Dabei können Beiträge aus dem Bruttoentgelt entnommen und bis zu 4 % der Beitragsbemessungsgrenze in der gesetzlichen Rentenversicherung steuer- und sozialversicherungsfrei in ein kapitalfinanziertes Altersvorsorgeprodukt eingezahlt werden (vgl. Teil G 5.).

Die umgewandelten Entgeltbestandteile sind trotz Steuer- und Sozialversicherungsfreiheit dennoch in vollem Umfang zusatzversorgungspflichtig. Zusatzversorgungspflichtiges Entgelt ist also das Arbeitsentgelt vor Minderung durch den Beitrag zur Entgeltumwandlung, (§ 62 Abs. 2 Satz 8 d. S.).

Die Steuerfreiheit ergibt sich aus § 3 Nr. 63 EStG; die Sozialversicherungsfreiheit beruht auf § 1 Abs. 1 Nr. 9 SvEV. Danach sind Beiträge eines Arbeitgebers aus dem ersten Dienstverhältnis in eine Pensionskasse (u. a.) zum Aufbau einer kapitalgedeckten Altersversorgung bis zu 4 % der Beitragsbe-

E

messungsgrenze in der allgemeinen Rentenversicherung steuer- und sozialabgebenfrei. Der steuerfreie Betrag erhöht sich um 1.800,00 €, wenn die Versorgungszusage nach dem 31.12.2004 erteilt wurde.

Dabei ist zu beachten, dass nicht nur die Beiträge für eine Entgeltumwandlung von der Steuerfreiheit nach § 3 Nr. 63 EStG erfasst sind, sondern ggf. auch die Pflicht- oder Zusatzbeiträge, die ein Arbeitgeber in die betriebliche Altersversorgung (Zusatzversorgung Pflichtversicherung) einzahlt. Die Beiträge des Arbeitgebers für die nach ATV-K geregelte Zusatzversorgung sind dabei begünstigt und gehen den Beiträgen zur Entgeltumwandlung vor. Damit wird – außer bei rein umlagefinanzierten Zusatzversorgungskassen – stets der Rahmen für die Steuerfreiheit zunächst vom Arbeitgeber durch die Beiträge zur Betriebsrente gemindert; der verbleibende steuerfreie Betrag kann dann im Rahmen einer Entgeltumwandlung genutzt werden.

Für neue Versorgungszusagen ab dem 1. Januar 2005 kann der Grenzbetrag nach § 3 Nr. 63 EStG um 1.800,00 € erhöht werden. Diese Erhöhung ist steuerfrei, unterliegt jedoch der Sozialversicherungspflicht. Für am 1. Januar 2005 bereits bestehende Versorgungszusagen kann der Beitrag – wie bisher – bis zu 4 % der Beitragsbemessungsgrenze in der gesetzlichen Rentenversicherung steuerfrei und sozialversicherungsfrei eingezahlt werden. Für Beiträge, die über diesen Grenzwert hinausgehen, kann § 40b EStG alter Fassung weiter angewendet werden.

Für die Entgeltumwandlung im Rahmen der freiwilligen Versicherung ist keine Jahresmeldung zu fertigen.

Beispiel 1 Entgeltumwandlung Altzusage (Mischfinanzierte Zusatzversorgungseinrichtung)

Sachverhalt	Der Beschäftigte hat über seinen Arbeitgeber eine Entgeltumwandlung von monatlich 150,00 € (1.800,00 € jährlich) vereinbart. Die Entgeltumwandlung wurde bereits vor 2005 vereinbart (Altzusage).	
	Zusatzversorgungspflichtiges Entgelt	36.000,00 € jährlich
Lösung	Das zusatzversorgungspflichtige Entgelt vermindert sich durch die Entgeltumwandlung nicht. Für die Entgeltumwandlung im Rahmen der freiwilligen Versicherung ist keine Jahresmeldung zu fertigen. Der vom Arbeitgeber gezahlte Zusatzbeitrag (4 % aus 36.000,00 €) von 1.440,00 € ist von dem Grenzbetrag 2014 von 2.856,00 € jährlich (nach § 3 Nr. 63 EStG) abzuziehen. Es verbleiben für die Entgeltumwandlung 1.416,00 € steuerfrei. Die Differenz von 384,00 € (1.800,00 € ./. 1.416,00 €) kann über den Arbeitgeber zu Lasten des Beschäftigten pauschal versteuert werden, solange die Pauschalversteuerungsgrenze nach § 40b EStG a. F. (1.752,00 € jährlich) nicht bereits aufgebraucht wurde. Bei der Überweisung der Beiträge zur Entgeltumwandlung muss der Arbeitgeber die entsprechenden Steuermerkmale (01 = steuerfrei, 02 = pauschal versteuert, 03 = individuell versteuert) mitteilen.	

E

Meldung der Versicherungsabschnitte							
Versicherungsabschnitte		Buchungsschlüssel			ZV-Entgelt	Umlage/Beitrag	Elternzeitbezogene Kinderzahl
Beginn	Ende	Einzahler	Versicherungsmerkmal	Versteuerungsmerkmal	€ Cent	€ Cent	
01.01.2014	31.12.2014	01	10	10	36.000,00	1.350,00	
01.01.2014	31.12.2014	01	20	01	36.000,00	1.440,00	

Beispiel 2 Entgeltumwandlung Neuzusage (Mischfinanzierte Zusatzversorgungseinrichtung)

Sachverhalt	Der Beschäftigte hat über seinen Arbeitgeber eine Entgeltumwandlung von monatlich 150,00 € (1.800,00 € jährlich) vereinbart. Die Entgeltumwandlung wurde nach 2005 vereinbart (Neuzusage). Zusatzversorgungspflichtiges Entgelt 36.0000,00 € jährlich
Lösung	Das zusatzversorgungspflichtige Entgelt vermindert sich durch die Entgeltumwandlung nicht. Für die Entgeltumwandlung im Rahmen der freiwilligen Versicherung ist keine Jahresmeldung zu fertigen. Der vom Arbeitgeber gezahlte Zusatzbeitrag (4 % aus 36.000,00 €) von 1.440,00 € ist von dem Grenzbetrag 2014 von 2.856,00 € jährlich zuzüglich eines Erhöhungsbetrages von 1.800,00 € nach § 3 Nr. 63 EStG abzuziehen. Es verbleiben für die Entgeltumwandlung 3.216,00 € steuerfrei, aber nur 1.416,00 € sozialversicherungsfrei. Die Entgeltumwandlung kann somit komplett steuerfrei, jedoch nur zu 1.416,00 € sozialversicherungsfrei eingezahlt werden. Der Differenzbetrag in Höhe von 384,00 € wäre sozialversicherungspflichtig.

Meldung der Versicherungsabschnitte							
Versicherungsabschnitte		Buchungsschlüssel			ZV-Entgelt	Umlage/Beitrag	Elternzeitbezogene Kinderzahl
Beginn	Ende	Einzahler	Versicherungsmerkmal	Versteuerungsmerkmal	€ Cent	€ Cent	
01.01.2014	31.12.2014	01	10	10	36.000,00	1.350,00	
01.01.2014	31.12.2014	01	20	01	36.000,00	1.440,00	

2.9 Entwicklungshelfer

Entwicklungshelfer i. S. d. § 1 Entwicklungshelfergesetz (EhfG) ist, wer

- in Entwicklungsländern ohne Erwerbsabsicht Dienst leistet (Entwicklungsdienst), um in partnerschaftlicher Zusammenarbeit zum Fortschritt dieser Länder beizutragen,
- sich zur Leistung des Entwicklungsdienstes gegenüber einem anerkannten Träger des Entwicklungsdienstes für eine ununterbrochene Zeit von mindestens zwei Jahren vertraglich verpflichtet hat,
- für den Entwicklungsdienst nur Leistungen erhält, die das EhfG vorsieht und

- das 18. Lebensjahr vollendet hat und Deutscher i. S. d. Art. 116 GG oder Staatsangehöriger eines anderen Mitgliedstaates der Europäischen Gemeinschaft ist.

Beschäftigte des öffentlichen oder kirchlichen Dienstes werden, wenn sie Aufgaben der Entwicklungshilfe übernehmen, dafür ohne Fortzahlung der Bezüge beurlaubt. In der gesetzlichen Rentenversicherung sind sie mit Beitragszahlung pflichtversichert. Da das Arbeitsverhältnis nicht endet, bleibt die Pflichtversicherung bei der Zusatzversorgungskasse bestehen. Vom Mitglied sind Umlagen sowie Pflicht- und Zusatzbeiträge zu entrichten, wenn der Träger der Entwicklungshilfe diese erstattet (§ 62 Abs. 2 Satz 6 d. S.). In diesem Fall gilt für die Bemessung der Umlage (oder Pflicht- oder Zusatzbeiträge) als zusatzversorgungspflichtiges Entgelt das Entgelt, von dem nach § 166 Abs. 1 Nr. 4 SGB VI die Beiträge zur gesetzlichen Rentenversicherung zu berechnen sind, (§ 62 Abs. 2 Satz 7 d. S.).

Die Berechnung der Umlagen, Pflicht- und Zusatzbeiträge ist wie folgt vorzunehmen:

Schritt 1: Das Arbeitsentgelt (evtl. einschließlich der Jahressonderzahlung) der letzten drei Monate vor Aufnahme des Entwicklungshelferdienstes ist zu addieren.

Schritt 2: Die Beträge der monatlichen Beitragsbemessungsgrenze in der gesetzlichen Rentenversicherung für den o. g. Zeitraum sind zu addieren.

Schritt 3: Die Summe der Entgelte ist durch die Summe der Beträge der Beitragsbemessungsgrenze zu teilen. Der sich daraus ergebende Verhältnissatz ist, soweit er unter 0,6667 liegt, mindestens auf diesen Betrag zu erhöhen.

Schritt 4: Die jeweils für die Monate der Beurlaubung gültige Beitragsbemessungsgrenze in der gesetzlichen Rentenversicherung ist mit dem Verhältnissatz zu vervielfältigen.

Schritt 5: Vergleich des tatsächlichen Entgelts mit dem Entgelt, das unter Schritt 4 ermittelt wurde. Das höhere Entgelt ist maßgebend.

Werden Umlagen, Pflicht- und Zusatzbeiträge durch den Träger der Entwicklungshilfe nicht erstattet, gilt die Zeit im Entwicklungsdienst als Beurlaubung; es ist dann der Buchungsschlüssel 01 40 00 zu melden.

Beispiel 1 Entwicklungshelfer – Beurlaubung ab 1. Dezember des Jahres

Sachverhalt	Der Beschäftigte wird ab dem 01.12.2014 als Entwicklungshelfer ohne Arbeitsentgelt beurlaubt. Der Träger der Entwicklungshilfe erstattet die Umlagen und Zusatzbeiträge. Es bestand Vollbeschäftigung und Rentenversicherungspflicht.	
Lösung	Summe der Arbeitsentgelte September 2014	1.600,00 €
	Oktober 2014	1.600,00 €
	November 2014	3.200,00 € (einschließlich Jahressonderzahlung)
	insgesamt:	6.400,00 €
	Summe der monatlichen Beitragsbemessungsgrenzen in der gesetzlichen Rentenversicherung (West)	
	September 2014	5.950,00 €
	Oktober 2014	5.950,00 €
	November 2014	5.950,00 €
	insgesamt:	17.850,00 €
	Verhältniswert: 6.400,00 € : 17.850,00 € = 0,3585, jedoch mindestens: 0,6667.	
	Monatliches zusatzversorgungspflichtiges Entgelt für Dezember 2014 (5.950,00 € × 0,6667 =)	3.966,87 €
	Im Beitrittsgebiet	
	Summe der monatlichen Beitragsbemessungsgrenzen in der gesetzlichen Rentenversicherung (Ost)	
	September 2014	5.000,00 €
	Oktober 2014	5.000,00 €
	November 2014	5.000,00 €
	insgesamt:	15.000,00 €
	Verhältniswert: 6.400,00 € : 15.000,00 € = 0,4267, jedoch mindestens: 0,6667.	
	Monatliches zusatzversorgungspflichtiges Entgelt für Dezember 2014 (5.000,00 € × 0,6667 =)	3.333,50 €.

Meldung der Versicherungsabschnitte für das Tarifgebiet West

Versicherungsabschnitte		Buchungsschlüssel			ZV-Entgelt	Umlage/Beitrag	Elternzeit-bezogene Kinderzahl
Beginn	Ende	Ein-zahler	Versiche-rungs-merkmal	Versteue-rungs-merkmal	€ Cent	€ Cent	
01.01.2014	31.12.2014	01	10	10	9.798,20	367,43	
01.01.2014	31.12.2014	01	10	11	13.368,67	501,33	
01.01.2014	31.12.2014	01	20	01	23.166,87	926,67	

Beispiel 2 Entwicklungshelfer – Beurlaubung ab 1. Februar des Jahres

Sachverhalt	Wie Sachverhalt Beispiel 1: die Beurlaubung beginnt jedoch am 01.02.2014. Es bestand Vollbeschäftigung und Rentenversicherungspflicht.	
Lösung	Summe der Arbeitsentgelte	
	November 2013	4.200,00 € (kein Anspruch auf Jahressonderzahlung)
	Dezember 2013	4.200,00 €
	Januar 2014	4.300,00 €
	insgesamt:	12.700,00 €
	Summe der monatlichen Beitragsbemessungsgrenzen in der gesetzlichen Rentenversicherung (West)	
	November 2013	5.800,00 €
	Dezember 2013	5.800,00 €
	Januar 2014	5.950,00 €
	insgesamt:	17.550,00 €
	Verhältniswert: 12.700,00 € : 17.550,00 € = 0,7236	
	Monatliches zusatzversorgungspflichtiges Entgelt für das Jahr 2014 (5.950,00 € × 0,7236 =)	4.305,42 €.
	Im Beitrittsgebiet Summe der monatlichen Beitragsbemessungsgrenzen in der gesetzlichen Rentenversicherung (Ost)	
	November 2013	4.900,00 €
	Dezember 2013	4.900,00 €
	Januar 2014	5.000,00 €
	insgesamt:	14.800,00 €
	Verhältniswert: 12.700,00 € : 14.800,00 € = 0,8581.	
	Monatliches zusatzversorgungspflichtiges Entgelt für das Jahr 2014 (5.000,00 € × 0,8581 =)	4.290,50 €.

Meldung der Versicherungsabschnitte (Beispiel für das Tarifgebiet West)

Versicherungsabschnitte		Buchungsschlüssel			ZV-Entgelt	Umlage/Beitrag	Elternzeitbezogene Kinderzahl
Beginn	Ende	Einzahler	Versicherungsmerkmal	Versteuerungsmerkmal	€ Cent	€ Cent	
01.01.2014	31.12.2014	01	10	10	51.665,04	1.937,44	
01.01.2014	31.12.2014	01	20	01	51.665,04	2.066,60	

2.10 Familienpflegezeit

Durch das seit 1. Januar 2012 geltende Familienpflegezeitgesetz wird Beschäftigten (sowohl Vollzeit- als auch Teilzeitbeschäftigten und Auszubildenden) die Möglichkeit geboten, wegen eines familiären Pflegefalls ihre Arbeitszeit für maximal zwei Jahre zu verringern. Ein Rechtsanspruch auf Familienpflegezeit besteht jedoch nicht.

Verringert ein Beschäftigter beispielsweise die Arbeitszeit von 40 auf 20 Wochenstunden, erhält er dennoch ein Gehalt von 75 % des letzten Bruttoeinkommens. Das tatsächliche Entgelt der während der Pflegezeit halbierten Beschäftigung wird dabei durch einen Aufstockungsbetrag in Höhe von 25 % erhöht.

Der Aufstockungsbetrag kann einem Wertguthaben entnommen werden oder als Vorschuss gezahlt werden. Er fließt dem Beschäftigten mit der Auszahlung als steuerpflichtiges Arbeitsentgelt zu. Der Aufstockungsbetrag während einer Familienpflegezeit ist – anders als bei der Altersteilzeit – damit zusatzversorgungspflichtiges Entgelt.

In der Zusatzversorgung ist während der Familienpflegezeit das gesamte Entgelt (Entgelt plus Aufstockungsbetrag) als zusatzversorgungspflichtiges Entgelt zu melden, auch wenn während dieser Zeit nur eine Beschäftigung mit der Hälfte der bisherigen Arbeitszeit besteht. Für dieses gemeldete Entgelt sind entsprechende Umlagen und Beiträge zu entrichten. Das gilt auch für die Zeit nach der Pflegezeit, in der zwar wieder in Vollzeit gearbeitet wird, aber bis zum Ausgleich des Zeitkontos derjenige Betrag einbehalten wird, um den das Entgelt in der Pflegezeit aufgestockt war. Wurde für die Familienpflegezeit der Aufstockungsbetrag aus einem vorher angesparten Wertguthaben genommen, ist es in aller Regel nicht erforderlich, dass nach der Pflegezeit weiterhin ein reduziertes Gehalt gezahlt wird, um etwaige Vorleistungen des Arbeitgebers wieder einzuzahlen. Wird dann also volles Arbeitsentgelt gezahlt, so ist dieses dann auch in vollem Umfang zusatzversorgungspflichtig.

Maßgeblich ist also für die gesamte Dauer der Vereinbarung nach dem Familienpflegezeitgesetz stets das tatsächlich ausgezahlte Entgelt (Arbeitsentgelt ggf. plus Aufstockungsbetrag).

Damit haben die Beschäftigten in der Zusatzversorgung eine Einbuße in Höhe der Differenz zum Vollzeitentgelt (im aufgeführten Beispiel 25 %) in der Familienpflegephase und ggf. auch in der Nachpflegephase hinzunehmen.

Beispiel 1: Wertguthaben wurde vor der Freistellung erarbeitet:

Vorpflegephase	Familienpflegephase	Nachpflegephase
Aufbau des Wertguthabens	50 % Arbeitszeit	100 % Arbeitsentgelt
	75 % Arbeitsentgelt = zusatzversorgungspflichtiges Entgelt (Arbeitszeitentgelt + Aufstockungsbetrag)	**100 %** Arbeitsentgelt = zusatzversorgungspflichtiges Entgelt

Beispiel 2: Kein oder kein ausreichendes Wertguthaben zum Zeitpunkt der Pflegephase vorhanden

Vorpflegephase	Familienpflegephase	Nachpflegephase
100 % Arbeitszeit	50 % Arbeitszeit	100 % Arbeitszeit
100 % Arbeitsentgelt	75 % Arbeitsentgelt = zusatzversorgungspflichtiges Entgelt (Arbeitszeitentgelt + Aufstockungsbetrag)	75 % Arbeitsentgelt = zusatzversorgungspflichtiges Entgelt

2.11 Geringfügige Beschäftigung

2.11.1 Voraussetzungen

Geringfügig Beschäftigte im Sinne des § 8 Abs. 1 Nr. 1 SGB IV sind ab dem 1. Januar 2003 in der Zusatzversorgung anzumelden, sofern alle anderen Voraussetzungen für die Pflichtversicherung (z. B. 17. Lebensjahr, Wartezeit erfüllbar etc.) erfüllt sind. Eine Ausnahme von der Versicherungspflicht besteht nur bei sog. kurzfristigen Beschäftigungen im Sinne des § 8 Abs. 1 Nr. 2 SGB IV (vgl. Teil B 2.1 – Geringfügig Beschäftigte).

Für die Versicherung und Meldung geringfügiger Beschäftigungsverhältnisse in der Zusatzversorgung ist es gleichgültig, ob für die Versicherten die vollen Beiträge in die gesetzliche Rentenversicherung gezahlt werden oder nur der pauschale Beitrag durch den Arbeitgeber.

2.11.2 Steuer- und sozialversicherungsrechtliche Behandlung der Umlage bei geringfügig Beschäftigten

Im Rahmen der steuer- und sozialversicherungsrechtlichen Behandlung ist danach zu unterscheiden, ob es sich bei der geringfügigen Beschäftigung um ein erstes Beschäftigungsverhältnis handelt oder um eine weitere Beschäftigung (neben einer ersten).

E

Exkurs: Erstes Dienstverhältnis im Sinne des Steuerrechts

Bei der Regelung der Steuerfreiheit von Umlagen oder Beiträgen (§ 3 Nr. 56 und 63 EStG), sowie bei der pauschalen Versteuerung der Umlage (§ 40b EStG) wird stets darauf abgestellt, ob ein „erstes Dienstverhältnis" vorliegt oder nicht. Die Steuerfreiheit oder auch die Möglichkeit der Pauschalversteuerung ergibt sich nur, wenn die Finanzierungsleistungen „aus dem ersten Dienstverhältnis" erfolgen.

Ein „erstes Dienstverhältnis" i. S. der oben aufgeführten Vorschriften liegt dabei nicht nur dann vor, wenn es sich um eine Beschäftigung im öffentlichen Dienst handelt. Das Steuerrecht spricht vielmehr immer dann von einem „Dienstverhältnis", wenn eine Person „in einem öffentlichen oder privaten Dienst" angestellt ist (siehe hierzu § 1 Lohnsteuerdurchführungsverordnung – LStDV).

Besteht also neben einer Hauptbeschäftigung z. B. in der privaten Wirtschaft (mit Steuerklasse I – V) eine weitere Beschäftigung (evtl. mit Steuerklasse VI – oder auch eine geringfügige Beschäftigung) im öffentlichen oder kirchlichen Dienst, können für die Finanzierungsleistungen an die Zusatzversorgung (Umlage, Beiträge) die steuerbegünstigenden Regelungen der §§3 Nr. 56, 3 Nr. 63 und 40b EStG nicht genutzt werden.

Nach §19 Abs. 1 Nr. 3 EStG gelten Umlagen und Zusatzbeiträge einkommensteuerrechtlich als steuerpflichtiger Arbeitslohn, die nur in einem ersten Dienstverhältnis (Stkl. I–V) nach §40b EStG pauschal versteuert (Umlagen) bzw. nach §3 Nr. 56 EStG (Umlagen) oder §3 Nr. 63 EStG (Zusatzbeiträge) steuerfrei gestellt werden dürfen. Handelt es sich steuerrechtlich also um ein zweites oder weiteres Dienstverhältnis, so können die Aufwendungen weder pauschal versteuert oder steuerfrei gestellt werden, mit der Folge, dass es sich um steuerpflichtigen Arbeitslohn handelt. Steuerpflichtiger Arbeitslohn gilt generell auch als sozialversicherungspflichtiger Arbeitslohn, mit der Folge, dass für die Prüfung, ob ein geringfügiges Arbeitsverhältnis vorliegt, bei steuerrechtlich zweiten oder weiteren Arbeitsverhältnissen die Summe aus Arbeitslohn, Umlagen und Zusatzbeiträgen zu ermitteln ist.

Dabei gilt:

- Liegt nur eine geringfügige Beschäftigung vor, so sind Umlagen und Beiträge wie in „normalen Beschäftigungsverhältnissen" zu behandeln. Die Umlage ist dann in aller Regel nach §3 Nr. 56 EStG steuerfrei (Steuermerkmal „11"), der Zusatzbeitrag ist steuerfrei nach §3 Nr. 63 EStG (Steuermerkmal „01").
- Handelt es sich bei der geringfügigen Beschäftigung **nicht** um das **erste Dienstverhältnis**, können Umlagen nicht nach §3 Nr. 56 EStG steuerfrei gestellt und nicht nach §40b EStG pauschal versteuert werden. Der Zusatzbeitrag ist nicht nach §3 Nr. 63 EStG steuer- und sozialabgabenfrei. Somit sind Umlagen und Beiträge grundsätzlich individuell zu versteuern (Steuermerkmal „10" für die Umlage, „03" für die Beiträge).
- Ist die geringfügige Beschäftigung zwar **nicht das erste Dienstverhältnis, aber** der **erste Minijob**, so können das Arbeitsentgelt, die Umlagen und Zusatzbeiträge mit dem Pauschsteuersatz (2 %) nach §40a Abs. 2 EStG belegt werden, sofern die Summe aus Arbeitsentgelt und Umlagen und Beiträgen die monatliche Grenze von 450,00 € nicht übersteigt (Steuermerkmal „10" für die Umlage, „05" für den Beitrag). Statt der 2%-Besteuerung kann der Arbeitgeber auch alternativ die individuelle Besteuerung vornehmen (z. B. Grundfreibetrag ist nicht erreicht).
- Ist die geringfügige Beschäftigung nicht das erste Dienstverhältnis so erhöhen Umlage + Beitrag das Entgelt. Liegt diese Summe über 450,00 €, liegt keine geringfügige Beschäftigung mehr vor. Es ist dann volle Steuer- und Sozialversicherungspflicht gegeben (Steuermerkmal „10" für die Umlage, „03" für den Beitrag).

E

Beispiel 1 Einziges Arbeitsverhältnis als geringfügige Beschäftigung

Sachverhalt	Ein Beschäftigter übt nur eine geringfügige Beschäftigung aus. Monatlicher Verdienst 325,00 €, keine Jahressonderzahlung Umlage 3,75 %; Zusatzbeitrag 4 %
Lösung	Die Umlagen aus dem geringfügigen Beschäftigungsverhältnis werden nach § 3 Nr. 56 EStG steuerfrei gezahlt, der Zusatzbeitrag ist nach § 3 Nr. 63 EStG steuer- und sozialversicherungsfrei. Dem steuer- und dem sozialversicherungspflichtigen Bruttoentgelt sind keine Beträge hinzuzurechnen. **steuerrechtliche Behandlung der Umlage 2014** 325,00 € × 3,75 % = 12,19 € Die Umlage kann komplett steuerfrei gezahlt werden, da der Grenzbetrag nach § 3 Nr. 56 EStG (2014: 1.428,00 €) nicht ausgeschöpft ist. **sozialversicherungsrechtliche Behandlung der Umlage 2014** Die Summe aus steuerfreien und pauschal versteuerten Umlagen, höchstens jedoch 100,00 €, ist durch den Umlagesatz zu teilen. Aus diesem Betrag sind 2,5 % nach der Sozialversicherungsentgeltverordnung (SvEV) zu ermitteln. Das Ergebnis ist um 13,30 € zu vermindern. Steuerfreie Umlage: 12,19 € Pauschal versteuerte Umlage: 0,00 € Summe 12,19 € (max. 100,00 €) 12,19 € : 3,75 % = 325,07 € 325,07 € x 2,5 % = 8,13 € 8,13 € ./. 13,30 € = 0,00 € (Hinzurechnungsbetrag)

Meldung der Versicherungsabschnitte

Versicherungsabschnitte		Buchungsschlüssel			ZV-Entgelt	Umlage/Beitrag	Elternzeit-bezogene Kinderzahl
Beginn	Ende	Einzahler	Versicherungsmerkmal	Versteuerungsmerkmal	€ Cent	€ Cent	
01.01.2014	31.12.2014	01	10	11	3.900,00	146,25	
01.01.2014	31.12.2014	01	20	01	3.900,00	156,00	

Beispiel 2 Eine geringfügige Beschäftigung neben einer sozialversicherungspflichtigen Hauptbeschäftigung; Arbeitsentgelt + Umlagen + Beiträge < 450,00 € monatlich

Sachverhalt	Ein Beschäftigter übt neben einer Hauptbeschäftigung eine geringfügige Beschäftigung aus. Monatlicher Verdienst 325,00 €, keine Jahressonderzahlung
Lösung	Da es sich bei dem geringfügigen Beschäftigungsverhältnis nicht um das erste Dienstverhältnis handelt, können die Umlagen aus dem geringfügigen Beschäftigungsverhältnis nicht nach § 3 Nr. 56 EStG steuerfrei gestellt und nicht pauschal nach § 40b EStG versteuert werden. Der Zusatzbeitrag kann ebenfalls nicht nach § 3 Nr. 63 EStG steuer- und sozialversicherungsfrei gestellt werden. Da es sich aber um den ersten geringfügigen Minijob handelt, können das Arbeitsentgelt und die Umlagen und Beiträge mit einer Pauschsteuer von 2 % nach § 40a Abs. 2 EStG belegt werden, sofern die Summe aus Arbeitsentgelt und Umlagen und Beiträgen die monatliche Grenze von 450,00 € nicht übersteigt. monatlicher Verdienst 325,00 € Daraus Umlagen und Beiträge (3,75 % + 4 %) 25,19 € Summe: 325,00 € + 25,19 € = 350,19 € Die Summe 350,19 € liegt unter 450,00 € monatlich. Es kann eine Pauschsteuer von 2 % entrichtet werden. Weil der Zusatzbeitrag pauschal mit 2 % durch den Arbeitgeber versteuert wurde, ist das Steuermerkmal 05 zu melden. Die daraus resultierende Betriebsrente muss nur mit dem Ertragsanteil versteuert werden.

Meldung der Versicherungsabschnitte							
Versicherungsabschnitte		Buchungsschlüssel			ZV-Entgelt	Umlage/Beitrag	Elternzeitbezogene Kinderzahl
Beginn	Ende	Einzahler	Versicherungsmerkmal	Versteuerungsmerkmal	€ Cent	€ Cent	
01.01.2014	31.12.2014	01	10	10	3.900,00	146,25	
01.01.2014	31.12.2014	01	20	05	3.900,00	156,00	

Beispiel 3 Eine geringfügige Beschäftigung neben einer sozialversicherungspflichtigen Hauptbeschäftigung; Arbeitsentgelt + Umlagen + Beiträge > 450,00 € monatlich

Sachverhalt	Ein Beschäftigter übt neben einer Hauptbeschäftigung eine geringfügige Beschäftigung aus. Monatlicher Verdienst 420,00 €, keine Jahressonderzahlung
Lösung	Da es sich bei dem geringfügigen Beschäftigungsverhältnis nicht um das erste Dienstverhältnis handelt, können die Umlagen aus dem geringfügigen Beschäftigungsverhältnis nicht nach § 3 Nr. 56 EStG steuerfrei gestellt und nicht pauschal nach § 40b EStG versteuert werden. Der Zusatzbeitrag kann ebenfalls nicht nach § 3 Nr. 63 EStG steuer- und sozialversicherungsfrei gestellt werden. Da die Summe von Arbeitsentgelt und Umlage und Zusatzbeitrag den monatlichen Grenzwert von 450,00 € übersteigt, kann keine Pauschsteuer in Höhe von 2 % nach § 40a Abs. 2 EStG abgeführt werden. Die Umlage und der Zusatzbeitrag sind individuell zu versteuern. Monatlicher Verdienst 420,00 € Daraus Umlagen und Beiträge (3,75 % + 4 %) 32,55 € Summe: 420,00 € + 32,55 € = 452,55 € Die Summe 452,55 € liegt über 450,00 € monatlich. Es liegt keine geringfügige Beschäftigung vor. Die Umlagen und der Zusatzbeitrag sind individuell zu versteuern.

Meldung der Versicherungsabschnitte							
Versicherungsabschnitte		Buchungsschlüssel			ZV-Entgelt	Umlage/Beitrag	Elternzeitbezogene Kinderzahl
Beginn	Ende	Einzahler	Versicherungsmerkmal	Versteuerungsmerkmal	€ Cent	€ Cent	
01.01.2014	31.12.2014	01	10	10	5.040,00	189,00	
01.01.2014	31.12.2014	01	20	03	5.040,00	201,60	

E

Beispiel 4 Mehrere geringfügige Beschäftigungen neben einer sozialversicherungspflichtigen Hauptbeschäftigung; Arbeitsentgelt + Umlagen + Beiträge der zeitlich ersten geringfügigen Beschäftigung < 450,00 € monatlich

Sachverhalt	Ein Beschäftigter übt neben einer Hauptbeschäftigung mehrere geringfügige Beschäftigungen aus. Die Summe aus Arbeitsentgelt, Umlagen und Beiträgen der zeitlich ersten geringfügigen Beschäftigung ist kleiner oder gleich 450,00 €/Monat.
Lösung	Da es sich bei den geringfügigen Beschäftigungsverhältnissen nicht um das erste Dienstverhältnis handelt, können die Umlagen aus dem geringfügigen Beschäftigungsverhältnis nicht nach § 3 Nr. 56 EStG steuerfrei gestellt und nicht pauschal nach § 40b EStG versteuert werden. Der Zusatzbeitrag kann ebenfalls nicht nach § 3 Nr. 63 EStG steuer- und sozialversicherungsfrei gestellt werden. Die Summe aus Arbeitsentgelt, Umlagen und Zusatzbeiträgen der zeitlich ersten geringfügigen Beschäftigung („erster Minijob") kann mit einer Pauschsteuer von 2 % nach § 40a Abs. 2 EStG belegt werden, solange die Summe bis zu 450,00 € im Monat beträgt. Die Summe aus Arbeitsentgelt, Umlagen und Zusatzbeiträgen der zeitlich weiteren geringfügigen Beschäftigung kann pauschal mit 20 % nach § 40a Abs. 2a EStG versteuert werden, solange diese bis zu 450,00 € im Monat beträgt. Alternativ ist eine individuelle Versteuerung möglich. 1. Minijob (Beginn 01.05.2014) monatlicher Verdienst 100,00 € daraus Umlagen und Beiträge (3,75 % + 4 %) 7,75 € Summe: 100,00 € + 7,75 € = 107,75 € Es ist aus 107,75 € eine Pauschsteuer von 2 % zu entrichten. 2. Minijob (Beginn 01.06.2014) monatlicher Verdienst 200,00 € daraus Umlagen und Beiträge (3,75 % + 4 %) 15,50 € Summe: 200,00 € + 15,50 € = 215,50 € Der Betrag von 215,50 € kann nach § 40a Abs. 2a mit 20 % pauschal versteuert werden. Weil der Zusatzbeitrag pauschal mit 2 % bzw. 20 % versteuert wurde, ist das Steuermerkmal 05 zu melden. Die daraus resultierende Betriebsrente muss mit dem Ertragsanteil versteuert werden.

Meldung der Versicherungsabschnitte

Versicherungsabschnitte		Buchungsschlüssel			ZV-Entgelt	Umlage/Beitrag	Elternzeitbezogene Kinderzahl
Beginn	Ende	Einzahler	Versicherungsmerkmal	Versteuerungsmerkmal	€ Cent	€ Cent	
1. Minijob							
01.05.2014	31.12.2014	01	10	10	800,00	30,00	
01.05.2014	31.12.2014	01	20	05	800,00	32,00	
2. Minijob							
01.06.2014	31.12.2014	01	10	10	1.400,00	52,50	
01.06.2014	31.12.2014	01	20	05	1.400,00	56,00	

E

Beispiel 5 Mehrere geringfügige Beschäftigungen neben einer sozialversicherungspflichtigen Hauptbeschäftigung; Arbeitsentgelt + Umlagen + Beiträge der zeitlich ersten geringfügigen Beschäftigung > 450,00 € monatlich

Sachverhalt	Ein Beschäftigter übt neben einer Hauptbeschäftigung mehrere geringfügige Beschäftigungen aus. Die Summe aus Arbeitsentgelt, Umlagen und Beiträgen der zeitlich ersten geringfügigen Beschäftigung ist größer 450,00 €/Monat.
Lösung	Da es sich bei den geringfügigen Beschäftigungsverhältnissen nicht um das erste Dienstverhältnis handelt, können die Umlagen aus dem geringfügigen Beschäftigungsverhältnis nicht nach § 3 Nr. 56 EStG steuerfrei gestellt und nicht pauschal nach § 40b EStG versteuert werden. Der Zusatzbeitrag kann ebenfalls nicht nach § 3 Nr. 63 EStG steuer- und sozialversicherungsfrei gestellt werden. Da die Summe aus Arbeitsentgelt, Umlagen und Beiträgen der zeitlich ersten geringfügigen Beschäftigung größer als 450,00 €/Monat ist, liegt keine geringfügige Beschäftigung vor. Die Umlagen und Zusatzbeiträge sind **individuell** zu versteuern. Liegt die Summe aus Arbeitsentgelt, Umlagen und Beiträgen der weiteren geringfügigen Beschäftigung nicht höher als 450,00 €/Monat, so kann diese als erster Minijob angesehen und mit einer Pauschsteuer von 2 % belegt werden. Liegt die Summe aus Arbeitsentgelt, Umlagen und Beiträgen der weiteren geringfügigen Beschäftigung jedoch über 450,00 €/Monat, so ist keine Pauschversteuerung mit 2 % bzw. 20 % möglich. 1. Tätigkeit neben Hauptbeschäftigung (Beginn 01.05.2014) monatlicher Verdienst 420,00 € daraus Umlagen und Beiträge (3,75 % + 4 %) 32,55 € Summe: 420,00 € + 32,55 € = 452,55 € Es tritt Sozialversicherungspflicht ein. 2. Geringfügige Tätigkeit (Beginn 01.06.2014) monatlicher Verdienst 200,00 € daraus Umlagen und Beiträge (3,75 % + 4 %) 15,50 € Summe: 200,00 € + 15,50 € = 215,50 € Diese Tätigkeit kann jetzt als erster Minijob angesehen werden und mit Pauschsteuer von 2 % nach § 40a Abs. 2 EStG belegt werden.

Meldung der Versicherungsabschnitte

Versicherungsabschnitte		Buchungsschlüssel			ZV-Entgelt	Umlage/Beitrag	Elternzeit-bezogene Kinderzahl
Beginn	Ende	Einzahler	Versicherungsmerkmal	Versteuerungsmerkmal	€ Cent	€ Cent	
1. Tätigkeit							
01.05.2014	31.12.2014	01	10	10	3.360,00	126,00	
01.05.2014	31.12.2014	01	20	03	3.360,00	134,40	
2. Geringfügige Tätigkeit							
01.06.2014	31.12.2014	01	10	10	1.400,00	52,50	
01.06.2014	31.12.2014	01	20	05	1.400,00	56,00	

E

Beispiel 6 Mehrere geringfügige Beschäftigungen ohne Hauptbeschäftigung; Summe der geringfügigen Arbeitsentgelte + Umlagen + Beiträge < 450,00 € monatlich

Sachverhalt	Ein Beschäftigter übt mehrere geringfügige Beschäftigungen aus, ohne eine Hauptbeschäftigung zu haben.
Lösung	**1. Alternative:** Die Arbeitsentgelte, Umlagen und Zusatzbeiträge der Beschäftigungen sind zu addieren. Die Umlagen aus den geringfügigen Beschäftigungsverhältnissen können dann nicht nach § 3 Nr. 56 EStG steuerfrei gestellt und nicht pauschal nach § 40b EStG versteuert werden. Der Zusatzbeitrag kann ebenfalls nicht nach § 3 Nr. 63 EStG steuer- und sozialversicherungsfrei gestellt werden, da es sich bei den geringfügigen Beschäftigungsverhältnissen nicht um das erste Dienstverhältnis handelt. Die Summe der Minijobs können dann mit einer Pauschsteuer in Höhe von 2 % belegt werden, da die Summe von Arbeitsentgelten der geringfügigen Beschäftigungsverhältnisse zuzüglich der Umlage und des Zusatzbeitrages unter 450,00 € monatlich liegen. **2. Alternative** Eine der beiden Beschäftigungen könnte als Hauptbeschäftigung deklariert werden. Die Umlagen und Zusatzbeiträge wären dann steuer- und sozialabgabenfrei (wie Beispiel 1). Das weitere Beschäftigungsverhältnis kann als 1. geringfügiges Beschäftigungsverhältnis angesehen werden und mit einer Pauschsteuer von 2 % belegt werden (wie Beispiel 2).
	1. Tätigkeit (Beginn 01.05.2014) monatlicher Verdienst 100,00 € daraus Umlagen und Beiträge (3,75 % + 4 %) 7,75 € Summe: 100,00 € + 7,75 € = 107,75 € 2. Geringfügige Tätigkeit (Beginn 01.06.2014) monatlicher Verdienst 200,00 € daraus Umlagen und Beiträge (3,75 % + 4 %) 15,50 € Summe: 200,00 € + 15,50 € = 215,50 €

Meldung der Versicherungsabschnitte (zu Alternative 2)

Versicherungsabschnitte		Buchungsschlüssel			ZV-Entgelt	Umlage/Beitrag	Elternzeitbezogene Kinderzahl
Beginn	Ende	Einzahler	Versicherungsmerkmal	Versteuerungsmerkmal	€ Cent	€ Cent	
1. Geringfügige Tätigkeit							
01.05.2014	31.12.2014	01	10	11	800,00	30,00	
01.05.2014	31.12.2014	01	20	01	800,00	32,00	
2. Geringfügige Tätigkeit							
01.06.2014	31.12.2014	01	10	10	1.400,00	52,50	
01.06.2014	31.12.2014	01	20	05	1.400,00	56,00	

Beispiel 7 Mehrere geringfügige Beschäftigungen ohne Hauptbeschäftigung; Summe der geringfügigen Arbeitsentgelte + Umlagen + Beiträge > 450,00 € monatlich

Sachverhalt	Ein Beschäftigter übt mehrere geringfügige Beschäftigungen aus, ohne eine Hauptbeschäftigung zu haben.
Lösung	**1. Alternative** Die Arbeitsentgelte, Umlagen und Zusatzbeiträge der Beschäftigungen sind zu addieren. Liegt die Summe über 450,00 € dürfen keine Pauschalabgaben nach § 40a Abs. 2 EStG erhoben werden. Das zuerst begonnene Beschäftigungsverhältnis kann dann zum ersten Dienstverhältnis werden, d. h. in diesem Arbeitsverhältnis können die Umlagen nach § 3 Nr. 56 EStG steuerfrei gestellt und pauschal nach § 40b EStG versteuert werden und der Zusatzbeitrag nach § 3 Nr. 63 EStG steuerfrei gestellt werden. Die Umlagen und Zusatzbeiträge aus den weiteren Beschäftigungsverhältnissen sind individuell zu versteuern. **2. Alternative** Die jeweiligen Arbeitgeber könnten eine Pauschalierung der Lohnsteuer gem. § 40 Abs. 2a EStG mit 20 % vornehmen. 1. Geringfügige Tätigkeit (Beginn 01.05.2014) monatlicher Verdienst 280,00 € daraus Umlagen und Beiträge (3,75 % + 4 %) 21,70 € Summe: 280,00 € + 21,70 € = 301,70 € 2. Geringfügige Tätigkeit (Beginn 01.06.2014) monatlicher Verdienst 200,00 € daraus Umlagen und Beiträge (3,75 % + 4 %) 15,50 € Summe: 200 € + 15,50 € = 215,50 € Summe beider Beschäftigungen: 301,70 € + 215,50 = 517,20 € Die Summe der Tätigkeiten liegt über 450,00 €/Monat. Die am 01.05. begonnene Tätigkeit kann als erstes Dienstverhältnis gesehen werden, d. h. die Umlagen werden nach § 3 Nr. 56 EStG steuerfrei gestellt und der Zusatzbeitrag wird nach § 3 Nr. 63 EStG steuerfrei gezahlt. Die Umlagen und Zusatzbeiträge des weiteren Arbeitsverhältnisses sind individuell zu versteuern, wenn beide Arbeitgeber nicht die pauschale Versteuerung mit 20 % wählen.

Meldung der Versicherungsabschnitte (zu Alternative 1)

Versicherungsabschnitte		Buchungsschlüssel			ZV-Entgelt	Umlage/Beitrag	Elternzeitbezogene Kinderzahl
Beginn	Ende	Einzahler	Versicherungsmerkmal	Versteuerungsmerkmal	€ Cent	€ Cent	
1. Tätigkeit							
01.05.2014	31.12.2014	01	10	11	2.240,00	84,00	
01.05.2014	31.12.2014	01	20	01	2.240,00	89,60	
2. Tätigkeit							
01.06.2014	31.12.2014	01	10	10	1.400,00	52,50	
01.06.2014	31.12.2014	01	20	03	1.400,00	56,00	

E

2.12 Jahressonderzahlung

Anspruch auf Jahressonderzahlung haben Beschäftigte, die am 1. Dezember im Arbeitsverhältnis stehen (§ 20 Abs. 1 TVöD). Die Jahressonderzahlung wird mit dem Tabellenentgelt für den Monat November ausgezahlt (§ 20 Abs. 6 TVöD). Sie ist grundsätzlich zusatzversorgungspflichtiges Entgelt. Dies gilt auch für Entgeltbestandteile, die in die Bemessungsgrundlage der Jahressonderzahlung einfließen, ohne selbst zusatzversorgungspflichtig zu sein (z. B. Nachtarbeitszuschläge). Ein Kindererhöhungsbetrag, der mit der

Jahressonderzahlung gezahlt wird, ist stets in vollem Umfang zusatzversorgungspflichtig, auch wenn nur ein Teil der Jahressonderzahlung zusatzversorgungspflichtig ist.

Seit dem 1. Januar 2012 gelten auch Zeiten eines Mutterschutzes als Umlagemonate und sind insoweit bei Berechnung der (anteiligen) Jahressonderzahlung zu berücksichtigen. Zeiten einer Elternzeit zählen dagegen nicht als Umlagemonate.

2.12.1 Jahressonderzahlungen, die dem Beschäftigten während eines bestehenden Arbeitsverhältnisses zufließen

Jahressonderzahlungen, die während eines bestehenden Arbeitsverhältnisses gezahlt werden, sind grundsätzlich zusatzversorgungspflichtiges Entgelt. Dies gilt allerdings nur insoweit, als bei der Bemessung dieser Jahressonderzahlung Monate zu berücksichtigen sind, für die Umlagen oder Beiträge für laufendes Entgelt anfallen (§ 62 Abs. 2 Buchst. e d. S.). Damit ist nur der Teil der Jahressonderzahlung zusatzversorgungspflichtig, der für Monate – auch Teilmonate – gezahlt wird, für die Umlagen/Beiträge für laufendes zusatzversorgungspflichtiges Entgelt zu entrichten sind. Für die Ermittlung des zusatzversorgungspflichtigen Entgelts ist somit der Betrag der Jahressonderzahlung in so vielen Zwölfteln zusatzversorgungspflichtiges Entgelt, als Umlagemonate/Beitragsmonate angefallen sind. Seit dem 1. Januar 2012 gelten auch Zeiten eines Mutterschutzes als Umlagemonate und sind insoweit bei Berechnung der (anteiligen) Jahressonderzahlung zu berücksichtigen.

Wird eine zusatzversorgungspflichtige Jahressonderzahlung in einem Zeitraum ohne laufendes Entgelt (Versicherungsmerkmal 40 und 28) oder während der Zeit eines Mutterschutzes gezahlt, ist ein gesonderter Versicherungsabschnitt zu bilden.

Die Regelung des § 62 Abs. 2 Buchst. e d. S. gilt nicht für die Sparkassensonderzahlung (vgl. Teil E 2.18) und für Waldarbeiter (vgl. Teil E 2.22).

Beispiel 1 Jahressonderzahlung während des Mutterschutzes

Sachverhalt	Dauer des Mutterschutzes: Tag der Geburt des Kindes:	05.08.2014 – 15.11.2014 20.09.2014
	Ende November 2014 wird die Jahressonderzahlung (3.000,00 €) gezahlt.	
Lösung	Die Mutterschutzzeit ist für die gesamte Dauer mit Versicherungsmerkmal 27 zu melden. Die Elternzeit schließt sich unmittelbar an die Mutterschutzzeit an. Von der Jahressonderzahlung in Höhe von 3.000,00 € ($^{12}/_{12}$) sind $^{11}/_{12}$ (2.750,00 €) zusatzversorgungspflichtig, da 11 Monate mit Umlagen belegt sind. Dabei gelten auch die Mutterschutzzeiten als Umlagemonate – nicht aber die Elternzeit. Die Jahressonderzahlung wird im November gezahlt. Die Mutterschutzzeit, die zu diesem Zeitpunkt besteht, wird durch die Meldung der Jahressonderzahlung nicht unterbrochen. Vielmehr ist die Jahressonderzahlung in einem eigenen Versicherungsabschnitt für den gesamten Monat, in dem die Zahlung erfolgt ist, zu bilden. Der Versicherungsabschnitt mit der Jahressonderzahlung tritt neben den Versicherungsabschnitt für die Mutterschutzzeit. Somit entsteht im November eine Rentenanwartschaft sowohl aus der fiktiven Entgeltfortzahlung während der Mutterschutzzeit als auch aus der Jahressonderzahlung.	

Meldung der Versicherungsabschnitte

Versicherungsabschnitte		Buchungsschlüssel			ZV-Entgelt	Umlage/Beitrag	Elternzeitbezogene Kinderzahl
Beginn	Ende	Einzahler	Versicherungsmerkmal	Versteuerungsmerkmal	€ Cent	€ Cent	
01.01.2014	04.08.2014	01	10	10	14.453,33	542,00	
01.01.2014	04.08.2014	01	10	11	9.546,67	358,00	
01.01.2014	04.08.2014	01	20	01	24.000,00	960,00	
05.08.2014	15.11.2014	01	27	00	9.500,00	0,00	
01.11.2014	30.11.2014	01	10	10	2.750,00	103,13	
01.11.2014	30.11.2014	01	20	01	2.750,00	110,00	
16.11.2014	31.12.2014	01	28	00			1

Beispiel 2 Jahressonderzahlung während der Elternzeit

Sachverhalt	Dauer des Mutterschutzes: Tag der Geburt des Kindes:	28.04.2014 – 13.08.2014 15.06.2014
	Ende November 2014 wird die Jahressonderzahlung (2.400,00 €) gezahlt.	
Lösung	Die Mutterschutzzeit ist für die gesamte Dauer mit Versicherungsmerkmal 27 zu melden. Die Elternzeit schließt sich unmittelbar an die Mutterschutzzeit an. Von der Jahressonderzahlung in Höhe von 2.400,00 € ($^{12}/_{12}$) sind nur 1.600,00 € ($^{8}/_{12}$) zusatzversorgungspflichtig, da nur acht Monate mit Umlagen belegt sind. Dabei gelten auch die Mutterschutzzeiten als Umlagemonate – nicht aber die Elternzeit. Da die Jahressonderzahlung im November gezahlt wird und zu diesem Zeitpunkt das Beschäftigungsverhältnis wegen der Elternzeit ruht, ist für die Jahressonderzahlung ein eigener Versicherungsabschnitt für den gesamten Monat, in dem die Zahlung erfolgt ist, zu bilden. Der Versicherungsabschnitt mit der Jahressonderzahlung tritt neben den Versicherungsabschnitt für die Elternzeit. Somit entsteht im November eine Rentenanwartschaft sowohl aus der sozialen Komponente (500,00 € wegen Elternzeit) als auch aus der Jahressonderzahlung.	

E

Meldung der Versicherungsabschnitte							
Versicherungsabschnitte		Buchungsschlüssel			ZV-Entgelt	Umlage/Beitrag	Elternzeit-bezogene Kinderzahl
Beginn	Ende	Ein-zahler	Versiche-rungs-merkmal	Versteue-rungs-merkmal	€ Cent	€ Cent	
01.01.2014	27.04.2014	01	10	11	10.000,00	375,00	
01.01.2014	27.04.2014	01	20	01	10.000,00	400,00	
28.04.2014	13.08.2014	01	27	00	8.750,00	0,00	
14.08.2014	31.12.2014	01	28	00	0,00	0,00	1
01.11.2014	30.11.2014	01	10	11	1.600,00	60,00	
01.11.2014	30.11.2014	01	20	01	1.600,00	64,00	

Beispiel 3 Jahressonderzahlung bei Mutterschutz und Elternzeit

Sachverhalt	Dauer des Mutterschutzes 14.11.2013 bis 26.02.2014 Tag der Geburt des Kindes 01.01.2014 Elternzeit wurde beantragt. Ende November 2013 und 2014 wurde die Jahressonderzahlung gezahlt.
Lösung	Für 2013 ist die Jahressonderzahlung in vollem Umfang zusatzversorgungspflichtig, weil auch die Mutterschutzzeiten als Umlagemonate zählen. Sie ist in dem Zeitraum 01.01.– 13.11.2013 mit zu melden (da der Monat November bereits als Umlagemonat belegt ist). Für 2014 ist die Jahressonderzahlung zu $^{2}/_{12}$ zusatzversorgungspflichtig, weil im Jahr 2014 nur die Mutterschutzzeiten als Umlagemonate zählen. Hier erfolgt die Meldung in einem gesonderten Versicherungsabschnitt (1.11.2014 – 30.11.2014).

Meldung der Versicherungsabschnitte							
Versicherungsabschnitte		Buchungsschlüssel			ZV-Entgelt	Umlage/Beitrag	Elternzeit-bezogene Kinderzahl
Beginn	Ende	Ein-zahler	Versiche-rungs-merkmal	Versteue-rungs-merkmal	€ Cent	€ Cent	
01.01.2013	13.11.2013	01	10	10	30.000,00	1.125,00	
01.01.2013	13.11.2013	01	20	01	30.000,00	1.200,00	
14.11.2013	31.12.2013	01	27	00	4.200,00	0,00	
01.01.2014	26.02.2014	01	27	00	5.100,00	0,00	
27.02.2014	31.12.2014	01	28	00	0,00	0,00	1
01.11.2014	30.11.2014	01	10	11	500,00	18,75	
01.11.2014	30.11.2014	01	20	01	500,00	20,00	

Beispiel 4 Ablauf der Bezugsfristen für Krankenbezüge Jahressonderzahlung

Sachverhalt	Der Beschäftigte war bis einschließlich 14.08.2014 arbeitsunfähig erkrankt. Bis 28.06.2014 bestand Anspruch auf Krankenbezüge (§ 22 TVöD). Ab 15.08.2014 hat er wieder die Arbeit aufgenommen. Die Jahressonderzahlung wurde im November 2014 gezahlt.
Lösung	Die Jahressonderzahlung in Höhe von 11/12 ist zusatzversorgungspflichtig, da für den Monat Juli keine Umlagen/Beiträge angefallen sind. Sie ist mit den laufenden Entgelten im Zeitraum 15.08. – 31.12.2014 zu melden. Die Zeit mit Arbeitsentgelt und Krankenbezügen ist mit dem Buchungsschlüssel 01 10 10 bzw. 01 20 01 zu melden. Die Zeit ohne Krankenbezüge ist als Fehlzeit, also mit dem Buchungsschlüssel 01 40 00 zu melden.

Meldung der Versicherungsabschnitte

Versicherungsabschnitte		Buchungsschlüssel			ZV-Entgelt	Umlage/Beitrag	Elternzeit-bezogene Kinderzahl
Beginn	Ende	Ein-zahler	Versiche-rungs-merkmal	Versteue-rungs-merkmal	€ Cent	€ Cent	
01.01.2014	28.06.2014	01	10	10	21.600,00	810,00	
01.01.2014	28.06.2014	01	20	01	21.600,00	864,00	
29.06.2014	14.08.2014	01	40	00	0,00	0,00	
15.08.2014	31.12.2014	01	10	10	19.500,00	731,25	
15.08.2014	31.12.2014	01	20	01	19.500,00	780,00	

Beispiel 5 17. Lebensjahr Jahressonderzahlung

Sachverhalt	Der Auszubildende wurde eingestellt zum Der 17. Geburtstag ist am Anmeldung zur Zusatzversorgung erfolgte am 16.06.2014. Es besteht Anspruch auf Jahressonderzahlung.	01.09.2013 16.06.2014
Lösung	Von der Jahressonderzahlung sind nur 7/12 zusatzversorgungspflichtig, weil nur in den Monaten Juni bis Dezember Umlagen/Beiträge angefallen sind. Die Umlage ist nach § 3 Nr. 56 EStG steuerfrei, da der Grenzbetrag (2014: 1.428,00 € abzüglich Zusatzbeitrag) nicht ausgeschöpft wurde. Die Jahressonderzahlung ist mit den Entgelten im Zeitraum 16.06. – 31.12.2014 zu melden.	

Meldung der Versicherungsabschnitte

Versicherungsabschnitte		Buchungsschlüssel			ZV-Entgelt	Umlage/Beitrag	Elternzeit-bezogene Kinderzahl
Beginn	Ende	Ein-zahler	Versiche-rungs-merkmal	Versteue-rungs-merkmal	€ Cent	€ Cent	
16.06.2014	31.12.2014	01	10	11	9.000,00	337,50	
16.06.2014	31.12.2014	01	20	01	9.000,00	360,00	

E

2.12.2 Jahressonderzahlung bei Beendigung des Beschäftigungsverhältnisses

Jahressonderzahlungen, die aus Anlass der Beendigung oder des Eintritts des Ruhens des Arbeitsverhältnisses gezahlt werden, sind grundsätzlich kein zusatzversorgungspflichtiges Entgelt (§ 62 Abs. 2 Buchst. d d. S.). Diese Satzungsregelung ist insoweit nahezu ohne Bedeutung, als es nach dem TVöD (anders als noch im BAT) bei Ausscheiden eines Beschäftigten vor dem 1. Dezember des Jahres keine anteilige Jahressonderzahlung mehr gibt (allerdings erhalten Beschäftigte nach dem TVöD-K auch dann eine Jahressonderzahlung, wenn das Beschäftigungsverhältnis vor dem 1. Dezember endet; ebenso Beschäftigte, die bis zum 31. März 2005 Altersteilzeit vereinbart haben). Ein Anspruch auf eine (anteilige) Jahressonderzahlung entfällt auch dann, wenn der Beschäftigte weiterhin im öffentlichen Dienst beschäftigt bleibt – also lediglich den Arbeitgeber wechselt. Eine „Billigung" des Wechsels, mit der Folge, dass eine anteilige Jahressonderzahlung pro Arbeitgeber anfällt, ist nicht mehr vorgesehen.

Für Saisonbeschäftigte existiert keine besondere Tarifregelung, sodass bei diesen Beschäftigten, die wiederholt in einem immer wieder neu auf die Saison abgeschlossenen befristeten Arbeitsverhältnis beschäftigt werden, allein der Stichtag 01.12. gilt. Steht der Saisonbeschäftigte am 01.12. nicht im Arbeitsverhältnis, besteht kein Anspruch auf eine Jahressonderzahlung.

Steuerrechtlich wird eine laufende zusatzversorgungspflichtige Zahlung, die nach der Beendigung des Arbeitsverhältnisses erfolgt, grundsätzlich dem letzten Entgelt zugeordnet, wenn die Zahlung im Jahr des Ausscheidens erfolgt.

Sonstige Bezüge, die nicht als laufendes Entgelt gezahlt werden (z. B. Jahressonderzahlung), können aber nach dem Ende des Beschäftigungsverhältnisses nicht mehr der Beschäftigung zugeordnet werden. Es liegt in diesen Fällen also kein zusatzversorgungspflichtiges Entgelt vor (siehe auch Teil D 2.2.3).

E

Beispiel 1 Ausscheiden wegen Geburt

Sachverhalt	Die Beschäftigte ▸ ist in Mutterschutz ab 25.08.2014 ▸ Geburt des Kindes am 06.10.2014 ▸ scheidet aus mit Ablauf des 01.12.2014 (Ende des Mutterschutzes). Es besteht Anspruch auf die Jahressonderzahlung.
Lösung	Die Jahressonderzahlung wird in voller Höhe gezahlt, weil das Arbeitsverhältnis am 01.12.2014 (noch) bestanden hat. Die Jahressonderzahlung ist grundsätzlich zusatzversorgungspflichtig, da sie nicht aus Anlass der Beendigung des Arbeitsverhältnisses gezahlt wurde. Sie ist in voller Höhe zusatzversorgungspflichtig, da auch die Zeiten des Mutterschutzes als Umlagemonate gelten. Für den Monat der Zahlung der Jahressonderzahlung ist ein eigener zusätzlicher Versicherungsabschnitt zu bilden. Ein Teil der Umlage ist nach § 3 Nr. 56 EStG steuerfrei, da der Grenzbetrag (2014: 1.428,00 €) nicht durch die Beiträge nach § 3 Nr. 63 EStG voll ausgeschöpft ist.

Meldung der Versicherungsabschnitte							
Versicherungsabschnitte		Buchungsschlüssel			ZV-Entgelt	Umlage/Beitrag	Elternzeit-bezogene Kinderzahl
Beginn	Ende	Einzahler	Versicherungsmerkmal	Versteuerungsmerkmal	€ Cent	€ Cent	
01.01.2014	24.08.2014	01	10	10	5.920,00	222,00	
01.01.2014	24.08.2014	01	10	11	14.080,00	528,00	
01.01.2014	24.08.2014	01	20	01	20.000,00	800,00	
25.08.2014	01.12.2014	01	27	00	8.000,00	0,00	
01.11.2014	30.11.2014	01	10	10	2.500,00	93,75	
01.11.2014	30.11.2014	01	20	01	2.500,00	100,00	

Beispiel 2 Wechsel des Beschäftigungsverhältnisses innerhalb des kommunalen öffentlichen Dienstes

Sachverhalt	Der Beschäftigte scheidet mit Ablauf des 30.06.2014 bei der Gemeinde A aus und wechselt zum 01.07.2014 zum Landratsamt L. Das Entgelt bei der Gemeinde A betrug 3.500,00 € pro Monat, beim Landkreis L 3.800,00 € pro Monat.
Lösung	Aus dem Beschäftigungsverhältnis zur Gemeinde A besteht kein Anspruch auf eine anteilige Jahressonderzahlung, weil der Beschäftigte dort nicht zum 01.12. im Arbeitsverhältnis steht. Die beim Landratsamt L zustehende Jahressonderzahlung wird um 6/12 gekürzt, weil der Beschäftigte für die Monate Januar bis Juni keinen Anspruch auf Entgelt aus dem am 01.12. bestehenden Beschäftigungsverhältnis hat. Die Jahressonderzahlung ist dem zusatzversorgungspflichtigen Entgelt hinzuzurechnen. Für beide Beschäftigungsverhältnisse gilt je der steuerfreie Umlagebetrag von 1.428,00 € (im Jahr 2014) – abzüglich des jeweiligen Zusatzbeitrages.

Meldung der Versicherungsabschnitte Gemeinde A							
Versicherungsabschnitte		Buchungsschlüssel			ZV-Entgelt	Umlage/Beitrag	Elternzeit-bezogene Kinderzahl
Beginn	Ende	Einzahler	Versicherungsmerkmal	Versteuerungsmerkmal	€ Cent	€ Cent	
01.01.2014	30.06.2014	01	10	10	5.320,00	199,50	
01.01.2014	30.06.2014	01	10	11	15.680,00	588,00	
01.01.2014	30.06.2014	01	20	01	21.000,00	840,00	
Meldung der Versicherungsabschnitte Landkreis L							
Versicherungsabschnitte		Buchungsschlüssel			ZV-Entgelt	Umlage/Beitrag	Elternzeit-bezogene Kinderzahl
Beginn	Ende	Einzahler	Versicherungsmerkmal	Versteuerungsmerkmal	€ Cent	€ Cent	
01.07.2014	31.12.2014	01	10	10	10.114,67	379,30	
01.07.2014	31.12.2014	01	10	11	13.205,33	495,20	
01.07.2014	31.12.2014	01	20	01	23.320,00	932,80	

2.12.3 Jahressonderzahlung bei Waldarbeitern

Bei Waldarbeitern, auf deren Arbeitsverhältnis der Tarifvertrag zur Regelung der Arbeitsbedingungen von Beschäftigten in forstwirtschaftlichen Verwaltungen, Einrichtungen und Betrieben der Länder (TV-Forst) Anwendung findet, kann die volle Jahressonderzahlung zusatzversorgungspflichtig sein. Die Verminderung der Bezüge unterbleibt bei Forstarbeitern (die unter den TVÜ-Forst fallen) für Kalendermonate, für die der Beschäftigte nur deshalb keine Bezüge erhalten hat, weil das Beschäftigungsverhältnis infolge außerordentlicher Witterungseinflüsse beendet worden war (§ 19 Abs. 1 Buchst. d Satz 10 TVÜ-Forst – gültig nur für einzelne Bundesländer, u. a. Bayern).

Beispiel Ständiger Waldarbeiter Jahressonderzahlung

Sachverhalt	Auf das Arbeitsverhältnis finden die Regelungen des TV-Forst Anwendung. Die Tätigkeit wird am 14.03.2014 wieder aufgenommen. Das Arbeitsverhältnis endet witterungsbedingt am 30.11.2014. Der Waldarbeiter hat Anspruch auf Jahressonderzahlung.
Lösung	Bei Beginn der Tätigkeit ist eine Anmeldung, bei Ende des Arbeitsverhältnisses eine Abmeldung mit dem Abmeldegrund 27 zu fertigen, da ein Anspruch auf Wiedereinstellung besteht. Die Jahressonderzahlung für die Unterbrechungszeit ist zusatzversorgungspflichtig und in dem Entgelt von 17.500,00 € enthalten.

Meldung der Versicherungsabschnitte

Versicherungsabschnitte		Buchungsschlüssel			ZV-Entgelt	Umlage/Beitrag	Elternzeitbezogene Kinderzahl
Beginn	Ende	Einzahler	Versicherungsmerkmal	Versteuerungsmerkmal	€ Cent	€ Cent	
14.03.2014	30.11.2014	01	10	11	17.500,00	656,25	
14.03.2014	30.11.2014	01	20	01	17.500,00	700,00	

2.12.4 Jahressonderzahlung für Monate mit Krankengeldzuschuss und für Zeiten des freiwilligen Wehrdienstes

Für Monate, in denen Anspruch auf Krankengeldzuschuss besteht, ist in der Zusatzversorgung ein fiktives Entgelt nach § 21 TVöD zu melden (siehe Teil E 2.13). Die Jahressonderzahlung ist für diesen Zeitraum fiktiv zu ermitteln. Solange Anspruch auf Entgeltfortzahlung bzw. Krankengeldzuschuss besteht, mindert sich auch tariflich die Jahressonderzahlung nicht. Damit ist für diese Dauer – also auch für den Zeitraum, in dem Anspruch auf Krankengeldzuschuss besteht und in der Zusatzversorgung eine fiktive Entgeltfortzahlung zu unterstellen ist – die Jahressonderzahlung nicht zu kürzen.

Gleiches gilt auch für Zeiten des freiwilligen Wehrdienstes. Der Arbeitgeber hat während des freiwilligen Wehrdienstes die Beiträge nach § 14a ArbPlSchG weiter zu entrichten, und zwar in der Höhe, in der sie zu entrichten gewesen wären, wenn das Arbeitsverhältnis aus Anlass der Einberufung des Arbeitnehmers nicht ruhen würde. Damit ist also in der daraus folgenden fiktiven Entgeltberechnung stets eine ungekürzte Jahressonderzahlung anzusetzen.

Für Zeiten des Bundesfreiwilligendienstes besteht keine Versicherungspflicht in der Zusatzversorgung.

Beispiel 1 Freiwilliger Wehrdienst Jahressonderzahlung

Sachverhalt	Beginn des freiwilligen Wehrdienstes 03.07.2014 Monatliche Vergütung 1.500,00 € Die Jahressonderzahlung für die Zeit vom 01.01. bis 02.07.2014 in Höhe von 875,00 € (7/12) wurde Ende November 2014 gezahlt.
Lösung	Der Arbeitgeber hat für die Zeit des Wehrdienstes die Umlagen und Beiträge in der Höhe weiter zu entrichten, in der sie zu entrichten gewesen wären, wenn das Arbeitsverhältnis aus Anlass der Einberufung des Beschäftigten nicht ruhen würde (§ 14a ArbPlSchG). Für die Zeit des Wehrdienstes ab dem 03.07.2014 fallen Umlagen und Beiträge aus einem – fiktiven – laufenden zusatzversorgungspflichtigen Entgelt an. Die Jahressonderzahlung, die sich aus der tatsächlich gezahlten Zuwendung in Höhe von 875,00 € und der fiktiv ermittelten Zuwendung für die Zeit ab 03.07.2014 zusammensetzt (insgesamt 1.500,00 €), ist zusatzversorgungspflichtig. Ab Beginn des freiwilligen Wehrdienstes ist kein gesonderter Versicherungsabschnitt zu bilden.

Meldung der Versicherungsabschnitte

Versicherungsabschnitte		Buchungsschlüssel			ZV-Entgelt	Umlage/Beitrag	Elternzeitbezogene Kinderzahl
Beginn	Ende	Einzahler	Versicherungsmerkmal	Versteuerungsmerkmal	€ Cent	€ Cent	
01.01.2014	31.12.2014	01	10	10	928,33	34,81	
01.01.2014	31.12.2014	01	10	11	17.946,67	673,00	
01.01.2014	31.12.2014	01	20	01	18.875,00	755,00	

E

Beispiel 2 Anspruch auf Krankengeldzuschuss Jahressonderzahlung

Sachverhalt	Der Beschäftigte arbeitet in der Zeit vom 01.01.2014 bis 15.03.2014. In der Zeit vom 16.03.2014 bis 13.09.2014 ist er arbeitsunfähig erkrankt. Am 14.09.2014 nimmt er die Arbeit wieder auf.
Lösung	Der Beschäftigte erhält für die Zeit vom 16.03.2014 bis 26.04.2014 Entgeltfortzahlung (sechs Wochen). In der Zeit vom 27.04.2014 bis 13.09.2014 (20 Wochen) besteht Anspruch auf Krankengeldzuschuss (§ 22 TVöD). In dieser Zeit ist ein fiktives Entgelt nach § 62 Abs. 2 Satz 4 d. S. i. V. m. § 21 TVöD als zusatzversorgungspflichtiges Entgelt zu melden. Die Jahressonderzahlung, die auf die Zeit entfällt, für die Anspruch auf Krankengeldzuschuss besteht, ist zusatzversorgungspflichtig, da für diese Zeit ein laufendes – wenn auch fiktives – Entgelt angefallen ist, aus dem Umlagen/Beiträge zu entrichten waren. Die Jahressonderzahlung ist damit in voller Höhe (12/12) zusatzversorgungspflichtig.

Meldung der Versicherungsabschnitte							
Versicherungsabschnitte		Buchungsschlüssel			ZV-Entgelt	Umlage/Beitrag	Elternzeit-bezogene Kinderzahl
Beginn	Ende	Ein-zahler	Versiche-rungs-merkmal	Versteue-rungs-merkmal	€ Cent	€ Cent	
01.01.2014	31.12.2014	01	10	10	36.000,00	1.350,00	
01.01.2014	31.12.2014	01	20	01	36.000,00	1.440,00	

2.13 Krankheit

Werden während einer Krankheit Entgeltfortzahlung geleistet oder besteht ein Anspruch auf Krankengeldzuschuss, ist ein zusatzversorgungspflichtiges Entgelt mit dem Buchungsschlüssel 01 10 10 bzw. 01 10 11 so lange zu melden, bis kein Anspruch auf Krankenbezüge mehr besteht. Bei fortdauernder Krankheit ist anschließend eine Fehlzeit mit Buchungsschlüssel 01 40 00 zu melden.

Der Krankengeldzuschuss ist zwar steuerpflichtiger Arbeitslohn aber kein zusatzversorgungspflichtiges Entgelt (§ 62 Abs. 2 Satz 2 Buchst. c d. S.). Für die Zeit, in der Anspruch auf Krankengeldzuschuss besteht, ist als zusatzversorgungspflichtiges Entgelt eine fiktive Entgeltzahlung nach § 21 TVöD zu melden (§ 62 Abs. 2 Satz 4 d. S.).

Hinweis:

Steuerrechtliche und sozialversicherungsrechtliche Behandlung der Umlage und des Zusatzbeitrages für das – fiktive – zusatzversorgungspflichtige Entgelt.

Steuerrechtliche Behandlung:

- Die **Umlage** ist in einem ersten Dienstverhältnis nach § 3 Nr. 56 EStG ab dem Jahr 2014 bis zu 2 % der Beitragsbemessungsgrenze der gesetzlichen Rentenversicherung steuerfrei zu stellen. Damit können im Jahr 2014 Umlagen bis zu 1.428,00 € jährlich (= 119,00 € monatlich) steuerfrei sein, sofern der Grenzbetrag nicht schon durch Beiträge nach § 3 Nr. 63 EStG aufgezehrt wurde. Darüber hinaus ist die Umlage bis zu einem Betrag von monatlich 89,48 € vom Arbeitgeber pauschal zu versteuern (vgl. Teil D 5.1.1). Übersteigt die Umlage den Betrag von 89,48 € monatlich, ist der übersteigende Betrag dem steuerpflichtigen Entgelt hinzuzurechnen.
  Bei Lohnsteuerklasse VI (= zweites Dienstverhältnis) ist die Umlage generell dem steuerpflichtigen Entgelt zuzurechnen.
- Der **Pflicht- bzw. Zusatzbeitrag** ist in einem ersten Dienstverhältnis nach § 3 Nr. 63 EStG steuerfrei. Über diesen Grenzwert hinaus entrichtete Beiträge können bei Altzusagen noch nach § 40b EStG alter Fassung pauschal versteuert werden (vgl. Teil D 5.1.2). Darüber hinaus entrichtete Beiträge sind dem steuerpflichtigen Entgelt hinzuzurechnen. Bei Lohnsteuerklasse VI (= zweites Dienstverhältnis) ist der Beitrag generell dem steuerpflichtigen Entgelt hinzuzurechnen.

E

Sozialversicherungsrechtliche Behandlung:

- Nach § 23c Abs. 1 Satz 1 SGB IV sind arbeitgeberseitige Leistungen, die für die Zeit des Bezugs von Sozialleistungen gewährt werden, in der Sozialversicherung kein beitragspflichtiges Arbeitsentgelt, wenn die Einnahmen zusammen mit den Sozialleistungen das Nettoarbeitsentgelt um nicht mehr als 50,00 € übersteigen. Sozialleistungen in diesem Sinne sind Krankengeld, Versorgungskrankengeld, Verletztengeld, Übergangsgeld, Mutterschaftsgeld, Erziehungsgeld oder Elterngeld und Krankentagegeld. Damit sind Leistungen des Arbeitgebers kein beitragspflichtiges Arbeitsentgelt, soweit diese zusammen mit den genannten Sozialleistungen das maßgebende Nettoarbeitsentgelt nicht übersteigen. Alle darüber hinausgehenden Beträge sind erst dann als beitragspflichtige Einnahmen zu berücksichtigen, wenn sie die Freigrenze von 50,00 € übersteigen.
  Nach Auffassung der Spitzenverbände der Krankenkassen, der Deutschen Rentenversicherung Bund und der Bundesagentur für Arbeit (Rundschreiben zum gemeinsamen Beitragseinzug vom 22.06.2006) ist der Hinzurechnungsbetrag nach § 1 Abs. 1 Satz 3 und 4 SvEV (vgl. Teil D 5.2) während des Bezugs des fiktiven zusatzversorgungspflichtigen Entgelts kein beitragspflichtiges Entgelt im Sinne der Sozialversicherung. Dies gilt jedoch nicht, wenn neben dem Zuschuss zur Sozialleistung und den Aufwendungen für die Zusatzversorgung weitere arbeitgeberseitige Leistungen (z. B. Sachbezüge) für die Zeit des Bezugs der Sozialleistung gezahlt werden. In diesen Fällen unterliegt der gesamte das Vergleichs-Nettoarbeitsentgelt übersteigende Betrag der Beitragspflicht.
- Auch der individuell versteuerte Teil der Umlage ist sozialversicherungsfrei.

2.13.1 Beschäftigte mit Anspruch auf Entgeltfortzahlung und Krankengeldzuschuss

Diese Beschäftigten haben im Krankheitsfall einen Anspruch auf Entgeltfortzahlung für die Dauer von sechs Wochen (z. B. § 22 Abs. 1 TVöD). Hieraus fallen Umlagen, Beiträge und Sanierungsgelder an.

Ist der Beschäftigte nach Ablauf der Entgeltfortzahlung weiterhin krank oder hat er eine Kurmaßnahme (Arbeitsverhinderung infolge einer Maßnahme der medizinischen Vorsorge oder Rehabilitation) angetreten, hat er, wenn er länger als ein Jahr beschäftigt ist, Anspruch auf Krankengeldzuschuss (z. B. § 22 Abs. 3 TVöD). Krankengeldzuschuss wird nicht nur als Aufstockung zum Krankengeld sondern ggf. auch ergänzend zu einem Versorgungskrankengeld, Verletztengeld oder Übergangsgeld gezahlt. Ein Anspruch auf Krankengeldzuschuss besteht bei einer Beschäftigungszeit von mehr als einem Jahr längstens bis zur 13. Woche und von mehr als drei Jahren längstens bis zur 39. Woche seit Beginn der Arbeitsunfähigkeit.

Soweit ein Anspruch auf Krankengeldzuschuss besteht, sind weiterhin Umlagen, Beiträge und Sanierungsgelder an die Zusatzversorgungskasse zu zahlen.

Da die Höhe der vom Arbeitgeber geleisteten Krankengeldzuschüsse – je nach Leistung des Sozialversicherungsträgers – sehr unterschiedlich sein kann, sind der Zusatzversorgungskasse nicht die Krankengeldzuschüsse als zusatzversorgungspflichtiges Entgelt zu melden.

Als solches ist vielmehr ein fiktives zusatzversorgungspflichtiges Entgelt zu melden. Fiktives zusatzversorgungspflichtiges Entgelt ist eine fiktive Entgeltzahlung nach § 21 TVöD oder entsprechenden tarifvertraglichen Regelungen (§ 62 Abs. 2 Satz 4 d. S.). Die Umlagen, Beiträge und Sanierungsgelder sind damit aus diesem fiktiven Entgelt zu zahlen.

Dies gilt auch dann, wenn der Anspruch auf Krankengeldzuschuss zwar grundsätzlich besteht, der Arbeitgeber aber wegen der Höhe der Barleistungen des Sozialversicherungsträgers selbst keine oder nur geringe Leistungen erbringt. Wie das fiktive Entgelt während des Anspruchs auf Krankengeldzuschuss berechnet wird, ist im Teil E 2.7.1 unter „Fiktive Entgeltzahlung während Mutterschutzzeiten" näher erläutert.

Der Zeitraum, in dem Entgeltfortzahlung erfolgte bzw. Anspruch auf Krankengeldzuschuss bestand, ist mit dem Buchungsschlüssel 01 10 10 bzw. 01 10 11 zu melden.

Ist der Beschäftigte nach Ablauf des Anspruchs auf Entgeltfortzahlung bzw. Krankengeldzuschuss weiterhin krank, ist ein neuer Versicherungsabschnitt mit dem Buchungsschlüssel 01 40 00 zu melden.

Auswirkungen von Krankheitszeiten auf das Versicherungsverhältnis		
Bis zu sechs Wochen:	Bis zu weiteren 33 Wochen:	Nach der 39. Woche:
Entgeltfortzahlung	Anspruch auf Krankengeldzuschuss	
Pflichtversicherung mit lfd. zusatzversorgungspflichtigem Entgelt zu melden mit Buchungsschlüssel 01 10 10 bzw. 01 10 11	Pflichtversicherung mit fiktivem Entgelt (vgl. § 62 Abs. 2 Satz 4 d. S.) zu melden mit Buchungsschlüssel 01 10 10 bzw. 01 10 11	Pflichtversicherung ohne lfd. zusatzversorgungspflichtiges Entgelt zu melden mit Buchungsschlüssel 01 40 00
Über die Beendigung des Arbeitsverhältnisses hinaus besteht kein Anspruch auf Krankengeldzuschuss.		

Beispiel Entgeltfortzahlung und Krankengeldzuschuss nach TVöD bzw. AVR

Sachverhalt	Der Beschäftigte hat Anspruch auf Krankenbezüge (§ 22 TVöD). Die Jahressonderzahlung wird Ende November 2014 gezahlt. Umlage 3,75%; Zusatzbeitrag 4 %		
	Zeitraum		Entgelte
	01.01.2014–15.01.2014	laufendes Entgelt	1.500,00 €
	16.01.2014–26.02.2014 (Erkrankung)	Entgeltfortzahlung für sechs Wochen	4.200,00 €
	27.02.2014–14.10.2014 (Erkrankung)	Ende der Entgeltfortzahlung, aber Anspruch auf Krankengeldzuschuss; somit ist ein **fiktives Entgelt** als zusatzversorgungspflichtiges Entgelt zu melden. Von der Krankenkasse wird Krankengeld gezahlt.	(22.800,00 € fiktives Entgelt nach § 21 TVöD, keine Zahlung an Beschäftigten)
	15.10.2014–31.12.2014 (Erkrankung)	Es bestehen keine tariflichen Ansprüche gegen den Arbeitgeber mehr. Von der Krankenkasse wird Krankengeld bezahlt.	0,00 €
	1.11.2014–30.11.2014	tarifliche Jahressonderzahlung (= 10/12)	2.000,00 €
Lösung	Da Anspruch auf Krankengeldzuschuss besteht, ist auch für die Zeit vom 27.02.2014 bis 14.10.2014 zusatzversorgungspflichtiges Entgelt (fiktives Entgelt) angefallen. Die Jahressonderzahlung, die auf die Zeit entfällt, für die Anspruch auf Krankengeldzuschuss besteht, ist zusatzversorgungspflichtig, da für diese Zeit ein laufendes – fiktives – zusatzversorgungspflichtiges Entgelt angefallen ist. Somit ist die Jahressonderzahlung (10/12) zusatzversorgungspflichtig. Von der Umlage ist ein Betrag von 208,00 € nach § 3 Nr. 56 EStG steuerfrei zu stellen, weil der Grenzbetrag von 1.428,00 € nicht in vollem Umfang durch den steuerfreien Zusatzbeitrag aufgebraucht wurde.		

Meldung der Versicherungsabschnitte

Versicherungsabschnitte		Buchungsschlüssel			ZV-Entgelt	Umlage/Beitrag	Elternzeitbezogene Kinderzahl
Beginn	Ende	Einzahler	Versicherungsmerkmal	Versteuerungsmerkmal	€ Cent	€ Cent	
01.01.2014	14.10.2014	01	10	10	22.953,33	860,75	
01.01.2014	14.10.2014	01	10	11	5.546,67	208,00	
01.01.2014	14.10.2014	01	20	01	28.500,00	1.140,00	
15.10.2014	31.10.2014	01	40	00	0,00	0,00	
01.11.2014	30.11.2014	01	10	10	2.000,00	75,00	
01.11.2014	30.11.2014	01	20	01	2.000,00	80,00	
01.12.2014	31.12.2014	01	40	00	0,00	0,00	

E

2.13.2 Krankbezüge und rückwirkender Rentenanspruch

Die Pflichtversicherung in der Zusatzversorgung endet, wenn das Arbeitsverhältnis wegen Bezugs einer Rente aus der gesetzlichen Rentenversicherung endet oder beendet wird (vgl. Teil C 6).

Krankengeldzuschüsse werden längstens bis zum Ende des Arbeitsverhältnisses gezahlt. Ebenso hat der Beginn einer Rente aus der gesetzlichen Rentenversicherung Auswirkungen auf den Anspruch auf Krankengeldzuschuss. Dabei ergibt sich nach § 22 Abs. 4 TVöD Folgendes:

Rentenbeginn in der gesetzlichen Rentenversicherung		
Vor Ablauf der sechs Wochen:	Nach Ablauf der 6. Woche:	Nach Ablauf der 39. Woche:
Beginnt die gesetzliche Rente vor Ablauf der 6. Woche der Arbeitsunfähigkeit, besteht Anspruch auf Entgeltfortzahlung für sechs Wochen. Der gesetzliche Anspruch kann dabei nicht gekürzt werden.	Beginnt die gesetzliche Rente nach Ablauf der 6. Woche der Arbeitsunfähigkeit, besteht Anspruch auf Krankengeldzuschuss nur bis zum Tag vor Rentenbeginn, sofern ein Anspruch für diese Dauer besteht.	Beginnt die gesetzliche Rente nach Ablauf der 39. Woche der Arbeitsunfähigkeit, besteht Anspruch auf Krankengeldzuschuss bis zum Ablauf der 39. Woche, sofern ein Anspruch für diese Dauer besteht.
Über die Beendigung des Arbeitsverhältnisses hinaus besteht kein Anspruch auf Krankengeldzuschuss.		

Für die Meldung ist Folgendes zu beachten:

- Zusatzversorgungspflichtiges Entgelt (Meldung mit Buchungsschlüssel 01 10 10 bzw. 01 10 11) fällt für die Zeit an, für die Anspruch auf Entgeltfortzahlung und Krankengeldzuschuss besteht.

  Falls durch einen rückwirkenden Rentenbeginn einer Erwerbsminderungsrente der Anspruch auf Krankengeldzuschuss rückwirkend verkürzt worden ist, sind etwa bereits gemeldete Versicherungsabschnitte zu berichtigen. Ab Rentenbeginn ist anstelle des fiktiven Entgelts (Buchungsschlüssel 01 10 10) nunmehr Buchungsschlüssel 01 40 00 ohne Entgelt zu melden.

Bei Berichtigungen des Krankengeldzuschusses (fiktive Entgeltzahlung) ist für die Meldung zu beachten, dass nicht das steuerrechtliche Zuflussprinzip, sondern ausnahmsweise das sozialversicherungsrechtliche Aufrollprinzip anzuwenden ist. Dies gilt auch unabhängig von einem Versicherungsfall.

Nach § 22 Abs. 4 Satz 3 TVöD gelten ein überzahlter Krankengeldzuschuss und sonstige überzahlte Bezüge als Vorschüsse auf die in demselben Zeitraum zustehenden Leistungen aus der gesetzlichen Rentenversicherung oder Zusatzversorgung. In einem solchen Fall verlieren Krankenbezüge, die ab dem Rentenbeginn bereits gezahlt wurden, ihre Arbeitsentgelteigenschaft. Die darauf entfallenden Sozialversicherungsbeiträge, Lohnsteuer sowie Umlagen und Beiträge zur Zusatzversorgungkasse sind neu zu berechnen und zurückzufordern. Hinsichtlich der überzahlten Krankengeldzuschüsse kann der Arbeitgeber gegenüber der gesetzlichen Rentenversicherung und der Zusatzversorgungskasse einen Ersatzanspruch auf einen zeitgleichen Rentenanspruch geltend machen. Der arbeitsunfähige Beschäftigte soll damit neben dem Rentenanspruch nicht auch den Anspruch auf Krankengeldzuschuss behalten. Gegenüber der Zusatzversorgungskasse kann der Arbeitgeber den Ersatzanspruch im Rentenantrag geltend machen.

Beispiel 1 Rückwirkender Rentenanspruch
Der Rentenbeginn liegt während der sechswöchigen Entgeltfortzahlung.

Sachverhalt	Der Beschäftigte hat Anspruch auf Entgeltfortzahlung bis zur Dauer von sechs Wochen und anschließend Anspruch auf Krankengeldzuschuss bis zum Ende der 39. Woche seit dem Beginn der Arbeitsunfähigkeit (§ 22 TVöD). Im Monat November 2013 besteht Anspruch auf die Jahressonderzahlung.	
	Zustellung des Rentenbescheids der ges. Rentenversicherung wegen voller Erwerbsminderung auf Dauer:	04.07.2014
	Beginn der gesetzlichen Rente:	01.10.2013
	Beginn der Arbeitsunfähigkeit:	23.09.2013
	Ablauf der Entgeltfortzahlung (sechs Wochen):	03.11.2013
	Ablauf des Anspruchs auf Krankengeldzuschuss (39 Wochen):	29.06.2014
Lösung	Das Arbeitsverhältnis endet wegen Zustellung des Rentenbescheids (§ 33 TVöD) am: Über die Beendigung des Beschäftigungsverhältnisses hat der Arbeitgeber den Beschäftigten unter Beachtung der gesetzlichen zweiwöchigen Auslauffrist informiert (siehe Teil C 6.2.1).	31.07.2014
	Die Versicherungspflicht in der Zusatzversorgung endet am:	31.07.2014
	Es besteht nur Anspruch auf Entgeltfortzahlung vom 23.09.2013 bis 03.11.2013. Der Anspruch auf Krankengeldzuschuss ist von Beginn an weggefallen, da ab 01.10.2013 die gesetzliche Rente beginnt. Die überzahlten Krankenbezüge für die Zeit vom 04.11.2013 bis 30.06.2014 sind zurückzuzahlen (§ 22 Abs. 4 TVöD). Die Entgeltfortzahlung bis 03.11.2013 kann nicht zurückgefordert werden. Die Betriebsrente aus der Zusatzversorgung steht zu ab:	01.10.2013
	Es ist ein Versicherungsabschnitt bis zum Tag vor Rentenbeginn zu bilden, da die zusatzversorgungspflichtigen Entgelte nach Rentenbeginn erst bei einem späteren Versicherungsfall (Altersrente) berücksichtigt werden. **Für die Meldung der zurückgeforderten Krankengeldzuschüsse (fiktive Entgeltzahlung) gilt nicht das steuerrechtliche Zuflussprinzip, sondern ausnahmsweise das sozialversicherungsrechtliche Aufrollprinzip.**	

Versicherungsabschnitte		Buchungsschlüssel			ZV-Entgelt	Umlage/Beitrag	Elternzeitbezogene Kinderzahl
Beginn	Ende	Einzahler	Versicherungsmerkmal	Versteuerungsmerkmal	€ Cent	€ Cent	
Jahresmeldung für 2013							
01.01.2013	30.09.2013	01	10	10	27.000,00	1.012,50	
01.01.2013	30.09.2013	01	20	01	27.000,00	1.080,00	
01.10.2013	30.11.2013	01	10	10	5.000,00[1])	187,50	
01.10.2013	30.11.2013	01	20	01	5.000,00	200,00	
01.12.2013	31.12.2013	01	40	00	0,00	0,00	
Abmeldung für 2014							
01.01.2014	31.07.2014	01	40	00	0,00	0,00	

1) Einschließlich Jahressonderzahlung.

E

Beispiel 2 Rückwirkender Rentenanspruch
Der Rentenbeginn liegt während des Anspruchs auf Krankengeldzuschuss.

Sachverhalt	Der Beschäftigte hat Anspruch auf Entgeltfortzahlung bis zur Dauer von sechs Wochen und anschließend Anspruch auf Krankengeldzuschuss bis zum Ende der 39. Woche seit dem Beginn der Arbeitsunfähigkeit (§ 22 TVöD). Im Monat November 2013 besteht Anspruch auf die Jahressonderzahlung.	
	Zustellung des Rentenbescheids der ges. Rentenversicherung wegen voller Erwerbsminderung auf Zeit:	05.03.2014
	Beginn der gesetzlichen Rente:	01.10.2013
	Beginn der Arbeitsunfähigkeit:	25.06.2013
	Ablauf der Entgeltfortzahlung (sechs Wochen):	05.08.2013
	Ablauf des Anspruchs auf Krankengeldzuschuss (39. Wochen):	24.02.2014
Lösung	Das Arbeitsverhältnis ruht ab dem Folgemonat der Zustellung des Rentenbescheids (§ 33 TVöD):	01.04.2014
	Der Anspruch auf Krankengeldzuschuss ist mit Ablauf des 30.09.2013 weggefallen, da ab 01.10.2013 die gesetzliche Rente beginnt. Die überzahlten Krankengeldzuschüsse für die Zeit vom 01.10.2013 bis 24.02.2014 sind zurückzuzahlen (§ 22 Abs. 4 TVöD). Die Betriebsrente aus der Zusatzversorgung steht zu ab:	01.10.2013
	Für die Meldung der zurückgeforderten Krankengeldzuschüsse (fiktive Entgeltzahlung) gilt nicht das steuerrechtliche Zuflussprinzip, sondern ausnahmsweise das sozialversicherungsrechtliche Aufrollprinzip.	

Versicherungsabschnitte		Buchungsschlüssel			ZV-Entgelt	Umlage/Beitrag	Elternzeitbezogene Kinderzahl
Beginn	Ende	Einzahler	Versicherungsmerkmal	Versteuerungsmerkmal	€ Cent	€ Cent	
Jahresmeldung für 2013							
01.01.2013	30.09.2013	01	10	10	27.000,00	1.012,50	
01.01.2013	30.09.2013	01	20	01	27.000,00	1.080,00	
01.10.2013	31.10.2013	01	40	00	0,00	0,00	
01.11.2013	30.11.2013	01	10	10	1.800,00[1])	67,50	
01.11.2013	30.11.2013	01	20	01	1.800,00	72,00	
01.12.2013	31.12.2013	01	40	00	0,00	0,00	
Abmeldung 2014							
01.01.2014	31.03.2014	01	40	00	0,00	0,00	
Jahresmeldung 2014							
01.04.2014	31.12.2014	01	41	00	0,00	0,00	

E

1) Jahressonderzahlung.

Beispiel 3 Rückwirkender Rentenanspruch
Der Rentenbeginn liegt nach dem Ablauf des Anspruchs auf Krankengeldzuschuss.

Sachverhalt	Der Beschäftigte hat Anspruch auf Entgeltfortzahlung für die Dauer von sechs Wochen und anschließend Anspruch auf Krankengeldzuschuss bis zum Ende der 13. Woche seit dem Beginn der Arbeitsunfähigkeit (§ 22 TVöD). Im Monat November 2013 besteht Anspruch auf die Jahressonderzahlung.	
	Zustellung des Rentenbescheids der gesetzlichen Rentenversicherung wegen voller Erwerbsminderung auf Dauer:	09.01.2014
	Beginn der gesetzlichen Rente:	01.12.2013
	Ablauf des Anspruchs auf Krankengeldzuschuss:	20.08.2013
Lösung	Das Arbeitsverhältnis endet wegen Zustellung des Rentenbescheids (§ 33 TVöD) am Über die Beendigung des Beschäftigungsverhältnisses hat der Arbeitgeber den Beschäftigten unter Beachtung der gesetzlichen zweiwöchigen Auslauffrist informiert (siehe Teil C 6.2.1).	31.01.2014
	Die Versicherungspflicht in der Zusatzversorgung endet am	31.01.2014

Versicherungsabschnitte		Buchungsschlüssel			ZV-Entgelt	Umlage/Beitrag	Elternzeitbezogene Kinderzahl
Jahresmeldung für 2013							
Beginn	Ende	Einzahler	Versicherungsmerkmal	Versteuerungsmerkmal	€ Cent	€ Cent	
01.01.2013	20.08.2013	01	10	10	23.000,00	862,50	
01.01.2013	20.08.2013	01	20	01	23.000,00	920,00	
21.08.2013	31.10.2013	01	40	00	0,00	0,00	
01.11.2013	30.11.2013	01	10	10	1.600,00	60,00	
01.11.2013	30.11.2013	01	20	01	1.600,00	64,00	
01.12.2013	31.12.2013	01	40	00	0,00	0,00	
Abmeldung für 2014							
01.01.2014	31.01.2014	01	40	00	0,00	0,00	

2.14 Kurzarbeit

Während der Dauer der Kurzarbeit besteht die Pflichtversicherung in der Zusatzversorgung fort. Das von der Arbeitsagentur gezahlte Kurzarbeitgeld hat keinen Einfluss auf die Zusatzversorgung. Daher können Umlagen, Beiträge bzw. Zusatzbeiträge nur aus dem tatsächlich erzielten – verminderten – zusatzversorgungspflichtigen Arbeitsentgelt entrichtet werden.

Für die Zeit der Kurzarbeit ist in der Jahresmeldung kein gesonderter Versicherungsabschnitt zu bilden.

2.15 Mutterschutz

Siehe Elternzeit und Mutterschutz im Teil E 2.7.

2.16 Saisonarbeitnehmer

2.16.1 Unbefristetes Arbeitsverhältnis

Wird mit Saisonarbeitern ein unbefristeter Arbeitsvertrag abgeschlossen, bleibt die Pflichtversicherung während der beschäftigungslosen Zeit aufrechterhalten. Für diese Zeit ist ein Versicherungsabschnitt mit dem Buchungsschlüssel 01 40 00 aufzubauen. Eine Abmeldung von der Versicherungspflicht am Ende der Saison sowie eine Wiederanmeldung zur Pflichtversicherung bei Beginn der nächsten Saison entfällt daher (vgl. auch Teil B 2.1 und C 5.4).

Tritt eine Saisonarbeiterin mit einem unbefristeten Arbeitsvertrag in der arbeitsfreien Zeit den Mutterschutz an, so ist die Dauer des Mutterschutzes – wie bei allen regulär Beschäftigten – mit dem Buchungsschlüssel 01 27 00 und eine sich anschließende Elternzeit mit dem Buchungsschlüssel 01 28 00 zu melden.

Beispiel Unbefristeter Saisonarbeiter

Sachverhalt	Der Saisonarbeiter ist unbefristet beschäftigt. Es fallen nicht ununterbrochen Umlagen an. Es bestand Anspruch auf die Jahressonderzahlung. Beschäftigungslose Zeiten: 01.01.2013 bis 14.03.2013, 01.12.2013 bis 20.03.2014.
Lösung	Die Zeit der Beschäftigung ist mit dem Buchungsschlüssel 01 10 10 bzw. 01 10 11 zu melden, die beschäftigungslose Zeit mit 01 40 00.

Meldung der Versicherungsabschnitte

Versicherungsabschnitte		Buchungsschlüssel			ZV-Entgelt	Umlage/Beitrag	Elternzeitbezogene Kinderzahl
Beginn	Ende	Einzahler	Versicherungsmerkmal	Versteuerungsmerkmal	€ Cent	€ Cent	
Jahresmeldung für 2013							
01.01.2013	14.03.2013	01	40	00	0,00	0,00	
15.03.2013	30.11.2013	01	10	10	23.500,00[1])	881,25	
15.03.2013	30.11.2013	01	20	01	23.500,00	940,00	
01.12.2013	31.12.2013	01	40	00	0,00	0,00	
Jahresmeldung für 2014							
01.01.2014	20.3.2014	01	40	00	0,00	0,00	
21.03.2014	31.12.2014	01	10	10	16.686,67[2])	625,75	
21.03.2014	31.12.2014	01	10	11	9.813,33	368,00	
21.03.2014	31.12.2014	01	20	01	26.500,00	1.060,00	

1) Einschließlich Jahressonderzahlung ($^{9}/_{12}$).

2) Einschließlich Jahressonderzahlung ($^{10}/_{12}$).

E

2.16.2 Arbeitsverhältnis für jede Saison

Wird mit Saisonarbeitnehmern für jeden Beschäftigungsabschnitt ein neuer Arbeitsvertrag begründet, endet die Pflichtversicherung zum Ende des Arbeitsverhältnisses und beginnt bei Wiederaufnahme der Beschäftigung. Es ist jeweils zum Ende der Saison eine Abmeldung und bei Wiedereinstellung eine Anmeldung vorzunehmen (vgl. Teil C 5.4).

Bis zum 31.12.2002 entstand die Versicherungspflicht in der Zusatzversorgung erst zum Beginn des zweiten Beschäftigungsjahres, sofern der Arbeitgeber mitgeteilt hat, dass der Saisonarbeitnehmer in der nächsten Saison voraussichtlich wieder eingestellt wird.

Ab dem 01.01.2003 tritt die Versicherungspflicht in der Zusatzversorgung für Saisonarbeitnehmer mit einem Arbeitsvertrag für jede Saison zu Beginn des Beschäftigungsverhältnisses ein, sofern alle anderen Versicherungspflichtvoraussetzungen erfüllt sind.

Für Saisonarbeitnehmer mit einem Arbeitsvertrag für jede Saison, die in den Jahren 2001 oder 2002 nur deshalb nicht in der Zusatzversorgung versichert wurden, weil sie sich in diesen Jahren im ersten Beschäftigungsjahr befanden, ist eine Nachversicherung dieser ersten Saison vorzunehmen.

Auch wenn ein Saisonarbeitnehmer zum Jahresende beitragsfrei versichert ist, weil zu dieser Zeit kein Beschäftigungsverhältnis besteht, der letzte Arbeitgeber aber beabsichtigt, diesen Saisonarbeitnehmer in der nächsten Saison wieder zu beschäftigen, nimmt dieser Saisonarbeitnehmer an einer eventuellen Verteilung von Bonuspunkten (vgl. „Saisonarbeitnehmer“ im Teil B 2.1) teil. Der Arbeitgeber muss folglich der Zusatzversorgungskasse die Wiedereinstellungszusage mitteilen. Bei der Abmeldung ist daher der Abmeldegrund 27 zu melden.

Tritt eine Saisonarbeiterin mit Arbeitsvertrag für jede Saison in der arbeitsfreien Zeit den Mutterschutz an, so ist erst ab Beginn der nächsten Saison, für die eine Wiedereinstellungszusage besteht, der Mutterschutz mit dem Buchungsschlüssel 01 27 00 und eine sich anschließende Elternzeit mit Buchungsschlüssel 01 28 00 zu melden.

Saisonwaldarbeiter vgl. Teil E 2.22

2.17 Sanierungsgeld

vgl. Teil D 5.1.3

2.18 Sparkassensonderzahlung

Nach § 44 TVöD – Besonderer Teil für Sparkassen – (BT-S) – besteht für bankspezifisch Beschäftigte Anspruch auf eine Sparkassensonderzahlung. Diese setzt sich aus einem garantierten und einem variablen Anteil zusammen, wobei alle ausgezahlten Anteile zusatzversorgungspflichtig sind.

Die Sparkassensonderzahlung ist immer im vollen gezahlten Umfang zusatzversorgungspflichtiges Entgelt (z. B. im Jahr der Geburt eines Kindes). Die tarifrechtliche Regelung für die Sparkassensonderzahlung weicht damit von der ansonsten in der Zusatzversorgung geltenden Satzungsvorschrift des § 62 Abs. 2 Buchst. e ab, wonach eine Sonderzuwendung nur zu so vielen Teilen zusatzversorgungspflichtig ist, als Umlagemonate vorhanden sind.

Die Sparkassensonderzahlung ist jedoch dann kein zusatzversorgungspflichtiges Entgelt, wenn sie nach der Beendigung des Beschäftigungsverhältnisses gezahlt wird (§ 62 Abs. 2 Buchst. d der Satzung). Der zum Zeitpunkt der Beendigung des Beschäftigungsverhältnisses bereits gezahlte Teil der Sparkassensonderzahlung ist als zusatzversorgungspflichtiges Entgelt zu melden. Die nach Beendigung des Beschäftigungsverhältnisses gezahlten variablen Anteile sind mangels Pflichtversicherung zusatzversorgungsfrei.

Beispiel 1 Jahressonderzahlung und Sparkassensonderzahlung (TVöD-BT-S) Auszahlung während einer entgeltlosen Zeit (z. B. Sonderurlaub)

Sachverhalt	Dauer des Sonderurlaubs (z. B. nach § 28 TVöD): 15.05.2014 bis 31.12.2014 Ende November 2014 wurde die Jahressonderzahlung und der garantierte Teil der Sparkassensonderzahlung gezahlt.
Lösung	Von der Jahressonderzahlung in Höhe von 2.100,00 € (12/12) sind nur 875,00 € (5/12) zusatzversorgungspflichtig. Von der Sparkassensonderzahlung in Höhe von 2.100,00 € (12/12) ist der gesamte garantierte Teil zusatzversorgungspflichtig. Der variable Teil der Sparkassensonderzahlung wird erst im April des Folgejahres ausgezahlt. Die Umlage ist nach § 3 Nr. 56 EStG insgesamt steuerfrei.

Meldung der Versicherungsabschnitte

Versicherungsabschnitte		Buchungsschlüssel			ZV-Entgelt	Umlage/Beitrag	Elternzeitbezogene Kinderzahl
Beginn	Ende	Einzahler	Versicherungsmerkmal	Versteuerungsmerkmal	€ Cent	€ Cent	
01.01.2014	14.05.2014	01	10	11	11.200,00	420,00	
01.01.2014	14.05.2014	01	20	01	11.200,00	448,00	
15.05.2014	31.10.2014	01	40	00	0,00	0,00	
01.11.2014	30.11.2014	01	10	11	2.975,00[1])	111,56	
01.11.2014	30.11.2014	01	20	01	2.975,00	119,00	
01.12.2014	31.12.2014	01	40	00	0,00	0,00	

1) Einschl. Jahressonderzahlung (5/12) und Sparkassensonderzahlung (12/12).

Beispiel 2 Sparkassensonderzahlung (TVöD-BT-S) Auszahlung nach dem Ausscheiden, jedoch noch im Jahr des Ausscheidens

Sachverhalt	Der Beschäftigte scheidet zum 28.02.2014 aus dem Beschäftigungsverhältnis aus. Er erhält den variablen Teil der Sparkassensonderzahlung in Höhe von 600,00 € im April 2014. zusatzversorgungspflichtiges Entgelt 2014 (01.01. bis 28.02.) = 5.000,00 €
Lösung	Einmalige Zahlungen, die nach Beendigung des Beschäftigungsverhältnisses gezahlt werden, sind kein zusatzversorgungspflichtiges Entgelt. Das gilt auch für die Sparkassensonderzahlung. Der im April 2014 gezahlte variable Anteil von 600,00 € ist zusatzversorgungsfrei. Da der Grenzwert nach § 3 Nr. 56 EStG nicht ausgeschöpft ist, werden die Umlagen steuerfrei gestellt.

Meldung der Versicherungsabschnitte

Versicherungsabschnitte		Buchungsschlüssel			ZV-Entgelt	Umlage/Beitrag	Elternzeit-bezogene Kinderzahl
Beginn	Ende	Ein-zahler	Versiche-rungs-merkmal	Versteue-rungs-merkmal	€ Cent	€ Cent	
01.01.2014	28.02.2014	01	10	11	5.000,00	187,50	
01.01.2014	28.02.2014	01	20	01	5.000,00	200,00	

Beispiel 3 Sparkassensonderzahlung (TVöD-BT-S) Auszahlung nach dem Ausscheiden, jedoch erst im Folgejahr des Ausscheidens

Sachverhalt	Der Beschäftigte scheidet zum 31.12.2014 aus dem Beschäftigungsverhältnis aus. Er erhält den variablen Teil der Sparkassensonderzahlung in Höhe von 1.000,00 € im April 2015. zusatzversorgungspflichtiges Entgelt 2014 (01.01. bis 31.12.) = 39 000,00 €[1])
Lösung	Gezahlter Arbeitslohn, der dem Beschäftigten erst im Folgejahr nach dem Ausscheiden zufließt, ist kein zusatzversorgungspflichtiges Entgelt mehr. Hinweis: Auch bei einer Auszahlung der Sparkassensonderzahlung innerhalb der ersten drei Wochen des Jahres 2015 wäre diese kein zusatzversorgungspflichtiges Entgelt. Die im Zuflussprinzip anzuwendende Ausnahmeregelung für die ersten drei Wochen des Folgejahres gilt nur für die Nachzahlung von laufendem Entgelt und nicht für die Zahlung eines sonstigen Bezuges (z. B. Sparkassensonderzahlung). Hier greift das Zuflussprinzip uneingeschränkt. Zudem ist eine einmalige Zahlung nach der Beendigung der Beschäftigung zusatzversorgungsfrei (siehe oben Beipiel 2).

Meldung der Versicherungsabschnitte

Versicherungsabschnitte		Buchungsschlüssel			ZV-Entgelt	Umlage/Beitrag	Elternzeit-bezogene Kinderzahl
Beginn	Ende	Ein-zahler	Versiche-rungs-merkmal	Versteue-rungs-merkmal	€ Cent	€ Cent	
Abmeldung 2014							
01.01.2014	31.12.2014	01	10	10	39.000,00	1.462,50	
01.01.2014	31.12.2014	01	20	01	39.000,00	1.560,00	

1) Einschl. Jahressonderzahlung ($^{12}/_{12}$) und garantierter Teil der Sparkassensonderzahlung.

E

2.19 Teilzeitbeschäftigung

Nach der Umstellung des Gesamtversorgungssystems auf das Punktesystem ist eine Meldung der Teilzeitdaten für Versicherungsabschnitte ab dem 01.01.2002 nicht mehr erforderlich.

Beispiel Teilzeit

Sachverhalt	Ein Beschäftigter arbeitet nach Anfall mit unterschiedlichen wöchentlichen Arbeitszeiten in den Zeiträumen 01.01.2014 bis 15.03.2014 3.500,00 € 28.04.2014 bis 19.07.2014 2.800,00 € 15.09.2014 bis 31.12.2014 5.200,00 € Das Arbeitsverhältnis besteht jedoch durchgehend das ganze Jahr.
Lösung	Die Zeit der Beschäftigung ist ohne Teilzeitdaten mit dem Buchungsschlüssel 01 10 11 zu melden. Da der Grenzwert nach § 3 Nr. 56 EStG nicht ausgeschöpft ist, werden die Umlagen steuerfrei gestellt. Unterbrechungszeiten sind nur zu melden, wenn diese länger als einen Kalendermonat betragen. Daher können die Beschäftigungsabschnitte vom 01.01.2014 bis 15.03.2014 und 28.04.2014 bis 19.07.2014 in der Meldung zu einem Abschnitt vom 01.01.2014 bis 19.07.2014 zusammengefasst werden. Die beschäftigungslose Zeit vom 20.07.2014 bis 14.09.2014 wird mit dem Buchungsschlüssel 01 40 00 gemeldet, weil sie einen vollen Kalendermonat überschreitet.

Meldung der Versicherungsabschnitte

Versicherungsabschnitte		Buchungsschlüssel			ZV-Entgelt	Umlage/Beitrag	Elternzeit-bezogene Kinderzahl
Beginn	Ende	Ein-zahler	Versiche-rungs-merkmal	Versteue-rungs-merkmal	€ Cent	€ Cent	
01.01.2014	19.07.2014	01	10	11	6.300,00	236,25	
01.01.2014	19.07.2014	01	20	01	6.300,00	252,00	
20.07.2014	14.09.2014	01	40	00	0,00	0,00	
15.09.2014	31.12.2014	01	10	11	5.200,00	195,00	
15.09.2014	31.12.2014	01	20	01	5.200,00	208,00	

2.20 Umschüler

E

Umschüler, die für einen staatlich anerkannten oder als staatlich anerkannt geltenden Ausbildungsberuf ausgebildet werden, sind in der Zusatzversorgung zu versichern, wenn ein Ausbildungsvertrag (Umschulungsvertrag) abgeschlossen wird. Der Umschüler ist nur dann in der Zusatzversorgung zu versichern, wenn er vom Arbeitgeber eine Ausbildungsvergütung erhält. Wird keine Ausbildungsvergütung gezahlt, sondern erhalten die Umschüler lediglich eine Entschädigung von der Agentur für Arbeit, ist keine Versicherungspflicht gegeben.

Beispiel Umschüler

Sachverhalt	Mit dem Arbeitgeber wird ein Ausbildungsvertrag abgeschlossen. Es handelt sich um eine Ausbildung für einen staatlich anerkannten oder als staatlich anerkannt geltenden Ausbildungsberuf. Beginn der Ausbildung: 01.10.2011 Ende der Ausbildung: 30.09.2014 Der Arbeitgeber zahlt keine Ausbildungsvergütung. Die Agentur für Arbeit leistet eine Entschädigung. Nach Ende der Ausbildung wird der Umschüler ab 01.10.2014 als Beschäftigter übernommen.
Lösung	Der Umschüler ist nicht zur Zusatzversorgung anzumelden, weil er keine Ausbildungsvergütung vom Arbeitgeber erhält. Der Beschäftigte ist erst mit Wirkung vom 01.10.2014 zur Zusatzversorgung anzumelden. Ab 01.10.2014 ist der Buchungsschlüssel 01 10 10 bzw. 01 10 11 zu melden, da ab diesem Zeitpunkt aus dem Arbeitsverhältnis ein zusatzversorgungspflichtiges Entgelt fließt. In der Anmeldung ist als Beginn des Arbeitsverhältnisses der 01.10.2011 mitzuteilen, während als Tag des Beginns der Versicherungspflicht der 01.10.2014 maßgebend ist.

2.21 Unbezahlte Freistellung bei Erkrankung eines Kindes

Erhalten Beschäftigte bei der Erkrankung eines Kindes von der Krankenkasse Krankengeld nach § 45 SGB V (pro Kalenderjahr für jedes Kind längstens für zehn Arbeitstage, für allein erziehende Versicherte längstens für 20 Arbeitstage), wird für diese Zeiten kein Arbeitsentgelt gezahlt. Hierfür ist kein gesonderter Versicherungsabschnitt zu bilden. Beträgt die Freistellung mehr als zehn bzw. 20 Tage, weil zusätzlich Sonderurlaub ohne Arbeitsentgelt gewährt oder Langzeitpflege genehmigt wurde, ist ebenfalls kein gesonderter Versicherungsabschnitt zu melden, wenn dabei ein Kalendermonat nicht überschritten wurde. Als zusatzversorgungspflichtiges Entgelt ist das verminderte Arbeitsentgelt zu melden.

Dauert die unbezahlte Freistellung länger als ein Kalendermonat, so ist ein separater Versicherungsabschnitt mit dem Buchungsschlüssel 01 40 00 zu melden.

E

Beispiel Unbezahlte Freistellung

Sachverhalt	Der Beschäftigte hat wegen unbezahlter Freistellung Krankengeld erhalten vom 03.04. bis 04.04.2014
Lösung	Ein eigener Versicherungsabschnitt für die Dauer der unbezahlten Freistellung ist nicht aufzubauen. Da der Grenzwert nach § 3 Nr. 56 EStG nicht ausgeschöpft ist, werden die Umlagen steuerfrei gestellt.

Meldung der Versicherungsabschnitte

Versicherungsabschnitte		Buchungsschlüssel			ZV-Entgelt	Umlage/Beitrag	Elternzeit-bezogene Kinderzahl
Beginn	Ende	Ein-zahler	Versiche-rungs-merkmal	Versteue-rungs-merkmal	€ Cent	€ Cent	
01.01.2014	31.12.2014	01	10	11	17.500,00	656,25	
01.01.2014	31.12.2014	01	20	01	17.500,00	700,00	

2.22 Waldarbeiter mit Waldarbeiter-Tarifvertrag

Waldarbeiter sind versicherungspflichtig, wenn für ihre Arbeitsverhältnisse aufgrund Tarifvertrages oder aufgrund eines durch den Arbeitsvertrag für anwendbar erklärten Tarifvertrages die Pflicht zu Versicherung besteht. Dies sind Beschäftigte, für deren Beschäftigungsverhältnis z. B. der Tarifvertrag zur Regelung der Arbeitsbedingungen von Beschäftigten in forstwirtschaftlichen Verwaltungen, Einrichtungen und Betrieben der Länder (TV-Forst) Anwendung findet oder in einem Einzelarbeitsvertrag auf diesen (wenn auch nur teilweise) Bezug genommen wird (vgl. „Waldarbeiter" im Teil B 2.1).

Die Pflichtversicherung endet jeweils bei witterungsbedingter Unterbrechung und beginnt erneut bei Wiederaufnahme der Tätigkeit.

Da diese Unterbrechungszeit aber nicht als Pflichtversicherungszeit zählt – Umlagen fallen während dieser Zeit nicht an –, muss am Ende der Arbeitsphase eine Abmeldung mit dem Abmeldegrund 27 erfolgen, wenn der Beschäftigte eine Wiedereinstellungszusage für die nächste Saison hat.

Dieser besondere Abmeldegrund ist erforderlich, da für diesen Personenkreis am Ende eines Jahres gegebenenfalls Bonuspunkte ermittelt werden müssen, obgleich in manchen Fällen zum Jahresende keine Pflichtversicherung besteht.

Ggf. sieht der Tarifvertrag für Waldarbeiter vor, dass die Jahressonderzahlung in voller Höhe zusatzversorgungspflichtig ist, auch wenn bei ihrer Berechnung Zeiten der witterungsbedingten Arbeitsunterbrechung berücksichtigt wurden (vgl. Teil E 2.12.3).

Beispiel Waldarbeiter

Sachverhalt	Auf das Arbeitsverhältnis des Waldarbeiters finden die Vorschriften des TV-Forst Anwendung. Die Beschäftigung hatte am 18.03.2013 begonnen und endet infolge von Witterungseinflüssen am 15.12.2013. Der Waldarbeiter hat Anspruch auf Wiedereinstellung. Wiederaufnahme der Tätigkeit am: 17.03.2014. Ende des Arbeitsverhältnisses am: 30.11.2014. Er erhält eine Jahressonderzahlung, die nach der tarifvertraglichen Regelung (§ 19 Abs. 1 Buchst. d Satz 10 TVÜ-Forst) in voller Höhe zusatzversorgungspflichtig ist.
Lösung	Für die witterungsbedingte Unterbrechung ist kein Versicherungsabschnitt zu melden. Die Jahressonderzahlung (12/12) für die Unterbrechungszeiten ist zusatzversorgungspflichtig und ist in den Beträgen von 29.500,00 € und 28.000,00 € jeweils in voller Höhe enthalten. Der Waldarbeiter ist zum 15.12.2013 und 30.11.2014 jeweils mit dem Abmeldegrund 27 abzumelden, da eine Wiedereinstellungszusage für die nächste Saison besteht.

Meldung der Versicherungsabschnitte

Versicherungsabschnitte		Buchungsschlüssel			ZV-Entgelt	Umlage/Beitrag	Elternzeit bezogene Kinderzahl
Beginn	Ende	Einzahler	Versicherungsmerkmal	Versteuerungsmerkmal	€ Cent	€ Cent	
Jahresmeldung bzw. Abmeldung 2013							
18.03.2013	15.12.2013	01	10	10	29.500,00	1.106,25	
18.03.2013	15.12.2013	01	20	01	29.500,00	1.180,00	
Jahresmeldung bzw. Abmeldung 2014							
17.03.2014	30.11.2014	01	10	10	19.786,67	742,00	
17.03.2014	30.11.2014	01	10	11	8.213,33	308,00	
17.03.2014	30.11.2014	01	20	01	28.000,00	1.120,00	

2.23 Wehrdienst

Nach Einführung des Wehrrechtsänderungsgesetzes sind Grund- und Zivildienst weggefallen. An ihre Stelle ist der freiwillige Wehrdienst getreten. Daneben gibt es noch einen Bundesfreiwilligendienst. Für Wehrdienstleistende haben die Bestimmungen des Arbeitsplatzschutzgesetzes gegolten (vgl. nachfolgend die Ausführungen zum freiwilligen Wehrdienst Teil E 2.23.1).

E

2.23.1 Freiwilliger Wehrdienst

Während eines freiwilligen Wehrdienstes ruht das Beschäftigungsverhältnis. Die Vorschriften des § 14a Abs. 1 und 2 ArbPlSchG finden entsprechende Anwendung. Damit wird der freiwillige Wehrdienst versicherungsrechtlich wie der frühere Grundwehrdienst behandelt.

Für freiwillig Wehrdienstleistende, bei denen zeitgleich ein in der Zusatzversorgung versichertes ruhendes Beschäftigungsverhältnis besteht, hat der Arbeitgeber zur Zusatzversorgung Beiträge und Umlagen (Arbeitgeber-

und eventuelle Arbeitnehmeranteile) in der Höhe weiter zu entrichten, in der sie zu entrichten gewesen wären, wenn das Beschäftigungsverhältnis nicht aus Anlass des freiwilligen Wehrdienstes ruhen würde. Bemessungsgrundlage ist dabei die Vergütung, die bei einer unterstellten Tätigkeit bezogen worden wäre (Hättelohn nach dem Lohnausfallprinzip).

Nach Ende des freiwilligen Wehrdienstes kann der Arbeitgeber die verauslagten Aufwendungen (Beiträge und Umlagen) beim Bundesverteidigungsministerium bzw. der von dort zu bestimmenden Stelle zur Erstattung anmelden.

Beispiel

Sachverhalt	Der pflichtversicherte Beschäftigte meldet sich ab 01.07.2014 zum freiwilligen Wehrdienst
Lösung	Das Beschäftigungsverhältnis ruht für die Dauer des freiwilligen Wehrdienstes. Der Arbeitgeber hat während des freiwilligen Wehrdienstes Umlagen und Beiträge weiter zu entrichten. Als zusatzversorgungspflichtiges Entgelt ist das Entgelt zu melden, das bei einer unterstellten Tätigkeit bezogen worden wäre (§ 14a ArbPlSchG). Ab Beginn des freiwilligen Wehrdienstes ist kein gesonderter Versicherungsabschnitt zu bilden.

Meldung der Versicherungsabschnitte

Versicherungsabschnitte		Buchungsschlüssel			ZV-Entgelt	Umlage/Beitrag	Elternzeit-bezogene Kinderzahl
Beginn	Ende	Einzahler	Versicherungsmerkmal	Versteuerungsmerkmal	€ Cent	€ Cent	
01.01.2014	31.12.2014	01	10	10	28.053,33	1.052,00	
01.01.2014	31.12.2014	01	10	11	3.946,67	148,00	
01.01.2014	31.12.2014	01	20	01	32.000,00	1.280,00	

2.23.2 Zivildienst

Zivildienstleistende, die aufgrund der Übergangsvorschrift des § 83 ZDG bis zum 31.12.2011 tätig waren, unterlagen gleichfalls den Bestimmungen des Arbeitsplatzschutzgesetzes (vgl. oben freiwilliger Wehrdienst Teil E 2.23.1).

E

2.23.3 Bundesfreiwilligendienst

Erbringt ein Beschäftigter während eines bestehenden (ruhenden) Beschäftigungsverhältnisses eine Tätigkeit im Rahmen des Bundesfreiwilligendienstes, sind keine Umlagen-/Beiträge zur Zusatzversorgung zu zahlen. Die Versicherung wird jedoch mit dem Buchungsschlüssel 01 40 00 als Pflichtversicherung ohne zusatzversorgungspflichtiges Entgelt fortgesetzt (vgl. nachfolgend Meldebeispiel zu Soldat auf Zeit im Teil E 2.23.4).

Der Bundesfreiwilligendienst ist rechtlich vom freiwilligen Wehrdienst zu unterscheiden. Die Vorschriften des Arbeitsplatzschutzgesetzes finden keine Anwendung. Auch die Tätigkeit im Rahmen des Bundesfreiwilligendienstes selbst unterliegt nicht der Versicherungspflicht in der Zusatzversorgung, da kein Arbeitsverhältnis begründet wird.

2.23.4 Soldat auf Zeit

Für Soldaten auf Zeit mit einer höchstens zweijährigen Dienstzeit ruht das Beschäftigungsverhältnis (§ 16a Abs. 1 i. V. m. § 1 ArbPlSchG).

§ 14a ArbPlSchG gilt während dieser Zeit nicht, mit der Folge, dass keine Umlagen und Beiträge aus einem fiktiven zusatzversorgungspflichtigen Entgelt zu entrichten sind. Die Versicherung wird jedoch mit dem Buchungsschlüssel 01 40 00 als Pflichtversicherung ohne zusatzversorgungspflichtiges Entgelt fortgesetzt.

Wird eine Dienstzeit auf mehr als zwei Jahre vereinbart oder verlängert, so muss zu diesem Zeitpunkt eine Abmeldung erfolgen.

Beispiel 1 Soldat auf Zeit für zwei Jahre

Sachverhalt	Ernennung zum Soldaten auf Zeit:	01.02.2013
	Ende der Dienstzeit als Soldat auf Zeit:	31.01.2015
	Wiederaufnahme der Tätigkeit:	01.02.2015
	Es bestand Pflichtversicherung in der Zusatzversorgung und Rentenversicherungspflicht. Im Monat November 2013 wird eine Jahressonderzahlung gezahlt, von der 1/12 zusatzversorgungspflichtig ist.	
Lösung	Das Arbeitsverhältnis ruht vom 01.02.2013 bis 31.01.2015. Die Pflichtversicherung in der Zusatzversorgung bleibt während des Wehrdienstes aufrechterhalten.	
	Für die Zeit vom 01.01.2013 bis 31.01.2013 fallen Umlagen und Beiträge aus dem tatsächlichen Entgelt an.	
	Ab Ernennung zum Soldaten auf Zeit für zwei Jahre bis zum Ende der Dienstzeit vom 01.02.2013 bis 31.01.2015 – bleibt die Pflichtversicherung ohne laufendes zusatzversorgungspflichtiges Entgelt bestehen. Für diese Zeit ist ein Versicherungsabschnitt mit Buchungsschlüssel 01 40 00 zu melden.	

Meldung der Versicherungsabschnitte

Versicherungsabschnitte		Buchungsschlüssel			ZV-Entgelt	Umlage/Beitrag	Elternzeitbezogene Kinderzahl
Beginn	Ende	Einzahler	Versicherungsmerkmal	Versteuerungsmerkmal	€ Cent	€ Cent	
Jahresmeldung 2013							
01.01.2013	31.01.2013	01	10	11	3.000,00	112,50	
01.01.2013	31.01.2013	01	20	01	3.000,00	120,00	
01.02.2013	31.10.2013	01	40	00	0,00	0,00	
01.11.2013	30.11.2013	01	10	11	200,00	7,50	
01.11.2013	30.11.2013	01	20	01	200,00	8,00	
01.12.2013	31.12.2013	01	40	00	0,00	0,00	
Jahresmeldung 2014							
01.01.2014	31.12.2014	01	40	00	0,00	0,00	
Jahresmeldung 2015							
01.01.2015	31.01.2015	01	40	00	0,00	0,00	
01.02.2015	31.12.2015	01	10	10	36.000,00	1.350,00	
01.02.2015	31.12.2015	01	20	01	36.000,00	1.440,00	

E

Beispiel 2 Freiwilliger Wehrdienst und zudem Soldat auf Zeit für zwei Jahre

Sachverhalt	Beginn des freiwilligen Wehrdienstes:	01.02.2013
	Ernennung zum Soldaten auf Zeit:	16.05.2013
	Ende der Dienstzeit als Soldat auf Zeit:	31.01.2015
	Wiederaufnahme der Beschäftigung:	01.02.2015
	Es bestand Pflichtversicherung in der Zusatzversorgung und Rentenversicherungspflicht. Im Monat November 2013 wird eine Jahressonderzahlung gezahlt, von der 5/12 zusatzversorgungspflichtig sind.	
Lösung	Das Arbeitsverhältnis ruht vom 01.02.2013 bis 31.01.2015. Die Pflichtversicherung in der Zusatzversorgung bleibt während des freiwilligen Wehrdienstes aufrechterhalten. Für die Zeit vom 01.01.2013 bis 31.01.2013 fallen Umlagen und Beiträge aus dem tatsächlichen Entgelt und für die Zeit vom 01.02.2013 bis 15.05.2013 aus einem fiktiven zusatzversorgungspflichtigen Entgelt an. Ab Beginn des freiwilligen Wehrdienstes ist kein gesonderter Versicherungsabschnitt zu bilden. Ab Ernennung zum Soldaten auf Zeit für zwei Jahre bis zum Ende der Dienstzeit – vom 16.5.2013 bis 31.01.2015 – bleibt die Pflichtversicherung ohne laufendes zusatzversorgungspflichtiges Entgelt bestehen. Für diese Zeit ist ein Versicherungsabschnitt mit dem Buchungsschlüssel 01 40 00 zu melden.	

Meldung der Versicherungsabschnitte

Versicherungsabschnitte		Buchungsschlüssel			ZV-Entgelt	Umlage/Beitrag	Elternzeitbezogene Kinderzahl
Beginn	Ende	Einzahler	Versicherungsmerkmal	Versteuerungsmerkmal	€ Cent	€ Cent	
Jahresmeldung 2013							
01.01.2013	15.05.2013	01	10	10	10.406,67	390,25	
01.01.2013	15.05.2013	01	10	11	3.093,33	116,00	
01.01.2013	15.05.2013	01	20	01	13.500,00	540,00	
16.5.2013	31.10.2013	01	40	00	0,00	0,00	
01.11.2013	30.11.2013	01	10	10	1.000,00	37,50	
01.11.2013	30.11.2013	01	20	01	1.000,00	40,00	
01.12.2013	31.12.2013	01	40	00	0,00	0,00	
Jahresmeldung 2014							
01.01.2014	31.12.2014	01	40	00	0,00	0,00	
Jahresmeldung 2015							
01.01.2015	31.01.2015	01	40	00	0,00	0,00	
01.02.2015	31.12.2015	01	10	10	36.000,00	1.350,00	
01.02.2015	31.12.2015	01	20	01	36.000,00	1.440,00	

2.24 Zeitrente

Die Pflichtversicherung in der Zusatzversorgung bleibt während des Bezugs einer Zeitrente wegen voller oder teilweiser Erwerbsminderung aufrechterhalten, wenn das Arbeitsverhältnis aufgrund tarifvertraglicher Vorschriften ruht.

Nach den für den öffentlichen Dienst geltenden Tarifverträgen (z. B. § 33 Abs. 2 Satz 5 TVöD) oder nach den Arbeitsvertragsrichtlinien für den Caritasbereich – AVR – endet das Arbeitsverhältnis nicht, wenn nach dem Bescheid der gesetzlichen Rentenversicherung eine Rente auf Zeit bewilligt wird. In diesem Fall ruht das Arbeitsverhältnis, längstens bis zum Ablauf des Tages, an dem das Arbeitsverhältnis endet.

Wird während des ruhenden Arbeitsverhältnisses eine Jahressonderzahlung gezahlt, ist diese entsprechend der Anzahl der Umlagemonate anteilig zusatzversorgungspflichtig. Es handelt sich in aller Regel bei dieser Jahressonderzahlung nicht um eine einmalige Zahlung i. S. d. § 62 Abs. 2 Satz 1 Buchst. d der Satzung, die aus Anlass des Ruhens gezahlt worden ist und damit zusatzversorgungsfrei wäre.

Für das Ruhen des Beschäftigungsverhältnisses während des Bezugs einer Zeitrente ist ein Versicherungsabschnitt mit dem Buchungsschlüssel 01 41 00 aufzubauen (vgl. auch Teil C 6.2.2).

Beispiel 1 Zeitrente
Umwandlung in Dauerrente
Jahressonderzahlung

Sachverhalt	Der Beschäftigte erhält eine Erwerbsminderungsrente auf Zeit. Der Bescheid des Rentenversicherungsträgers wird im Mai 2014 zugestellt. Die gesetzliche Zeitrente beginnt am 01.07.2014. Der Arbeitgeber entrichtet Umlagen und Beiträge bis 30.06.2014. Ende November 2014 wird die Jahressonderzahlung gezahlt. Am 03.12.2014 wird der Bescheid des Rentenversicherungsträgers über die Umwandlung der Zeitrente in eine Dauerrente zugestellt.
Lösung	Das Arbeitsverhältnis ruht ab 01.07.2014, weil ab diesem Zeitpunkt die Zeitrente beginnt und der Bescheid des Rentenversicherungsträgers bereits im Mai 2014 zugestellt wurde. Die Rente aus der Zusatzversorgung beginnt am 01.07.2014. Für die Dauer der Zeitrente ist der Buchungsschlüssel 01 41 00 zu melden. Am 31.12.2014 endet das Arbeitsverhältnis, weil im Dezember der Bescheid des Rentenversicherungsträgers über die Dauerrente zugestellt wurde. Über die Beendigung des Beschäftigungsverhältnisses hat der Arbeitgeber den Beschäftigten unter Beachtung der gesetzlichen zweiwöchigen Auslauffrist informiert (siehe Teil C 6.2.1). Der Beschäftigte ist daher zum 31.12.2014 abzumelden. Die Jahressonderzahlung (6/12) für das Jahr 2014 ist zusatzversorgungspflichtig (6/12), weil es sich um keine einmalige Zahlung i. S. d. § 62 Abs. 2 Satz 1 Buchst. d der Satzung handelt, die aus Anlass des Ruhens gezahlt worden ist.

Meldung der Versicherungsabschnitte

Versicherungsabschnitte		Buchungsschlüssel			ZV-Entgelt	Umlage/Beitrag	Elternzeit-bezogene Kinderzahl
Beginn	Ende	Einzahler	Versicherungsmerkmal	Versteuerungsmerkmal	€ Cent	€ Cent	
01.01.2014	30.06.2014	01	10	10	6.920,00	259,50	
01.01.2014	30.06.2014	01	10	11	14.080,00	528,00	
01.01.2014	30.06.2014	01	20	01	21.000,00	840,00	
01.07.2014	31.10.2014	01	41	00	0,00	0,00	
01.11.2014	30.11.2014	01	10	10	1.500,00	56,25	
01.11.2014	30.11.2014	01	20	01	1.500,00	60,00	
01.12.2014	31.12.2014	01	41	00	0,00	0,00	

E

Beispiel 2 Zeitrente
Jahressonderzahlung
Wiederaufnahme der Tätigkeit

Sachverhalt	Der Beschäftigte erhält eine Erwerbsminderungsrente auf Zeit. Die Zeitrente beginnt am 01.08.2013 und ist befristet bis 31.07.2015. Der Bescheid des Rentenversicherungsträgers wird im Juni 2013 zugestellt. Zusatzversorgungspflichtiges Entgelt ist bis 15.02.2013 wegen Wegfalls der Krankenbezüge angefallen. Im November 2013 erhält der Beschäftigte die Jahressonderzahlung. Der Beschäftigte nimmt am 01.08.2015 die Tätigkeit wieder auf.
Lösung	Das Arbeitsverhältnis ruht ab 01.08.2013 (Beginn der Erwerbsminderungsrente auf Zeit). Für die Dauer der Zeitrente ist der Buchungsschlüssel 01 41 00 zu melden. Die Jahressonderzahlung (2/12) für das Jahr 2013 ist zusatzversorgungspflichtig (2/12), weil es sich um keine einmalige Zahlung i. S. d. § 62 Abs. 2 Satz 1 Buchst. d der Satzung handelt, die aus Anlass des Ruhens gezahlt worden ist.

Meldung der Versicherungsabschnitte

Versicherungsabschnitte		Buchungsschlüssel			ZV-Entgelt	Umlage/Beitrag	Elternzeit-bezogene Kinderzahl
Beginn	Ende	Ein-zahler	Versiche-rungs-merkmal	Versteue-rungs-merkmal	€ Cent	€ Cent	
Jahresmeldung 2013							
01.01.2013	15.02.2013	01	10	11	4.800,00	180,00	
01.01.2013	15.02.2013	01	20	01	4.800,00	192,00	
16.02.2013	31.07.2013	01	40	00	0,00	0,00	
01.08.2013	31.10.2013	01	41	00	0,00	0,00	
01.11.2013	30.11.2013	01	10	11	400,00	15,00	
01.11.2013	30.11.2013	01	20	01	400,00	16,00	
01.12.2013	31.12.2013	01	41	00	0,00	0,00	
Jahresmeldung 2014							
01.01.2014	31.01.2014	01	41	00	0,00	0,00	
Jahresmeldung 2015							
01.01.2015	31.07.2015	01	41	00	0,00	0,00	
01.08.2015	31.12.2015	01	10	11	17.500,00	656,25	
01.08.2015	31.12.2015	01	20	01	17.500,00	700,00	

E

2.25 Zuflussprinzip

vgl. Teil D 2.2

2.26 Zusatzbeitrag

vgl. Teil D 5.1.2

2.27 Zusätzliche Umlage

vgl. Teil D 3.2

Teil F Die freiwillige Versicherung der Zusatzversorgung

Bei der Neugestaltung der Zusatzversorgung war es ein wichtiges Anliegen der Tarifvertragsparteien, die Beschäftigten des öffentlichen und kirchlichen Dienstes in die staatliche Förderung nach dem Altersvermögensgesetz (AVmG) beim Aufbau einer kapitalgedeckten Altersversorgung einzubeziehen. Mit dem Systemwechsel wurde den Versicherten der Zusatzversorgungskassen der Weg für die **Inanspruchnahme der staatlichen Förderung** geebnet.

Im Rahmen der neuen kapitalgedeckten Zusatzversorgung lag es nahe, den Beschäftigten auch die Möglichkeit einzuräumen, eigene Beiträge in das vom Arbeitgeber gewählte System zu zahlen, um durch diese freiwilligen Leistungen eine höhere Altersversorgung aus der Zusatzversorgung zu erlangen und **spätere Versorgungslücken zu vermeiden.** Dabei kann dies unter Inanspruchnahme der staatlichen Förderung durch Zulagen und/ oder Steuervorteile (Riester-Förderung) oder im Rahmen einer Entgeltumwandlung erfolgen. Im Rentenfall erfolgt dann eine **Versorgung aus einer Hand:** Der Rentenempfänger erhält sowohl die Leistungen der Pflichtversicherung als auch die Leistungen der freiwilligen Versicherung von seiner Zusatzversorgungskasse.

Daneben kann auch der Arbeitgeber durch eigene Beiträge in die freiwillige Versicherung eine Höherversicherung seiner Beschäftigten vornehmen.

Die nähere Ausgestaltung der Produkte, die im Rahmen der freiwilligen Versicherung angeboten werden, erfolgt in den Satzungen bzw. in den allgemeinen Versicherungsbedingungen (AVB) der einzelnen Zusatzversorgungseinrichtungen.

1. Grundsätzliches zur freiwilligen Versicherung

1.1 Eigenes System neben der Pflichtversicherung

Die freiwillige Versicherung folgt weitgehend der Systematik der Pflichtversicherung (Betriebsrente des öffentlichen und kirchlichen Dienstes), sie ist aber eine eigenständige Versicherung. Das **Versorgungspunktesystem** ist auch Grundlage für die freiwillige Versicherung, da es sehr transparent ist und für die Versicherten leicht nachvollziehbar. Die dem System zugrunde liegenden Werte (Altersfaktoren oder Regelbeitrag) sind aber nicht identisch mit den Werten der Pflichtversicherung. Abhängig vom eingezahlten Bei-

F

trag werden für jedes Jahr Versorgungspunkte ermittelt und einem Versorgungspunktekonto gutgeschrieben.

Alle Verträge der freiwilligen Versicherung sind **Verträge der betrieblichen Altersversorgung.** Das Betriebsrentengesetz (§ 1 Abs. 2 Nr. 4 BetrAVG) regelt, dass es sich auch dann um betriebliche Altersversorgung handelt, wenn der Beschäftigte eigene Beiträge aus dem Arbeitsentgelt an eine Pensionskasse (oder Direktversicherung bzw. Pensionsfonds) erbringt.

Die freiwillige Versicherung ist in einem eigenen Vermögensstock (eigener Abrechnungsverband) abgesichert; es besteht hier ein von Anfang an **voll kapitalgedecktes Altersvorsorgesystem.** Die eingezahlten Beiträge fließen direkt auf das individuelle Versorgungskonto des Versicherten und dienen ausschließlich der Finanzierung seiner Leistungen aus der freiwilligen Versicherung.

Durch die freiwillige Versicherung können keine Umlage-/Beitragsmonate in der Pflichtversicherung erworben werden (z. B. zur Erfüllung der Wartezeit in der Pflichtversicherung).

Für die freiwillige Versicherung gilt **keine Wartezeit** wie in der Pflichtversicherung. Bereits mit Zahlung des ersten Beitrages erwirbt der Versicherte eine unverfallbare Anwartschaft auf Leistung bei Eintritt eines Versicherungsfalles.

Im Unterschied zur Pflichtversicherung sind bei der freiwilligen Versicherung wegen der Kapitaldeckung **keine sozialen Komponenten** (z. B. Zurechnungszeiten bei Erwerbsminderung oder Hinterbliebenenrenten) enthalten.

1.2 Ausgestaltung der freiwilligen Versicherung in der Zusatzversorgung

Seit Einführung der freiwilligen Versicherung im Jahr 2002 haben die Zusatzversorgungseinrichtungen im Laufe der Jahre **neue Tarife** aufgelegt, um die Bedingungen an die demographische Entwicklung, die Kapitalmarktlage (Höhe Garantiezins) und neue Rechtsprechung (zu Lebenspartnerschaften, geschlechtsneutralen Tarifen usw.) anzupassen. Mit der Einführung eines neuen Tarifes wird der bisherige Tarif für Neuzugänge geschlossen.

1.2.1 Freiwillige Versicherung (Alt-Tarif)

Mit Einführung der freiwilligen Versicherung in die Zusatzversorgung wurde die Berechnung der Leistungen entsprechend der Pflichtversicherung ausgestaltet. Auch in der freiwilligen Versicherung wird somit das in der Pflichtversicherung geltende Punktemodell (vgl. Teil A 5.) angewendet. Bei der Berechnung wird allerdings an Stelle des Entgelts der aufgewendete

Beitrag angesetzt, sodass an Stelle des Referenzentgelts (von 12.000,00 € im Jahr) ein Regelbeitrag in Höhe von 480,00 € tritt. Der Messbetrag pro Versorgungspunkt beträgt wie in der Pflichtversicherung 4,00 € (Zu Altersfaktor und Messbetrag siehe auch Teil A 5.1 und 5.3.).

In den Altersfaktoren ist dieselbe Verzinsung unterstellt wie in der Pflichtversicherung (vgl. Teil A 5.). Dies gilt nicht im Bereich der VBL. Die Vertragsleistung kann ggf. mit einem Garantiefaktor auf die garantierte Leistung reduziert werden.

Eine monatliche Rentenleistung errechnet sich aufgrund folgender Formel:

$$\frac{\textbf{Beitrag}}{\textbf{Regelbeitrag}} \times \textbf{Altersfaktor} \times \textbf{Messbetrag}$$

Beispiel:

Ein 25-jähriger Arbeitnehmer (Altersfaktor AF: 2,4) leistet einen Jahresbeitrag von 1.000,00 €.
Daraus ergibt sich folgende Vertragsleistung:

$$\frac{1.000{,}00\,€}{480{,}00\,€} \times 2{,}4 \times 4{,}00\,€ = 19{,}96\,€$$

Von dieser errechneten Leistung in Höhe von 19,96 € sind 75 % **garantiert. Die garantierte Leistung beträgt damit 14,97 €.**

Die Leistung wird lebenslang gezahlt und erhöht sich durch jeden weiteren Beitrag. Neben der Altersrente ist hier auch eine Erwerbsminderungs- und Hinterbliebenenabsicherung enthalten.

1.2.2 Freiwillige Versicherung (Neue Tarife)

Seit 01.01.2009 wurden bei zahlreichen Zusatzversorgungskassen in der freiwilligen Versicherung neue Tarife eingeführt.

Die neuen Tarife wurden versicherungsmathematisch anders kalkuliert als der Alt-Tarif und weisen daher auch andere Werte (Altersfaktoren, Regelbeitrag) als der ursprüngliche Tarif auf. Zudem wird ein gleichmäßiger – wenn auch verringerter – Garantiezins zugrunde gelegt. Auf diese Weise ist der Tarif längerfristig kalkulierbar und ermöglicht es den Zusatzversorgungskassen eher bei entsprechenden Kapitalerträgen Überschüsse zu verteilen. Die neuen Tarife sind oftmals geschlechtsneutral kalkuliert (sogenannte Unisex-Tarife).

In den neuen Tarifen sind neben einer Altersrente, eine Hinterbliebenenabsicherung und eine Option auf Erwerbsminderungsrente enthalten.

Bei der Altersrente können die Versicherten in den neuen Tarifen meist – unabhängig vom Beginn der Rente in der gesetzlichen Rentenversicherung und auch unabhängig davon, ob noch ein Beschäftigungsverhältnis

F

besteht – den **Beginn der Auszahlung ab Vollendung des 62. Lebensjahres** frei bestimmen. Da die neuen Tarife in der Regel auf das 65. Lebensjahr kalkuliert sind, erhöht sich die Altersrente bei Inanspruchnahme der Leistung nach Vollendung des 65. Lebensjahres um einen bestimmten Prozentsatz für jeden Monat des späteren Rentenbeginns und verringert sich im Fall einer vorzeitigen Inanspruchnahme um einen entsprechenden Prozentsatz für jeden Monat vor Vollendung des 65. Lebensjahres.

Eine **Erwerbsminderungsrente** kann ausgezahlt werden, wenn der Versicherte (voll oder teilweise) erwerbsgemindert im Sinne der Bestimmungen der gesetzlichen Rentenversicherung (vgl. § 43 SGB VI) ist. Bei Eintritt eines Versicherungsfalls wegen Erwerbsminderung, können die Versicherten wählen, ob sie eine Rentenleistung oder Kapitalauszahlung wollen, oder das gebildete Kapital für eine spätere Altersrente stehen lassen wollen.

Die **Hinterbliebenenrente** umfasst eine **Witwen-/Witwerrente für Ehegatten** und eine **Waisenrente** (Halbwaisen- oder Vollwaisenrente). In aller Regel umfasst die Hinterbliebenenabsicherung nun auch eine Hinterbliebenenrente für eingetragene Lebenspartner und Lebensgefährten. Sofern kein anspruchsberechtigter Ehepartner oder eingetragener Lebenspartner vorhanden ist, kann eine Hinterbliebenenrente **für Lebensgefährten** gezahlt werden. Voraussetzung dafür ist, dass zum Zeitpunkt des Todes mit dem Lebensgefährten eine eheähnliche Lebensgemeinschaft und eine gemeinsame Haushaltsführung bestanden. Vor Eintritt des Leistungsfalles muss der Versicherte außerdem der Zusatzversorgungskasse schriftlich Namen, Anschrift und Geburtsdatum der/des Lebensgefährtin/-gefährten mitteilen. Die Waisenrente wird regelmäßig nicht lebenslang gezahlt, die Rentendauer richtet sich danach, wie lange die Kinder des Verstorbenen einkommensteuerrechtlich als Kinder berücksichtigungsfähig sind. Bei Eintritt einer Rente können die Versicherten entscheiden, ob sie die Hinterbliebenenabsicherung beibehalten wollen oder ausschließen, womit sich die eigene Rente erhöhen würde.

1.2.3 Garantierte Leistung

Der Berechnung der Versorgungspunkte bei **Altverträgen** liegt bis zum Rentenbeginn eine Verzinsung von 3,25 % jährlich zugrunde. Im Vorgriff auf erwartete höhere Zinserträge ist darüber hinaus für die Rentenlaufzeit ein um 2,0 % jährlich höherer Zins einkalkuliert. Auf diese vorweggenommenen höheren Zinserträge entfällt ein Anteil von ca. 25 % der nach der Altersfaktorentabelle ermittelten Leistungen. Dieser Anteil der Leistungen kann von der Kasse nicht garantiert werden. Die Anwartschaften und Ansprüche können daher um bis zu 25 % ihres ursprünglich errechneten Betrages herabgesetzt werden. Damit sind also 75 % der errechneten Leistung garantiert und werden auf jeden Fall an den Versicherten ausgezahlt.

Somit ist bei Altverträgen eine Garantieleistung von 3,25 % zugesagt.

F

Bei den **neuen Tarifen** beläuft sich die Garantieleistung auf einen durchgehenden Zinssatz von z. B. 2,75 % oder 2,25 %. Im Bereich der Lebensversicherung gilt demgegenüber ein Garantiezins von 1,75 % (Stand: Anfang 2014).

Die freiwillige Leistung aus der Zusatzversorgung hat regelmäßig eine höhere Garantieleistung als andere vergleichbare Produkte. Aufgrund der geringen Verwaltungskosten der Zusatzversorgungskassen und der Tatsache, dass weder Provisionen noch Abschlusskosten verrechnet werden, entsteht eine im Vergleich zu anderen Anbietern höhere Garantieleistung.

1.2.4 Überschussbeteiligung durch Bonuspunkte

Zu den Versorgungspunkten, die man in einem Jahr aufgrund der eingezahlten Beiträge erwirbt, können noch zusätzliche Punkte (sog. Bonuspunkte) hinzukommen. Wenn die Zusatzversorgungskasse das Geld der Versicherten anlegt und dabei höhere Zinsen erwirtschaften kann, als zugesagt sind (3,25 %/5,25 % bei Altverträgen; z. B. 2,75 % oder 2,25 % bei Neuverträgen), entstehen Überschüsse. Diese werden nach Ablauf eines Jahres festgestellt und können dann entsprechend der Höhe der jeweils schon vorhandenen Punkte verteilt werden. So erhalten Versicherte umso mehr Anteile von den Überschüssen, je mehr Versorgungspunkte sie bereits auf ihrem Versorgungskonto angesammelt haben.

Die Überschüsse werden vom zuständigen Gremium (z. B. Verwaltungsrat, Kassenausschuss) der Zusatzversorgungseinrichtung festgestellt. Von den festgestellten Überschüssen werden die Verwaltungskosten abgezogen und Rückstellungen eingestellt, um die Verpflichtungen aus den Versicherungsverhältnissen – auch bei schwieriger Kapitalmarktlage – dauerhaft sicherstellen zu können. Verbleibender Überschuss wird an die Versicherten durch Bonuspunkte verteilt.

Der Versicherte nimmt auch dann an einer Überschussbeteiligung teil, wenn er in einem Jahr keine Beiträge gezahlt hat und/oder die Versicherung beitragsfrei gestellt wurde.

Zu beachten ist, dass bei der Vertragsleistung aus dem Alt-Tarif bereits eine Verzinsung von 3,25 %/5,25 % erfolgt, was einen Durchschnittszins von etwa 4 % bedeutet. Insoweit können hier bereits – ohne dass Bonuspunkte verteilt werden – über der Garantieleistung liegende Anwartschaften erreicht werden.

1.3 Auswahl des Risikos

In der freiwilligen Versicherung **(Alt-Tarif)** können bei Vertragsabschluss neben der Altersrente auch Leistungen an Hinterbliebene (Witwen-/Witwer-/Waisenrente) und/oder Leistungen bei Erwerbsminderung (Erwerbsminderungsrente) mitversichert werden. Die Versicherten können diese

F

Leistungen bereits bei Vertragsschluss mit einschließen oder auch zu einem späteren Zeitpunkt mit einbeziehen. Eingeschlossene Leistungen können später wieder ausgeschlossen werden.

Der jeweilige Risikoausschluss bzw. -einschluss – und damit die Erhöhung bzw. Verminderung der späteren Altersrente – ist nur für die Versorgungspunkte wirksam, die auf Beiträgen beruhen, bei denen der Ausschluss vereinbart war.

In den **neuen Tarifen** sind demgegenüber eine Leistung bei Erwerbsminderung bzw. an Hinterbliebene in der Anwartschaftsphase stets mit eingeschlossen. Der Versicherte kann aber bei Eintritt einer Erwerbsminderung darüber entscheiden, ob er eine Rente abruft oder ob er das angesparte Kapital für eine spätere – rentenerhöhende – Altersrente stehen lässt. Bei der Hinterbliebenenabsicherung muss sich der Versicherte erst bei Beginn einer Rente entscheiden, ob er eine Hinterbliebenenabsicherung auch in der Rentenphase weiterhin mit einbezogen haben will. Schließt er die Hinterbliebenenabsicherung aus, erhöht sich dementsprechend seine Rente.

1.3.1 Verzicht auf Hinterbliebenenabsicherung

Der Verzicht auf Hinterbliebenenleistungen erhöht im **Alt-Tarif** die Versorgungspunkte. Dabei profitieren Männer mehr vom Ausschluss der Hinterbliebenenversorgung als Frauen.

Die unterschiedliche Behandlung ergibt sich aus der längeren Lebenserwartung, die Frauen statistisch haben. Bei Tod eines verheirateten Mannes ist – aufgrund der längeren Lebenserwartung von Frauen – in den meisten Fällen eine noch lebende Ehefrau vorhanden, an die dann eine Witwenrente zu zahlen ist. Verzichtet der Mann also auf eine Hinterbliebenenversorgung, kann das wegfallende Risiko, bei Tod des Versicherten an die Hinterbliebene zahlen zu müssen, für den Mann rentenerhöhend berücksichtigt werden.

Aufgrund der längeren Lebenserwartung von Frauen ist das Risiko, dass bei Tod der Frau ein hinterbliebener Ehegatte zu versorgen wäre, geringer, sodass bei Ausschluss einer Hinterbliebenenrente dies die Altersrente der Frau nicht so stark erhöht, wie es bei einem Mann der Fall ist.

F

In den **neuen Tarifen** ist in der Anwartschaftsphase regelmäßig eine Hinterbliebenenabsicherung enthalten. **Zu Beginn der Altersrente** können die Versicherten den weiteren Versicherungsumfang an die individuelle Lebenssituation anpassen und dauerhaft auf den Hinterbliebenenschutz verzichten. Wenn der Versicherte dann in der Rentenphase verstirbt, würden die Hinterbliebenen keine Hinterbliebenenrente erhalten. Der Verzicht auf den Hinterbliebenenschutz führt dazu, dass sich die Altersrente (oder auch die Erwerbsminderungsrente) des Versicherten erhöht.

Im Unterschied zur Hinterbliebenenversorgung aus der Pflichtversicherung (vgl. Teil A 9.) werden Rentenleistungen nur aus den zum Zeitpunkt des Todes des Versicherten erreichten Versorgungspunkten errechnet; eine Hochrechnung (mit Zurechnungszeiten) auf das 60. Lebensjahr erfolgt nicht (vgl. Teil A 5.5.3.).

1.3.2 Verzicht auf Erwerbsminderungsabsicherung

Verzichtet der Versicherte im Alt-Tarif oder den neuen Tarifen auf eine Rente im Falle der Erwerbsminderung, so erhöht dies seine spätere Altersrente ebenfalls.

Bei der Erwerbsminderungsrente aus der freiwilligen Versicherung erfolgt im Unterschied zur Pflichtversicherung (vgl. Teil A 5.5.3.) keine Hochrechnung durch Zurechnungszeiten auf das 60. Lebensjahr. Die Rentenleistungen werden also nur aus den zum Zeitpunkt des Todes des Versicherten erreichten Versorgungspunkten/Kapital errechnet.

1.3.3 Kapitalwahlrecht

Die Versicherten können – vor Beginn einer Rente – wählen, ob sie eine lebenslange Rentenzahlung oder die Versicherung in einer Summe (100 %-Kapitalwahlrecht) ausgezahlt erhalten wollen. Die Zusatzversorgungskassen sehen meist ein **100 %-Kapitalwahlrecht** und/oder ein **teilweises Kapitalwahlrecht bis 30 %** vor. Bei beiden Formen des Kapitalwahlrechtes wird bei einigen Zusatzversorgungskassen beim gebildeten Kapital zur Sicherung des biometrischen Risikoausgleichs ein Abschlag von 10 % vorgenommen. Die Möglichkeit, sich das zum Rentenbeginn vorhandene Kapital anstelle einer lebenslangen Rente auszahlen zu lassen, schließt eine staatliche Förderung der Beiträge im Rahmen einer Entgeltumwandlung oder Riester-Rente nicht aus. Im Rahmen einer Riester-Förderung ist eine vollständige Kapitalauszahlung (100 %-Kapitalwahlrecht) allerdings aufgrund der gesetzlichen Vorgaben als „schädliche Verwendung" anzusehen (siehe Teil F 3.6), was zu einer Rückzahlungsverpflichtung der erhaltenen Zulagen und eventuell erhaltenen Steuererstattungen führen würde. Deshalb sehen einige Kassen ein Kapitalwahlrecht bei Riester-Versicherungen nicht vor.

Eine Kapitalauszahlung ist zu **versteuern** (§ 22 Nr. 5 Satz 1 EStG oder § 22 Nr. 5 Satz 2 Buchst. b i. V. m. § 20 Abs. 1 Nr. 6 EStG) und es sind **Beiträge zur Kranken- und Pflegeversicherung zu zahlen.**

1.4 Begründung der freiwilligen Versicherung

1.4.1 Inhalt des Vertrages

Der Beschäftigte oder der Arbeitgeber können Versicherungsnehmer einer freiwilligen Versicherung sein. Der **Versicherungsnehmer** schließt die freiwillige Versicherung ab und ihm stehen bestimmte Rechte aus dem Versi-

F

cherungsverhältnis (z. B. Kündigung, Beitragsfreistellung) zu. Wenn der Arbeitgeber der Versicherungsnehmer ist, ist der Beschäftigte der **Versicherte** und Bezugsberechtigte der Versicherung. Mit dem Vertragsabschluss verpflichtet sich der Versicherungsnehmer die in dem Versicherungsvertrag festgelegten Beiträge in die freiwillige Versicherung der Zusatzversorgung zu zahlen. Grundsätzlich sind die Beiträge in monatlich gleichbleibender Höhe zu entrichten. Die Zusatzversorgungskassen lassen aber auch die Zahlung von Einmalbeiträgen in der Regel zu. Die Höhe der Beiträge kann im Laufe der Versicherung geändert werden, auch eine Freistellung von der Beitragszahlung ist möglich. Bei einem Vertragsabschluss im Alt-Tarif sind auch die zu versichernden Risiken festzulegen. Auch hier ist eine Änderung der versicherten Risiken jederzeit möglich.

1.4.2 Begründung nur während eines bestehenden Arbeitsverhältnisses

Die freiwillige Versicherung kann von jedem Beschäftigten begründet werden, der in einem Beschäftigungsverhältnis zu einem Arbeitgeber steht, der Mitglied einer Zusatzversorgungseinrichtung ist. Damit kann die freiwillige Versicherung also nur abgeschlossen werden, wenn und solange ein Arbeitsverhältnis bei einem Mitglied besteht.

Bei einigen Kassen besteht auch noch innerhalb von drei Monaten nach Ende des Beschäftigungsverhältnisses die Möglichkeit, erstmalig eine freiwillige Versicherung abzuschließen

1.4.3 Nicht nur Pflichtversicherte

Die freiwillige Versicherung kann von jedem **Beschäftigten** eines Arbeitgebers, der Mitglied einer Zusatzversorgungskasse ist, abgeschlossen werden. Damit besteht die Möglichkeit, dass die freiwillige Versicherung auch von Beschäftigten begründet werden kann, die – obwohl ein Beschäftigungsverhältnis besteht – nicht in der Zusatzversorgung pflichtversichert sind.

Somit könnten auch außertariflich Beschäftigte, junge Beschäftigte vor Vollendung des 17. Lebensjahres oder kurzzeitig Beschäftigte, eine freiwillige Versicherung begründen.

1.4.4 Mitwirkung des Arbeitgebers

Der Arbeitgeber sollte jeden Versicherten auf die Möglichkeit der freiwilligen Versicherung hinweisen, da diese ein Teil der betrieblichen Altersversorgung ist.

Da es sich um betriebliche Altersversorgung handelt, sind die Beiträge stets vom Arbeitgeber an die Zusatzversorgungskasse zu überweisen. Im Rahmen der Entgeltumwandlung ist der Arbeitgeber Versicherungsnehmer und muss daher den entsprechenden Versicherungsvertrag mit der Zusatzversorgungskasse abschließen.

Bei der Entscheidung, ob und ggf. bei welchem Anbieter der Beschäftigte eine freiwillige Versicherung abschließt, sollte der Arbeitgeber – aus Haftungsgründen – jedoch keinen Einfluss nehmen. Gleiches gilt bezüglich der zu versichernden Risiken und der in etwa zu erwartenden Rentenleistung. Nur im Rahmen der Entgeltumwandlung legt der Arbeitgeber einseitig den Durchführungsweg (z. B. Pensionskasse und/oder Unterstützungskasse etc.) fest und entscheidet auch darüber, welche Anbieter er für die von ihm ausgewählten Durchführungswege zulässt.

Versicherte, die ihre Altersversorgung aufstocken wollen, um Versorgungslücken im Alter zu vermeiden, sollten stets eine **Modellberechnung** zur freiwilligen Versicherung bei ihrer Zusatzversorgungseinrichtung anfordern. Bei einem Vergleich mit anderen Angeboten empfiehlt sich ein **Vergleich der garantierten Rentenleistung.** Leistungen mit Überschussbeteiligung sind für einen Vergleich weniger tauglich, da sie unverbindlich sind und über längere Zeiträume erfahrungsgemäß nicht sicher vorausgesagt werden können. Wenn es gewünscht wird, kann auch eine Auskunft darüber gegeben werden, welche staatliche Förderung zurzeit für den Versicherten günstiger ist, also ob dies die Entgeltumwandlung oder die Riester-Förderung ist.

1.5 Fortsetzung der Versicherung nach Ausscheiden aus dem Arbeitsverhältnis

Wenn der Versicherte zu einem Arbeitgeber wechselt, der Mitglied derselben Zusatzversorgungskasse ist, kann die **Fortführung der freiwilligen Versicherung** über den neuen Arbeitgeber vereinbart werden. Falls der Wechsel zu einem Arbeitgeber erfolgt, der Mitglied einer anderen Zusatzversorgungskasse ist, kann auf Antrag der Barwert der freiwilligen Versicherung in die freiwillige Versicherung der anderen Zusatzversorgungseinrichtung **übertragen** werden. Der Versicherte sollte sich vor einer Übertragung darüber beraten lassen, ob sich die Übertragung ggf. nachteilig auswirkt. Geschieht der Wechsel zu einem Arbeitgeber, der nicht Mitglied einer Zusatzversorgungseinrichtung ist (z. B. Arbeitgeber der Privatwirtschaft), so kann der Versicherte die Fortführung der freiwilligen Versicherung innerhalb einer **Frist von drei Monaten** nach Beschäftigungsende bei der Zusatzversorgungskasse beantragen und die Versicherung durch eigene Beitragsüberweisungen fortsetzen. Da bei Verträgen mit Entgeltumwandlung stets der Arbeitgeber Versicherungsnehmer ist, ist eine Fortführung dieser Verträge durch den Versicherten als Versicherungsnehmer und durch eigene Beitragsüberweisungen nicht möglich. Wenn der Versicherte aber die freiwillige Versicherung und ihre Vorteile weiter nutzen will, so kann beispielsweise neben der (wegen Wechsel zu einem Arbeitgeber, der nicht Mitglied der Zusatzversorgung ist)

F

beitragsfrei gestellten freiwilligen Versicherung mit Entgeltumwandlung ein Riester-Vertrag oder ein Vertrag ohne staatliche Förderung begründet und durch eigene Beitragsüberweisungen bespart werden.

Bei einigen Kassen besteht auch noch innerhalb von drei Monaten nach Ende des Beschäftigungsverhältnisses die Möglichkeit, erstmalig eine freiwillige Versicherung abzuschließen

Tipp!

Deshalb sollte ein Arbeitgeber, wenn ein Beschäftigungsverhältnis beendet werden soll, den Beschäftigten auf die Möglichkeit hinweisen, dass er – solange noch das Beschäftigungsverhältnis besteht – eine freiwillige Versicherung begründen kann, die nach Ende des Beschäftigungsverhältnisses fortgeführt werden könnte.

Auch bei Fortsetzung der freiwilligen Versicherung handelt es sich noch um betriebliche Altersversorgung, da die Fortsetzung ein betriebsrentenrechtlicher Anspruch ist. Dies hat auch zur Folge, dass für die Leistungen aus der freiwilligen Versicherung Beiträge an die Krankenversicherung der Rentner (und Pflegeversicherung) zu zahlen sind.

Die Fortführung der freiwilligen Versicherung ist im Fall der Entgeltumwandlung oder freiwilligen Arbeitgeber-Höherversicherung, bei der der Arbeitgeber Versicherungsnehmer der Versicherung ist, als Entgeltumwandlung bzw. Arbeitgeber-Höherversicherung nicht möglich. Der Versicherte könnte diese Versicherung aber ggf. selber als Versicherungsnehmer als freiwillige Versicherung mit Riester-Förderung oder auch als freiwillige Versicherung ohne staatliche Förderung fortsetzen.

1.6 Zahlung der Beiträge

1.6.1 Überweisung durch den Arbeitgeber

Die Beitragshöhe kann grundsätzlich durch den Versicherten **frei bestimmt** werden. Während der Vertragslaufzeit sind bei Bedarf kostenfreie Beitragserhöhungen oder -reduzierungen möglich. Während des Beschäftigungsverhältnisses werden die Beiträge zur freiwilligen Versicherung vom Arbeitgeber aus dem Arbeitsentgelt an die Kasse abgeführt. Da die freiwillige Versicherung Teil der betrieblichen Altersversorgung ist, muss sichergestellt sein, dass die Finanzierung durch Entgelte erfolgt, die aus dem der Versicherung zugrunde liegenden Beschäftigungsverhältnis stammen. Deshalb trifft den Arbeitgeber die Verpflichtung, die Beiträge während der freiwilligen Versicherung zu überweisen. Wenn der Beschäftigte für eine gewisse Zeit kein Arbeitsentgelt bezieht (z. B. wegen Elternzeit, Beurlaubung ohne Bezüge, Bezug von Krankengeld) oder das Beschäftigungsverhältnis beendet wurde, kann der Versicherte selber die Beiträge überweisen oder die Versicherung beitragsfrei stellen.

1.6.2 Beitragsfreie Versicherung

Die freiwillige Versicherung kann vom Versicherungsnehmer durch schriftliche Erklärung zum Ende eines Monats beitragsfrei gestellt werden. Auch die Zusatzversorgungskasse kann eine freiwillige Versicherung beitragsfrei stellen, wenn für ein Kalenderjahr kein Beitrag eingezahlt wird. Die freiwillige Versicherung wird durch die Beitragsfreistellung nicht beendet, sondern besteht weiterhin fort. Der Versicherungsnehmer muss jedoch keine Beiträge mehr zahlen. Während der Beitragsfreistellung nehmen die bisher erworbenen Versorgungspunkte weiterhin an einer etwaigen Verteilung von Bonuspunkten teil.

Der Versicherte kann die beitragsfrei gestellte Versicherung später – nach Zustimmung durch die Kasse – mit Beitragszahlungen wieder aktivieren. Unter Umständen gelten für die wieder aktivierte Versicherung die Bedingungen eines neuen Tarifes, falls zwischenzeitlich ein neuer Tarif eingeführt wurde. Ein Anspruch auf Fortführung nach den Bedingungen des früheren Tarifes besteht nur bei einer Beitragsfreistellung wegen Elternzeit (vgl. § 112 VVG).

1.6.3 Kündigung mit Abfindung

Der Versicherungsnehmer kann die freiwillige Versicherung zum Ende des Beschäftigungsverhältnisses oder mit einer Frist von drei Monaten zum Quartalsende schriftlich kündigen. Im Fall einer Kündigung behält der Versicherte seine bis zur Kündigung erworbene Anwartschaft, wenn er nicht die Abfindung der Versicherung beantragt. Im Rahmen einer Abfindung erhält der Versicherte seine eingezahlten Beiträge oder das gebildete Kapital – abzüglich einer etwaigen staatlichen (Riester-)Förderung – zurückgezahlt. Von diesem Betrag nehmen die Zusatzversorgungskassen teilweise einen Abschlag von 10 % zur Sicherung des biometrischen Risikos vor. Beiträge, die im Rahmen einer **Entgeltumwandlung** eingezahlt wurden, werden an den Versicherungsnehmer, also den Arbeitgeber erstattet. Dieser muss daraus Sozialversicherungsbeiträge nach den aktuellen Sätzen abführen. Der verbleibende Betrag wird dann vom Arbeitgeber an den Versicherten ausgezahlt, dieser hat ihn dann noch zu versteuern.

Daher ist es empfehlenswert, die freiwillige Versicherung nicht zu kündigen und abfinden zu lassen, sondern stattdessen beitragsfrei zu stellen. Die beitragsfreie Versicherung hat gegenüber einer Kündigung den Vorteil, dass die gewährten staatlichen Förderungen (z. B. Riester-Förderung) und die erworbene Rentenanwartschaft erhalten bleiben.

1.6.4 Verzicht auf Kündigung – Hartz-IV-Sicherheit

Verzichtet ein Versicherter bei Vertragsabschluss darauf, den Versicherungsvertrag zu kündigen und ggf. die bis dahin gezahlten Beiträge zurückzuerhalten, wird dadurch die **Anwartschaft** aus der freiwilligen Versicherung in den Grenzen des Sozialgesetzbuches II (vgl. § 12 SGB II) „Hartz-IV-sicher" gemacht. Grundsätzlich ist, bevor Arbeitslosengeld II beansprucht werden kann, vorhandenes Vermögen einzusetzen, wozu auch Anwartschaften bei Versicherungen zählen, die ein Kündigungsrecht mit Beitragsrückerstattung vorsehen. Wird auf das Kündigungsrecht bei Vertragsabschluss dauerhaft verzichtet, wird die Anwartschaft aus der freiwilligen Versicherung beim Bezug von Arbeitslosengeld II zum geschützten Vermögen. Eine solche Verzichtsmöglichkeit ist in der freiwilligen Versicherung der Zusatzversorgungskasse vorgesehen.

Riester-Verträge sind nach § 12 Abs. 2 Nr. 2 SGB II grundsätzlich Hartz-IV-sicher, sodass bei diesen Verträgen kein ausdrücklicher Verzicht auf eine Kündigung erforderlich ist. Sollte der Riester-Vertrag aber vorzeitig aufgelöst werden (z. B. durch Kündigung), so ist der ausgezahlte **Betrag** nicht mehr „Hartz IV-sicher".

1.7 Staatliche Förderung der freiwilligen Versicherung in der Zusatzversorgung

Für die freiwillige Versicherung in der Zusatzversorgung kann staatliche Förderung in Anspruch genommen werden.

Dabei sind folgende Finanzierungsarten möglich:

- **Entgeltumwandlung:** Hier werden Teile des Bruttoarbeitslohns als Beiträge in die freiwillige Versicherung umgewandelt. Der Vorteil ist, dass aus den Beiträgen – innerhalb eines bestimmten Rahmens – keine Steuern und Sozialabgaben zu zahlen sind. Damit ist der eigene Finanzierungsaufwand an den Beiträgen nur der verringerte Nettoverdienst (vgl. Teil F 2.).
- **Riester-Förderung:** Hierbei werden Beiträge aus dem Nettoentgelt gezahlt. Der Staat übernimmt einen Teil des Beitragsaufwandes durch sog. Zulagen. Zudem kann der Finanzierungsaufwand in der Einkommensteuererklärung noch als sog. Sonderausgabenabzug geltend gemacht werden (vgl. Teil F 3.).
- **Finanzierung ohne staatliche Förderung:** Hier wird die freiwillige Versicherung durch eigene Beiträge aus versteuertem Arbeitsentgelt ohne Inanspruchnahme von staatlicher Förderung finanziert. Eine freiwillige Versicherung ohne staatliche Förderung ist beispielsweise für Beschäftigte sinnvoll, die die staatliche Förderung nicht nutzen können, aber dennoch von den Vorteilen einer freiwilligen Versicherung profitieren wollen.

1.8 Die Rentenleistung aus der freiwilligen Versicherung

Die Leistung aus der freiwilligen Versicherung beginnt in den älteren Tarifen zum selben Zeitpunkt wie die Rente aus der Pflichtversicherung. Es muss also ein Versicherungsfall i. S. der Pflichtversicherung eingetreten sein (vgl. Teil A 7.2). Bei den neueren Tarifen kann der Altersrentenbeginn häufig ab Vollendung des 62. Lebensjahres jederzeit frei gewählt werden.

Die Leistung aus der freiwilligen Versicherung tritt neben die Rente aus der Pflichtversicherung und die gesetzliche Rente oder eine Leistung eines berufsständischen Versorgungswerks. Eine Anrechnung der Leistungen untereinander erfolgt nicht.

Die Zusatzversorgungskassen können **Kleinbetragsrenten** abfinden, um unnötigen Verwaltungsaufwand für die oft langjährige Auszahlung von sehr geringen Renten zu vermeiden. Eine Kleinbetragsrente liegt vor, wenn der Monatsbetrag der Rentenleistung nicht den Monatsbetrag nach § 3 Abs. 2 BetrAVG übersteigt. Bereits gezahlte Leistungen werden auf den Abfindungsbetrag angerechnet.

Die **Versteuerung der Rente** hängt von der Versteuerung der Beiträge ab:

Wurden die Beiträge individuell oder pauschal versteuert, so wird der sich daraus ergebende Rentenanteil nur mit dem Ertragsanteil versteuert. Die Höhe des Ertragsanteils ist abhängig vom Alter bei Rentenbeginn: Bei Rentenbeginn mit Vollendung des 65. Lebensjahres ist z. B. ein Ertragsanteil von 18 % der Rente zu versteuern. Bei steuerfreien Beiträgen oder Riester-geförderten Beiträgen wird der sich daraus ergebende Rentenanteil voll versteuert.

Als Versorgungsbezüge (vgl. § 229 Abs. 1 Satz 1 Ziff. 5 SGB V) sind Betriebsrenten grundsätzlich voll **beitragspflichtig zur gesetzlichen Kranken- und Pflegeversicherung.**

1.9 Vorteile der freiwilligen Versicherung in der Zusatzversorgung

Bei der freiwilligen Versicherung bestimmt der Versicherte alleine, ob er eine höhere Rente für sich erreichen will oder ob auch eine Hinterbliebenenabsicherung mit eingeschlossen sein soll. In den neuen Tarifen entscheidet sich der Versicherte zum Beginn der Rente, ob die Hinterbliebenenversorgung weiterhin abgesichert bleiben soll oder ob zugunsten einer höheren Altersrente darauf verzichtet wird. In den Alt-Tarifen kann der Versicherte eine Hinterbliebenenabsicherung und eine Absicherung bei Erwerbsminderung dazu- oder auch abwählen. Damit besteht große Flexibilität bei der Gestaltung der eigenen Versorgungssituation.

Zudem kann während der gesamten Laufzeit der Versicherung die Beitragsleistung verändert und somit der persönlichen Leistungsfähigkeit angepasst werden. Wenn erforderlich, können die Beitragszahlungen auch ruhend gestellt werden.

In der Zusatzversorgung zahlt weder der Versicherte noch der Arbeitgeber **Abschlusskosten, Vermittlerprovisionen oder Außendienstprovisionen.** Gewinnausschüttungen an Aktionäre gibt es nicht. Die Beiträge kommen den Versicherten zugute. Damit ergibt sich eine **attraktive Garantierente.**

F

Die Tarife der freiwilligen Versicherung sind ungezillmert und bergen damit für Arbeitgeber nicht die möglichen Haftungsrisiken von gezillmerten Verträgen. Die **Zillmerung** ist ein nach dem Mathematiker August Zillmer benanntes Verfahren. Dabei werden bei Versicherungstarifen Abschluss-, Vertriebs- und Provisionskosten mit den ersten gezahlten Beiträgen verrechnet. Dies kann bei Versicherungen in der Anfangszeit zu extrem niedrigen Rückkaufswerten führen und damit bei frühzeitiger Vertragsauflösung oder Kapitalübertragung zu wirtschaftlichen Verlusten des Versicherten. Die Rechtsprechung hat sich schon in mehreren Urteilen mit einer Haftung des Arbeitgebers bei Anwendung von gezillmerten Tarifen in der betrieblichen Altersversorgung befasst.

Zusammen mit dem Versicherungsnachweis über die Pflichtversicherung informieren die Zusatzversorgungskassen auch die Versicherten der freiwilligen Versicherung jedes Jahr über die **Höhe der aktuellen Rentenanwartschaft.** Durch diese Aktion erhalten die Versicherten einen kontinuierlichen Überblick über ihre Versorgungspunkte und die Entwicklung der Anwartschaft in der freiwilligen Versicherung.

1.10 Die freiwillige Arbeitgeber-Höherversicherung

Neben dem Beschäftigten kann auch ein Arbeitgeber Beiträge in die freiwillige Versicherung zugunsten seiner Beschäftigten einzahlen. In diesem Fall ist der Arbeitgeber der Versicherungsnehmer und der Beschäftigte der Versicherte. Auch diese Beiträge werden in der freiwilligen Versicherung unabhängig von der Pflichtversicherung angesammelt und ergeben letztendlich eine Leistung, die neben die oder gar – wenn keine Pflichtversicherung bestanden hatte – anstelle der Betriebsrente tritt.

Eine freiwillige Arbeitgeber-Höherversicherung ist vor allem für Beschäftigte interessant, die nach § 19 Abs. 1 Buchst. k d. S. nicht der Pflichtversicherung unterliegen (z. B. Leitende Angestellte, Chefärzte, außertariflich Beschäftigte (vgl. Teil B 2.1). Da bei diesen Beschäftigten zwar keine Versicherungspflicht besteht, jedoch die Teilnahme an der Zusatzversorgung arbeitsvertraglich vereinbart werden kann, können die Arbeitsvertragsparteien darüber entscheiden, ob anstelle oder neben der Pflichtversicherung auch eine Versicherung in der freiwilligen Versicherung erfolgen soll. Damit könnte der Versicherte eine höhere Altersversorgung erreichen, während der Arbeitgeber ggf. Umlagen oder Beiträge einsparen kann. Ob und wie eine freiwillige Versicherung neben oder anstelle einer Pflichtversicherung optimierend wirken kann, sollte in Zusammenarbeit mit der jeweiligen Zusatzversorgungskasse geklärt werden.

2. Die staatliche Förderung durch Entgeltumwandlung

Durch das Altersvermögensgesetz im Jahr 2001 wurde festgelegt, dass der Beitragssatz in der gesetzlichen Rentenversicherung für die Dauer von 20 Jahren nicht über 22 % steigen soll. Das bedeutet, dass aufgrund der sinkenden bzw. stagnierenden Beschäftigtenzahlen und der steigenden Lebenserwartung der Rentner die gesetzliche Rente in den kommenden Jahren und Jahrzehnten nicht mehr das heutige Niveau wird halten können. Damit wird die gesetzliche Rente in Zukunft nicht mehr ausreichen, um das während eines Arbeitslebens erworbene Lebenshaltungsniveau zu bewahren. Deshalb wird sich die Lücke zwischen dem zuletzt erreichten Verdienst und der gesetzlichen Altersversorgung in den kommenden Jahren vergrößern.

Um dem vorzubeugen und eine Verarmung im Alter zu verhindern, wurde durch das Altersvermögensgesetz sowohl die betriebliche Altersvorsorge gestärkt als auch ein Anreiz für die eigene Altersvorsorge geschaffen.

Zur **Stärkung der betrieblichen Altersversorgung** wurde durch das Altersvermögensgesetz bereits ab dem Jahr 2002 ein gesetzlicher **Anspruch auf Entgeltumwandlung** im Betriebsrentengesetz (BetrAVG) eingeführt, den die Beschäftigten gegenüber ihrem Arbeitgeber geltend machen können. Allerdings können nach dem Betriebsrentengesetz tarifliche Entgeltansprüche nur dann Gegenstand einer Entgeltumwandlung sein, wenn dies durch Tarifvertrag unmittelbar geregelt oder über eine Öffnungsklausel im Tarifvertrag zugelassen ist. Erst im Jahr 2003 wurde mit Tarifbeschluss vom 08.02.2003 durch den **Tarifvertrag zur Entgeltumwandlung für Arbeitnehmer/-innen im kommunalen öffentlichen Dienst (TV-EUmw/VKA)** der Weg für eine Entgeltumwandlung im kommunalen Sektor geöffnet. Die Beschäftigten können künftige Entgeltansprüche in Höhe von bis zu 4 % der Beitragsbemessungsgrenze in der gesetzlichen Rentenversicherung West (BBG) zum Zwecke der betrieblichen Altersversorgung umwandeln.

Für die Länder wurde durch den TV-EntgeltU-L vom 12.10.2006 ab dem 01.11.2006 die Entgeltumwandlung ermöglicht. Seit 01.08.2011 gibt es einen einheitlichen Tarifvertrag für die Beschäftigten des Bundes und der Länder (TV-EntgeltU-B/L). Mit diesem Tarifvertrag wurde dann auch schließlich den Beschäftigten des Bundes die Umwandlung von tariflichem Entgelt ermöglicht. Die Entgeltumwandlung im Bundes- und Länderbereich ist ausschließlich bei der VBL durchzuführen (eine Ausnahme gilt für die Beschäftigten des Saarlandes und der Freien und Hansestadt Hamburg).

Im kirchlichen Bereich wurde die Entgeltumwandlung bereits im Jahr 2002 eingeführt.

F

2.1 Entgeltumwandlung

Entgeltumwandlung ist eine Vereinbarung zwischen dem Beschäftigten und dem Arbeitgeber darüber, dass in Zukunft ein Teil seiner Bruttobezüge in eine wertgleiche Anwartschaft auf betriebliche Altersversorgung umgewandelt wird. Das bedeutet, dass dieser Teil der Bruttobezüge als Beitrag in die betriebliche Altersversorgung eingezahlt wird.

Der Vorteil ist, dass dieser Teil der Bezüge bis zu bestimmten Grenzen **steuer- und sozialabgabenfrei** ist, sodass sich die Verringerung der Bruttobezüge nur teilweise in der Verringerung der Nettobezüge widerspiegelt.

Beispiel:

Ein Beschäftigter mit Steuerklasse I hat im Jahr 2014 ein Bruttoeinkommen von 30.000,00 €. Er beabsichtigt eine Entgeltumwandlung mit Beiträgen in Höhe von 100,00 € monatlich, also 1.200,00 € im Jahr. Dies wirkt sich wie folgt auf seine Nettobezüge aus

Bruttoentgelt	**30.000,00 €**	**1.200,00 € Entgeltumwandlung**	**28.800,00 €**
Lohnsteuer	4.187,00 €		3.881,00 €
Kirchensteuer	334,96 €		310,48 €
SoliZuschlag	230,28 €		213,45 €
Sozialabgaben	6.052,50 €		5.810,40 €
Gesamte Abzüge	10.804,74 €		10.215,33 €
Nettoentgelt	**19.195,26 €**	**610,59 €**	**18.584,67 €**

Während sich die Bruttobezüge um 1.200,00 € verringern, entsteht bei den Nettobezügen nur eine Differenz von 610,59 €. Der Beschäftigte würde also im Jahr 610,59 € weniger Entgelt ausgezahlt erhalten, während 1.200,00 € als Beiträge in die Altersversorgung fließen. Der Verzicht auf eine entsprechende Nettoauszahlung beträgt im Monat 50,88 € – während der Beitrag zur Altersvorsorge 100,00 € ist. Damit liegt die staatliche Förderung bei rund 49 %.

Im Falle der Steuerklasse III würde der monatliche Aufwand (Netto-Verzicht) bei ca. 57 € liegen (bei einem Beitrag von 100,00 €).

2.2 Personenkreis

Jeder Beschäftigte (Arbeitnehmer und Auszubildende) im öffentlichen oder kirchlichen Dienst hat einen Anspruch auf Entgeltumwandlung.

F

Berechtigt sind auch:

- Geringfügig Beschäftigte (bei einem Entgelt von über 450,00 € kann durch eine Entgeltumwandlung der Status einer geringfügigen Beschäftigung hergestellt werden).

- Beschäftigte, die in einem berufsständischen Versorgungswerk versichert sind (z. B. Ärzteversorgung, Rechtsanwaltsversorgung);
- Beschäftigte, die zwar bei einem Mitglied ein Beschäftigungsverhältnis haben, aber nicht in der Zusatzversorgung pflichtversichert sind;
- Angestellte mit beamtenrechtlicher Versorgung (sind in der Zusatzversorgung nicht pflichtversichert, da sie eine beamtenrechtliche Versorgungszusage haben, vgl. Teil B 2.1);

Bei der Entgeltumwandlung können nur Zuwendungen aus einem **ersten Arbeitsverhältnis** steuerlich gefördert werden. Als erstes Arbeitsverhältnis gilt eine Beschäftigung, für die Lohnsteuer nicht nach der Steuerklasse VI erhoben wird.

2.3 Die Durchführungswege

Die Entgeltumwandlung kann auf verschiedene Arten – sog. Durchführungswege – vollzogen werden. Als Durchführungswege kommen in Betracht:

- Pensionskasse,
- Pensionsfonds,
- Direktversicherung,
- Direktzusage und
- Unterstützungskasse.

Der Arbeitgeber legt einseitig den Durchführungsweg fest und entscheidet auch über den Anbieter oder die Anbieter in seiner Organisation. Im Tarifvertrag für den kommunalen öffentlichen Dienst (§ 6 TV-EUmw/VKA) sind als Anbieter zugelassen:

- die Zusatzversorgungskassen,
- die Sparkassen-Finanzgruppe und
- Kommunalversicherer.

Im Bereich von Bund und Ländern ist laut Tarifvertrag nur die Versorgungsanstalt des Bundes und der Länder (VBL) Anbieter.

Die Zusatzversorgungskassen sind regelmäßig als **Pensionskassen** anerkannt. Damit werden im Folgenden nur die Voraussetzungen für eine Versicherung bei einer Pensionskasse beschrieben.

Exkurs

Sehr große kommunale Arbeitgeber müssen die Auswirkungen des Urteils des EuGH vom 15. Juli 2010 (C-271/08) beachten. Nach einem Vertragsverletzungsverfahren der EU-Kommission gegen die Bundesrepublik Deutschland hat der EuGH in diesem Urteil entschieden, dass im Rahmen der Entgeltumwandlung abgeschlossene Rahmenverträge mit den in § 6 TV-EUmw/VKA genannten Anbietern einen Verstoß gegen die Pflicht zur europaweiten Ausschreibung darstellen, soweit der jeweils maßgebliche Schwellenwert erreicht oder überschritten wurde und die Rahmenverträge ohne europaweite Ausschreibung vergeben wurden. Der Schwellenwert für eine europaweite Ausschreibung bei Rahmenverträgen zur Entgeltumwandlung wird von kommunalen Arbeitgebern überschritten, die bei Abschluss von Rahmenverträgen im Jahr 2004 mehr als 4.505 Beschäftigte, bei Abschluss von Rahmenverträgen im Jahr 2005 mehr als 3.133 Beschäftigte und bei Abschluss von Rahmenverträgen in den Jahren 2006 und 2007 mehr als 2.402 Beschäftigte hatten. Auf Rahmenverträge, die den Schwellenwert bei einem früheren oder späteren Vertragsabschluss erreicht oder überschritten haben, ist das Urteil des EuGH nicht unmittelbar anwendbar. Da zahlreiche Arbeitgeber bereits im Jahr 2003 Rahmen- bzw. Gruppenversicherungsverträge zur Entgeltumwandlung abgeschlossen haben, hat das EuGH-Urteil in diesen Fällen keine unmittelbare Auswirkung.

Der EuGH erklärte § 6 TV-EUmw/VKA nicht für unwirksam (wegen der Tarifhoheit der Tarifvertragsparteien), sondern beschränkte sich darauf, einen Verstoß gegen das europäische Vergaberecht festzustellen. Von den betroffenen Arbeitgebern wurden verschiedentlich Rahmenverträge gekündigt bzw. aufgehoben. Die Entgeltumwandlung-Einzelversicherungsverträge der Beschäftigten, die aufgrund der Rahmenverträge abgeschlossen wurden, sind nicht Gegenstand des EuGH-Urteils. Sie können daher von den Beschäftigten fortgeführt werden und werden von einer möglichen Aufhebung von vergaberechtswidrig zustande gekommenen Rahmenverträgen nicht betroffen.

Die Tarifvertragsparteien haben Verhandlungen zur Anpassung des § 6 TV-EUmw/VKA an die EuGH-Rechtsprechung geführt, aber bisher kein Ergebnis in diesem Punkt erzielen können.

2.4 Umwandelbares Entgelt

Entgelt ist alles, was eine Gegenleistung für erbrachte Arbeit ist, also insbesondere die laufende Vergütung, die Jahressonderzahlung, aber auch Tantiemen. Eine Entgeltumwandlung ist nur bei künftigen Entgeltansprüchen möglich; der Beschäftigte darf also die arbeitsvertragliche Arbeitsleistung noch nicht erbracht haben. Im Bereich der verfassten katholischen Kirche und der Caritas gibt es Regelungen, die die Zahlung eines **Arbeitgeber-Zuschusses** von 13 % auf die eingezahlten Beiträge vorsehen.

Auch **vermögenswirksame Leistungen** können im Rahmen der Entgeltumwandlung als Beitrag eingesetzt werden. Bei den klassischen Anlageformen für vermögenswirksame Leistungen wie Bank- bzw. Fondssparplan oder Bausparvertrag werden die Zahlungen aus dem Nettoentgelt vorgenommen. Bei der Verwendung für eine Entgeltumwandlung werden die vermögenswirksamen Leistungen aber in der Regel steuer- und sozialabgabenfrei (aus dem Bruttoentgelt) in den Entgeltumwandlungsvertrag eingezahlt. Hierbei fließt der Arbeitgeberzuschuss direkt in die Entgeltumwandlung, auch wenn hier kein Vertrag im Sinne des 5. Vermögensbildungsgesetzes (VermBG) vorliegt. Die Zuschüsse des Arbeitgebers unterliegen dabei keiner Sperrfrist. Im Bereich von Bund und Ländern ist eine Umwandlung der vermögenswirksamen Leistung nicht zulässig. Auch im Bereich der Kirche oder der Caritas gibt es im Regelfall Richtlinien, die das Einbringen von vermögenswirksamen Leistungen in eine Entgeltumwandlung zulassen.

Im Anwendungsbereich des **Tarifvertrages Versorgungsbetriebe (TV-V)** werden unter bestimmten Umständen vermögenswirksame Leistungen bis zu einer Höhe von 50,00 € im Monat gezahlt, wenn diese für eine Entgeltumwandlung verwendet werden und der Beschäftigte einen Eigenbeitrag von zusätzlichen 13,00 € im Monat erbringt.

Die Höhe des Entgelts, welches umgewandelt werden soll, kann der Versicherte frei bestimmen.

Für die Entgeltumwandlung ist ein gesetzlicher **Mindestbeitrag** angesetzt, der $^1/_{160}$-stel des jeweiligen Durchschnittsentgelts in der gesetzlichen Rentenversicherung beträgt. Der Mindestbeitrag liegt z. B. im Jahr 2014 bei 207,37 €.

Bei Bestehen eines **Beschäftigungsverhältnisses ohne Entgeltzahlung** (z. B. Elternzeit, Bezug von Krankengeld, Beurlaubung ohne Bezüge) kann kein Entgelt (mehr) umgewandelt werden. Eine bestehende Entgeltumwandlung wird dann beitragsfrei gestellt. Der Beschäftigte hat aber die Möglichkeit, neben der beitragsfreien Entgeltumwandlung eine weitere freiwillige Versicherung (ohne die Förderung der Entgeltumwandlung, aber evtl. mit Riester-Förderung) abzuschließen und selbst die Beiträge einzuzahlen um Versorgungslücken zu vermeiden. Wurde die Entgeltumwandlung wegen einer Elternzeit beitragsfrei gestellt, so hat der Beschäftigte (wegen § 112 VVG) einen Anspruch darauf, die Entgeltumwandlung unmittelbar nach der Elternzeit mit den Bedingungen des früheren Tarifs fortzuführen.

2.5 Grenzen der Entgeltumwandlung

2.5.1 Grenzbetrag für die Steuer- und Sozialversicherungsfreiheit

Es besteht die Möglichkeit, jährlich Entgelte in Höhe von bis zu 4 % der Beitragsbemessungsgrenze der Rentenversicherung West – also im Jahr 2014 bis zu 2856,00 € jährlich – umzuwandeln. Dieses umgewandelte Entgelt bleibt steuer- und sozialabgabenfrei. Allerdings ist zu beachten, dass der Beschäftigte den steuerrechtlichen Freibetrag nach § 3 Nr. 63 EStG nicht alleine ausschöpfen kann, wenn auch der Arbeitgeber die steuerliche Förderung nach § 3 Nr. 63 EStG in Anspruch nimmt. Dies ist dann der Fall, wenn der Arbeitgeber (Zusatz-)Beiträge in einen kapitalgedeckten Abrechnungsverband der Zusatzversorgungskasse einzahlt (vgl. Teil F 2.5.3).

Der Grenzbetrag von 4 % der Beitragsbemessungsgrenze gilt auch dann, wenn nicht für ein volles Jahr eine Entgeltumwandlung vorliegt. Die Steuerfreiheit kann also in vollem Umfang in Anspruch genommen werden, unabhängig vom Beginn oder dem Ende der Beschäftigung.

Beispiel:

> Ein Beschäftigter ist ab 1. April beschäftigt und will Entgelt umwandeln. Es kann in den verbleibenden neun Monaten beitragsfrei der volle Jahresbetrag (z. B. im Jahr 2014 2.856,00 €) umgewandelt werden.

Ab dem 01.01.2005 können bei Neuzusagen neben den bereits bisher steuerfreien Beiträgen von bis zu 4 % der Beitragsbemessungsgrenze **weitere 1.800,00 € steuerfrei** (aber sozialabgabenpflichtig) eingezahlt werden. Diese Anhebung der steuerfreien Beiträge soll den grundsätzlichen Wegfall der Pauschalversteuerung ausgleichen.

Ab 01.01.2005 gelten die Grenzen für die steuerfreien Beiträge jeweils für ein Arbeitsverhältnis. Wechselt also ein Arbeitnehmer innerhalb eines Jahres den Arbeitgeber, kann er das Fördervolumen erneut voll in Anspruch nehmen.

2.5.2 Abgrenzung Alt- und Neuzusage bei Entgeltumwandlung

Bei der Abgrenzung von Alt- zu Neuzusagen ist auf den Zeitpunkt der **arbeitsvertraglichen Vereinbarung der Entgeltumwandlung** zwischen Arbeitgeber und Beschäftigtem abzustellen. Nur wenn die arbeitsvertragliche Vereinbarung am 01.01.2005 oder später erfolgt ist, liegt eine Neuzusage vor (vgl. Teil F 2.5.5).

Es handelt sich dann um eine **Neuzusage,**

- wenn die Vereinbarung über die Entgeltumwandlung ab dem 01.01.2005 (oder später) erfolgt ist oder
- wenn eine bereits erteilte Versorgungszusage um zusätzliche biometrische Risiken erweitert wird und dies mit einer Beitragserhöhung verbunden ist (in der Zusatzversorgung führt eine Änderung des Risikos zu keiner Beitragsänderung, sodass insoweit keine Neuzusage entstehen kann) oder
- die Entgeltumwandlung nach einem Arbeitgeberwechsel (damit ändert sich auch der Versicherungsnehmer) fortgeführt werden soll.

Aus einer Altzusage wird keine Neuzusage, nur weil

- die Beiträge erhöht oder vermindert werden;
- das Risiko innerhalb der freiwilligen Versicherung verändert wird (z. B. weil im Alt-Tarif neben der Altersrente auch eine Hinterbliebenenversor-

gung gewünscht wird). Die bloße Änderung des Risikos hat keine Änderung des Beitrages zur Folge, sodass insoweit keine Neuzusage vorliegt;

- Risiko und Beitrag gleichzeitig geändert werden. Da sich die beiden Änderungen nicht gegenseitig bedingen (die Risikoänderung hat keine Beitragsänderung zur Folge), liegt keine Neuzusage vor;
- eine befristete Entgeltumwandlung erneut befristet oder unbefristet fortgesetzt wird.

2.5.3 Einschränkung der Steuerfreiheit der Beiträge für den Versicherten

Die Beiträge in eine Entgeltumwandlung sind nach § 3 Nr. 63 EStG steuerfrei. Die Sozialabgabenfreiheit richtet sich nach § 1 Abs. 1 Nr. 9 Sozialversicherungsentgeltverordnung (SvEV). Diese gesetzlichen Regelungen gelten aber auch für Beiträge, die **ein Arbeitgeber in eine kapitalgedeckte betriebliche Altersversorgung** einzahlt. Somit nimmt also auch der Arbeitgeber die Regelung des § 3 Nr. 63 EStG für sich in Anspruch, wenn er Beiträge (bzw. neben der Umlage erhobene Zusatzbeiträge) in die kapitalgedeckte Zusatzversorgung einzahlt.

Damit schränken diese Beiträge des Arbeitgebers die Möglichkeit des Beschäftigten ein, für die Entgeltumwandlung den vollen steuerfreien Betrag von z. B. 2856,00 € (im Jahr 2014) auszunutzen, da die steuerliche Förderung zunächst auf die Beiträge des Arbeitgebers angewendet wird.

Beispiel:

Ein Beschäftigter verdient 3.000,00 € monatlich. Der Arbeitgeber führt monatlich 4 % Beiträge (also 120,00 €) an die Zusatzversorgungskasse ab. Da der Arbeitgeber den Beitrag nach § 3 Nr. 63 EStG steuer- und sozialabgabenfrei stellen kann, verringert sich der steuerfreie Gesamtbetrag von 2.856,00 € um 1.440,00 € (12 × 120,00 €), auf 1.416,00 €. Der Beschäftigte kann damit noch den Betrag von 1.416,00 € im Jahr 2014 ausschöpfen.

Wird die Entgeltumwandlung erst ab dem 01.01.2005 vereinbart, stehen dem Versicherten weitere 1.800,00 € steuerfrei (aber nicht sozialabgabenfrei) zur Verfügung. Damit kann der Versicherte einen Beitrag von bis zu 3.216,00 € (1.416,00 € + 1.800,00 €) steuerfrei für eine Entgeltumwandlung nutzen; sozialversicherungsfrei sind jedoch weiterhin 1.416,00 €.

2.5.4 Übersteigen des Freibetrages

Da die steuerfreien Beiträge auf maximal 4 % der BBG – im Jahr 2014: 2.856,00 € – begrenzt sind, sind Beiträge, die den Freibetrag übersteigen, steuer- und sozialversicherungspflichtig (bei Neuabschlüssen ab dem 01.01.2005 sind weitere 1.800,00 € steuerfrei).

Beispiel:

Ein Beschäftigter wandelt pro Monat 250,00 € (also im Jahr 3.000,00 €) um. Da der Grenzbetrag für die Steuer- und Sozialversicherungsfreiheit bei einer Altzusage nur 2.856,00 € (im Jahr 2014) beträgt, ist der überschießende Betrag grundsätzlich steuer- und sozialversicherungspflichtig. Die Nutzung der Grenzbeträge durch den Arbeitgeber ist hierbei noch nicht berücksichtigt.

Wenn es sich um eine **Neuvereinbarung zur Entgeltumwandlung (ab 01.01.2005)** handelt, kann der Beschäftigte zusätzlich noch 1.800,00 € zur steuerfreien Umwandlung nutzen. Im hier beschriebenen Beispiel wäre dann die Umwandlung von 3000,00 € komplett steuerfrei, für einen Teilbetrag von 144,00 € müssten allerdings Sozialabgaben abgeführt werden.

Bei **Vertragsabschlüssen zur Entgeltumwandlung vor 01.01.2005** können die nicht mehr steuerfreien Beiträge bis zu einer Höhe von max. 1.752,00 € (§ 40b EStG alter Fassung) pauschal versteuert werden (in Höhe von rund 22 % inkl. pauschale Kirchensteuer und Solidaritätsbeitrag). Die Pauschalsteuer ist vom Beschäftigten zu tragen.

Wird die pauschale Besteuerung ausgeschöpft, so sind weitergehende Beiträge individuell zu versteuern. Hier wäre dann eine Riester-Förderung möglich.

Allerdings ist zu beachten, dass im Bereich der Zusatzversorgung die Grenzen des § 3 Nr. 63 EStG (Steuer- und Sozialversicherungsfreiheit der Beiträge) und § 40b EStG generell auch für den Arbeitgeber gelten. Dabei gilt der Grundsatz, dass eine steuerliche Förderung zunächst auf die Beiträge des Arbeitgebers angewendet wird und dann erst auf umgewandelte Entgeltbestandteile des Beschäftigten (vgl. Teil F 2.5.5).

2.5.5 Inanspruchnahme der Steuergrenzen durch den Arbeitgeber

Im Rahmen einer Entgeltumwandlung sind für den Arbeitgeber und den Beschäftigten folgende steuerrechtlichen Regelungen bedeutsam:

§ 3 Nr. 63 EStG:	Bis max. 2.856,00 € (238,00 € monatlich) sind im Jahr 2014 steuer- und sozialabgabenfrei umwandelbar. Bei **Neuvereinbarungen** (ab 01.01.2005) zur Entgeltumwandlung sind zusätzlich **1.800,00 €** steuerfrei (aber nicht sozialabgabenfrei) umwandelbar.
§ 40b EStG alte Fassung:	Bis max. 1.752,00 € (146,00 € monatlich) ist eine pauschale Versteuerung (mit rund 22 %, inkl. pauschale Kirchensteuer und Solidaritätsbeitrag) der Beiträge bei **Altvereinbarungen** (bis 31.12.2004) zur Entgeltumwandlung möglich.

F

Seit dem Inkrafttreten des **Alterseinkünftegesetzes** zum 01.01.2005 gelten bei steuerrechtlichen Fragen folgende **Grundsätze:**

- Bei der Abgrenzung zwischen Alt- und Neuzusage ist bei der Entgeltumwandlung grundsätzlich auf den Zeitpunkt abzustellen, ab dem eine Entgeltumwandlung arbeitsvertraglich vereinbart wurde:
- Wurde die Vereinbarung bis zum 31.12.2004 getroffen => Altzusage
- Wurde die Vereinbarung ab 01.01.2005 getroffen => Neuzusage
- Der nach § 3 Nr. 63 EStG zusätzlich steuerfreie Betrag in Höhe von 1.800,00 € wird nur bei Neuzusagen gewährt.
- Der seit 01.01.2005 geltende § 40b EStG **neuer Fassung** ist für Beiträge zur freiwilligen Versicherung nicht mehr anwendbar, da hier die Beiträge in ein kapitalgedecktes System fließen.
- § 40b EStG **alter Fassung** ist bei bis zum 31.12.2004 getroffenen Entgeltumwandlungsvereinbarungen (Altzusagen) jedoch weiterhin anwendbar (z. B. wenn die steuerfreie Obergrenze nach § 3 Nr. 63 EStG überschritten wird).
- Da der zusätzlich steuerfreie Betrag i. H. v. 1.800,00 € nach § 3 Nr. 63 EStG einen Ausgleich für den Wegfall von § 40b EStG darstellen soll, hat die weitere Anwendung von § 40b EStG alter Fassung bei einem Versicherten (z. B. in der Pflichtversicherung oder bei einer Direktversicherung) zur Folge, dass der Erhöhungsbetrag von 1.800,00 € nicht beansprucht werden kann.
- Die **Umlagezahlungen** zur Finanzierung der Pflichtversicherung werden immer nach § 40b EStG neuer Fassung versteuert (unabhängig davon, ob in der Pflichtversicherung eine Alt- oder Neuzusage vorliegt).
- § 40b EStG alter Fassung und § 40b EStG neuer Fassung sind unabhängige Rechtsgrundlagen und können daher mit ihrer Obergrenze für die pauschale Versteuerung jeweils nebeneinander angewendet werden (z. B. § 40b EStG neuer Fassung für Umlagezahlungen und § 40b EStG alter Fassung für Beiträge zu einer Altzusage-Entgeltumwandlung).

Es ist sehr wichtig, dass die Steuerfreiheit bzw. Versteuerung der Beiträge zur Entgeltumwandlung richtig durch die Arbeitgeber an die Zusatzversorgungskassen gemeldet wird. Diese Meldungen wirken sich auf die spätere Versteuerung der Rentenleistung aus der Entgeltumwandlung aus.

Beispiel zur Entgeltumwandlung:

Ein Beschäftigter wandelt im Jahr 2014 400,00 € **monatlich** (= 4.800,00 € jährlich) um:	400,00 €
Davon sind 238,00 € steuer- und sozialabgabenfrei (§ 3 Nr. 63 EStG: 2.856,00 € / 12 = 238,00 €)	– 238,00 €
Also sind 162,00 € steuerpflichtiger Arbeitslohn	162,00 €
Bei einer **Neuzusage ab 01.01.2005** kann der Beschäftigte noch 1.800,00 € (150,00 € monatlich) steuerfrei umwandeln	– 150,00 €
damit sind 12,00 € individuell zu versteuern.	12,00 €

F

Bei einer **Altzusage bis 31.12.2004** kann der Arbeitgeber bis zu einer Grenze von max.1.752,00 € (monatlich 146,00 €) die Beiträge noch pauschal nach § 40b EStG alter Fassung versteuern. Es bleiben hier dann noch (162,00 € – 146,00 € =) **16,00 €** übrig, die nach Maßgabe der Lohnsteuerkarte individuell zu versteuern sind.

Der Freibetrag i. H. v. 2.856,00 € (im Jahr 2014) vermindert sich allerdings, wenn der **Arbeitgeber** ihn in Anspruch nimmt. Das ist der Fall, wenn der Arbeitgeber bei einer Zusatzversorgungskasse **(Zusatz-)Beiträge** nach § 3 Nr. 63 EStG steuer- und sozialabgabenfrei in einen kapitalgedeckten Abrechnungsverband einer Zusatzversorgungskasse zahlt.

Beispiel:

Ein Beschäftigter verdient 3.000,00 € monatlich im Jahr 2014

Der Arbeitgeber zahlt **Zusatzbeiträge** in Höhe von 120,00 € (3.000,00 € × 4 %) monatlich.

Damit sind monatlich vom Arbeitgeber bereits **120,00 €** nach § 3 Nr. 63 EStG steuer- und sozialabgabenfrei verbraucht.

Der Beschäftigte will ab 01.01.2014 **monatlich 238,00 €** (2.856,00 € jährlich) in eine Entgeltumwandlung investieren.

Der Beitrag von 238,00 € monatlich	238,00 €
ist bereits in Höhe von 120,00 € durch den Arbeitgeber verbraucht.	– 120,00 €
Damit sind 118,00 € steuer- und sozialabgabenfrei	118,00 €
und es verbleiben 120,00 € als zu versteuernder Beitrag	120,00 €
Bei einer **Neuzusage ab 01.01.2005** kann der Beschäftigte noch 1.800,00 € (150,00 € monatlich) zusätzlich steuerfrei umwandeln,	– 150,00 €

sodass der gesamte Beitrag steuerfrei wäre (allerdings sind aus 120,00 € Sozialabgaben zu zahlen).

2.6 Auswirkung der Entgeltumwandlung auf tarifliche Bezüge und Rentenleistungen

2.6.1 Tarifliche Bezüge

Der für die Entgeltumwandlung aufgewendete Betrag vermindert die Bruttobezüge. Daneben erfolgt aber keine Minderung der sonstigen tariflichen Leistungen wie z. B. der Jahressonderzahlung. Diese Leistungen ergeben sich aus den ungeminderten Bezügen vor Abzug der Beiträge zur Entgeltumwandlung.

F

2.6.2 Zusatzversorgungspflichtiges Entgelt

Durch die Entgeltumwandlung wird auch das zusatzversorgungspflichtige Entgelt nicht verringert (§ 62 Abs. 2 Satz 8 d. S.). Bemessungsgrundlage für die Betriebsrente aus der Pflichtversicherung bleibt also das Arbeitsentgelt, dass sich ohne Entgeltumwandlung ergeben würde. Die spätere Betriebsrente aus der Zusatzversorgung wird somit durch die Entgeltumwandlung nicht geschmälert.

2.6.3 Gesetzliche Rente und andere Leistungen

Dadurch, dass von dem für die Entgeltumwandlung aufgewendeten Betrag keine Beiträge in die gesetzliche Rentenversicherung gezahlt werden, verringert sich die gesetzliche Rente, wenn – wie im Regelfall – das Entgelt des Versicherten unter der Beitragsbemessungsgrenze liegt. Die dadurch eintretenden Verluste sind allerdings nicht groß. In der Rentenversicherung vermindert sich die Rente pro fehlende 1.000,00 € Entgelt um ca. 0,81 € (Wert: 2014). Demgegenüber würde ein Beitrag von 1.000,00 € in die freiwillige Versicherung der Zusatzversorgung (Neutarif) für einen 40-jährigen Versicherten eine garantierte Altersrente von ca. 7,60 € ergeben (bei Verzicht auf Hinterbliebenenabsicherung ca. 8,40 €).

Die Entgeltumwandlung **verringert das sozialversicherungspflichtige Entgelt.** Bei Bestehen einer privaten Krankenversicherung kann der/die Beschäftigte unter die Grenze der Krankenversicherungspflicht sinken und damit eine Pflicht zur Rückkehr in die gesetzliche Krankenversicherung entstehen. Außerdem reduziert eine Entgeltumwandlung auch die Bemessungsgrundlage für das Krankengeld.

Eine Entgeltumwandlung kann ein späteres Elterngeld mindern, da die steuerfreien Beiträge zur Entgeltumwandlung bei der Ermittlung des für das Elterngeld maßgeblichen Einkommens unberücksichtigt bleiben.

2.7 Entgeltumwandlung unmittelbar vor Beginn einer Altersteilzeit

Die Frage, ob sich für ältere Beschäftigte, die beabsichtigen in Altersteilzeit zu gehen, eine Entgeltumwandlung (noch) lohnt, kann nicht ohne weitere Prüfungen beantwortet werden. Durch die Entgeltumwandlung vermindert sich grundsätzlich das sozialversicherungspflichtige Arbeitsentgelt und damit in aller Regel auch die Bemessungsgrundlage für die Aufstockungsleistungen bei Altersteilzeit. Ob dadurch aber auch tatsächlich Einbußen bei den Aufstockungsleistungen entstehen, kann nur an Hand der Umstände des Einzelfalles (z. B. Abhängigkeit von der Steuerklasse) beurteilt werden. In Einzelfällen kann eine Entgeltumwandlung auch dazu führen, dass die Aufstockungsbeträge höher sind als bei der Berechnung ohne Entgeltumwandlung.

Steuerliche Einflüsse können diese Betrachtung aber wieder relativieren. Bei den Berechnungen ist zu berücksichtigen, dass die tatsächliche Steuerbelastung des einzelnen Versicherten erst mit dem Einkommenssteuerjahresausgleich voll zum Tragen kommt, da die Aufstockungsbeträge dem Progressionsvorbehalt unterliegen. Im Rahmen des Einkommenssteuerjahresausgleiches kann es so zu Steuernachzahlungen kommen. Zu bewerten ist auch, ob eine Entgeltumwandlung wegen der Vollversteuerung der Rentenleistungen, der vollen Beitragspflicht in der Kranken- und Pflegeversicherung und der kurzen Laufzeit bis zum Rentenbeginn, für den Beschäftigten rentabel ist. Daher ist vor Vereinbarung einer Entgeltumwandlung in der Altersteilzeit immer eine eingehende Beratung in der Personalabteilung dringend anzuraten. Wird bei Eintritt in die Altersteilzeit eine Entgeltumwandlungsvereinbarung schon durchgeführt, so bestehen keine Bedenken, diese fortzusetzen.

2.8 Versteuerung der Rentenleistung und Beiträge zur Sozialversicherung

Mit der Entgeltumwandlung hat der Versicherte die Besteuerung der Entgeltbestandteile von der Zeit der aktiven Beschäftigung in die Rentenphase verlagert. Da die Beiträge in der Regel steuerfrei waren, müssen die daraus entstehenden Leistungen in vollem Umfang versteuert werden. In der Regel sind jedoch die Gesamt-Einkünfte im Alter niedriger als während der Arbeitsphase, sodass in den allermeisten Fällen ein niedrigerer Steuersatz Anwendung finden wird.

Die Versteuerung der Rentenleistung, die aus einer durch Entgeltumwandlung finanzierten Altersversorgung stammt, hängt davon ab, **wie die Beiträge bereits versteuert wurden.**

- Waren die Beiträge steuerfrei, so werden die Leistungen im Rentenfall voll versteuert.
- Wurden die Beiträge pauschal versteuert, so erfolgt im Rentenfall nur eine Besteuerung des Ertragsanteils.
- Wurden die Beiträge individuell versteuert, so erfolgt im Rentenfall ebenfalls nur eine Versteuerung des Ertragsanteils.

Da es sich bei einer Entgeltumwandlung um eine betriebliche Altersversorgung handelt, unterliegen die Rentenzahlungen nicht nur der Versteuerung, sondern als Versorgungsbezüge auch der (vollen) **Beitragspflicht zur Kranken- und Pflegeversicherung** der Rentner.

2.9 Lebenslange Rente oder Kapitalauszahlung

Bei Eintritt des Rentenfalles kann gegebenenfalls anstelle einer lebenslangen Rente auch eine Kapitalauszahlung beantragt werden (siehe Teil F 1.3.3). Damit haben Versicherte die Alternative auf Kapitalauszahlung anstelle einer lebenslangen Rente. Bei einigen Zusatzversorgungseinrichtungen kann eine Kapitalauszahlung nur in Höhe von bis zu 30 % verlangt werden. Der Versicherte muss sich erst unmittelbar vor Beginn der Rente (innerhalb eines Jahres – bis spätestens 6 Monate vor Beginn der Rente) entscheiden, ob er das Kapitalwahlrecht ausüben oder eine lebenslange Rente beziehen will. Im Fall einer Kapitalauszahlung unterliegt der gesamte Kapitalbetrag der vollen nachgelagerten Besteuerung (§ 22 Nr. 5 Satz 1 EStG), wenn die Beiträge steuerfrei nach § 3 Nr. 63 EStG geleistet wurden (was bei einer Entgeltumwandlung regelmäßig der Fall ist). Auf die Kapitalauszahlung sind auch Beiträge zur Kranken- und Pflegeversicherung zu zahlen.

2.10 Hartz-IV-Sicherheit

Wird bei Abschluss der Versicherung auf das Recht verzichtet, den Versicherungsvertrag kündigen zu können und die bis dahin eingezahlten Beiträge zurückzuerhalten, wird dadurch die Anwartschaft aus der freiwilligen Versicherung in den Grenzen des Sozialgesetzbuches II (vgl. § 12 SGB II) „Hartz-IV-sicher" gemacht (siehe Teil F 1.6.4). Durch den Verzicht auf das Kündigungsrecht, wird die Anwartschaft aus der freiwilligen Versicherung zum geschützten Vermögen und muss bei eventuellem Bezug von Arbeitslosengeld II nicht als vorhandenes Vermögen eingesetzt werden. Dieser Schutz umfasst aber nicht eine Kapitalauszahlung oder die Rentenzahlung.

2.11 Der Versicherungsvertrag

Bei einer Entgeltumwandlung handelt es sich um eine **betriebliche** Altersversorgung. Der **Arbeitgeber ist stets Versicherungsnehmer** und der Beschäftigte Versicherter. Der Arbeitgeber ist also Vertragspartner der Zusatzversorgungskasse. Im Verhältnis zum Beschäftigten haftet der Arbeitgeber somit für die ordnungsgemäße Erfüllung des Vertrages, insbesondere also für die rechtzeitige Zahlung der Beiträge und die Meldung der Steuermerkmale.

2.11.1 Arbeitsvertragliche Entgeltumwandlungsvereinbarung

Der Beschäftigte muss dem Arbeitgeber mitteilen, ab welchem Zeitpunkt er welche Beiträge umwandeln möchte. Bei den Zusatzversorgungskassen können in der Regel monatlich gleichbleibende Beträge sowie jährliche Einmalzahlungen (z. B. jedes Jahr × € im Monat November umgewandelt werden.

Da im Rahmen einer Entgeltumwandlung der Beschäftigte regelmäßig auf die Auszahlung von (Netto-)Entgelt verzichtet, ist dies in einer Ergänzung zum Arbeitsvertrag festzuhalten (arbeitsrechtliche Vereinbarung der Entgeltumwandlung). Insoweit wird der Arbeitsvertrag abgeändert. Muster für eine arbeitsrechtliche Vereinbarung zur Entgeltumwandlung zwischen Arbeitgeber und Beschäftigten sind auch bei den Zusatzversorgungskassen erhältlich.

F

Die Zusatzversorgung sieht keine Mindestdauer für eine Entgeltumwandlung vor. Die arbeitsvertraglichen Entgeltumwandlungsvereinbarungen zwischen Arbeitgeber und Beschäftigten können aber eine **Mindestdauer** der Entgeltumwandlung enthalten, um die Arbeitgeber vor Verwaltungsaufwand zu schützen, der entsteht, wenn Beschäftigte nur für einen sehr kurzen Zeitraum eine Entgeltumwandlung durchführen.

In einzelnen Branchen werden durch die Arbeitgeber **Zuschüsse** an die Beschäftigten bei dem Abschluss einer Entgeltumwandlung gezahlt. So wird im Bereich der katholischen Kirche und der Caritas – sofern für den Beschäftigten eine Pflichtversicherung in der gesetzlichen Krankenversicherung besteht – ein Zuschuss in Höhe von 13 % des jeweils umgewandelten Betrages gezahlt. Die Tarifverträge zur Entgeltumwandlung für den kommunalen öffentlichen Dienst und den öffentlichen Dienst des Bundes und der Länder sehen keinen Zuschuss durch den Arbeitgeber vor.

2.11.2 Versicherungsrechtliche Abwicklung

Der Beschäftigte soll vor der Durchführung der Entgeltumwandlung bei der Zusatzversorgung eine **Modellberechnung** zur freiwilligen Versicherung mit Entgeltumwandlung durchführen. Mit der Modellberechnung erhält er vor Vertragsschluss die notwendigen **Vertragsinformationen** (Allgemeine Versicherungsbedingungen, Produkt- und Vertragsinformationen) sowie das Antragsformular. Auf dem Antragsformular findet sich in der Regel auch die Möglichkeit, auf das Kündigungsrecht zu verzichten und den Vertrag so „Hartz IV-sicher“ zu machen, sowie einen Lebensgefährten als bezugsberechtigt einzutragen.

Durch Zusendung des vom Arbeitgeber (als Versicherungsnehmer) unterschriebenen Antragformulars wird für die Beschäftigten, die bei der Zusatzversorgungskasse Entgelt umwandeln wollen, durch ihren Arbeitgeber ein Einzelversicherungsverhältnis begründet.

Der Arbeitgeber erhält daraufhin von der Zusatzversorgungskasse einen **Versicherungsschein** und die notwendigen Informationen für die Beitragsüberweisung (Bankverbindung, Verwendungszweck). Bei Überweisung der Beiträge hat der Arbeitgeber den von der Kasse vorgegebenen Verwendungszweck mit Buchungsschlüssel zu verwenden. Er ist insbesondere verpflichtet, bei den Überweisungen anzugeben, ob die Beiträge steuerfrei sind oder individuell bzw. pauschal versteuert wurden, da sich daraus die spätere Versteuerung der Rente ergibt.

Aufgabe des Arbeitgebers ist also die organisatorische Durchführung der Versicherung und ggf. die Aufklärung des Beschäftigten bezüglich der Auswirkungen der Entgeltumwandlung auf die Bezüge aus dem Arbeitsverhältnis. Fragen, die die Versicherung und ihre Leistungen selbst betreffen, sollte der Arbeitgeber aus Haftungsgründen nicht beantworten und den Versicherten mit seinen Fragen an die Zusatzversorgungskasse verweisen.

Damit liegt es wiederum im Verantwortungsbereich der Beschäftigten, sich selbst über die freiwillige Versicherung, die Höhe der Beiträge, die eventuell zu erwartende Leistung etc. zu informieren.

2.12 Fortführen der Versicherung nach Ende des Arbeitsverhältnisses

Nach dem Ausscheiden aus dem Arbeitsverhältnis kann der Versicherte die freiwillige Versicherung **fortführen.** Er muss dies innerhalb von drei Monaten nach dem Ausscheiden bei der Zusatzversorgungskasse beantragen. Wenn er zu einem Arbeitgeber wechselt, der Mitglied der bisherigen Zusatzversorgungskasse ist, kann er die Entgeltumwandlung in der Regel über den neuen Arbeitgeber fortführen. Allerdings ist dann eine Entgeltumwandlung über die Zusatzversorgung nicht mehr möglich, wenn der Versicherte zu einem Arbeitgeber gewechselt ist, der nicht Mitglied einer Zusatzversorgungskasse ist. Will er hier aber weiterhin die freiwillige Versicherung fortführen und ihre Vorteile nutzen, so müssen die Beiträge vom Versicherten selbst aus dem versteuerten Arbeitsentgelt gezahlt werden. Für die dann aus versteuertem Entgelt zu zahlenden Beiträge kann der Versicherte möglicherweise die Riester-Förderung (vgl. Teil F 3.) in Anspruch nehmen.

Wenn der Versicherte keine Beiträge mehr zahlen will, kann die Versicherung auch **beitragsfrei** gestellt werden. Aus den bereits gezahlten Beiträgen hat der Versicherte stets eine unverfallbare Anwartschaft erworben.

Nach einem Wechsel zu einem neuen Arbeitgeber, der eine betriebliche Altersversorgung bei einer anderen Versicherungseinrichtung durchführt, kann der Barwert der Versorgungspunkte auf eine Zusatzversorgungskasse des neuen Arbeitgebers, mit der ein Überleitungsabkommen besteht (oder der Übertragungswert auf eine andere betriebliche Altersversorgung), übertragen werden. Der Beschäftigte muss dies innerhalb bestimmter Fristen beantragen.

Scheidet der Versicherte aus dem Arbeitsverhältnis aus und möchte er die Versicherung nicht selbstständig fortführen, kann er sie auch durch Kündigung und Abfindung beenden lassen. Danach ist allerdings eine Wiederaufnahme dieser Versicherung nicht mehr möglich.

2.13 Die Vorteile des Durchführungsweges „Pensionskasse Zusatzversorgung"

Mit der freiwilligen Versicherung in der Zusatzversorgung erhält der Versicherte eine hohe **Garantieleistung.** Die hohe Garantie stellt eine große Sicherheit dar, da die Garantieleistung auf jeden Fall erbracht wird, während darüber hinausgehende Renditen zwar möglich sind, aber nicht sicher vorher- und zugesagt werden können.

Auch für den Arbeitgeber ist die Versicherung in der Zusatzversorgung attraktiv, da sie keine zusätzlichen Kosten aufweist. Durch die Zusatzversorgung als betriebliche Altersversorgung hat der Arbeitgeber seine Beschäftigten bereits bei der Zusatzversorgungskasse versichert. Mit der freiwilligen

F

Versicherung in Form der Entgeltumwandlung wird lediglich eine weitere Versicherung im Rahmen des vom Arbeitgeber bereits genutzten Versorgungssystems vorgenommen. Der Versicherte erhält damit seine späteren Leistungen aus Pflichtversicherung und freiwilliger Versicherung **aus einer Hand.** Arbeitgeber und Beschäftigter haben den gleichen Ansprechpartner. Es entstehen weder für Arbeitgeber noch für Beschäftigte Abschluss- oder Provisionskosten. Außerdem gibt es bei der Zusatzversorgung keine Aktionäre, an die Gewinne ausgeschüttet werden müssten. Die Zusatzversorgungskassen verwenden keine gezillmerten Tarife, es bestehen hier also keine Risiken für die Arbeitgeber. Als Pensionskasse können alle Förderwege angeboten werden: Steuerfreiheit nach § 3 Nr. 63 EStG, pauschale Versteuerung nach § 40b EStG (für Altzusagen) und auch Riester-Förderung. So ist der Wechsel von einer Entgeltumwandlung zu einem Riester-Vertrag (und umgekehrt) jederzeit möglich, indem der früher abgeschlossene Vertrag beitragsfrei gestellt und ein neuer aktiver Vertrag abgeschlossen wird. Zudem können im Rahmen der freiwilligen Versicherung sowohl die Entgeltumwandlung als auch die Riester-Rente nebeneinander abgeschlossen und damit beide Förderwege genutzt werden.

Tatsächlich hat der Arbeitgeber aber auch von einer Entgeltumwandlung seiner Beschäftigten einen nicht unerheblichen finanziellen Nutzen, vor allem dann, wenn viele seiner Beschäftigten sich für eine Entgeltumwandlung entscheiden. Da die von den Beschäftigten für die Entgeltumwandlung aufgewendeten Beiträge steuer- und sozialabgabenfrei sind, **spart auch der Arbeitgeber** die Sozialabgaben für diese Beiträge. Das macht immerhin ca. 20 % der Beitragshöhe aus. Liegt also der durchschnittliche Beitrag bei 1.200,00 € (= 100,00 € im Monat), so spart der Arbeitgeber in diesem Fall 240,00 € an Personalkosten. Entscheiden sich 50 Arbeitnehmer für eine Entgeltumwandlung in dieser Höhe, so liegt die Ersparnis für den Arbeitgeber schon bei 12.000,00 €. Über Jahre hinweg ergibt sich damit ein großes Einsparpotential für den Arbeitgeber.

3. Die staatliche Förderung über Zulagen und steuerlichen Sonderausgabenabzug – die Riester-Förderung

Durch die Riester-Förderung will der Staat erreichen, dass Beschäftigte, die in der gesetzlichen Rentenversicherung versichert sind, durch eigene Vorsorgeleistungen das künftige Absinken der gesetzlichen Rente ausgleichen können.

Im Unterschied zur Entgeltumwandlung, bei der die Beiträge aus dem Bruttoentgelt stammen, sind bei der Riester-Förderung die Beiträge **aus versteuertem Nettoentgelt** zu zahlen.

Der Staat hilft – wenn ein Riester-Vertrag abgeschlossen wurde – indem er durch Zulagen einen Teil der Beiträge übernimmt und steuerrechtliche Vorteile (Sonderausgabenabzug) gewährt.

3.1 Förderungsberechtigter Personenkreis

Förderungsberechtigt sind grundsätzlich alle **in der gesetzlichen Rentenversicherung Pflichtversicherten.** Hierzu gehören insbesondere alle pflichtversicherten Arbeitnehmer, wie auch Auszubildende, Kindererziehende (Kindererziehungszeiten müssen bei der Deutschen Rentenversicherung beantragt werden), freiwillig Wehrdienst Leistende sowie Empfänger von Lohnersatzleistungen (z. B. Krankengeld).

Demgegenüber sind freiwillig Rentenversicherte ebenso wenig begünstigt, wie die in einer **berufsständischen Versorgungseinrichtung** Pflichtversicherten.

Wird bei einer **geringfügigen Beschäftigung** nicht die Versicherungsfreiheit in der gesetzlichen Rentenversicherung beantragt, bzw. wird bei der Aufnahme einer geringfügigen Beschäftigung vor dem 01.01.2013 der Aufstockungsbetrag in der gesetzlichen Rentenversicherung gezahlt, so kann auch der geringfügig Beschäftigte eine Riester-Rente abschließen und die staatliche Förderung in Anspruch nehmen. Das kann sich lohnen: Die Aufstockung der Rentenversicherungsbeiträge beträgt lediglich 17,55 € im Monat (bei monatlich 450,00 € Verdienst im Jahr 2014). Durch die vollwertigen Beiträge zur Rentenversicherung kann der Beschäftigte einen Anspruch in der gesetzlichen Rentenversicherung auf Erwerbsminderungsrente erwerben und hat zusätzlich auch Anspruch auf Rehabilitationsmaßnahmen. Zudem erlangt er damit auch Beitragsmonate, die für Wartezeiten erforderlich sind. Bei Abschluss eines Riester-Vertrages muss er lediglich den Sockelbetrag von 5,00 € monatlich (60,00 € im Jahr) leisten, bekommt dafür aber eine staatliche Grundzulage von 154,00 € – und für jedes kindergeldberechtigte Kind 185,00 € bzw. 300,00 € für ein Kind, welches ab dem 01.01.2008 geboren wurde.

Eine Sonderregelung gilt für **Ehegatten,** bei denen nur einer unmittelbar zulagenberechtigt ist. In diesen Fällen wird dem anderen Ehegatten ein **abgeleiteter Zulagenanspruch** (sog. mittelbare Zulagenberechtigung) zugebilligt, wenn der unmittelbar zulageberechtigte Ehegatte einen Riester-geförderten Vertrag hat, für den anderen Ehegatten ein eigener zertifizierter Altersvorsorgevertrag abgeschlossen wird und er einen Beitrag von mindestens 60,00 € in seinen Vertrag einzahlt. Eine Versicherung des mittelbar zulagenberechtigten Ehegatten ist allerdings in der freiwilligen Versicherung der Zusatzversorgung **nicht möglich,** da diese eine betriebliche Altersvorsorge ist und damit nur Betriebsangehörigen die Vorteile der betrieblichen Altersvorsorge gewährt. Auch Beschäftigte im Sonderurlaub, z. B. nach

F

einer Elternzeit, sind nicht Riester-förderberechtigt (weder unmittelbar noch mittelbar), sofern nicht gleichzeitig Rentenversicherungspflicht vorliegt.

3.2 Riester-Verträge der betrieblichen Altersversorgung

Die Anerkennung eines Anlagevertrages als Riester-geförderter Altersvorsorgevertrag erfolgt in einer **Zertifizierung** nach dem Altersvorsorgeverträge-Zertifizierungsgesetz (AltZertG) durch das Bundeszentralamt für Steuern (BZSt). Das Altersvorsorgeverträge-Zertifizierungsgesetz enthält verschiedene Voraussetzungen, die Verträge erfüllen müssen, damit sie als Riester-förderfähiger Altersvorsorgevertrag zertifiziert werden. Bei den Riester-Verträgen der freiwilligen Versicherung der Zusatzversorgung ist **keine Zertifizierung notwendig.** Die Zusatzversorgungskassen sind Einrichtungen der betrieblichen Altersversorgung. Bei Einrichtungen der betrieblichen Altersversorgung ist eine Zertifizierung nicht vorgesehen, da für diese die Regelungen des Betriebsrentengesetzes (BetrAVG) gelten. Durch diese Vorschriften wird ein hinreichender Schutz für die Versicherten und das Altersvorsorgevermögen geboten.

Die Riester-Verträge der Zusatzversorgungskassen sind grundsätzlich **Verträge der betrieblichen Altersversorgung.** Damit unterscheiden sie sich neben der fehlenden Notwendigkeit einer Zertifizierung noch in weiteren Punkten von Riester-Verträgen der privaten Altersvorsorge, die bei Banken, Versicherungen oder Investmentgesellschaften abgeschlossen werden können. Bei den Riester-Verträgen der Zusatzversorgungskassen

- ist eine Beitragsüberweisung durch den Arbeitgeber vorgesehen,
- können mittelbar förderberechtigte Ehegatten keine Verträge abschließen (siehe 3.1),
- ist ein Altersvorsorge-Eigenheimbetrag (sog. „Wohn-Riester“) nicht möglich,
- fallen für Rentenleistungen die vollen Beiträge zur Kranken- und Pflegeversicherung an.

3.3 Die Zulagen

Im Rahmen der Riester-Rente erfolgt die staatliche Förderung, indem der Staat einen Teil der Beiträge durch eine Zulage übernimmt.

Die Zulage setzt sich aus einer **Grundzulage** und eventuell einer **Kinderzulage** zusammen.

Das Zulagensystem sieht vor, dass der Steuerpflichtige entsprechend seinem beitragspflichtigen Einkommen einen **Mindesteigenbeitrag** zu seiner zusätzlichen Altersversorgung leistet und der Staat diese Eigenbeträge durch die Zulagen ergänzt und durch den Steuervorteil fördert.

3.3.1 Grundzulage und Kinderzulage

Jeder Versicherte mit Riester-Vertrag hat Anspruch auf die **Grundzulage,** wenn er zum förderberechtigten Personenkreis (vgl. Teil F 3.1) gehört. Diese Zulage ist für alle Versicherten gleich hoch, also unabhängig von der Höhe des eigenen Beitrages.

Der Staat möchte insbesondere Familien mit Kindern beim Aufbau einer Altersversorgung unterstützen. Anspruch auf **Kinderzulage** besteht für jedes Kind, für das im jeweiligen Kalenderjahr mindestens für einen Monat Kindergeld ausgezahlt wird. Bei verheirateten und nicht dauernd getrennt lebenden Eltern erhält grundsätzlich die Mutter die Kinderzulage; die Eltern können jedoch gemeinsam beantragen, dass der Vater die Zulage erhält. Es kann also jeweils nur ein Elternteil eine Kinderzulage erhalten. Die Übertragung der Kinderzulage muss auch in den Fällen beantragt werden, in denen die Mutter keinen Anspruch auf Altersvorsorgezulage hat, weil sie beispielsweise keinen Altersvorsorgevertrag abgeschlossen hat.

Bei Versicherten, die nicht verheiratet sind oder dauerhaft getrennt leben, erhält grundsätzlich der Elternteil die Kinderzulage, an den das Kindergeld ausgezahlt wird. Eine Übertragung der Kinderzulage ist in diesen Fällen nicht möglich. Eine Übertragung ist auch nicht möglich, wenn derjenige Elternteil, dem das Kindergeld ausgezahlt wird, keine Grundzulage erhält.

Die Kinderzulage beträgt 185,00 € für Kinder, die bis 31.12.2007 geboren sind. Für Kinder, die ab 01.01.2008 geboren sind, beträgt die Kinderzulage 300,00 €.

Junge Riester-Sparer erhalten im ersten Sparjahr eine um 200,00 € erhöhte Grundzulage **(Berufseinsteiger-Bonus)**.

Voraussetzungen hierfür sind:

- Der Riester-Sparer darf zum 1. Januar des Jahres, in dem er den Vertrag schließt, sein 25. Lebensjahr noch nicht vollendet haben und
- muss zulagenberechtigt sein.

Der Bonus wird automatisch im ersten Vertragsjahr in Form einer um 200,00 € erhöhten Grundzulage gutgeschrieben. Bei Kürzungen der Grundzulage (weil z. B. der Mindestbeitrag unterschritten wurde) wird der Bonus im gleichen Maße gekürzt.

Die Zulagen werden höchstens für zwei Verträge gewährt. Die zu gewährende Zulage wird entsprechend dem Verhältnis der zugunsten dieser beiden Verträge geleisteten Beiträge verteilt. Es steht dem Zulageberechtigten allerdings frei, auch wenn er mehrere Verträge abgeschlossen hat, die Förderung nur für einen Vertrag in Anspruch zu nehmen.

F

Damit gelten folgende Zulagen und steuerlich absetzbare Beträge:

Grundzulage	Kinderzulage	Absetzbare Maximalbeträge
154,00 € Riester-Sparer unter 25 Jahre zusätzlich einmalig 200,00 € Berufseinsteiger-Bonus	185,00 € bzw. 300,00 € für Neugeborene ab 01.01.2008	2.100,00 €

3.3.2 Der Mindesteigenbeitrag

Der Berechtigte erhält nur dann die volle Zulage(n), wenn er eigene Beiträge in dem jeweiligen Kalenderjahr in den Vertrag einzahlt. Der notwendige **Mindesteigenbeitrag** beträgt seit dem Jahr 2008 **4 % des sozialversicherungspflichtigen Entgelts des Vorjahres,** vermindert um den Anspruch auf Grund- bzw. Kinderzulage. Zahlt der Versicherte einen geringeren Beitrag, erhält er dennoch die staatliche Förderung – wenn auch nur anteilig.

Die förderfähigen Beiträge sind nach oben hin begrenzt. Die **Obergrenze** für die (Riester-)Förderfähigkeit beträgt **2.100,00 € im Jahr.** Beiträge, welche die Obergrenze für die Förderfähigkeit überschreiten, werden zwar nicht mehr gefördert, sind aber trotzdem möglich und erhöhen die Rente.

Der Versicherte zahlt also zunächst den um den Zulagenanspruch reduzierten Mindesteigenbeitrag.

Beispiel:

Eine Beschäftigte hatte im Jahr 2013 ein sozialversicherungspflichtiges Entgelt in Höhe von 20.000,00 €. Sie ist verheiratet und hat ein Kind (vor 2008 geboren), für das sie Kindergeld bezieht. Ab dem 01.01.2014 möchte sie in einen Riester-Vertrag den für die Förderung erforderlichen Beitrag einzahlen:

Beitrag: 4 % aus 20.000,00 € =	800,00 €
abzüglich Anspruch Grundzulage	–154,00 €
abzüglich Anspruch Kinderzulage	–185,00 €
Verbleiben als Mindesteigenbeitrag	461,00 €

Wäre das Kind ab dem 01.01.2008 geboren, würde die staatliche Zulage 454,00 € (Kinderzulage 300,00 €) betragen, der eigene Beitrag also nur 346,00 €.

Um im Rahmen von Riester-Verträgen einen Anspruch auf die volle staatliche Förderung zu haben, ist es erforderlich, dass die Beiträge jährlich angepasst werden. Da die Bezugsgröße für die Beitragszahlung jeweils das sozialversicherungspflichtige Entgelt **des Vorjahres** ist, muss der Versicherte jährlich zum Ende eines Jahres, den künftigen Beitrag neu ermitteln (4 % aus dem Vorjahresentgelt). Von dem ermittelten Beitrag sind die zu erwartenden Zulagen (Grund- und eventuelle Kinderzulagen) abzuziehen. Der verbleibende Betrag ist dann der Mindestbeitrag, den der Versicherte zu zahlen hat. Da die Überweisung der Beiträge im Rahmen einer freiwilligen Versicherung in der Zusatzversorgung durch den Arbeitgeber erfolgt, ist dieser durch den Beschäftigten rechtzeitig über die Höhe des künftigen Beitrags zu informieren.

Erreichen die Aufwendungen des Steuerpflichtigen die gesetzlich vorgeschriebene Mindestbeitragshöhe nicht (sog. Mindesteigenbeitrag), kommt es zur **Kürzung der Zulage.** Die um den Kürzungsbetrag verminderte Zulage ermittelt sich nach dem Verhältnis der tatsächlich geleisteten Eigenbeiträge zu dem Mindesteigenbeitrag.

3.3.3 Der Sockelbetrag

Ist das Einkommen des Versicherten niedrig, ergeben sich ggf. sehr geringe Eigenbeiträge. Daher ist vorgesehen, dass der Versicherte einen **Sockelbetrag** in jedem Fall selbst aufwenden muss, um die vollen Zulagen zu erhalten. Hierdurch soll verhindert werden, dass bei einer hohen Anzahl zu berücksichtigender Kinder oder bei besonders niedrigem Einkommen die gesamte Sparleistung vom Staat erbracht wird.

Der **Sockelbetrag** beläuft sich auf **60 € im Jahr.**

Beispiel:

Sozialversicherungspflichtiges Entgelt im Vorjahr: 10.000,00 €, 2 Kinder (vor 2008 geboren)

Beitrag: 4 % aus 10.000,00 € =	400,00 €
abzüglich Anspruch Grundzulage	–154,00 €
abzüglich Anspruch Kinderzulagen	–370,00 €
Verbleibt als Mindesteigenbeitrag	0,00 €.

Damit muss der **Sockelbetrag von 60,00 €** im Jahr (das sind nur 5,00 € im Monat!) als Mindesteigenbeitrag geleistet werden.

3.3.4 Riester-Förderung während der Kindererziehung

Kindererziehende sind regelmäßig in der gesetzlichen Rentenversicherung pflichtversichert und damit Riester-förderberechtigt. Es empfiehlt sich, die Anerkennung der **Kindererziehungszeiten** frühzeitig bei der gesetzlichen Rentenversicherung zu beantragen. Eine Versicherung in der gesetzlichen Rentenversicherung besteht aber häufig nicht mehr bei einem anschließenden **Sonderurlaub.** Eine Riester-Förderung während einer Kindererziehungszeit ist äußerst vorteilhaft, da die staatliche Zulage aus der Grundzulage und einer Kinderzulage (pro kindergeldberechtigtem Kind) besteht. Damit beträgt die staatliche Förderung bei einem Kind immer mindestens 339,00 € (154,00 € Grundzulage + 185,00 € Kinderzulage). Wurde das Kind ab 01.01.2008 geboren, beläuft sich die staatliche Förderung sogar auf 454,00 € (154,00 € Grundzulage + 300,00 € Kinderzulage).

F

Der Eigenbeitrag, den die Versicherte zu erbringen hat, ist abhängig vom sozialversicherungspflichtigen Vorjahreseinkommen. Da dieses in aller Regel schon im Jahr der Geburt des Kindes absinkt, weil nicht mehr das ganze Jahr über gearbeitet und Arbeitsentgelt bezogen wird, und in den folgenden Jahren der Elternzeit kein Vorjahreseinkommen mehr vorhanden ist, reduziert sich der Eigenbeitrag letztendlich häufig auf **60,00 € im Jahr** (= mind. notwendiger Sockelbetrag) – also 5,00 € im Monat.

Beispiel:

Sozialversicherungspflichtiges Entgelt 2012 30.000,00 €; 1 Kind 2007 geboren, Geburt eines 2. Kindes im Jahr 2013; sozialversicherungspflichtiges Entgelt 2013 20.000,00 €; Elternzeit 2014

- **Riester-Förderung für das Jahr 2013:**

Beitrag: 4 % aus 30.000,00 € =	1.200,00 €
abzüglich Grundzulage:	– 154,00 €
abzüglich Kinderzulagen:	– 485,00 €
	(185,00 € für 1. Kind; 300,00 € für 2. Kind)
Verbleiben als Mindesteigenbeitrag	561,00 € (46,75 € monatlich)

- **Riester-Förderung für das Jahr 2014:**

  Da sich aufgrund der Geburt des 2. Kindes im Jahr 2013 das sozialversicherungspflichtige Entgelt reduziert, sinkt der Mindesteigenbeitrag (bei einem verbleibenden Entgelt von 20.000,00 €) auf 161,00 € (13,41 € monatlich) ab bei gleichbleibend hoher staatlicher Förderung (639,00 €).

- **Riester-Förderung für das Jahr 2015**

  Im Jahr 2015 reduziert sich der Eigenanteil dann auf 60,00 € (5,00 € monatlich), nachdem im Vorjahr aufgrund der zwölfmonatigen Elternzeit kein sozialversicherungspflichtiges Einkommen mehr erzielt wurde. Die Zulagen bleiben unverändert hoch.

3.3.5 Riester-Zulagen in der Pflichtversicherung

Auch im Bereich der Pflichtversicherung ist eine Riester-Förderung möglich. Dies betrifft beispielsweise Versicherte, die Beiträge oder Zusatzbeiträge in einem kapitalgedeckten Abrechnungsverband (teilweise) selbst tragen. Bei einer Eigenbeteiligung am Beitrag oder Zusatzbeitrag haben diese Beschäftigten die Möglichkeit, auf die Steuerfreiheit zugunsten der Riester-Förderung zu verzichten (vgl. Teil D 3.4.2).

Eine Riester-Förderung bei individueller Versteuerung kann dann in Betracht kommen, wenn bei Beiträgen oder Zusatzbeiträgen aufgrund der Höhe des Entgelts der Freibetrag des § 3 Nr. 63 EStG überschritten wird und deshalb der übersteigende Teil vom Versicherten selbst versteuert werden muss.

Die Riester-Förderung ist nur für Beschäftigte möglich, die in der Deutschen Rentenversicherung pflichtversichert sind. Eine Riester-Förderung kommt daher nicht in Frage, wenn im Rahmen einer geringfügigen Beschäftigung mit individueller Versteuerung keine vollwertigen Beiträge zur gesetzlichen Rentenversicherung gezahlt werden oder wenn eine Versicherung in einem berufsständischen Versorgungswerk besteht.

Reicht der Beitrag aus der Pflichtversicherung nicht aus, um die volle staatliche Förderung zu erhalten, kann der Beschäftigte den für die volle Förderung erforderlichen Beitrag in einen Vertrag der freiwilligen Versicherung bei der Zusatzversorgungskasse einzahlen und erhält so – mit Hilfe beider Verträge – die volle Zulage.

3.4 Der Sonderausgabenabzug

Jedem Steuerpflichtigen, der zum begünstigten Personenkreis gehört, steht ein **zusätzlicher Sonderausgabenabzugsbetrag nach § 10a EStG** zu. Seit dem Jahr 2010 kann der Sonderausgabenabzug nur geltend gemacht werden, wenn der Versicherte dem Anbieter (Zusatzversorgungskasse) eine Einwilligung zur elektronischen Datenübermittlung erteilt. Der Anbieter nimmt dann jährlich und automatisch eine Übermittlung an die Zentrale Zulagenstelle für Altersvermögen (ZfA) vor, von dort werden die Meldungen anschließend an die jeweils zuständigen Finanzämter weitergeleitet. Der Abzugsbetrag ist unabhängig von den durch den Steuerpflichtigen erzielten steuerpflichtigen Einnahmen, sondern orientiert sich ausschließlich an den **begünstigten Aufwendungen.** Er ist im Rahmen der jährlichen Steuererklärung gegenüber dem Finanzamt zu beantragen. Durch den Sonderausgabenabzug vermindert sich das zu versteuernde Einkommen. Die Steuererstattung aus dem Sonderausgabenabzug erfolgt mit dem Einkommensteuer-Bescheid an den Versicherten. Dieser Betrag wird also nicht auf das Versorgungskonto gutgeschrieben.

Der Sonderausgaben-Höchstbetrag beträgt **2.100,00 €** im Jahr. Damit können Aufwendungen zu einem Riester-Vertrag einschließlich der Zulagen bis zu diesem Betrag nach § 10a Abs. 1 EStG als Sonderausgabenabzug geltend gemacht werden.

Beispiel:

Ein unverheirateter Beschäftigter, Steuerklasse I, hat ein Vorjahreseinkommen von 50.000,00 €. Er schließt im Jahr 2014 einen Riester-Vertrag ab, der wie folgt staatlich gefördert wird:

Beitrag: 4 % aus 50.000,00 € =	2.000,00 €
abzüglich Anspruch Grundzulage	154,00 €
Verbleibt als Mindesteigenbeitrag	1.846,00 €

F

Die Steuererstattung im Rahmen des Sonderausgabenabzugs nach § 10a EStG beträgt 768,00 €.

Damit hat der Beschäftigte eine staatliche Förderung von insgesamt 922,00 € (154,00 € + 768,00 €) erhalten – das sind ca. 46 % des Gesamtbeitrages von 2.000,00 €.

Im Falle der **Zusammenveranlagung von Ehegatten** steht der Sonderausgabenabzug jedem Ehegatten gesondert zu. Demzufolge verdoppelt sich der Sonderausgabenabzugsbetrag, wenn beide Ehegatten zum unmittelbar begünstigten Personenkreis gehören und Beiträge für eine Altersvorsorge in entsprechender Höhe leisten. Es ist allerdings nicht möglich, den von einem Ehegatten nicht ausgeschöpften Sonderausgaben-Höchstbetrag auf den anderen Ehegatten zu übertragen.

3.5 Verhältnis Sonderausgabenabzug zu Zulage

Ein Sonderausgabenabzug nach § 10a Abs. 1 EStG wird nur gewährt, wenn er für den Steuerpflichtigen einkommensteuerlich günstiger ist als der Anspruch auf Zulage. Bei der Veranlagung zur Einkommensteuer wird diese Prüfung **von Amts wegen** vorgenommen. Voraussetzung hierfür ist allerdings, dass der Steuerpflichtige den **Sonderausgabenabzug nach § 10a Abs. 1 EStG im Rahmen seiner Einkommensteuererklärung** beantragt.

Bei der Günstigerprüfung wird stets auf den sich nach den erklärten Angaben ergebenden Zulageanspruch abgestellt. Daher ist es für die Höhe des im Rahmen des Sonderausgabenabzugs zu berücksichtigenden Zulageanspruchs unerheblich, ob ein Zulageantrag gestellt worden ist. Es empfiehlt sich immer, einen Zulageantrag zu stellen. So kann vermieden werden, dass bei der Günstigerprüfung zwar der Zulageanspruch berüchsichtigt wird, der Versicherte aber gar keine Zulagen erhalten hat, weil er diese nicht über den Zulageantrag beantragt hatte.

3.6 Schädliche Verwendung

Mit der Riester-Förderung unterstützt der Staat den eigenen Aufbau einer zusätzlichen Altersvorsorge.

Wird daher das geförderte Altersvorsorgevermögen **nicht als Rente** ausgezahlt, so handelt es sich um eine sog. **schädliche Verwendung** (§ 93 Abs. 1 EStG). Das ist stets der Fall, wenn die **Versicherung gekündigt und abgefunden wird.**

Bei einer schädlichen Verwendung wird die steuerliche Förderung wieder rückgängig gemacht; die gewährten Zulagen und die gesondert festgestellten Steuervorteile aus dem zusätzlichen Sonderausgabenabzug müssen dann zurückgezahlt werden. Daneben findet eine Besteuerung der im ausgezahlten Kapital enthaltenen Erträge und Wertsteigerungen nach § 22 Nr. 5

Satz 3 EStG statt. Die Zentrale Zulagenstelle für Altersvermögen (ZfA) ermittelt den Rückzahlungsbetrag bei einer schädlichen Verwendung. Die Zusatzversorgungskasse führt den Rückzahlungsbetrag an die ZfA ab und zahlt das verbleibende Kapital aus.

Es ist jedoch möglich, dass zu Beginn der Auszahlungsphase **bis zu 30 %** des angesparten **Kapitals** entnommen wird (Ausübung eines Kapitalwahlrechts) und nur der Restbetrag als lebenslange Rente gezahlt wird. Insoweit liegt kein schädliches Verhalten vor.

Die **vollständige Auszahlung** des Kapitals löst aber stets eine schädliche Verwendung aus.

Die Möglichkeit einer Abfindung von **Kleinbetragsrenten** (2014 bis max. 27,65 € Monatsrente) im Rentenfall hat ebenfalls keine schädliche Verwendung zur Folge.

Endet die Zulageberechtigung oder hat die Auszahlungsphase des Altersvorsorgevertrags begonnen, treten grundsätzlich die Folgen einer schädlichen Verwendung ein, wenn sich der Wohnsitz oder gewöhnliche Aufenthalt des Zulageberechtigten **außerhalb der EU-/EWR-Staaten** befindet.

3.7 Besteuerung der Rentenleistungen und Beiträge zur Sozialversicherung

Da die Ansparphase durch Zulagen bzw. Sonderausgabenabzug steuerliche Vorteile bringt, ist die spätere Auszahlung aus dem Altersvorsorgevertrag grundsätzlich **in voller Höhe steuerpflichtig** (§ 22 Nr. 5 Satz 1 EStG).

Der Gesetzgeber folgt insoweit dem Prinzip der nachgelagerten Versteuerung.

Da es sich bei einer Riester-Rente bei einer Zusatzversorgungskasse um eine betriebliche Altersversorgung handelt, sind aus den Renten volle **Beiträge zur Kranken- und Pflegeversicherung** zu zahlen.

3.8 Verfahren in der Zusatzversorgung

Da es sich bei der freiwilligen Versicherung mit Riester-Förderung, soweit sie in der Zusatzversorgung abgewickelt wird, um eine betriebliche Altersversorgung handelt, wird auch der Arbeitgeber in die Versicherung einbezogen. Er ist allerdings nur dazu verpflichtet – solange das Arbeitsverhältnis besteht – die Beiträge aus dem Nettolohn des Beschäftigten einzubehalten und an die Zusatzversorgungskasse zu überweisen. Diese Verpflichtung ergibt sich aus § 26 Abs. 2 ATV-K.

Dagegen ist der Beschäftigte selber dafür verantwortlich, sich ausreichend bei der Zusatzversorgungskasse über die Fördermöglichkeiten, Beitragshöhe und die zu versichernden Risiken zu informieren.

3.8.1 Versicherungsvertrag

Bei der freiwilligen Versicherung mit Riester-Förderung ist der **Beschäftigte** der **Versicherungsnehmer.** Er schließt also mit der Zusatzversorgungskasse die Versicherung ab. Die Kasse bestätigt die Versicherung durch Übersendung eines Versicherungsscheins an ihn. Der Arbeitgeber muss darüber informiert werden, ab wann er welchen Beitrag und mit welchem Buchungsschlüssel überweisen muss.

Die Anpassung der Beiträge muss der Versicherte selber vornehmen und gegebenenfalls – falls sich eine Änderung in der Beitragshöhe ergibt – seinen Arbeitgeber hierüber informieren.

3.8.2 Beantragung der Förderung – Zulagenantrag

Der Versicherte erhält nach Vertragsschluss ein Formular zur Geltendmachung der Zulagen (Zulagenantrag). Der Versicherte muss den Zulagenantrag wieder an die Zusatzversorgungskasse zurücksenden. Dieser Antrag muss innerhalb von zwei Jahren nach Ablauf des Beitragsjahres gestellt werden. Nach Erhalt des Zulagenantrages übermittelt die Zusatzversorgungskasse die Daten aus dem Zulagenantrag an die Zentrale Zulagenstelle für Altersvermögen (ZfA). Die ZfA ist für die Prüfung der Zulageberechtigung, Auszahlung und Rückforderung von Zulagen und den Datenabgleich mit anderen Behörden zuständig. Von ihr werden die Zulagen an die Zusatzversorgungskasse überwiesen, die sie dem jeweiligen Versicherungsvertrag gutschreibt.

Der Versicherte kann im Zulagenantrag die Zusatzversorgungskasse bevollmächtigen bis auf Widerruf künftig jährlich den Zulagenantrag bei der ZfA zu stellen **(Dauerzulagenantrag)**. Er muss dann nicht mehr jedes Jahr einen Zulagenantrag stellen. Die Zusatzversorgungskasse übermittelt als Folge automatisch jedes Jahr die ihr bekannten Daten an die Zulagenstelle. Veränderungen sind insbesondere dann der Zusatzversorgungskasse zu melden, wenn sie Einfluss auf die Höhe der Zulagen haben (z. B. beim Anspruch auf Kindergeld).

Die Zusatzversorgungskasse sendet Riester-Versicherten jedes Jahr eine Bescheinigung (nach § 92 EStG) zu, in dem sie einen Überblick über die bislang geleisteten Beiträge und erhaltene oder zurückgeforderte Zulagen bekommen. Werden Unstimmigkeiten festgestellt, so können Versicherte durch einen Antrag auf Festsetzung eine Überprüfung der Zulagegewährung bei der ZfA veranlassen. Dazu müssen sie den Antrag und eine schriftliche Erläuterung der ihrer Meinung nach fehlerhaften Zulagegewährung/-rückforderung bei der Zusatzversorgungskasse als Anbieter einreichen. Anschließend leitet die Zusatzversorgungskasse den Antrag auf Festsetzung mit einer Stellungnahme an die ZfA weiter. Nach Abschluss des Verfahrens erhalten die Versicherten von der ZfA eine Mitteilung über das Ergebnis.

F

Teil G Entgeltliste, Tabellenteil, Buchungsschlüssel

1. Entgeltliste

Art	Zusatzversorgungspflichtiges Entgelt
Abfindungen	nein
Abfindung von kindergeldbezogenen Entgeltbestandteilen, die als Besitzstandszulage (§ 11 Abs. 2 Satz 3 TVÜ-VKA) gezahlt werden	ja
Abgeltungen von Urlaubsansprüchen	nein
Abnutzungsentschädigungen (Kleiderentschädigung)	nein
Abschiedsgeschenke	nein
Abschlagszahlungen	ja
Abschlussprämien	nein
Abschlussprämien für Auszubildende (§ 17 TVAöD)	nein
Ärztliche Liquidationserlöse	nein
Akkordverdienst bei Waldarbeitern	
▸ Zeitlohn	ja
▸ Unterschied zum Zeitlohn	ja
Allgemeine Zulage nach BAT	ja
Anstaltsverpflegung (s. Sachbezug)	ja
Anwesenheitsprämie	ja/nein[1])
Arbeitsbereitschaft	ja
Arbeitskleidung	nein
Arbeitgeberzuschüsse für Ärzte-, Apotheker-, Architekten-, Rechtsanwaltsversorgung, Ing. Bau, Lebensversicherung, freiw. Versicherung i. d. RV	nein
Arbeitgeberdarlehen; Zinsersparnis	nein
Arbeitsentgelt bei Beschäftigungsverbot (§ 11 MuschG)	ja
Arbeitsentgelt bei Kurzarbeit	ja[2])
Arbeitsunfähigkeit bei Dienstantritt	ja[3])

1) Kann arbeitsvertraglich als nicht zusatzversorgungspflichtig bezeichnet werden

2) Bei Kurzarbeit ist das gezahlte Arbeitsentgelt zusatzversorgungspflichtig; es fallen keine Teilzeitdaten an.

3) Besteht bei Dienstantritt oder nach Sonderurlaub, Anspruch auf Entgelt im Krankheitsfall (z. B. nach § 22 TVöD), so sind diese Bezüge nach Maßgabe des § 62 Abs. 2 Satz 1 der Satzung zusatzversorgungspflichtig.

Aufschläge (Urlaubsaufschlag) bei	
▶ darin enthaltene steuerfreie Zuschläge	nein
▶ Krankenbezügen	ja
▶ Urlaubsbezügen	ja
▶ Jahressonderzahlung	ja
Aufstockungsbetrag bei Altersteilzeit	nein[1])
Aufstockungsbetrag (nach Familienpflegezeitgesetz)	ja
Aufwandsentschädigung	nein
Aufwendungen z. B. für	
▶ Werkzeuge	nein
▶ Berufskleidung	nein
▶ Fortbildung	nein
Aufwendungen des Arbeitgebers für die Zukunftssicherung des Beschäftigten	nein
Ausbildungsvergütung	ja
Ausbleibezulage	nein
Ausgleichszulage	ja
Ausgleichszahlung § 11 Mutterschutzgesetz während der Schwangerzeit	ja
Auslandszulage	
▶ steuerfrei	nein
▶ steuerpflichtig	ja
Auswärtszulage (Ausbleibezulage)	nein
Außendienstentschädigung, z. B. Zehrgelder	nein
Außendienstzulage i. d. Steuerverwaltung	ja
Außertarifliche laufende Zahlung	ja[2])
Ballungsraumzulage	ja/nein[3])
Baustellenzulage (frühere Regelung nach § 33 Abs. 2 BAT/BAT-O)	ja[4])
Beihilfe	nein
Beitragszuschuss zur Krankenversicherung	nein
Bekleidungszuschuss	nein
Beköstigungszulage	nein
Bereitschaftsdienst	ja
Berufskleidungsaufwendungen	nein
Beschäftigungsverbot – Arbeitsentgelt für nicht geleistete Überstunden (§ 11 MuschG) während der Mutterschutzzeit	ja
Besitzstandszulage (z. B. § 9 TVÜ-VKA)	ja
Besitzstandszahlung Zehrgeld	nein

1) Der Aufstockungsbetrag ist nicht steuerpflichtig.

2) Die Zulage kann durch Betriebsvereinbarung, Dienstvereinbarung oder Arbeitsvertrag als nicht zusatzversorgungspflichtig bezeichnet werden (Wahlrecht des Arbeitgebers).

3) Kein zusatzversorgungspflichtiges Entgelt, wenn in der Ballungsraumzulagenvereinbarung diese Zulage als nicht zusatzversorgungspflichtig bezeichnet wurde.

4) Die Baustellenzulage ist ihrem Sinn und Zweck nach eine Erschwerniszulage; daher keine Aufwandsentschädigung.

Besitzstandszahlung Verpflegungskosten	nein
Besitzstandszahlung Wegegeld	nein
Bewährungszulage	ja
Bildschirmzulage	ja
Chefarztzulage	nein
Dienstalterszulage	ja
Dienstaufwandsentschädigung	nein
Dienstkleidung (Aufwendungen)	nein
Dienstwohnung (die Verbilligung)	nein
Direktversicherung	ja
Ehrenamtlicher Erster Bürgermeister	
▶ Arbeitsentgelt (§ 62 Abs. 2 Satz 9 d. S.)	ja
▶ Entschädigung	nein
Einkünfte, die aus ärztlichen Liquidationserlösen zufließen	nein
Einmalige Pauschalzahlung (TV-Pauschalzahlung)	ja
Einmalige übertarifliche Leistungen	nein
Einmalige Unfallentschädigungen	nein
Einmalige Zahlungen, die aus Anlass der Beendigung, des Eintritts des Ruhens oder nach der Beendigung des Arbeitsverhältnisses gezahlt werden (§ 62 Abs. 2 Satz 1 Buchst. e d. S.)	nein
Einmalige Zahlungen in einem Zeitraum mit Krankengeldzuschuss	ja
Einmalige Zuwendungen anlässlich des Erwerbs eines Diploms einer Verwaltungs- oder Wirtschaftsakademie	nein
Einmalzahlung nach § 52 Abs. 4 TVöD BT-K	*ja*
Einmalzahlung	Ja[1])
Einsatzzuschlag im Rettungsdienst (z. B. § 42 TVöD BT-K bzw. BT-B)	nein
Entgelte bzw. Bestandteile von Entgelten, die aufgrund Tarifvertrag als nicht zusatzversorgungspflichtig bezeichnet sind	nein
Entgelte für Gutachtertätigkeit	nein
Entgelte aus Nebentätigkeit	nein
Entgeltumwandlung	ja
Entgeltzahlung im Krankheitsfall (§ 22 TVöD)	ja[2])
Entschädigung für Dienstunterbrechung (Erschwerniszuschlag)	ja
Entschädigung für nicht genommenen Freizeitausgleich für Arbeit an Sonn- und Feiertagen	nein[3])
Erfindervergütungen	nein
Erfolgsabhängige Leistungen	nein

1) Kein zusatzversorgungspflichtiges Entgelt, wenn die Einmalzahlung im Tarifvertrag, in einer Betriebsvereinbarung oder im Arbeitsvertrag als nicht zusatzversorgungspflichtig bezeichnet wird.

2) Für den Zeitraum, in dem Anspruch auf Krankengeldzuschuss besteht, muss ein fiktives Entgelt nach § 21 TVöD gemeldet werden.

3) Es handelt sich hier um einen Zeitzuschlag für Sonn- und Feiertag (z. B. § 8 TVöD bzw. § 35 BAT/BAT-O), der, weil kein Freizeitausgleich in Anspruch genommen wurde, steuerpflichtig wird (§ 62 Abs. 2 S. 1 Buchst. s d. S.).

Erfolgsbeteiligung Entsorgung (§ 44 TVöD BT-E)	nein
Erholungsbeihilfen (sofern tarifvertraglich vereinbart)	ja
Ersatz von Werbungskosten (geldliche Nebenleistungen)	nein
Erschwerniszuschlag	ja
Elternzeit – Entgelt für Beschäftigung während der Elternzeit	ja
Essenszuschuss	nein
Facharztzulage	ja[1])
Fahrdienstzulage	ja
Fahrdienstzuschlag für unterschiedliche Dienstzeiten	ja
Fahrerzulage	ja
Fahrgeld	nein
Fahrkostenzuschüsse für die regelmäßigen Fahrten zwischen Wohnung und Dienststelle und entsprechende geldwerte Vorteile	nein
Fahrmeisterzulage	ja
Familienzuschläge (Ortszuschlag, Sozialzuschlag)	ja[2])
Fehlgeldentschädigung	nein
Feiertagszuschlag	nein
Feuerwehrzulage (§ 46 Nr. 2 Abs. 3 TVöD-BT-V)	nein
Fortbildungsaufwendungen	nein
Freizeitausgleich – prozentualer Überstunden-Zeitzuschlag	ja
Freie Station (freie Unterkunft und Verpflegung nach der Sachbezugsverordnung)	ja
Funktionszulagen z. B.	
▸ Ärzte (z. B. § 51 oder § 52 Abs. 3 TVöD BT-K oder § 51 TVöD BT-B)	ja
▸ Buchungsautomat, Magnetbandschreiben	ja
▸ Krankenpflegepersonal	ja
▸ Schichtführer im Fernsprechdienst	ja
▸ im Schreibdienst	ja
▸ Kassen- und Rechnungswesen	ja
▸ Philharmoniker (Musikschullehrer)	ja
Garantiebetrag (§ 17 Abs. 4 TVöD)	ja
Geburtsbeihilfe	nein
Gefahrenzuschlag (-zulagen) § 33 BAT/BAT-O	ja
Gefahrenzulage nach TV-MUN-O	nein[3])
Geldautomatenzulage, die für außerhalb der arbeitsvertraglich vereinbarten Arbeitszeit gewährt wird	ja
Geldwerter Vorteil	nein
Gelegenheitsgeschenke	nein
Gemeinschaftsverpflegung	nein
Gesamtvergütung (unter 18 Jahre)	ja
Gewinnanteile	nein

1) Das Entgelt darf den 2,5-fachen Wert der Beitragsbemessungsgrenze der gesetzlichen Rentenversicherung nicht überschreiten.

2) Nicht bei Waldarbeitern (MTW).

3) TV für im Kampfmittelbeseitigungsdienst beschäftigte Arbeitnehmer.

Gratifikation (Jahressonderzahlung)	ja
Grundvergütung	ja
Gutachtertätigkeit	nein
Haushaltszuschlag	ja
Heimzulagen im Sozial- und Erziehungsdienst	ja
Heizkostenzuschuss	nein
Hitzezuschläge (Erschwerniszuschläge)	ja
Hüttenentschädigung (Waldarbeiter)	nein
Insolvenzgeld	nein
Jahresabschluss-Vergütung	nein
Jahressonderzahlung	ja
Jahressonderzahlung nach § 20 Abs. 6 TVöD	nein
Jahressonderzahlung, wenn das Arbeitsverhältnis vor dem 01.12. eines Jahres endet	nein
Jubiläumsgeld (§ 23 Abs. 2 TVöD)	nein
Jubiläumszuwendung	nein
Kassenverlustentschädigungen (Mankogelder, Fehlgeldentschädigungen, Kassierzuschlag)	nein
Kinderbezogene Entgeltbestandteile (z. B. § 11 TVÜ-VKA)	ja
Kindererhöhungsbetrag i. d. Zuwendung, nur wenn die Zuwendung zusatzversorgungspflichtig ist	ja
Kindergeld	nein
Kinderzuschläge	nein
Kleiderzulage (-geld, -entschädigung)	nein
Kontoführungskosten vom Arbeitgeber übernommen	nein
Kraftfahrerzuschlag	ja
Kraftwagenfahrer (siehe Personenkraftwagenfahrer)	ja
Krankenbezüge (z. B. § § 22 TVöD)	ja
Krankengeldzuschuss; es ist ein fiktives Entgelt nach § 21 TVöD zusatzversorgungspflichtig (vgl. § 62 Abs. 2 Sätze 4 u. 5 d. S.).	ja[1])
Krankenlohn	ja
Kurzarbeitergeld der Agentur für Arbeit	nein[2])
Lebensversicherungszuschüsse	nein
Lehrzulage (z. B. Bayer. LehrzulageVO)	ja
Leistungsbezogene Entgeltbestandteile nach § 18 TVöD	ja
Leistungsprämien nach § 6 TV-V und TV-N	nein
Leistungsprämien nach § 18 TVöD	ja
Leistungszulage außertariflich, laufend gezahlt	ja
Leistungszulage nach § 18 TVöD	ja
Leistungszulage nach § 6 TV-V und TV-N	nein
Leistungszulagen und Leistungsprämien nach den Richtlinien der VKA	nein
Liquidationserlöse	nein
Lohnfortzahlung	ja

1) Vgl. Teil E 2.12.2

2) Zusatzversorgungspflichtig ist das verminderte Arbeitsentgelt.

Mahlzeiten (unentgeltlich, verbilligt)	nein
Mankogelder	nein
Maschinenbucherzulage	ja
Mehrarbeitsaufwendungen f. Verpflegung	nein
Mehrarbeitsvergütung bei Wechselschicht	ja
Mehrarbeit nach Mehrarbeitsvergütungsverordnung	
▸ Lehrer SR 2 l1	nein
Mehrarbeit für Musikschullehrer SR 2 l2	ja
Mehrarbeitsentgelt(-lohn) bei Teilzeitbeschäftigung	ja
Mehrverpflegungsaufwand bei Reisekosten	nein
Meisterzulage	ja
Mietbeiträge an Beschäftigte mit Anspruch auf Trennungsgeld (Trennungsentschädigung)	nein
Mietenzuschuss	nein
Mindestsicherungsbetrag für Zeitzuschlagspauschalen (sofern steuerpflichtig)	ja
Monatstabellenlohn	ja
Mutterschaftsgeld (-zuschüsse)	nein
Nachtdienstzulage (ab 20 Uhr)	nein
Nachzahlungen bei	
▸ Höhergruppierungen	ja[1])
▸ Tarifabschlüssen	ja[2])
Nebenberufliche Tätigkeit	nein
Notarztvergütung	nein[3])
Oberstbehördliche Zulage	nein
Ortszuschlag	ja
Pauschale für Pkw (Kraftwagen)	nein
Pauschale Überstunden/Bereitschaftsdienst-Vergütung	ja
Pauschale für Wege-Umkleidezeiten (z. B. im Krankenhausbereich)	ja
Persönliche Zulage für Lehrer	ja[4])
Persönliche Zulage (§ 14 TVöD, vorübergehende höherwertige Tätigkeit)	ja
Pflegedienstzulage	ja
Polizeivollzugszulage	nein
Pool/Liquidation	nein
Prämien im Rahmen des behördlichen oder betrieblichen Vorschlagswesens	nein
Prämien für	
▸ Schreibdienst (z. B. bayer. Landkreis)	ja
▸ Schreibdienst nach Schreibprämienrichtlinie	nein

1) Zuordnung im Zuflussprinzip, die Nachzahlungen sind dem Zeitraum zuzuordnen, in dem sie dem Beschäftigten zufließen.

2) Soweit im Tarifvertrag nicht ausgenommen; die Nachzahlungen sind dem Zeitraum zuzuordnen, in dem sie dem Beschäftigten zufließen.

3) Die Tätigkeit als Notarzt ist in der Regel eine Nebentätigkeit; entscheidend ist aber die vertragliche Vereinbarung.

4) Soweit die entsprechende Zulage für verbeamtete Lehrer ruhegehaltsfähig ist.

Programmierzulagen (auch in der Zuwendung)	nein
Provisionen	nein
Prüferzulage nach TV	ja
Reinigungskostenpauschale (Aufwandsentschädigung)	nein
Reisekostenähnliche Entschädigungen	nein
Reisekostenpauschale (steuerpflichtig)	nein
Rettungsdienst (Einsatzzuschlag)	nein
Rufbereitschaft	ja
Sachbezüge (Sachbezugsverordnung)	ja
Sachbezüge (wenn kein lfd. Entgelt gewährt wird)	nein
Samstagsarbeit (Zeitzuschlag) von 13 bis 21 Uhr	ja
Schichtführerzulage	ja
Schichtlohn	ja
Schichtzulagen (Lohn)	ja
Schmutzzuschlag	ja
Schulbeihilfen	nein
Schreibprämien nach Schreibprämien RL	nein
Schreibzulage z. B. für bayer. Landkreis	ja
Schwerarbeitszuschlag	ja
Sicherheitsdienstzulage	nein
Sitzungsgeld	nein
Sonderprämie	nein[1])
Sozialzuschlag	ja[2])
Sozialzuschlag für Waldarbeiter	nein
Sparkassensonderzahlung garantierter und variabler Teil (§ 44 TVöD BT-S)	ja
Stellenzulage (s. allgem. Zulage)	ja
Sterbegeld (§ 23 Abs. 3 TVöD)	nein
Steuerpflichtiger Teil der Reisekosten	nein
Steuerpflichtige Zeitzuschläge:	
▸ Samstagszuschlag	ja
▸ Vorfesttagszuschläge	
– steuerfreie	nein
– steuerpflichtige	ja
▸ Nachtdienstzuschläge	nein
▸ Sonn- und Feiertagszuschläge	nein
Strukturausgleich (§ 12 TVÜ-VKA)	ja
Stücklohn für Angestellte nach TV-Fleischuntersuchung	nein
Studiumsbeihilfen	nein
Stufenvorweggewährung (z. B. §§ 16, 17 TVöD oder § 53 TVöD BT-K)	ja
Stundenvergütung bei Arbeit nach Anfall	ja
Stundenvergütung, die über die arbeitsvertraglich vereinbarte Arbeitszeit hinausgeht	ja

1) TV für im Kampfmittelbeseitigungsdienst beschäftigte Arbeitnehmer.
2) Außer bei Waldarbeitern.

Strukturverbesserungsnachzahlung	ja
Tantiemen	nein
Technikerzulage	ja
Teillohnausgleichzulage § 15c BAT-O	ja[1])
Teilzeitarbeit	ja
Teilzuwendung mit Billigung	ja
Teilzuwendung ohne Billigung	nein
Telefon-Zuschuss	nein
Theaterbetriebszulage	ja
Transplantationszulage	ja
Trennungsgeld	nein
Treuegeld für Waldarbeiter	nein
Treueprämie	nein
Treuezulage (AVR) (die Verg.Gr. 1 AVR darf nicht überschritten werden)	ja
Überarbeit (Wegezeit-Umkleidepauschale) z. B. im Krankenhausbereich	ja
Übergangsgeld	nein
Übergangsversorgung nach SR 2x BAT	nein
Übergangszahlung nach § 46 Nr. 4 TVöD BT-V und § 47 Nr. 3 TV-L	nein
Über- oder außertarifliche Leistungen	
▸ einmalig	nein
▸ laufend (sofern nicht explizit durch Betriebsvereinbarung, Dienstvereinbarung oder Arbeitsvertrag als nicht zusatzversorgungspflichtig bezeichnet sind)	ja
Überstunden für Lehrer – SR 2 l1 BAT – (Mehrarbeitsvergütungsverordnung)	nein
Überstundenvergütung für Musikschullehrer – SR 2 l2 BAT –	ja
Überstundenpauschvergütung SR 2s BAT	ja
Überstundenzeitzuschläge (%)	ja
Überstundenvergütung	ja
Umzugskosten	nein
Unfallentschädigung einmalige	nein
Unterrichtsvergütung	nein
Urlaubsabgeltung aus Anlass der Beendigung	nein
Urlaubsabgeltung von nicht genommenem Jahresurlaub	nein
Urlaubsgeld	nein
Urlaubsvergütung	ja
Urlaubslohn	ja
Vergütungsgruppenzulage	ja
Vermittlungsprovision	nein
Vermögenswirksame Leistungen	nein
Verpflegungskostenpauschale	nein
Verpflegungskostenzuschüsse	nein
Vertretungszulage	ja

1) Nach dem ehemaligen § 15c BAT-O, nunmehr TV für soziale Absicherung.

Vollstreckungsdienstvergütung (Vollstreckungsaußendienst)	ja/nein[1])
Vollzugszulage	nein
Vorarbeiterzulage	ja
Vorfeiertagszuschläge soweit steuerpflichtig	ja
Vorweggewährung von Erfahrungsstufen / Lebensaltersstufen	ja
Vorzeitige Abfindung bei laufenden Altersteilzeitverhältnissen	nein
Wäschegeld	nein
Wechselschichtzulage, wenn steuerpflichtig	ja
Weckdienstentschädigung	ja
Wegezeit-Umkleidepauschale = Überarbeit	ja
Wegegeld (Zehrgeld)	nein
Weihnachtszuwendung (einschl. Urlaubsaufschlag)	ja
Wetterbeobachtungszulage	ja
Werkswohnung (die Verbilligung)	nein
Werkzeugaufwendungen	nein
Wintergeld für Waldarbeiter	nein
Wissenschaftliche Ausarbeitungen (Nebentätigkeit)	nein
Wochenhilfeausgleich	ja
Zehrgelder	nein
Zeitzuschläge für	
▶ Überstunden	ja
▶ Arbeit an Sonntagen	nein
▶ Arbeit an Wochenfeiertagen	nein
▶ Arbeit nach 12 Uhr an dem Tag vor dem Ostersonntag, Pfingstsonntag, 1. Weihnachtsfeiertag, Neujahrstag,	
soweit steuerpflichtig	ja
soweit steuerfrei	nein
▶ Nachtarbeit	nein
▶ die Arbeit an Samstagen ab 13.00 Uhr	ja[2])
▶ wenn nicht durch Freizeit abgegolten	nein[3])
Zinsersparnisse für Arbeitgeberdarlehen	nein
Zinsgewinn	nein
Zukunftssicherung z. B. Arbeitnehmeranteile zur Rentenversicherung bzw. Lebensversicherung werden vom Arbeitgeber übernommen	nein
Zulage für Ärzte (§ 52 Abs. 2 TVöD BT-K; § 51 Abs. 2 bis 4 TVöD BT-B)	ja
Zulage für Lehrer	ja

1) Die Vollstreckungsdienstvergütung ist nur bei Gerichtsvollziehern ruhegehaltsfähig und in der Zusatzversorgung zusatzversorgungspflichtiges Entgelt (§ 12 der VollstrVergV). In allen übrigen Fällen kann sie im Arbeitsvertrag als zusatzversorgungspflichtig bezeichnet werden (Wahlrecht des Arbeitgebers).

2) Dies gilt auch dann, wenn der Zeitzuschlag für Samstagsarbeit im Zusammenhang mit Überstunden geleistet wird.

3) Es handelt sich um einen Zeitzuschlag für Sonn- und Feiertag (z. B. BAT/BAT-O), der, weil kein Freizeitausgleich in Anspruch genommen wurde, steuerpflichtig wird (§ 62 Abs. 2 Satz 1 Buchst. s d. S.).

Zulage für Meister	ja
Zulage im Sozial- u. Erziehungsdienst	ja
Zulage für Verkehrs- und Fahrmeister	ja
Zulage für Schulhausmeister	ja
Zulage für Schwimmmeister	ja
Zulage für Angestellte an Theatern und Bühnen	ja
Zulage für Angestellte in Versorgungsbetrieben	ja[1])
Zulagen für Pflegedienst	ja
Zulage nach Tarifvertrag vom 17.05.1982 i.d.F. Änd. TV vom 24.04.1991 (Allgemeine Zulage)	ja[2])
Zulage für Verkehrsmeister – Fahrmeister	ja
Zulage nach Konkurrenzvorschriften	ja[3])
Zulage für Vorarbeiter, Vorhandwerker (§ 17 TVÜ-VKA)	ja
Zuschläge bei Stücklohn – Prämienlohnarbeiten f. Waldarbeiter	ja
Zuschläge für Sonntags-, Feiertags- und Nachtarbeit	nein
Zuschüsse z. B. für Fahr-, Heizungs, Wohnungs-, Essens-, Kontoführungskosten	nein
Zuschüsse für Telefon	nein
Zuschuss zum Mutterschaftsgeld	nein

1) Diese Zulage sollte als nicht zusatzversorgungspflichtig bezeichnet werden (Wahlrecht des Arbeitgebers).

2) Nicht Programmiererzulage.

3) Steht eine Technikerzulage nicht zu, weil eine andere Zulage gewährt wird, ist ein Betrag von 23,01 € zusatzversorgungspflichtig, solange die andere Zulage nicht zusatzversorgungspflichtig ist.

2. Höchstgrenze des zusatzversorgungspflichtigen Entgelts für das Vorliegen der Versicherungspflicht (§ 19 Abs. 1 Buchst. k d. S.)[1])

2.1 Tarifgebiet West / VKA

Zeitraum	Mtl. Betrag (DM/ab 2002 €)	Kalender-jahr	Jahresbetrag (DM/ab 2002 €)	Kinderbezogene Erhöhung jährl.
01.01.1967 – 31.12.1975	unbegrenzt		unbegrenzt	
01.01.1976 – 21.12.1976	4.799,62			
01.02.1976 – 31.01.1977	5.039,60	1976	65.174,82	
01.02.1977 – 28.02.1978	5.306,69	1977	68.719,88	
01.03.1978 -28.02.1979	5.545,49	1978	71.613,77	
01.03.1979 – 28.02.1980	5.767,31	1979	74.531,39	
01.03.1980 -30.04.1981	6.130,66	1980	78.971,88	
01.05.1981- 30.04.1982	6.394,27	1981	82.311,07	
01.05.1982 – 28.02.1983	6.624,46	1982	85.197,22	
01.03.1983 – 30.06.1983	6.756,95	1983	87.807,21	
01.07.1983 – 28.02.1984	6.790,07	1984	88.635,23	
01.03.1984 – 31.12.1984	6.823,19			
01.01.1985 – 31.12.1985	7.041,54	1985	91.540,02	
01.01.1986 – 31.12.1986	7.287,99	1986	94.743,87	1.555,40
01.01.1987 – 28.02.1988	7.535,78	1987	97.965,14	1.606,62
01.03.1988 – 31.12.1988	7.716,64	1988	99.954,60	1.638,19
01.01.1989 – 31.12.1989	7.824,67	1989	101.720,71	1.666,29
01.01.1990 – 31.12.1990	8.017,69	1990	104.229,97	1.693,72
01.01.1991 – 31.12.1991	8.498,75	1991	110.483,75	1.792,39
01.01.1992 – 30.05.1992	8.498,75		42.93,75	670,15
01.06.1992 – 31.12.1992	8.957,68		71.661,44	1.180,16
		1992	114.155,19	1.850,31
01.01.1993 – 31.12.1993	9.226,41	1993	119.943,33	1.941,63
01.01.1994 – 31.08.1994	9.226,41		73.811,28	1.164,08
01.09.1994 – 31.12.1994	9.410,94		46.870,25	789,19
		1994	120.681,53	1.953,27

1) Entgeltgruppe E 15 Stufe 6 TVöD, vgl. § 1 Abs. 2 b) TVöD

Zeitraum	Mtl. Betrag (DM/ab 2002 €)	Kalender-jahr	Jahresbetrag (DM/ab 2002 €)	Kinderbezogene Erhöhung jährl.
01.01.1995 – 31.03.1995	9.410,94		28.232,82	445,26
01.04.1995 – 30.04.1995	9.550,94		9.550,94	148,42
01.05.1995 – 31.12.1995	9.712,08		86.923,12	1.420,87
		1995	124.706,88	2.014,55
01.01.1996 – 31.12.1996	9.712,08	1996	126.071,44	2.033,55
01.01.1997 – 31.12.1997	9.838,34	1997	127.286,48	2.057,43
01.01.1998 – 31.03.1999	9.985,92	1998	129.057,03	2.085,26
01.04.1999 – 30.07.2000	10.295,49	1999	131.843,99	2.129,19
01.08.2000 – 31.08.2001	10.501,41	2000	133.802,02	2.160,07
01.09.2001 – 31.12.2001	10.753,45	2001	136.251,55	2.198,70
01.01.2002 – 31.03.2003	5.498,16	2002	70.695,34	1.140,35
01.04.2003 – 31.12.2003	5.630,12	2003	72.068,04	1.159,07
01.01.2004 – 30.04.2004	5.686,41	2004	73.409,41	1.183,19
01.05.2004 – 30.09.2005	5.743,28	2005	71.497,05	
01.10.2005 – 31.12.2006	5.030,00	2006	64.491,64	
01.01.2007 – 31.12.2007	5.030,00	2007	63.378,00	
01.01.2008 – 31.12.2008	5.237,48	2008	65.992,25	
01.01.2009 – 31.12.2009	5.384,13	2009	67.840,05	
01.01.2010 – 31.12.2010	5.448,74	2010	68.654,12	
01.01.2011 – 31.07.2011	5.481,43			
01.08.2011 – 29.02.2012	5.508,84	2011	69.208,55	
01.03.2012 – 31.12.2012	5.701,64	2012	71.455,06	
01.01.2013 – 31.07.2013	5.781,47			
01.08.2013 – 28.02.2014	5.862,41	2013	73.299,79	
01.03.2014	6.038,28	2014	75.730,59	

2.2 Tarifgebiet Ost

Zeitraum	Mtl. Betrag (DM/ab 2002 €)	Kalenderjahr	Jahresbetrag (DM/ab 2002 €)
01.01.1997 – 31.08.1997	8.264,20		
01.09.1997 – 31.12.1997	8.362,59	1997	105.446,21
01.01.1998 – 31.08.1998	8.488,02		

Zeitraum	Mtl. Betrag (DM/ab 2002 €)	Kalenderjahr	Jahresbetrag (DM/ab 2002 €)
01.09.1998 – 31.03.1999	8.637,82	1998	108.441,45
01.04.1999 – 30.07.2000	8.905,60	1999	112.049,31
01.08.2000 – 31.12.2000	9.136,23	2000	114.040,21
01.01.2001 – 31.08.2001	9.293,75		
01.09.2001 – 31.12.2001	9.516,82	2001	118.541,35
01.01.2002 – 31.03.2003	4.948,34	2002	62.564,34
01.04.2003 – 31.12.2003	5.123,40	2003	64.175,17
01.01.2004 – 30.04.2004	5.259,92	2004	66.812,44
01.05.2004 – 30.09.2005	5.312,53	2005	65.722,29
01.10.2005 – 31.12.2006	4.879,00	2006	61.553,46
01.01.2007 – 31.12.2007	4.879,00	2007	60.743,55
01.01.2008 – 31.03.2008	4.879,00		
01.04.2008 – 31.12.2008	5.080,36	2008	62.646,40
01.01.2009 – 31.12.2009	5.222,61	2008	65.021,49
Ab 01.01.2010 gelten dieselben Werte wie im Tarifgebiet West			

3. Grenzwerte für die zusätzliche Umlage von 9 % (§ 76 d. S.)

3.1 Tarifgebiet West

Zeitraum		Monatlich (DM; ab 2002 €)	Verdoppelungsbetrag (DM; ab 2002 €)
von	bis		
01.01.1985	31.12.1985	7.041,54	14.083,08
01.01.1986	31.12.1986	7.287,99	14.575,98
01.01.1987	29.02.1988	7.535,78	15.071,56
01.03.1988	31.12.1988	7.716,64	15.433,28
01.01.1989	31.12.1989	7.824,67	15.649,34
01.01.1990	31.12.1990	7.957,69	15.915,38
01.01.1991	31.12.1991	8.435,15	16 870,30
01.01.1992	31.05.1992	8.435,15	16. 870,30
01.06.1992	31.12.1992	8.890,65	17.781,30

Grenzwerte für die zusätzliche Umlage von 9 %

Zeitraum		Monatlich (DM; ab 2002 €)	Verdoppelungsbetrag (DM; ab 2002 €)
von	bis		
01.01.1993	31.12.1993	9.157,37	18.314,74
01.01.1994	31.08.1994	9.157,37	18.314,74
01.09.1994	31.12.1994	9.340,52	18.497,97
01.01.1995	31.03.1995	9.340,52	18.497,97
01.04.1995	30.04.1995	9.480,52	18.637,97
01.05.1995	31.12.1995	9.639,41	18.796,85
01.01.1996	31.12.1996	9.639,41	18.796,85
01.01.1997	31.12.1997	9.764,73	18.922,09
01.01.1998	31.03.1999	9.911,21	19.068,18
01.04.1999	31.07.2000	10.218,46	19.376,24
01.08.2000	31.08.2001	10.422,84	19.580,35
01.09.2001	31.12.2001	10.672,99	19.830,42
01.01.2002	31.03.2003	5.457,02	10.139,14
01.04.2003	31.12.2003	5.587,99	10.270,17
01.01.2004	30.04.2004	5.643,86	
01.05.2004	30.06.2007	5.700,30	10.382,53
01.07.2007	31.12.2007	5.698,99	9.118,38
01.01.2008	31.12.2008	5.934,06	9.494,51
01.01.2009	31.12.2009	6.100,22	9.760,35
01.01.2010	31.12.2010	6.173,42	9.877,47
01.01.2011	31.07.2011	6.210,46	
01.08.2011	29.02.2012	6.241,52	9.986,42
01.03.2012	31.12.2012	6.459,97	10.335,95
01.01.2013	31.07.2013	6.550,41	
01.08.2013	28.02.2014	6.642,11	10.627,38
01.03.2014		6.841,37	10.946,20

3.2 Tarifgebiet Ost

Zeitraum		Monatlich (DM; ab 2002 €)	Verdoppelungsbetrag (DM; ab 2002 €)
von	bis		
01.01.1997	31.08.1997	8.202,37	18.922,09
01.09.1997	31.12.1997	8.300,02	13.791,92
01.01.1998	31.08.1998	8.424,52	14.138,25
01.09.1998	31.03.1999	8.573,20	14.262,71
01.04.1999	31.07.2000	8.838,97	14.514,43
01.08.2000	31.12.2000	9.067,88	14.779,64
01.01.2001	31.08.2001	9.224,21	15.042,70
01.09.2001	31.12.2001	9.445,61	15.523,86
01.01.2002	31.03.2003	4.911,32	8.071,75
01.04.2003	31.12.2003	5.085,07	8.280,53
01.01.2004	30.04.2004	5.220,56	
01.05.2004	30.06.2007	5.272,77	8.520,80
01.07.2007	31.03.2008	5.527,91	8.015,47
01.04.2008	31.12.2008	5.756,05	8.346,27
01.01.2009	31.12.2009	5.917,22	8.579,97
01.01.2010	31.12.2010	6.173,42	8.951,46
01.01.2011	31.07.2011	6.210,46	
01.08.2011	29.02.2012	6.241,52	9.050,20
01.03.2012	31.12.2012	6.459,97	9.366,95
01.01.2013	31.07.2013	6.550,41	
01.08.2013	28.02.2014	6.642,11	9.631,00
01.03.2014		6.841,37	9.919,99

4. Grenzwert nach § 62 Abs. 2 der Satzung für die Bemessung der Umlage

4.1 Tarifgebiet West

Zeitraum		**Monatlich** DM; ab 2002 €	im Monat der **Jahressonderzahlung**	**jährlich** DM; ab 2002 €
von	bis			
01.01.1967	31.12.1974	unbegrenzt		unbegrenzt
01.01.1975	31.12.1975	9.319,41		121.152,33
01.01.1976	31.01.1976	9.302,94		
01.02.1976	31.01.1977	9.768,09		126.520,02
01.02.1977	28.02.1978	10.285,80		133.197,69
01.03.1978	28.02.1979	10.748,67		138.806,97
01.03.1979	31.12.1979	11.178,62		144.462,16
01.01.1980	31.12.1980	11.178,62		145.322,06
01.01.1981	31.12.1981	11.882,89		154.477,57
01.01.1982	31.12.1982	12.393,86		161.120,18
01.01.1983	31.12.1983	12.840,05		166.920,65
01.01.1984	31.12.1984	13.096,86		170.259,18
01.01.1985	31.12.1985	13.096.86		170.259,18
01.01.1986	31.12.1986	13.515,96		175.707,48
01.01.1987	31.12.1987	13.989,03		181.857,39
01.01.1988	31.12.1988	14.464,67		188.040,71
01.01.1989	31.12.1989	14.811,83		192.553,79
01.01.1990	31.12.1990	15.019,20		195.249,60
01.01.1991	31.12.1991	15.274,55		198.569,15
01.01.1992	31.12.1992	16.191,03		210.483,39
01.01.1993	31.12.1993	17.065,36		221.849,68
01.01.1994	31.12.1994	17.577,33		228.505,29
01.01.1995	31.12.1995	17.577,33		228.505,29
01.01.1996	31.12.1996	18.502,63		239.609,06
01.01.1997	31.12.1997	18.502,63		239.609,06
01.01.1998	31.12.1998	18.816,84		243.448,52
01.01.1999	31.12.1999	19.099,09		246.834,73
01.01.2000	31.12.2000	19.099,09		246.834,73

Zeitraum		Monatlich DM; ab 2002 €	im Monat der **Jahressonderzahlung**	jährlich DM; ab 2002 €
von	bis			
01.01.2001	31.12.2001	19.652,97		253.482,04
01.01.2002	31.12.2002	11.250,00		146.250,00
01.01.2003	31.12.2003	12.750,00		165.750,00
01.01.2004	31.12.2004	12.875,00		167.375,00
01.01.2005	31.12.2005	13.000,00		169.000,00
01.01.2006	31.12.2006	13.125,00		170.625,00
01.01.2007	31.12.2007	13.125,00		170.625,00
01.01.2008	31.12.2008	13.250,00	26.500,00	172.250,00
01.01.2009	31.12.2009	13.500,00	27.000,00	175.500,00
01.01.2010	31.12.2010	13.750,00	27.500,00	178.750,00
01.01.2011	31.12.2011	13.750,00	27.500,00	178.750,00
01.01.2012	31.12.2012	14.000,00	28.000,00	182.000,00
01.01.2013	31.12.2013	14.500,00	29.000,00	188.500,00
01.01.2014		14.875,00	29.750,00	193.375,00

4.2 Tarifgebiet Ost

Zeitraum		Monatlich DM; ab 2002 €	im Monat der **Jahressonderzahlung**	jährlich DM; ab 2002 €
von	bis			
01.01.1997	31.12.1997	15.542,21		197.580,35
01.01.1998	31.12.1998	15.994,32		203.181,45
01.01.1999	31.12.1999	16.520,72		209.697,50
01.01.2000	31.12.2000	16.520,72		209.697,50
01.01.2001	31.12.2001	17.098,09		216.690,94
01.01.2002	31.12.2002	9.375,00		121.875,00
01.01.2003	31.12.2003	10.625,00		138.125,00
01.01.2004	31.12.2004	10.875,00		141.375,00
01.01.2005	31.12.2005	11.000,00		143.000,00
01.01.2006	31.12.2006	11.000,00		143.000,00
01.01.2007	31.12.2007	11.375,00		147.875,00
01.01.2008	31.12.2008	11.250,00	22.500,00	146.250,00

Zeitraum		Monatlich DM; ab 2002 €	im Monat der **Jahressonderzahlung**	jährlich DM; ab 2002 €
von	bis			
01.01.2009	31.12.2009	11.375,00	22.750,00	147.875,00
01.01.2010	31.12.2010	11.625,00	23.250,00	151.125,00
01.01.2011	31.12.2011	12.000,00	24.000,00	156.000,00
01.01.2012	31.12.2012	12.000,00	24.000,00	156.000,00
01.01.2013	31.12.2013	12.250,00	24.500,00	159.250,00
01.01.2014		12.500,00	25.000,00	162.500,00

5. Steuerrelevante Grenzwerte

Jahr	Grenzwert §3 Nr. 56 EStG (jährlich; ab 01/2008 pro erstes Arbeitsverhältnis im Jahr)	Grenzwert §3 Nr. 63 EStG (jährlich; ab 01/2005 pro erstes Arbeitsverhältnis im Jahr)	Erhöhungsbetrag §3 Nr. 63 EStG (jährlich; für Neuzusagen ab 01/2005)	Grenzwert §40b EStG		Pauschalbesteuerungsbetrag	
				Alte Fassung (ab 01/2005 nur für kapitalfinanzierte Beiträge	Neue Fassung (ab 01/2005 nur für umlagefinanzierte Kassen	§16 ATV-K	§16 ATV
		€	€	€		€	€
2002		2.160,00	...	1.752,00		89,48	92,03
2003		2.448,00	...	1.752,00		89,48	92,03
2004		2.472,00	...	1.752,00		89,48	92,03
2005		2.496,00	1.800,00	1.752,00	1.752,00	89,48	92,03
2006		2.520,00	1.800,00	1.752,00	1.752,00	89,48	92,03
2007		2.520,00	1.800,00	1.752,00	1.752,00	89,48	92,03
2008	636,00	2.544,00	1.800,00	1.752,00	1.752,00	89,48	92,03
2009	648,00	2.592,00	1.800,00	1.752,00	1.752,00	89,48	92,03
2010	660,00	2.640,00	1.800,00	1.752,00	1.752,00	89,48	92,03
2011	660,00	2.640,00	1.800,00	1.752,00	1.752,00	89,48	92,03
2012	672,00	2.688,00	1.800,00	1.752,00	1.752,00	89,48	92,03
2013	696,00	2.784,00	1.800,00	1.752,00	1.752,00	89,48	92,03
2014	1.428,00	2.856,00	1.800,00	1.752,00	1.752,00	89,48	92,03

Bis zum 31.12.2002 wurde die Umlage nach §40b EStG pauschal versteuert. Der Grenzwert nach §3 Nr. 63 EStG kam nicht zur Geltung, da weder von den Zusatzversorgungseinrichtungen ein steuerfreier Zusatzbeitrag erho-

ben werden konnte, noch war es möglich eine Entgeltumwandlung im öffentlichen Dienst abzuschließen.
Bei Verträgen, die vor dem 1.1.2005 abgeschlossen wurden (Altzusagen), können Beiträge, die über den Grenzwert nach § 3 Nr. 63 EStG hinausgehen, nach § 40b EStG alter Fassung bis zu 1.752,00 € pauschal versteuert werden.

6. Erläuterung der Buchungsschlüssel

6.1 Erläuterungen zu den Einzahlermerkmalen

Einzahler	Erläuterung
01	Einzahler ist, wer das Geld überweist. Der Schuldner im rechtlichen Sinn ergibt sich aus dem Versicherungsmerkmal. Bei Abschnitten einer Pflichtversicherung ohne Aufwendungen gilt als Einzahler, wer die Meldung durchführt.
03	Die Tarifvertragsparteien haben im Zuge der Lohnrundeneinigung vom 9. Januar 2003 eine Arbeitnehmerbeteiligung an der Zusatzversorgung im Tarifgebiet Ost vereinbart, das heißt, die Beschäftigten müssen ab dem 1. Januar 2003 einen Beitrag zu ihrer Pflichtversicherung leisten. Ebenso ist es möglich, dass nicht tarifgebundene Arbeitgeber eine Eigenbeteiligung der Beschäftigten am Pflicht- oder Zusatzbeitrag per Tarifvertrag, Betriebsvereinbarung oder Arbeitsvertrag vereinbaren. Die Eigenbeteiligung am Pflicht- oder Zusatzbeitrag ist mit dem Einzahler 03 zu melden.

6.2 Erläuterungen zu den Versicherungsmerkmalen

Versicherungsmerkmal	Erläuterung
10	Umlage: Anzugeben ist das zusatzversorgungspflichtige Entgelt. Hiervon ist die Umlage zu entrichten (umlage- oder mischfinanzierte Zusatzversorgungseinrichtung). Die Umlage ist mit Steuermerkmal 10 oder 11 zu melden.
15	Pflichtbeitrag: Anzugeben ist das zusatzversorgungspflichtige Entgelt. Hiervon ist der Beitrag zu entrichten (kapitalgedeckte Zusatzversorgungseinrichtung). Der Beitrag ist mit den entsprechenden Steuermerkmalen 01 bis 03 oder 05 zu melden.

Versiche-rungs-merkmal	Erläuterung
17	zusätzliche Umlage/Beitrag: Anzugeben ist der Teil des Entgelts, der das 1,133-Fache der Entgeltgruppe 15 Endstufe TVöD übersteigt. Hiervon sind 9 % als Umlage/Beitrag zu entrichten; die zusätzliche Umlage ist weiterhin zu melden und zu zahlen, wenn sie am 31. Dezember 2001 und am 1. Januar 2002 gezahlt wurde und das Arbeitsverhältnis noch fortbesteht. Falls danach eine Ummeldung in einen kapitalgedeckten Abrechnungsverband erfolgt, ist die zusätzliche Umlage danach ggf. als zusätzlicher Beitrag weiter zu melden. Die zusätzliche Umlage bei einer umlage- oder mischfinanzierten Zusatzversorgungseinrichtung ist mit dem Steuermerkmal 10 oder 11 zu melden. Ein zusätzlicher Beitrag bei einer kapitalfinanzierten Zusatzversorgungseinrichtung ist mit den entsprechenden Steuermerkmalen 01 bis 03 zu melden.
19	Sanierungsgeld: Sanierungsgelder kommen in Betracht, wenn der zum 1. November 2001 maßgebende Umlagesatz weiterhin erhoben wird, aber die Umlage zur Deckung der entstehenden Leistungsverpflichtungen nicht ausreicht. Sanierungsgelder dienen nicht zur Finanzierung von Leistungen, sondern dienen zur Finanzierung des durch die Systemumstellung entstandenen Sanierungsbedarfs der Kasse. Das Sanierungsgeld ist in einem umlagefinanzierten System immer mit Steuermerkmal 10 zu melden.
20	Zusatzbeitrag ab 2003. Der Zusatzbeitrag ist für denselben Versicherungsabschnitt wie die Umlage (Versicherungsmerkmal 10 und 23) zu melden. Der Zusatzbeitrag ist mit den entsprechenden Steuermerkmalen 01 bis 03 oder 05 zu melden.

Versicherungsmerkmal	Erläuterung
22	Umlage/Beitrag während einer Altersteilzeit Altersteilzeit **vor** 1. Januar 2003 vereinbart, sofern nicht Versicherungsmerkmal 24 zu verwenden ist: Mit dieser Kennzahl (Vereinbarung der Altersteilzeit vor 2003) dürfen nur Entgelte gemeldet werden, die von der Kasse mit dem Faktor 1,8 zu multiplizieren sind. Es ist daher das tatsächliche Entgelt während der Altersteilzeit zu melden (Hälfte des vor Beginn der Altersteilzeit bezogenen Entgelts). Entgelte während dieser Zeit, die in voller Höhe gezahlt werden (z. B.: Auszahlung der Überstunden), müssen parallel gemeldet werden (mit Versicherungsmerkmal 10 und 20). Die Umlage während einer Altersteilzeit bei einer umlage- oder mischfinanzierten Zusatzversorgungseinrichtung ist mit dem Steuermerkmal 10 oder 11 zu melden. Der Beitrag während einer Altersteilzeit bei einer kapitalfinanzierten Zusatzversorgungseinrichtung ist mit den Steuermerkmalen 01 bis 03 zu melden.
23	Umlage/Beitrag während einer Altersteilzeit Altersteilzeit **nach** dem 31. Dezember 2002 vereinbart. Es ist das auf 90 % hochgerechnete Entgelt während der Altersteilzeit zu melden. Entgelte während dieser Zeit, die in voller Höhe gezahlt werden (z. B.: Auszahlung der Überstunden), müssen dem hochgerechneten Entgelt während der Altersteilzeit hinzugerechnet werden. Die Umlage während einer Altersteilzeit bei einer umlage- oder mischfinanzierten Zusatzversorgungseinrichtung ist mit dem Steuermerkmal 10 oder 11 zu melden. Der Beitrag während einer Altersteilzeit bei einer kapitalfinanzierten Zusatzversorgungseinrichtung ist mit den Steuermerkmalen 01 bis 03 zu melden.

Versicherungsmerkmal	Erläuterung
24	Umlage/Beitrag während einer Altersteilzeit Altersteilzeit **vor** dem 1. Januar 2003 vereinbart/abweichende Regelung, gem. § 8 Protokollerklärung zum ATV-K. Wird auf Grund einer Einzelregelung ein Beitrag in die gesetzliche Rentenversicherung gezahlt, der dem Mindestbeitrag von 90 % des Entgelts, das der Bemessung des Altersteilzeit-Entgelts zu Grunde liegt, übersteigt, ist das zusatzversorgungspflichtige Entgelt so zu erhöhen, dass entsprechend mehr Versorgungspunkte auch in der Zusatzversorgung erworben werden. Bei einer Aufstockung auf beispielsweise 95 % ist das zusatzversorgungspflichtige Entgelt um den Faktor 95/90 zu erhöhen und erst danach mit dem Faktor 1,8 zu vervielfältigen. Die Umlage während einer Altersteilzeit bei einer umlage- oder mischfinanzierten Zusatzversorgungseinrichtung ist mit dem Steuermerkmal 10 oder 11 zu melden. Der Beitrag während einer Altersteilzeit bei einer kapitalfinanzierten Zusatzversorgungseinrichtung ist mit den entsprechenden Steuermerkmalen 01 bis 03 zu melden.
25	Zusatzbeitrag während einer **vor** dem 1. Januar 2003 vereinbarten Altersteilzeit. Er ist als eigener Versicherungsabschnitt für denselben Zeitraum zu melden wie der mit Versicherungsmerkmal 22 für die Umlage gemeldete Versicherungsabschnitt. Der Zusatzbeitrag ist mit den entsprechenden Steuermerkmalen 01 bis 03 zu melden.
26	Zusatzbeitrag während einer **vor** dem 1. Januar 2003 vereinbarten Altersteilzeit mit abweichender Regelung gem. Protokollerklärung zu § 8 ATV-K. Er ist als eigener Versicherungsabschnitt für denselben Zeitraum zu melden wie der mit Versicherungsmerkmal 24 für die Umlage gemeldete Versicherungsabschnitt. Der Zusatzbeitrag ist mit den entsprechenden Steuermerkmalen 01 bis 03 zu melden.

Versicherungsmerkmal	Erläuterung
27	Zeiten eines Mutterschutzes (§ 3 Abs. 2 und § 6 Abs. 1 MuSchG) sind seit dem 1. Januar 2012 mit einer fiktiven Entgeltfortzahlung (entsprechend § 21 TVöD) – jedoch ohne Zahlung von Umlagen oder Beiträgen – zu melden. Mutterschutzzeiten gelten als Umlagemonate. Eine Elternzeit schließt sich unmittelbar an die Mutterschutzzeit an.
28	Voraussetzung ist Elternzeit während eines ruhenden Arbeitsverhältnisses (§ 35 Abs. 1 d. S.). Elternzeit ist im unmittelbaren Anschluss an die Mutterschutzzeit – in der Regel bis zu 36 Monate – zu melden. Die Elternzeit muss stets taggenau gemeldet werden (bis 31. Dezember 2011 wurde die Elternzeit ab dem Tag der Geburt gemeldet, seit 1. Januar 2012 schließt sich die Meldung der Elternzeit unmittelbar an die Mutterschutzzeit an). Dieses Versicherungsmerkmal ist immer mit dem Steuermerkmal 00 zu melden. Wird während der Elternzeit eine Beschäftigung bei dem Arbeitgeber wieder aufgenommen, mit dem auch Elternzeit vereinbart wurde, endet der Versicherungsabschnitt mit dem Versicherungsmerkmal 28. Ein neuer Versicherungsabschnitt mit Versicherungsmerkmal 10 und 20 beginnt. Einmalzahlungen **aus dem ruhenden Beschäftigungsverhältnis** beenden dagegen den Versicherungsabschnitt nicht; sie begründen einen eigenen Abschnitt. Diese Einmalzahlungen sind deshalb parallel zum Versicherungsmerkmal 28 anzugeben und mit dem Versicherungsmerkmal 10 und 20 zu verschlüsseln. Bestehen gleichzeitig mehrere Versicherungsverhältnisse bei Zusatzversorgungseinrichtungen, muss der Versicherte gegenüber dem Arbeitgeber erklären, in welchem Versicherungsverhältnis die Elternzeit gemeldet werden soll. Eine mehrfache Meldung der Elternzeit ist nicht zulässig. Während der Elternzeit ist immer im Feld „Anzahl Kinder“ die Anzahl der Kinder anzugeben, für die Elternzeit tatsächlich beantragt wurde.

Versicherungsmerkmal	Erläuterung
40	Fehlzeit (entgeltlose Zeiten, wie z. B. Krankheit, Beurlaubung, Langzeitpflege): Dieses Versicherungsmerkmal ist immer mit dem Steuermerkmal 00 zu melden. Die Fehlzeiten sind für die Überprüfung der Versicherungsverläufe und die Voraussetzungen der Wartezeit von Bedeutung. Es erfolgt keine Unterscheidung mehr nach dem Grund der Fehlzeit. Einmalzahlungen in entgeltlosen Zeiten begründen einen eigenen Versicherungsabschnitt bis zum Zeitpunkt, ab dem wieder zusatzversorgungspflichtiges Entgelt gezahlt wird, längstens aber bis zum Ende des Kalendermonats, in dem die Einmalzahlung erfolgt ist. Die Einmalzahlung ist nur zu so viel Zwölftel ($^{1}/_{12}$) pflichtig als Umlagemonate im Jahr der Zahlung vorhanden sind (Ausnahme: Sparkassensonderzahlung). Fehlzeiten, die einen vollen Kalendermonat unterschreiten, sind nicht zu melden. Die Einmalzahlungen sind mit den Versicherungsmerkmalen 10–26 und dem entsprechenden Steuermerkmal zu melden.
41	Ruhendes Arbeitsverhältnis während Bezugs einer befristeten Rente (z. B. nach § 33 TVöD). Zu melden ab dem Ersten des Folgemonats, in dem der Bescheid der gesetzlichen Rentenversicherung bei dem Arbeitgeber eingegangen ist, jedoch frühestens ab Beginn der Rente. Dieses Versicherungsmerkmal ist immer mit dem Steuermerkmal 00 zu melden.
45	Zeit als Abgeordneter Diese Zeiten werden auf die Wartezeit von 60 Umlage- oder Beitragsmonaten angerechnet. Dieses Versicherungsmerkmal ist immer mit dem Steuermerkmal 00 zu melden.

Versicherungsmerkmal	Erläuterung
47–49	Korrekturmeldungen: Das Zuflussprinzip führt dazu, dass das Entgelt entsprechend den steuerrechtlichen Regelungen zuzuordnen und zu diesem Zeitpunkt auch zu „verpunkten“ ist. Nicht der Zufluss der Umlagen/Beiträge bei der Zusatzversorgungseinrichtung ist maßgebend für die Verpunktung, sondern der Zufluss des Arbeitslohnes beim Beschäftigten. Für die Frage, welcher Altersfaktor maßgeblich ist, gilt demnach der Zuflusszeitpunkt des zusatzversorgungspflichtigen Entgelts, nicht der Umlage-/Beitragseingang bei der Zusatzversorgungskasse.
47	Wegfall der Beitrags-/Umlagemonate aufgrund Wegfalls des Entgelts für einen Versicherungsabschnitt Wird im laufenden Jahr ein zusatzversorgungspflichtiges Entgelt eines Vorjahres geändert, sodass sich in dem jeweiligen Vorjahr dadurch die Anzahl der Umlagemonate verändert, so ist eine Berichtigungsmeldung für das jeweilige Vorjahr mit einem eigenen Versicherungsabschnitt und Versicherungsmerkmal 47 zu erstellen. In der Jahresmeldung für das laufende Jahr ist das zusatzversorgungspflichtige Entgelt entsprechend zu verändern.
48	Nach-/Rückzahlung ohne Auswirkung auf Beitrags-/Umlagemonate Erfolgt im laufenden Jahr eine Veränderung des zusatzversorgungspflichtigen Entgelts des Vorjahres, ohne dass sich die Anzahl der Umlage-/Beitragsmonate der Vorjahre und des laufenden Jahres verändert, so ist ein eigener Versicherungsabschnitt mit dem Versicherungsmerkmal 48 im laufenden Jahr zu melden. Bei Rückzahlungen kann sich im laufenden Jahr ein negatives Entgelt ergeben.
49	Beitrags-/Umlagemonate ohne Entgelt aufgrund späteren Zuflusses des Entgelts Erfolgt eine Nachzahlung für einen Kalendermonat eines Vorjahres, für den bisher kein zusatzversorgungspflichtiges Entgelt gemeldet war und für die steuerrechtlich eine Zuordnung zum Vorjahr nicht mehr möglich ist, muss für das jeweilige Vorjahr ein Versicherungsabschnitt mit Versicherungsmerkmal 49 gemeldet werden. Dieses Versicherungsmerkmal ist immer mit dem Steuermerkmal 00 zu melden.

6.3 Erläuterungen zu den Steuermerkmalen

- Bei Versicherungsabschnitten mit Umlage (Versicherungsmerkmal 10, 17, 19, 22, 23 und 24) ist Steuermerkmal „10" und auch Steuermerkmal „11" anzuwenden.
- Bei Versicherungsabschnitten ohne Entgelt (Versicherungsmerkmal 28, 40, 41, 45 und 49) ist Steuermerkmal stets „00".
- Steuermerkmale 01 bis 04 können nur in kapitalgedeckten Systemen angewendet werden

Steuer-merkmal	Erläuterung
00	Für Versicherungsabschnitte einer Pflichtversicherung ohne Aufwendungen ist dieses Steuermerkmal zu verwenden, d. h. nur bei den Versicherungsmerkmalen 27, 28, 40, 41, 45 und 49.
01	§ 3 Nr. 63 EStG: Der zur Kapitaldeckung dienende Beitrag ist in der Regel nach § 3 Nr. 63 EStG steuer- und sozialversicherungsfrei. Dies gilt jedoch – wie bei der Pauschalversteuerung nach § 40b EStG – nur für das „erste Dienstverhältnis" des Arbeitnehmers. Deshalb ist § 3 Nr. 63 EStG nicht anwendbar, wenn in der Lohnsteuerkarte die Steuerklasse VI eingetragen ist. Die Steuer- und Sozialversicherungsfreiheit ist auf 4 % der Beitragsbemessungsgrenze der gesetzlichen Rentenversicherung begrenzt. Bei Neuzusagen (Beginn des Beschäftigungsverhältnisses) ab dem 1. Januar 2005 kann dieser Grenzbetrag um 1.800,00 € erhöht werden. Diese 1.800,00 € sind steuer-, aber nicht sozialversicherungsfrei.
02–03	Sind in der Pflichtversicherung nur bei Beiträgen/Zusatzbeiträgen zu verwenden.
02	Dieses Steuermerkmal ist in einem umlage- bzw. mischfinanzierten System nur bei den Versicherungsmerkmalen 20, 25, und 26 zu verwenden, sofern der Steuerfreibetrag nach § 3 Nr. 63 EStG ausgeschöpft ist und der Zusatzbeitrag nach § 40b EStG alter Fassung pauschal versteuert wird.
03	Dieses Steuermerkmal ist in allen Fällen zu verwenden, in denen ein Beitrag individuell durch den Beschäftigten versteuert wurde.
05	Dieses Merkmal ist ab 2011 zu melden, wenn der Beitrag nach § 40a EStG im Rahmen einer geringfügigen Beschäftigung pauschal versteuert wurde.

Steuer-merkmal	Erläuterung
10	Pauschal/individuell versteuerte Umlage (Rentenbesteuerung nur mit dem Ertragsanteil) Dieses Steuermerkmal ist nur für Versicherungsabschnitte mit Umlage oder Sanierungsgeld zu verwenden.
11	§ 3 Nr. 56 EStG – Steuerfreiheit der Umlage Dieses Steuermerkmal ist ab 2011 zu melden. Die Umlagen können in einem ersten Dienstverhältnis ab 1. Januar 2014 bis zu 2 % der Beitragsbemessungsgrenze in der gesetzlichen Rentenversicherung steuerfrei sein (ab 2020 bis zu 3 %, ab 2025 bis zu 4 %). Der Grenzwert nach § 3 Nr. 56 EStG vermindert sich jedoch um steuerfreie Beiträge nach § 3 Nr. 63 EStG (z. B. Pflichtbeiträge, Zusatzbeiträge, Beiträge zur Entgeltumwandlung). Das Steuermerkmal ist möglich bei den Versicherungsmerkmalen 10, 17, 22, 23, 24, 47, 48.

Stichwortverzeichnis

A

B

C

D

E

F

N

O

P

S

W

Z